石井知章
小林英夫
米谷匡史
編著

一九三〇年代のアジア社会論

「東亜協同体」論を中心とする言説空間の諸相

社会評論社

一九三〇年代のアジア社会論

「東亜協同体」論を中心とする言説空間の諸相＊目次

[第10章] 海軍省綜合研究会と板垣與一——辛島理人・349

凡例

一、引用文は歴史的かなづかいのままにした。
一、引用文には適宜ルビを付した。
一、引用文中、著者による注や補足は（　）で示した。
一、「満洲国」「支那」などは歴史上の用語として、かっこを付けず使用した場合もある。

【序論】

「アジア社会論」の系譜における一九三〇年代

石井知章・小林英夫・米谷匡史

本書は、東アジアの歴史・思想研究者たちによる共同研究の成果としてまとめられた、一九三〇年代のアジア社会論をめぐる再検討の試みである。ここで各論者は、アジアの社会・経済、さらに歴史および思想・文化的展開の具体的なプロセスに内在しつつ、戦前・戦中の資本主義・帝国主義・植民地主義・マルクス主義といった国民国家の枠組みを越えて輻輳する様々な勢力の中で、アジア社会論をいかに位置づけ、理解すべきかについて、今日的なコンテクストで問うことを目指している。

そもそも、アジア社会論の展開にとって、一九三〇年代とはいかなる時代であったのか？　一言でいうならば、それは帝国の総力戦が近代の知に衝撃を与え、危機の中で人文・社会科学の変容・組織化が進む一方、戦時変革を試みる「集団的知性」[★1]がトランスナショナルな思想的かつ社会・経済政策的運動を展開するという一大エポックであった。これがわれわれ共同研究者全員の辿りついた暫定的結論であり、さらに本書全体を貫く共通認識ともなっている。

この一九三〇年代のアジア社会論とは、直接的には、満鉄調査部など各種調査機関が出版した政治・経済の実態調査レポートや政治・経済統計、時務論といった東アジア地域の現状分析に基盤を置きながら、さらにその分析方法を近代的社会科学による綜合的実証研究に求める動きが現れはじめた一九二〇年代にまで遡る。やがてそれは、多くの場合、マルクス主義による分析方法を中心に戦前・戦中に形成、体系化されたアジア社会研究として展開していった。このアジア社会論は、一九三〇年から四〇年代前半にかけて段階的に発達し、満洲事変期の「五族協和論」、ついで日中戦争期の「東亜新秩序論」、さらにアジア・太平洋戦争期の「大東亜共栄圏論」とも結びつきながら、次々に理論的変貌を遂げていくこととなった。アジアを侵略し、占領地域を拡大しつつある日本が、同時にアジア諸民族の解放・共生を唱えるという総力戦期の巨大な矛盾の中でアジア社会論が展開されたことが、一九三〇年代のきわめて大きな特質であったといえる。

だが、それはやがて日本の東南アジア占領とそれに対する補助的な役割を果たしつつ、一九四〇年代前半には欧米の植民地統治を基礎にさらなる変容を遂げていった。しかしながら、それは戦後、再び戦後版アジア社会論として復活し、少なからぬ影響力を与える方法論として、今日に至るまで脈々と存在し続けている。したがって、ここではまず、一九三〇年代以前の日本におけるアジア社会論が、いかなる歴史過程を経て発展し、やがて戦後のそれへと再編されていったのかについて振り返っておきたい。

1　一九二〇年代のアジア社会論

近代日本におけるアジア社会論の端緒は、大まかにいって、明治期の韓満支那学に始まり、やがてその対象地域に蒙古が加わり、「満蒙」研究へと拡大するという形で展開してきた。こうしたアジア社会論の展開過程において、明治、大正、昭和を通じて日本の大陸政策に深く影を落としてきた満鉄調査部における調査研究活動は、のちにアジア社会論を形成する一つの中心軸をなしてきたといえる。例えば、日露戦争後の一九〇八年、満鉄内に白鳥庫吉、松井等、稲葉岩吉、箭内亙、池内宏、津田左右吉らの結集した満鮮歴史地理調査部（歴史調査室）が設立され、とりわけそこでの中心的人物であった白鳥庫吉は、欧州留学時に当地で盛んだった東洋史の影響を受け、学習院教授兼東京帝国大学文化大学教授として、「満洲」からユーラシアを含む「東洋史学」の研究に従事していくことになる。当初の東洋史学の範囲は、大きく朝鮮と満洲とに限られ、しかも朝鮮半島の植民支配という現実的要請によって刺激されつつ、その重点は朝鮮史に置かれていた。一九二〇年代に入ると、ロシア革命の影響の下、北満、シベリア研究が始まり、蒙古を含めた「満蒙」が一つの地域範疇となり、研究地域の対象は拡大していった。

また、辛亥革命後の中国での民族運動の昂揚に伴い、アジア研究の方法論的陶冶もさらに深化を遂げることとなった。それまでのアジア社会論の論文や報告書は、政治・経済の実態調査レポートや政治経済統計、実務的政策論が中心で、近代的社会科学の分析といえるものは少なかったが、対象の綜合的把握を求める動きが現れはじめたのもこの頃である。こうした一九二〇年代のアジア社会論の源流は、やがて東京帝国大学を頂点に京都帝国大学以下、京城帝国大学、台北帝国大学で、法学、経済学、考古学、人類学、言語学、工学へと分岐し、さらにそれらを包括する「東洋学」として展開していった。[★2]

だが、前述した一九二〇年代までのアジア社会論の系譜以外でも、辛亥革命後の政情の不安定さ、共和国の中央政府としての統一権力が有効に発揮されなかったことを背景に、「中国非国論」といわれるもう一つのアジア社会論がこの頃、拡がりつつあった。そうした論者の中には、内田良平、内藤湖南、織田萬などが含まれるが、いずれも中国での近代的国民国家の未成熟を議論の前提にしていたといえる。とりわけ、京都帝大で東洋史を専攻していた矢野仁一は、「支那無国論」や「支那は国に非る論」を発表し、一九二〇年代のアジア社会論を、一九三〇年代において政策学化する上で大きな影響を与えた。[★3] 矢野は、近衛文麿、広田弘毅、末次信正、平泉澄、下中弥三郎、中山優らによって構成された大亜細亜協会（一九三三年）の設立委員、そして評議員の一人であった。この矢野をはじめとした「中国非国論」が、一九三〇年代には、当時影響力のあったドイツの地政学（Geopolitik）と一体化しつつ、やがて近衛内閣の「東亜新秩序」論にみられるような地域主義的政策論へと発展していくこととなった。

2　一九三〇年代のアジア社会論

一九三〇年代に入ると、その全体性を綜合的に把握する社会科学的方法論が展開されるようになっていく。そこでは、マルクス主義的な社会科学の発達と活発化につれて、明治維新以降の日本の社会構成体を「資本主義的なもの」と見なすのか、あるいは「封建的なもの」と見なすのかをめぐる「日本資本主義論争」の影響を受けつつ、それと連動した方法論的論争が展開された。植民地だった朝鮮でも印貞植、朴文秉による論争がおこなわれたほか、矢内原忠雄は朝鮮・台湾の資本主義化をめぐる論議を展開し、「満洲」でも満鉄調査部内での大上末廣と鈴木小兵衛の間での「満洲経済論争」、中国に関しても中国統一の主体をめぐる「中国統一化論争」が展開されたのも、ちょうどこの時期である。

こうした一連の論争の発端にあって、それらに大きな影響を与えていたのが、モスクワで開かれた中国共産党第六回大会（一九二八年）で採択された「半植民地、半封建」（「農業関係と土地闘争に関する決議」）というマルクス・レーニン主義、およびウィルソンやレーニンの民族自決論に基づく民族解放闘争をめぐる基本テーゼであった。戦前の中国におけるいわゆる「アジア的生産様式論争」は、一九二七年の上海クーデターでの中国革命の挫折がきっかけとなり、旧社会が直面せざるを得なかった歴史的性格をめぐって繰り広げられた。「中国共産党土地問題党綱領草案」（一九二七年十一月）で、いったんアジア的生産様式規定が盛り込まれたものの、翌年の「農業関係と土地闘争に関する決議」では、マルクスの「アジア的」概念は完全に排除され、スターリンの「封建的」概念がこれに代わって採用された。
このことが、その後三〇年代前半にかけて、「中国社会性質論戦」、「中国社会史論戦」として闘われることとなる、「アジア的生産様式論争」の直接的な引き金となる。この二八年の決議で、マルクスの「アジア的」所有関係が「半植民地、半封建」という新たなテーゼによって理解されたことは、単にコミンテルンを中心とする民族解放統一戦線や中国共産党内における路線闘争に止まらず、中国国内外の研究者によるアジア社会論にも決定的な影響力を及ぼすこととなった。このとき以来、本来、西欧近代的性格を帯びていたはずの「封建的」という言葉は、むしろマルクスのいう「アジア的」という言葉と同様に、前近代的意味合いの込められた社会科学のキーワードとして使われ出し、やがて当時のアジア社会論の中で定着していくこととなったのである。★4
例えば、朝鮮での印貞植、朴文秉の論争とは、こうした中国の「中国社会性質論戦」、「社会史論戦」、および日本の「資本主義論争」に影響を受けつつ展開された、一九三〇年代の朝鮮社会の性格をめぐる論争である。ここでは、印貞植が農業を基底とする前近代としての「封建制」を強調したのに対して、朴文秉はその近代的「資本制」的側面を強調した。一方、矢内原忠雄は、主に台湾を事例に帝国主義支配下での「資本主義化」の浸透、近代化の進展を総体として把握する作業を展開した。また大上末廣と鈴木小兵衛の論争は、満洲社会の性格をどう規定するか、満洲社会の近代化は誰が担うのか、日中戦争の性格をどう見るか、といった事柄をめぐる見解の相違であった。大上が満洲社会の封建制を極度に強調したのに対して、鈴木は逆に資本制の側面を強調した。ここで大上は、満洲社会の近代化が「外部」から、日本資本の満洲への進出によって「上から」展開されるとしたのに対して、鈴木は、「下から」の労農大衆が担うと主張したのである。さらに両者は、日中戦争の性格をめぐっても見解が分かれ、大上が中国市場をめぐる日・欧米帝国主義国間の対立とみたのに対して、鈴木はそれを中国民衆と日欧米帝国主義の対立とみなしていた。
一方、「中国統一化論争」（一九三六―三七年）は、一九二七年以降の蔣介石による北伐とその後の中国国民国家形成という「中国統一化」の動向の将来像をどう評価するか、という問題をめぐって展開された。矢内原忠雄は「支那問題の所在」（『中央公論』一九三七年二月）の中で、蔣介石政権による「資本主義化」の道が進むと予測した。これに対して、満鉄調査部の大上末廣は、「支那資本主義と南京政府の統一政策」の中で、半植民地・半封建の中国社会は変わることはないであろうと予測し、矢内原の「資本主義化」とは正反対の見通しを発表した（『満洲評論』一二巻一七号）。これらはいずれも、「上からの資本主義化」の必要性の有無を論じたものだが、大村達夫（中西功）は、「下からの運動」や民族解放運動の力量を評価し、そこに将来への大きな可能性を見出したのである。★5

こうした中、中国における反帝・民族運動の昂揚に対して軍事力の行使によって権益の確保を謀る強硬論が強まると、満洲事変（一九三一年）を契機に、日本による中国侵略がはじまった。その際、少数者である日本人が占領地域における支配を維持すべく、中国人、朝鮮人などの諸民族からの一定の協力・提携をとりつけようと提出されたのが、橘樸らによる「五族協和」論である。ここでも満鉄調査部を中心とする一九二〇年代からのアジア社会論の蓄積が、その理論の構築に全面的に活用されたことはいうまでもない。

さらに、日中戦争期には、侵略を継続する日本帝国主義と国共合作によって抵抗する中国が全面的に衝突していくこととなる。こうした長期持久戦へと突入する中で、日本の左派・進歩派知識人が日本帝国主義の自己批判と日中提携を提唱したのが、「東亜連盟」論と「東亜協同体」論であった。このうち「東亜連盟」論は、満洲事変の首謀者であった石原莞爾が提唱し、宮崎正義『東亜連盟論』（一九三八年）によって、伝統的中国の「王道」概念を用いて理論化された。それはアジア諸国の民族主義連合と国家の革新経済・統制経済によって、東アジアの開発・発展を実現し、欧米帝国主義からの解放を企図する試みであった。他方、「東亜協同体」論は、近衛首相のブレーン集団である昭和研究会の革新的知識人たち（三木清、尾崎秀実、蠟山政道、加田哲二など）を中心に提起された。それは戦時下の日本国内における社会変革によって帝国主義的対立を克服し、諸民族が自立し、協同する新たな東アジアの形成を大胆に企図する思想的・政策的な運動であった。その理論的基礎となっている「協同主義」とは、既定の統一体としての全体性に個を包摂するのではなく、あくまでも構成要素の個的価値を否定せずに、開かれた総体性の中で、それらをアジアという一定の空間的秩序の中で再構成しようと試みる哲学のことを指した。

この「東亜協同体」論の追求する「革新」とは、例えば三木において、「一方において、現在なほ想像されるよりも多く残存してゐる封建的なものを清算して近代的になることであると同時に、他方において、近代主義を超えた新しい原理へ飛躍的に発展することである」と理解された。★6 ここで三木の議論の下敷きとなっているのが、一九三〇年代の日本資本主義論争における講座派マルクス主義の社会認識であることは論を俟たない。このように一九三〇年代のアジア社会論は、日本や東アジアの具体的な歴史をふまえた学問の体系に依拠しつつも、西洋近代を超克しようと思想的に試されただけでなく、現実的な外交論・社会政策論にまで踏み込んで、世界史的レベルで新たな展開を迫られるという激動の時代に直面していた。

しかも、この一九三〇年代のアジア社会論は、マルクス主義的方法論が主流となって、一つの体系を形成していたことにその大きな特徴がある。すなわち、西洋の衝撃を受けて変貌するアジア社会を大きく特徴付ける「封建制」をどう理解するかという視点をめぐって、既述のように、近代的「資本制」を強調する学派と前近代的「封建制」に力点を置く学派が論戦を繰り広げたのである。こうした論争は、社会科学の方法論的進化を生む契機となる一方、方法論的相違がそのまま政治変革路線の相違を内包していたために、実際の政治的対立を生む契機ともなっていた。しかし個々の社会現象をトータルな社会像の一環に位置づけ、社会総体の性格を議論するという当時の論争は、社会科学の方法論的陶冶を進めたという点では、一九二〇年代やそれ以前とは異なる大きな特徴を有していたといえる。それは日本のマルクス主義的社会科学者が最も輝いた時代であり、そしてさまざまな意味でアジア社会論の新たな創生に寄与した時代でもあった。

3　一九四〇年代におけるアジア社会論の再編

こうした一九三〇年代のアジア社会論に変化をもたらす転機が、日中戦争から太平洋戦争への移行期に現れる。一九四一年十二月、アジア太平洋戦争が勃発すると、日本軍は翌四二年前半までに東南アジアの広大な地域を占領し、フィリピン、英領マラヤ、蘭印、スマトラ、ビルマなど中枢部を陸軍軍政部が、他の周辺地域を海軍民政府が管轄するかたちで占領地行政をスタートさせた。

軍政監部のもとには調査部が設置され、日本国内の大学や調査機関より占領地域別に調査部隊が派遣されることとなった。シンガポール南方総軍には東京商科大学（現一橋大学）、ジャワには東亜研究所、フィリピンには三菱経済研究所、北ボルネオには太平洋協会、そしてマラヤ、スマトラおよびビルマには満鉄調査部、それぞれの調査部員が分担派遣され、各地で軍政に協力し調査活動を展開し、統治政策の立案に協力した。東京商科大学からは、赤松要を団長に杉本栄一、板垣與一、高橋泰蔵、山田雄三らが参加したが、彼らは敗戦直前のインドネシア、マレーシアの独立運動とかかわり活動していた。[★7]さらに東亜研究所からは、柘植秀臣、井上謙二、浜井生三、西田正夫、宮崎彦吉、南部農夫治など六十数名が参加し、また満鉄調査部からは、枝吉勇を団長に江間江守、平野栄、川島重吉ら、四十五名が参加した。[★8]

このように、それまでの一九三〇年代アジア社会論とは異なる流派に身を置きつつ、南方調査に参加した赤松要、板垣與一らには、朝鮮・台湾・満洲・中国といった東アジアの地域を主たる調査フィールドとはせず、東南アジアを選択したという点で、一九三〇年代までのアジア社会論にはないいくつかの特徴が見られた。赤松は、一九四〇年東京商科大学に東亜研究所が設立された際、その研究部長に就任、四三年一月南方軍政総監部調査部長として東南アジア調査に乗り出すまで、朝鮮・台湾・満洲・中国の調査を手がけることはなかったし、[★9]板垣もまた、東京商科大学卒業後、四〇年に南方調査に出て、その後南方占領地研究に向かうまで他の先行植民地、占領地研究を行なうことはなかった。★10 このように、赤松らが朝鮮・台湾・満洲・中国研究よりも「南方」研究をまず手がけたのは、彼らが本格的に地域研究に着手する時期がいずれも一九三〇年代後半から四〇年代初頭にかけての時期で、「南方」問題が最重要課題にクローズアップされた時期であったことと深く関連しているとみられる。

以上のように、一九三〇年代までのアジア社会論が朝鮮・台湾・満洲・中国など東アジアを主な対象とするものであったのに対し、一九四〇年代に新たに生まれたそれは、日本の東南アジア占領とそれに対する補助的な役割を果たしつつ、欧米の植民地統治を基礎に形成された新分野・新方法論を包含するアジア社会論であったということができる。★11 だが、こうした日本のアジア社会論は、たえず日本のアジア地域への膨張の一翼を担うか、あるいはこれを批判する地域研究の一つとして展開されてきたという点において、一九三〇年代と四〇年代のそれはともに共通していた。いずれにせよ、こうした日本におけるアジア研究の一大転換点で展開されたのが、一九三〇年代のアジア社会論であったことに何ら変わりはない。それは帝国の総力戦が与えた衝撃によって構造的変容を遂げつつあった人文・社会科学を武器として、ある種の集団的知性が創出した壮大な思想的かつ社会・経済政策的運動のことを意味していた。

4 戦後におけるアジア社会論

だが、一九四五年八月の日本の敗戦は、東アジア地域での植民地の喪失と同地域での新興独立国家群の誕生をもたらし、アジア社会論が大きな変貌を遂げる契機となった。山田盛太郎を理事代表とする土地制度史学会の誕生(一九四八年)、矢内原忠雄を会長とする国際経済学会の誕生(一九五四年)、およびその展開にみられるように、戦後のマルクス主義社会科学の解禁にともなう戦前のアジア社会論の復活は、帝国主義の理論と歴史・現状分析の一部として、また世界経済論の一環として実現されることとなった。

また一九五〇年代以降、戦後の「地域研究」の広がりの中で、現代中国学会（一九五一年）、朝鮮史研究会（一九五九年）、東南アジア史学会（一九六六年）などが誕生し、地域ごとの活動を再開しはじめていた。さらに一九五一年、加田哲二を初代の理事長としつつ、藤崎信幸が中心となってアジア問題調査会が結成され、会長には緒方竹虎が、理事長には元フィリピン公使の石井康が、常任理事には岸信介がそれぞれ就任し（五三年）、また一九五三年には、「学者と実際家との総合的協力により」産学官連携で「アジアの政治・経済問題に正面から取組み、これを理論的・実証的に研究」（「設立趣意書」）し、アジアの現状を分析する目的で、板垣與一、川野重任、入江啓四郎らを常務理事としてアジア政経学会が誕生した。これらの人脈が中心となって、一九五八年に国のシンクタンクとして設立されたアジア経済研究所では、アジアの開発途上国との貿易拡大など、国の政策策定のための情報収集と情勢分析を主な目的とし、経済開発や経済発展に関する研究が進められることとなった。こうしたアジア地域研究の新たな動きは、一部では戦前のアジア社会論を戦後にまで継承、踏襲しつつ、展開していたといえる。

とりわけ、日本と東南アジアの経済連携を作り出そうという赤松要をはじめとする一九四〇年代のアジア社会論者と、旧来の北東アジア地域をも包摂した経済圏を作ろうとした一九三〇年代のアジア社会論の流れを汲む名和統一や大内兵衛、美濃部亮吉といった人々が、五〇年代初頭激しく衝突したことに、そうした戦前以来のアジア社会論の流れが読み取れる。その論議は、一九五〇年代初頭の日中国交か東南アジア国交か、全面講和か片面講和か、自衛かその否定かをめぐる論争まで継続されたという意味でも、それは現代のアジア地域研究の源流になっていたといえる。このように、一九三〇年代までのアジア社会論者と一九四〇年代のアジア社会論者は、講和問題をめぐり、中国市場と東南アジア市場の重要性を賭けて前者は全面講和を、後者は単独講和を主張して論戦を展開したが、そこでバックボーンとなっていたのも、既述のような、一九三〇年代に大きく転換していったアジア社会論であった。

5　本書の課題と構成

これまで見てきたように、一九二〇年代の実態調査、統計、時務論といった素朴な実証研究にはじまり、マルクス主義的な近代社会科学による綜合的研究を中心とした一九三〇年代のアジア社会論へと発展し、やがて一九四〇年代から戦後における途上国との経済連携推進のための実証研究を中心とするアジア地域研究へと辿りついていったのが、これまでのアジア社会論の大きな流れであった。

一方のコミンテルンを中心とする民族解放闘争と、他方の総力戦体制を背景とする日本帝国主義による植民地主義の再編という二つの大きな勢力の狭間で、一九三〇年代の社会科学は、大きな変容、組織化を遂げつつあった。そして、これを方法論的手段としたある種の集団的知性が、国民国家の枠組みを越えつつ、トランスナショナルな社会・経済的政策として打ち出したものこそ、この一九三〇年代という巨大な変動期におけるアジア社会論に他ならない。それは、あらゆるイデオロギー性を排除した「事実的」研究に重きを置き、アジア諸国との経済的連携強化を目的として戦後の主流を占めた一九四〇年代のアジア社会論とは異なり、同じ実証主義でありながらも、より「規範的」研究姿勢を貫く方法論として展開していたといえる。

ソ連崩壊後、急速に進行したグローバリゼーションの動きは、現在の「東アジア共同体」論の興隆に見られるように、再度、アジアにおける地域主義を惹起し、新たな秩序を模索しつつある。だが、これまで戦後において発達してきた価値中立（＝価値判断排除）的実証主義に基づくアジア地域研究は、「事実的」であると同時に「規範的」でもあった一九三〇年代のアジア社会論から、仮に反面教師的であったとしても、今こそ何がしかのものを学び取るべきなのではないか？　したがって本書は、一九三〇年代という危機の時代に綜合的社会科学によって試みられた「戦時変革」の諸相を、この時代の主要な社会科学者・思想家に焦点を絞り、さらにその人物らをとりまくいくつかの具体的テーマに即しつつ、以下の十章の中で、それぞれのアジア社会論について再検討することを主な課題とする。

第1章（米谷論文）は、日中戦争期の尾崎秀実の「時評」を読みなおしながら、「東亜協同体」言説をめぐる「民族」問題と「社会」問題の構成を検討している。日中戦争は、正規軍同士の戦闘では日本軍の勝利と占領地の拡大として進行したが、しだいに民衆のゲリラ戦にひきこまれる。それは、「民族」解放をめざす抗日戦争をつうじて、中国「社会」の変革への胎動をもたらした。日本の言論は、このような「民族」問題・「社会」問題の顕在化に向きあわねばならないと考えた尾崎は、「東亜協同体」言説に批判的に介入していった。米谷は、尾崎の批評活動が、東アジア規模の「戦時変革」を構想する「帝国の社会科学」に関与しながら、その可能性と限界を批判・吟味する試みだったことを論じる。

第2章（平野論文）は、一九三〇年代の戦時期において新たな変革を迎えていた植民地帝国日本の学知のあり方を探るべく、政治学者・蠟山政道に焦点を当て、アジア社会論の一側面を明らかにする。早くから国際行政への関心を示していた蠟山は、戦時期には「東亜協同体」論に見られるように、時局への積極的なコミットメントを通して、「近代政治学」から「現代政治学」への転換を唱えていた。平野はここで、植民地帝国日本を取り巻く現実政治との関わりの中で、蠟山がどのようにアジア社会の認識をめぐる枠組みの転換を試みたのかについて検討する。

第3章（道場論文）は、新明正道の政治的コミットメントである「東亜協同体」論への参加と社会学体系の構築とを、それが行なわれる現場の歴史性に即して「綜合的」に理解しようと試みる。新明の社会学は、「綜合社会学」という構想によって特徴づけられ、主体的な行為者としての社会的行為の連関に着目することで社会を「綜合的に」認識できるとした。ここで道場は、こうした新明の「綜合」への意志が、二十世紀社会科学の抱えていた課題への新明なりの対応であるだけでなく、彼と同世代の社会科学者たちに共有されていた一つの志向であったと論じる。

第4章（石井論文）は、同じ「東亜協同体」論者でありながら、尾崎や三木、蠟山といった人々に比べると、あまり多くを知られていない加田哲二について取り上げる。その「東亜協同体」論では、中国の近代化こそが「東亜協同体」の形成にとっての前提であり、日本の支配は列強の支配にとって代わるようなものであってはならず、その帝国主義的膨張を抑制するためにはまず資本主義の問題を解決しなければならないと理解された。ここで石井は、いくつかのテクストに内在しつつ、加田の「東亜協同体」論のもつ独自の言説空間の位相を浮かび上がらせようと試みる。

第5章（大澤論文）は、積極的に「東亜協同体」論を展開した三木清と船山信一の思想的交流の軌跡に焦点をあてることにより、二人の思想家が戦時期の言論空間に占めた位置の解明を試みる。相互の影響の痕跡を逐一整理することで、三木のテクストを読解するだけでは見えてこなかった「東亜協同体」言説の生成過程を具体的に浮かび上がらせる。また、大澤はここで、三木や船山が「東亜協同体」論に垣間見た「希望」とはどのような可能性を意味するのか、そしてその「希望」はいかに変容していったのかを明らかにするべく、二人の時事評論群を時代的コンテクストに還元しなおしていく。

第6章（盛田論文）は、平野義太郎ら『日本資本主義発達史講座』に拠った人々を中心に、日本のマルクス主義的知識人が一九三〇年代の中国を中心としたアジアの「危機」をどのように捉えたかについて検討する。この戦時期マルクス主義は、「半植民地・半封建社会」論の提起によって、アジアおよび植民地に現れた危機への理論的介入を試み、弾圧や転向を経過しつつも、大きな影響を及ぼすこととなった。盛田はここで、戦後啓蒙派の揺籃期とされる戦時期について、状況に対する抵抗のみを取り出すのではなく、「戦時動員」を通じた主体形成との関わりという状況への親和性にも目を向ける。

第7章（小林論文）は、マルクス主義的社会構成体をめぐる戦前の論争においても、すでに近代化への評価と認識を論争の中に取り込んでいた論者として満鉄調査部員、大上末廣にその典型例を見つつ、同期の満鉄調査部員の宮崎正義との比較で一九三〇年代から現代までを貫く歴史認識の変遷史をめぐる論争への関与を試みる。小林は、東アジアの歩みを近代化と近代国家の形成史として把握する動きが顕著となった戦後の日本において、その端緒を戦時中の南方調査の中に見出しつつも、戦後の近代化論が戦前・戦中の社会構成体論を後方へと追いやっていったと見る。しかし、大上の問題意識の根底には、中国社会の変革は外部からの資本主義の手による近代化以外にはないという発想が強くあり、この点ではウィットフォーゲルや橘樸とも問題意識を分け合える関係だったと論じる。他方宮崎は、「王道主義」を掲げつつも、結果的には資本の論理に基づく無条件の開発主義を提唱しており、大上とは対照的な論理展開を見せたとする。

第８章（福井論文）は、満洲において合作社運動を展開した佐藤大四郎の思想と行動の意味を究明すべく、その思想形成をマルクス主義の受容、橘樸との出会いの中で考察する。その際、いわゆる「濱江コース」と呼ばれた、貧農を対象とする満洲における協同組合運動の基本方針となる『綏化県農村協同組合方針大綱』を分析し、そこに現れた佐藤大四郎の協同組合思想を通して、佐藤大四郎の人と思想についての論及を試みる。さらに関東憲兵隊による合作社事件といわれる「濱江コース」への弾圧とその背景を、国際情勢の緊迫に伴う、満洲国の統治権力内部の確執や総力戦体制内部に孕む矛盾を踏まえて分析する。

第９章（洪論文）は、植民地朝鮮の代表的なマルクス主義農業経済学者であった印貞植の理論と実践にスポットを当て、植民地期・解放後における朝鮮人の思想的模索の一端を明らかにする。ここで洪は、解放を挟んで起こった二回の転向という重い事実を、印貞植個人の問題のみに帰すのではなく、当時の朝鮮の知識人が置かれていた窮境を現す思想史の課題として受け止めようと試みる。

第10章（辛島論文）は、第一次世界大戦後における世界秩序の変容を受けて新しい課題に直面した、戦時期の植民政策学について検討する。植民地や従属国の反帝国主義闘争やナショナリズム、ウィルソンやレーニンによる民族自決論は、第一次大戦後の帝国に一つの問題をつきつけ、一九三〇年代には国民国家／ナショナリズムの超克と広域圏理論／広域秩序の模索が知識人にとっての大きな課題となった。ここで辛島は、植民政策学を主導した経済学者たちが、いかに「植民地なき帝国」像を描いたかについて明らかにする。

（文責・石井知章）

［注］

（1）大澤聡「〈集団的知性〉の分析はいかにして要請されるか」（『情況』二〇〇七年三・四月号）は、「集団的知性」というキーワードのもと、間接的に形成される集団的な知のネットワーク構造をメディア・言説の次元において再検討すべきことを提起している。また、小林英夫『満鉄――「知の集団」の誕生と死』（吉川弘文館、一九九六年）、および小林英夫・福井紳一『満鉄調査部事件の真相――新発見史料が語る「知の集団」の見果てぬ夢』（小学館、二〇〇四年）は、「知の集団」をキーワードに据え、満鉄周辺に確認された直接的な人的交流に重点を置いて分析している。本論集は全体を通して、「集団」に関するこれらのアプローチの総合を企図するものであり、ここではより包摂的な分析概念として「集団的知性」を使用している。

（2）中身立夫「日本的「東洋学」の形成と構図」（岸本美緒編『岩波講座「帝国」日本の学知 第三巻　東洋学の磁場』岩波書店、二〇〇六年所収）参照。

（3）三輪公忠編『再考太平洋戦争前夜――日本の一九三〇年代論として』（創世記、一九八一年）、二〇二―二〇四頁。

（4）石井知章『K・A・ウィットフォーゲルの東洋的社会論』（社会評論社、二〇〇八年）、第五章参照。

（5）『支那問題研究所所報』第四号（一九三七年四月）。なお、「中国統一化」論争をとりあげた近年の研究としては、米谷匡史「戦時期日本の社会思想――現代化と戦時変革」（『思想』八八二号、一九九七年十二月）、および西村成雄「日中戦争前夜の中国分析」（前掲『「帝国」日本の学知』第三巻）参照。

（6）三木清「全体と個人」（『文藝春秋』一九三九年六月、『三木清全集』第十四巻、岩波書店、一九六七年所収）、および米谷匡史『アジア／日本』（岩波書店、二〇〇六年）、参照。

（7）板垣與一『続アジアとの対話』（論創社、一九七八年）、一七四頁。

（8）柘植秀臣『東亜研究所と私――戦中知識人の証言』（勁草書房、一九七九年）、川島重吉『青春の思い出 南半球の満鉄調査団――マレー・スマトラ・ジャワ』（私家版、一九八六年）、深見純生「東南アジアにおける日本軍政の調査」（『南方文化』第十五輯、一九八八年十一月）参照。

（9）小島清編『学問遍路』（世界経済研究協会、一九七五年）、参照。

（10）板垣前掲、参照。
（11）岸本編前掲『「帝国」日本の学知 第三巻』、および小林英夫『満鉄調査部の軌跡』（藤原書店、二〇〇六年）、参照。

［参考文献］

小林英夫「一九四〇年代アジア学の拡大と変容」（『東アジア共同体の構築3　国際移動と社会変容』岩波書店、二〇〇七年）。

酒井哲哉『近代日本の国際秩序論』（岩波書店、二〇〇七年）。

原覚天『現代アジア研究成立史論』（勁草書房、一九八四年）。

三輪公忠編『日本の一九三〇年代』（彩流社、一九八一年）。

米谷匡史『アジア／日本』（岩波書店、二〇〇六年）。

【第1章】

尾崎秀実の「東亜協同体」批判

日中戦争期の「社会」問題

米谷匡史

はじめに

日中戦争期の「東亜協同体」論は、日本の侵略・占領と中国の抗日ゲリラ戦が交錯するなかでうみだされた。戦時社会変革によって植民地／帝国主義の抗争をのりこえ、多民族が自主・協同する広域圏を形成しようとする言説である。それは、日本帝国主義についての一定の自己批判をふくんでいたが、あくまでも侵略する日本の側から、抵抗する中国に向けて呼びかけられた理念である。「東亜協同体」をめぐる言説空間は、同時代の中国との抗争のなかで、近代日本のアジア連帯論／社会変革論のあり方が試される場となった。

ここでは、「東亜協同体」言説を中国との抗争の場へと引き戻し、批判的に問いなおすことにこだわった尾崎秀実の言論を再検討したい。

尾崎は「東亜協同体」論について、日本を盟主としてアジア解放を弁証する欺瞞的なものとみなして強い疑念をいだいていた。しかし、中国との抗争関係のなかで、「民族」問題・「社会」問題が浮上し、否応なく向き合わざるをえなくなっていく状況に注目した。

日中戦争下、正規軍同士の戦闘では日本軍は勝利をかさね、占領地を拡大させていくが、しだいに民衆の抗日ゲリラ戦にひきこまれていく。たとえ中華民国という「国家」との戦闘には一時的に勝利しえたとしても、中国「社会」との抗争では勝利の見通しはたたず、戦争は長期化していった。

そして、抗日戦争の渦中で、中国「社会」が変革されつつあること、その衝撃が日本にも連動・波及し、東アジア全域における社会革命の導火線になりうることを尾崎は予見した。ここでは、尾崎の日中戦争期の「時評」を読み解きながら、東アジアの「社会」問題がいかに論じられたのかを吟味したい[★1]。

これは、一九三〇年代の総力戦下の知の変容を、東アジアの連関のなかでとらえかえす試みの一環である。近年の「総力戦体制論」によって議論されてきたように、一九三〇年代の近代社会の危機のなかで、戦時動員をつうじて社会再編がすすめられるとともに、人文・社会科学の知の枠組も変容をとげていった[★2]。それは一国単位の社会再編ではなく、抵抗する中国や、朝鮮・台湾など植民地との連関のなかでとらえかえすべきものである。日中戦争期の「東亜協同体」論、そしてアジア・太平洋戦争期に浮上する「近代の超克」論・「世界史の哲学」は、東アジアの連関のなかでうみだされた言説であり[★3]、尾崎はそのポリティクスをきわどく論じていた。

1　西安事件と「中国統一化」論争

尾崎秀実が、中国問題を専門とする批評家・ジャーナリストとして脚光をあびるきっかけとなったのは、西安事件(一九三六年十二月)の帰趨をいちはやく的確に分析した論考「張学良クーデターの意義」[★4]であった。ここでは、日中開戦前夜における尾崎の中国問題への向き合い方を確認しておきたい。

一九三〇年代半ばは、軍閥抗争や内戦による分裂をくりかえしてきた中国において、帝国主義に抵抗する民族意識・ナショナリズムが民衆のなかで強まり、「統一化」への気運が高まっていた時期である。当時はなおも国共内戦が進行中であったが、両勢力は民衆が求める「統一化」の主導権を競いあう関係に入りつつあった。

共産党は、一九三五年夏のコミンテルン第七回大会での人民戦線、植民地・半植民地における反帝民族統一戦線の提起をうけて、国共内戦の停止と一致抗日を呼びかけていた。他方、国民政府（国民党による中華民国政府）は、イギリスの金融支援による幣制改革（一九三五年十一月）を成功させ、翌年夏には西南政権（広東・広西の反蔣介石派の軍閥政府）を屈服させて、「中国統一化」の主導者としての存在感を高めつつあった。

そして日本帝国主義は、この動向に真っ向から対抗する形で、中国への侵入を深めていった。満洲事変をめぐる日中政府間の戦闘は、塘沽停戦協定（一九三三年五月）によって一段落するが、その後も日本軍による華北分離工作がすすめられ、冀東防共自治政府などの傀儡政権が設立される。日本帝国主義は、中国の「統一化」を妨害し、「分裂」を助長しながら、「親日」的な勢力・地域を確保することによって利権・勢力圏を保持・拡大してきた。その足がかりをさらに華北に見出して「第二の満洲国」とし、「日・満・北支ブロック」を形成しようとするのである。そして、分離・独立派の内モンゴル軍を日本軍（関東軍）が支援する形で綏遠事件（一九三六年十一月）が起きるが、国民政府軍によって退けられた。

このように、国共両党が競いあう「中国統一化」の動向と、日本帝国主義の侵入・分裂工作、さらに中国情勢へのソ連やイギリスの関与が交錯するなかで、西安事件が発生した。そして、国共内戦から国共合作・抗日へと向かう転回点となったのである。

ただし、事件発生の当初は、監禁された蔣介石の生死すらわからず、独裁者を失った国民政府が瓦解・分裂に向かうのか、国共内戦や軍閥抗争がさらに激化するのか、内戦が収束して国共合作と抗日へむかうのか、結末がわからないままに情報が飛び交い、さまざまな憶測がなされていた。

そのなかで尾崎は、事件発生の報道をうけたその日のうちに「張学良クーデターの意義」を一気に書きあげた。そこでは、蔣介石がなお生存しているであろうこと、国民政府による「中国統一化」は容易には瓦解しないこと、なんらかの形で国民政府・張学良軍・共産党の間で交渉がすすむであろうこと、共産党の影響力が増大し、日本は抗日運動・人民戦線と対峙せざるをえないこと、などの大胆な予言をくだしていた。それは、事態のその後の推移を的確に予言するものとなり、尾崎は一躍論壇で脚光をあびた。

この論考で尾崎は、「中国統一化」問題について、独特の視座を提示している。西安事件によって中国の分裂・混迷が深まり、日本にとって有利となるだろうと安易に期待する右派の視座を批判し、中国が「統一」に向かう傾向の根強さを強調する。しかし他方で、国民政府による統一は「外形的」なものにすぎず、英・米の金融支援に依存する半植民地的なものであることに注意を向ける。そして、中国の統一と自立を求める民衆の願望にこたえて、共産党が勢力を拡大し、人民戦線の主軸となっていくことを予見している。人民戦線派は、「台頭する民族意識の満潮に乗じて国内統一の問題をも内に包摂しつゝ、国民党をも含めた広汎なる人民戦線を構築しようと努力して来た」[★5]。そして、西安事件後にさらに強まるであろう人民戦線と、日本は対峙せざるをえなくなると警告を発していた。

この後、日中開戦が避けられるか否か、危機意識が高まる緊迫した状況のなかで、まさに時代の危機と共振するかのように、尾崎の批評活動は本格化していった。そして、中国の動向と日中関係の行方を的確に指ししめす一種の〈予言者〉として、中国の抗日運動と直面する危機をうったえる〈警世家〉として、尾崎は注目をあつめることになる。

西安事件への批評に表れた彼の問題関心は、その後の「中国統一化」論争のなかで、より明確に展開されている。西安事件の帰趨が、国共内戦の停止と国共合作による抗日へと向かったことによって、日本の各方面で、日中の全面衝突を回避する可能性が探られた。それは、中国の「分裂」を助長してきた従来の侵略政策を是正し、国民政府を「統一化」の主導者として承認しながら、日中経済提携に向けて方向転換を試みるものであった。その兆しは、一九三七年二月に外相に就任した佐藤尚武が、新たな外交方針（対支新政策）を表明したことによって顕在化した。軍部内では、陸軍参謀本部の石原莞爾派も同様な方針転換を模索しており、これらの動きは、排日運動によって中国市場での経済活動が困難となりつつあった経済界の要望によってバックアップされていた。

その気運のなかで、矢内原忠雄「支那問題の所在」（『中央公論』一九三七年二月号）の問題提起を皮切りに、「中国統一化」論争が展開した。[★6]そこでは、中国の「統一化」がすすむか否か、その担い手となるのは国民党か共産党か、その動向に日本はどのように向き合うべきか、などをめぐってさまざまな議論が交わされた。その対立構図は、おおよそ以下のようなものである。

①右翼・左翼の双方に見られる中国・アジアの「停滞」論を批判し、国民政府・浙江財閥を中心とした資本主義的発展によって中国の「統一化」がすすむことを予見したうえで、国民政府を統一政権として承認し、それと提携する方向へ方針転換すべきことをうったえる矢内原忠雄。

②中国社会に広範に残存する半封建性のため、中国には自主的な発展の契機がなく、むしろイギリス金融資本などに従属する植民地化がすすんでいると矢内原を批判する大上末廣。

③一方では、イギリス金融資本への従属がすすむ契機をとらえていないと矢内原を批判しながら、他方では、労農大衆にささえられた自主的な「統一化」への動向をとらえていないと大上を批判し、その主導者を共産党に見出す中西功・尾崎庄太郎・尾崎秀実ら。

これは、矛盾を抱えながら変動していく中国社会をとらえる認識枠組の再検討が、中国にたいする実践的な関与のあり方の問いなおしと連動していた点で、きわめて興味深い論争である。

そのなかで、とりわけ大上末廣と中西功の対立は、マルクス主義者の中国社会分析の分岐点を示している。中国社会の半封建性・「停滞性」を強調する大上の視座は、日本の侵略的関与によって中国・アジアを発展させようとする強硬路線を、左翼の側から正当化することにつうじる危うさをはらんでおり、中西はそれをきびしく批判していた。[★7]ただし、③の立場のなかでも大上への批判に重点をおく中西にたいし、尾崎の関心は矢内原への批判に重点をおくものであった。

中国の「統一化」を承認したうえでの「日支経済提携論」も、市場・原料供給地・投資先として中国をくみこもうとする日本資本主義の要求にそったものであり、「経済侵略の一方式」に他ならない。[★8]

他方で、中国の半植民地状況からの解放を求める民族運動の波動のなかで、国民政府はこの問題を根本的に解決する勢力たりえず、その「統一」は「擬態」に過ぎない。

支那の民族解放運動と日本の所謂大陸政策の方向とは本質的に相容れないものである。しかして問題は国民党政権がこの巨大な民族運動の波頭に乗つてはゐるもの丶、決して自らこの波を指導し、コントロールする力の無いことである。しかも最近発展しつ丶ある事態はまかり間違へば国民政権をこの波頭から叩き落す危険性をもつてゐることである。[★9]

したがって、国民政府と日本が妥協・提携に向かい、日中関係の行き詰まりを打開しえたとしても、「それは恐らくは表面的であり、かつあくまで一時的でしかない」[★10]と尾崎は見ていた。そして、中国侵出をすすめる日本の「大陸政策」と、しだいに高まっていく中国の抗日運動・人民戦線との衝突は不可避と考えたのである。

このように尾崎は、「東亜」における戦争の危機が高まっており、一時的に先送りすることができたとしても、やがては不可避に破局に向かうと判断していた。そして、スペイン戦争などによって危機をかかえたヨーロッパの動向と連動し、やがて勃発する世界戦争の一環となっていくことを予見したのである。[★11]

2　日中開戦と社会革命の徴候

一九三七年七月、盧溝橋事件の発生当初は、日本側では、軍事的な圧力によってやがて国民政府が屈服し、短期的に決着がつくだろうとの予想が多かった。しかし、尾崎は当初から、これは中国の抗日運動との全面衝突の始まりであり、短期的には解決できず長期化すること、さらに英・米やソ連との対立に連動し、第二次世界戦争へと否応なく発展することを予見していた。[★12]

尾崎は、後に獄中でくりかえし供述するように、世界資本主義の行き詰まりが世界戦争をひきおこし、階級闘争を激化させると早くから予見しており、第一次世界戦争からソ連が生まれたように、第二次世界戦争をつうじて社会主義革命が拡大し、世界共産主義社会の到来へ一歩近づくという歴史像をいだいていた。[★13]

ただしその判断は、マルクス主義の公式的な歴史発展法則にもとづいて考えられただけではなく、中国・アジアの政治・経済・社会情勢をめぐる具体的な分析によってささえられていた。

尾崎は開戦当初から、抗日戦争をつうじて中国の社会革命が進展することを予見していた。開戦三ヵ月後の論説「支那は果して赤化するか」では、「支那の所謂「赤化」は大体間違ひの無い趨勢であらう」と早くも断定している。[★14]

さらに、『改造』の上海戦勝記念・臨時増刊号に寄稿した「敗北支那の進路」は、国民政府の敗退を論じながらも、中国社会の抵抗の根強さを強調し、「遊撃戦を中心とする長期戦」となるという。そして、抗日戦争をつうじた「統一化」の進展について、次のようにのべている。

> 支那の長期抗日は……日本が今後幾年かに亘つて回避し得ない現実の課題でなければならない。／支那に於ける統一の趨勢は、厳然たる事実である。それは砲火と爆弾によつては容易に打破り難いものである。[★15]

さらに、「支那に於ける統一は非資本主義的な発展の方向と結びつく可能性が特に増大しつ、ある」と結論づけ、資本主義を修正・変革していく社会革命の動向を提示している。

ここで尾崎は、国家としての中国（中華民国・国民政府）と、中国「社会」の動向を腑分けしながら批評している。中国は国家の正規軍同士の戦闘においては、強力な軍事力をもつ日本軍に敗北する。そして、上海などの地盤を喪失し、奥地へと退却する国民政府は弱体化していくが、抗日ゲリラ戦をつうじて、むしろ中国社会の凝集力は強まり、「統一化」は進展していく。そして、抗日戦争への民衆動員をつうじて、農民・労働者の地位が高まり、共産党が勢力を拡大して、社会革命が胎動しはじめると考えたのである。

すなわち、中国は国家としては戦闘に「敗北」するが、中国「社会」の抵抗はむしろ強化される、そして、日本は正規軍同士の戦闘には一時的に勝利するが、中国民衆の抗日ゲリラ戦に直面せざるをえず、戦争は長期化する、というのが尾崎の判断であった。日中戦争をつうじて、むしろ中国の「統一化」がすすみ、国民党はその担い手たりえず、共産党が台頭していく。このような尾崎の関心は、日中開戦前夜の「中国統一化」論争での論点をひきついだものであった。

尾崎はその後、抗日戦争をつうじて「支那革命」が進展することをくりかえし論じている。後に刊行する『支那社会経済論』の「序論」では、日中戦争について、「支那社会自身の、私のいふ意味における広義の支那革命の、不可避的な一つの段階である」と明確にのべ、自らを「支那革命の従軍記者」と自任している。★16

このように尾崎は、抗日戦争をつうじて、甚大な苦難をかかえながら生まれ変わろうとしている中国社会への強い共感をいだいていた。ただし自らは、中国に侵略し、抵抗にさらされる帝国主義国日本の側におかれた人間である。そして、たんに客観的に中国の動向を分析するのではなく、時局に主体的にコミットし、総力戦状況のなかで「戦時変革」を試みるようになる。それは、中国の抵抗に応えながら、日本の側から帝国主義体制を変革していく営みである。

その転回が生じたのは、戦争が長期化することが明らかとなった一九三八年のことである。同年一月十六日の第一次近衛声明は、「国民政府を対手とせず」、占領地に設立された傀儡政権である「新興支那政権」を育成し、これと提携する強硬方針を表明していた。しかし、国民政府は徐州戦（四―五月）をへても屈服せず、長期にわたる抗日戦争を持続する態勢をとった。そして、占領地の傀儡政権（北京の臨時政府、南京の維新政府など）は弱体であり、各地でゲリラ戦がつづく。こうして、漢口戦（八―十月）によって日本の占領地拡大はほぼ限界に達し、広大な占領地を「経営」しながら、抗日ゲリラ戦と対峙する長期持久戦へと移行したのである。

その間、尾崎は、「長期抗戦の行方」（五月）では、日中戦争について、「恐らくは日本に本質的な根本的な改造を齎すことを伴はないではこの問題は解決し得る性質のものではないであらう」とのべている。[17]また、「長期戦下の諸問題」（六月）では、「国内機構全般にわたる急速なる編成替へ」が必要となると判断し、その兆しとして国家総動員法・電力管理法などの統制立法や、国民健康保険法などの社会立法を挙げている。[18]本格的にはじまった総力戦状況のなかで、戦時社会主義的な実験がおこなわれ、社会主義へ向かう過渡期の第一歩となりうると考えたのである。[19]

当時は、こうした「戦時変革」の路線へコミットする知識人たちが急増する時期であった。三木清は、一九三八年六月に発表した「現代日本に於ける世界史の意義」「知識階級に与ふ」において、「東洋」を統一・解放し、資本主義の諸矛盾を克服するため、時局に積極的に関与すべきことを提起した。そして、七月七日には、昭和研究会で講演「支那事変の世界史的意義」をおこなった。[20]この三木の呼びかけが火つけ役となって、同年後半には、多くの知識人が日中戦争に「世界史的意義」を見出し、「戦時変革」にふみこむ形で「転向」していったのである。

尾崎自身は、すでに日中開戦前から昭和研究会のメンバーとなっていたが、一九三八年七月には朝日新聞社を退社し、近衛内閣の嘱託となって、政策立案に深く関与しはじめる。こうして尾崎は、総力戦状況のなかで、「戦時変革」を試みる危うい路線に入っていった。

そのさい、彼がとりわけ重視したのは、中国の広大な地域を占領した日本の「銃後」の社会が、抗日戦争をつうじて変動していく中国社会と交錯・連鎖していく事態であった。それによって、日本内部へと反作用が生じ、社会変革を促していく可能性が生じると考えていた。

「漢口戦後に来るもの」（十月）では、「日本の側から見て、漢口を頂点とする画然たる一つの体制――体系《システム》を一応完成せしめるといふこと」に注目したうえで、「この「体制」を支へて行くために日本の社会国家機構全般をどう変革して行くかといふ問題」が現れることを提起している。★[21]

その頃、尾崎はとりわけ、中国における農業革命と日本国内の農村問題との連関に注目していた。「新支那建設と国内問題」（十二月）では、抗日戦争において、「ゲリラ戦は農民を基礎として展開され、常に農業革命を伴つてくるもの」であり、それに対抗する日本の占領は「農業革命に対抗する経済戦」となることを指摘している。そして、「内地農村問題の徹底的解決を図るプランの実行と結びつかない支那農村対策といふものは足のない頭脳の如きものに過ぎない」のであり、「支那問題の解決は同時に国内問題の解決を要請する」として、「支那大陸建設と国内問題解決との関連の認識」を強調している。★[22]

そして、近衛内閣が「革新」政策をかかげ、革新派と現状維持派が対抗する国内政治の動向に、社会変革のための介入の余地を見出していた。「漢口戦後に来るもの」の末尾では、「日本国民、日本社会は底深いところから深く動かされつゝ」あり、「政治指導部はその方向を見定めこれに対処する妥当なる政策を講じなければならない」が、「この両者の中間には官僚的、資本家的な既成機構の深い層が幾重にも存在し、最高政治指導部と、動かんとする大衆との間に絶縁体――少くとも不良導体を形成《かたちづく》つてゐる」とのべている。★[23]

ここで尾崎は、「革新」政策をかかげる近衛内閣を支持しながら、下からの国民再編成の運動をおしすすめることによって、中間に介在する現状維持勢力を挟撃し、日本資本主義機構を変革しようと考えている。このような情勢判断をくだした頃、「東亜協同体」論が唱えられ、その論議に尾崎は介入していくことになった。

3 「東亜協同体」批判

軍事的圧迫による戦勝の見込みを失ない、ゲリラ戦にひきこまれて手詰まり状態に陥った日本政府は、一九三八年十一月三日、「東亜新秩序」建設を呼びかける第二次近衛声明を発表した。そこでは、交渉相手として否認してきた国民政府にたいし、容共・抗日路線から防共・親日路線への転換を条件として、日中提携を呼びかけている。そして、これに呼応する汪精衛（兆銘）派との間で、和平交渉が開始された。

これは、日本を盟主として東アジアの再編成をおしすすめ、その「新秩序」のなかに中国を包摂しようとするものであり、帝国主義の一変種にほかならない。ただし、中国を軍事的に制圧しようとする強硬方針を緩和しながら、柔軟に外交交渉を試みるものであり、一月の「国民政府を対手とせず」声明を実質的に修正するものであった。そのため、一方的な侵略から日中提携への政策転換を試み、和平を探るシグナルとして注目され、大アジア主義、経済ブロック論、「東亜連盟」論、「東亜協同体」論など、さまざまな議論が提示された。

これらのうち「東亜連盟」論や「東亜協同体」論は、「中国統一化」を承認しながら日中提携を試みるものであり、日本帝国主義の大陸侵略への一定の自己批判をふくむものであった。[★24]

とりわけ「東亜協同体」論は、昭和研究会の革新派の知識人や、労農大衆を基盤とする社会運動勢力（社会大衆党・日本革新農村協議会など）が唱え、支持していた。[★25] 総力戦下の「戦時変革」によって、資本主義の政治・経済・社会構造を修正・変革し、帝国主義とは異なる新たな東アジアを形成しようとするものである。それは、多民族が自主・協同する「社会的」な広域圏を提示する擬似的な「解放」言説であり、帝国主義の否定をつうじて、日本を盟主とする勢力圏の拡大を正当化していく新植民地主義的な言説であった。

「東亜協同体」論の口火を切った蠟山政道の論説「東亜協同体の理論」では、「日本の大陸経営の最高の目的は民族協和を内包する地域的開発計画にある」とし、「一民族又は一国家の他民族又は他国家の征服による領土的帝国主義ではなく、民族の共存協力を可能ならしむる地域的協同体」の形成を呼びかけている[★26]。そこでは、民族解放の原動力は「日本の大陸経営」にあるとされ、抗日戦争をつづける中国に対日協力を呼びかける理念として「東亜協同体」論が提示されている。

こうした日本の言論界の動向にたいし、中国の抗日政権はきびしい批判をさしむけている。重慶の抗日政権を代表する蔣介石は、近衛声明を反駁する演説(一九三八年十二月二十六日)のなかで、「敵国の朝野を挙げて過去数ヶ月間にわたつて云ひ触らして来たところのスローガン」として「東亜協同体」論に注目したうえで、「何が「東亜協同体」であるか、これはつまり「中日合併」であり、即ち中国の日本に対する全般的帰属であり、又「日本大陸帝国」の完成でもある」ときびしく批判している[★27]。

このように日本帝国主義の修正・変革によって日中の抗争を克服しようとした「東亜協同体」論は、抗日戦争をつづける中国からのきびしい批判にさらされていた。そのなかで尾崎秀実は、中国の抵抗・批判にもっとも敏感に向き合いながら、「東亜協同体」をめぐる言説の場に介入していった。ここでは、尾崎のスタンスを示す代表的論文「「東亜協同体」の理念とその成立の客観的基礎」(一九三九年一月)を検討してみたい。

ここで尾崎は、「「東亜協同体」論の発生の必然性を見、その将来の発展可能性を信ずる」一方で、「「東亜協同体」は現実の問題としては幾多の弱点と実践の上の難点を有してゐる」ため、「敢てこの問題を批判する立場をとりたい」と表明している[★28]。

この論考で「東亜協同体」にあえて括弧をつけている点にも、その理念に一定の留保をつけて支持しつつ、内在的な批判を試みる姿勢がうかがえる。尾崎は、「東亜協同体」の「理念」にこめられたアジア連帯論に一定の評価をあたえながら、それを抵抗する中国と対峙する関係のなかで問いなおしている。タイトルにいう「客観的基礎」とは、たんに経済的な下部構造のことではなく、「東亜協同体」の理念の成立が突きうごかされ、その主観的意図をこえて、中国との関係のなかで試されている現実の動向を表している。

尾崎は元来、明治以来のアジア主義にはきわめて批判的であり、アジア侵略をすすめる日本が、一方的にアジア・中国に連帯を呼びかけるあり方に強い疑念を抱いていた。[★29] そして「東亜協同体」を論じるさいにも、既存のアジア主義の系譜からの切断を試みている。

「東亜協同体」の理念は既に古いものであらう。……又それは、「東亜連盟」の思想とともに「大亜細亜主義」論の流れをも汲むものでもあらう。併しながら現下の状勢のもとにおける「新秩序」の実現手段として現れた「東亜協同体」は、まさしく日支事変の進行過程の生んだ歴史的産物である。[★30]

そのうえで尾崎が強調するのは、日中戦争期の日本が、抗日戦争をつづける中国と向き合わざるをえず、帝国主義の自己批判・修正を迫られるにいたった事態である。

東亜協同体論の成立の基礎の一つが、……日本の一方的方式によつて東亜諸国を経済的に組織化することが困難なりとの事実が明確となつた結果にあつたことは事実である。かゝる意味から云ふならば、「東亜協同体」論の発生を最も深く原因づけてゐるものは、支那における民族の問題を再認識したところにあると思はれるのである。[★31]

そして、帝国主義からの民族解放を求める中国民衆の動向は、国民党や共産党、あるいは日本占領下の「親日」政権など、政治上層部の対立をこえて、社会の奥深いところに根ざしたものであることを論じている。

低い経済力と、不完全な政治体制と、劣弱な軍隊とを持つ支那が、とにもかくにも今日迄頑張り続けてゐる謎は実にこの民族の問題にあるのである。これは単に国家的規模に就いてのみではない。問題のゲリラ戦の戦士は勿論、一切の政治的勢力と不協同の態度を以て、たゞ大地のみを相手にしてゐるかの如き農夫や、街頭のルンペン少年にいたるまでそれ〴〵の形をもつて貫いてゐる問題なのである。★32

したがって、占領下で日本に協力する「親日」勢力を一時的に見出すことでは、問題は解決されない。「我々は武力を用ひて支那を敵及び味方の二地域に分つことは出来るのであるが、その時と雖もか丶る形で分割された二つの地域に共通にこの民族の問題は残る」。そして、「支那における民族問題の動向は現在に於いて完全に日本と背馳する方向にある」★33。

このように、ねばりづよく抗日ゲリラ戦をつづけ、民族解放を求める中国社会と否応なく向き合わざるをえない状況のなかで、「東亜協同体」論は産出された。したがって、その主観的意図・願望としてのアジア連帯論自体に可能性があるのではない。日本資本主義を変革し、帝国主義政策を修正していく実践を現実にすすめられるか否か、それが抵抗する中国社会・民衆との関係のなかで試されている。だからこそ尾崎は、「最近におけるこの歴史的大事件〔＝日中戦争〕によって、戦の相手方たる支那のみが変つたと考へ、自分たちの足下は絶対に動くことが無いと考へてゐる人々にとつては、この協同体の理念は絶対に理解出来ない」という★34。

当時の尾崎は、近衛内閣嘱託として戦時下の「革新」政策立案に関与しており、「国民再組織」の原案作成〔革新派の有馬・風見案〕にもたずさわっていた。ただし尾崎は、日本資本主義の現状維持派が強い勢力を持つなかで、「東亜協同体」の理念に準拠した「革新」の実現は困難と見ていた。今後に「幾多の曲折」が予想されるなかで、「断乎としてこれを貫く決意を持たざる限り、「東亜協同体」論は一個の現代の神話、夢たるに終るであらう」と警告している★35。

他方で、「民族革命の長期戦争」を呼びかける蔣介石の演説を引きながら、このようにいう。

民族問題との対比に於いて「東亜協同体論」がいかに惨めにも小さいかはこれをはっきりと自ら認識すべきである。さうでないならば「運命協同体」の緊密さも遂に神秘主義的決定論に終るであらう。[★36]

ここで尾崎が「運命協同体」という言葉で批判を差し向けているのは、日本主導の地域主義的な開発・発展を語る蠟山政道の「東亜協同体」論であろう。日本の大陸経営のなかに中国を包摂しようとする蠟山らの「東亜協同体」論を、抵抗する中国側の批判にさらしながら、その空虚さを批判している。[★37]

こうして尾崎は、「東亜協同体」論を一定の留保つきで支持しつつ、抵抗する中国と向き合う関係のなかで内部批判し、その可能性を限界づけていく批評を試みたのである。

4 戦時下の「社会」問題

尾崎が「東亜協同体」言説に批判的に介入した直後、内政・外交両面で行き詰まった近衛内閣は退陣する(一九三九年一月)。その後の平沼・阿部・米内内閣期の一年半は、現状維持派と革新派が対立しながら牽制しあう停滞期がつづく。同年九月にはヨーロッパで第二次世界戦争がはじまるが、日本政府の政治・外交方針は定まらず、迷走していった。

尾崎はその間、各種の「東亜新秩序」論の推移を慎重に注視しながら、革新運動の行方を見定めようとする時評を書いている。[★38]

雑誌『革新』に寄稿した論説「大陸の春を想ふ」では、「政治上層面の無風状態、停滞現象」を批判しながら、「革新の主張を正当に大衆の要求の中に据えなくてはならない」「革新を前進させるためにはまづこれを特定の「革新群」の手から広い革新の領域に解放することが必要なことであらう」とのべ、「現状維持勢力との抗争はなまやさしいものではない」「現状維持こそは最悪の反動である」という。[★39]

この間、「東亜新秩序」声明に呼応しながら「救国和平運動」をはじめた汪精衛派は、しだいに日本の勢力圏にとりこまれて「興亜建国運動」に移行し、南京に新政権を樹立する方向に向かった。同派は、抗日戦争の継続が共産党の勢力拡張をもたらすことを警戒して対日協力に向かったが、中国の自立・独立をめざす民族主義は保持しており、中国の主権確立と対日関係の対等化を要求しつづけた。そして、そのための足がかりとして、「政治の独立」をかかげる「東亜連盟」論に接近し、中国における「東亜連盟」運動を発足させた。[★40]

こうして汪精衛派は「東亜新秩序」論を受容していったが、民族主義を克服する「東亜」の社会変革を唱える「東亜協同体」論にはむしろ警戒感をもっていた。汪精衛自身が『中央公論』に寄稿した「日本に寄す――中国と東亜」では、「中国人の身になつてみれば、今やその国の亡びんことを憂へて暇のない際に更に東亜のことまで憂へ得るであらうか」とのべ、「東亜協同体」論が流行する「日本の言論界」に苦言を発している。[★41]

尾崎は、近衛内閣嘱託として汪精衛和平工作の進行状況も把握しており、日本の一方的な侵略政策を牽制する足がかりとして一定の評価をあたえていたが、汪派の政権は中国民衆の支持をえられず弱体であり、和平の実現は困難と考えていた。論説「汪精衛政権の基礎」では、占領下で日本の武力に依存する一方で、民族資本（浙江財閥）の利害を代表し、日本資本の要求を抑えていく困難さを指摘し、次のようにのべている。

すべての条件が一応ことごとく汪精衛運動によく作用し民族資産家階級を根幹とする政権が出来たとしてもそれで問題が終つたのではない。汪政権がほゞ事変前の蔣介石政権の水準に近づくといふだけのことである。その後には民族問題を根本的に解決する難問が待ちかまへてゐるのである。[★42]

日中開戦前の尾崎は、浙江財閥を基盤とした国民政府と提携する「日支経済提携」路線を批判していたが、日中戦争期の汪精衛政権との提携についても、民族問題を根本的に解決できず、一時的な妥協にすぎないと見ていたのである。

その後、一九四〇年春にオランダ・フランスが降伏し、ドイツによるヨーロッパ制圧がすすむと、「近衛新体制運動」によって「革新」の気運が再び顕在化した。[★43] 既成政党・財界などの現状維持勢力を打破し、全体主義的な新党の結成や計画経済の導入によって、新秩序をつくりだそうとする試みである。それは、英・仏・蘭の弱体化に乗じて、東南アジアに勢力を拡張しようとする「大東亜共栄圏」論と一体となったものであった。

しかし、財界や日本主義勢力が、新体制運動は「国体」に反する「赤」であり、天皇とは別個の権力中枢＝「幕府」をつくるものだと攻撃するネガティブ・キャンペーンをくりひろげた。[★44] そして、現状維持派と革新派の妥協の結果、「革新性」を大幅に薄めた官僚主導の国民動員機関として大政翼賛会が成立した（十月）。こうした動きは、植民地朝鮮や台湾にも波及し、「内鮮一体」「内台一如」による同化・動員政策が強められ、国民総力朝鮮連盟・皇民奉公会が成立する。そして「経済新体制」も、計画経済への転換を抑制する形で決着し、革新派の影響力は弱まっていく。

その頃、革新派の知識人の拠点であった昭和研究会も解散し、企画院事件によって「革新官僚」の検挙がはじまった。また、中国の民族自決や朝鮮の自治を唱えていた「東亜連盟」運動も排撃される。そして、第二次近衛内閣の二度にわたる内閣改造によって、風見章法相や星野直樹企画院総裁らが辞任し、革新派の退潮は決定的となった。[★45]

尾崎は、第一次近衛内閣の嘱託を辞した後にも、満鉄調査部嘱託として勤務しながら、ひきつづき近衛ブレーン（「朝飯会」や昭和研究会のメンバー）として政策立案に関わり、「近衛新体制運動」にもコミットしていた。

ただし尾崎は、日本の自己変革をつうじて日中戦争を解決できないまま、ヨーロッパ情勢の変化に便乗して南進をすすめ、安易に勢力圏を膨張させる動向には強い危惧を抱いていた。論説「新体制と東亜問題」（一九四〇年十月）では、「東亜新秩序」の標語が「大東亜共栄圏」にとってかわられたことについて、次のように批判している。

苦難に充ちた民族的自覚から生れ、新たなる理想にまで高められた標語が、何等その目的を達成されずして押しやられることに不満を感ずるものである。かつ「共栄」の観念は、いまだ東亜の歴史的現実とかけ離れ過ぎてゐる。それはいさゝかの安易さの匂ひをすら包んでゐるやうにも見受けられる。……東亜新秩序の内部的発展と離れて宙に考へられた南方政策は、頗る危険なるものを含んでゐると云ひ得る。★46

そして尾崎は、現状維持派が再進出し、革新派が退潮していく事態の推移に失望と警戒を強めていく。満鉄『東京時事資料月報』に寄せた政治情勢報告「内閣改造と外交の新方向」（一九四一年四月）では、内閣改造について「クーデター」的性質を帯びていると評し、「日本主義陣営（＝精神右翼派、皇道派軍人）、内務省特に警保局を中心とする警察勢力、財界の主要なる部分の連合勢力が政権の中心部に凝集された」と見ており、革新派については次のようにいう。

もとより三国同盟派革新群が一般の革新的要望の総てを代表するものでないことは、いうまでもないことであって、殊に翼賛会運動の具体化の過程においては、労働者、農民層はもとより革新インテリ群をも掴み得なかったことが明らかとなった。従ってこの派の指導権争取も、結局政治上層部、右翼陣営内だけのヘゲモニー争いに帰せざるを得なかったのである。★47

こうして尾崎は、革新左派も関与していく戦時変革によって日本資本主義を修正し、社会主義への転換の道筋をつける可能性を断念するにいたる。さらに、日独伊三国同盟によって日中戦争がヨーロッパ戦争と連動し、アメリカやソ連の参戦が近づく兆しを感知するなかで、日中戦争は世界戦争の一環としてのみ解決されることを強調していく。

そして、世界資本主義・帝国主義の不均衡と行き詰まりによって発生した世界戦争の渦中で、「民族」問題とともに「社会」問題がしだいに顕在化し、植民地の民族解放の要求、農民・労働者の社会解放の要求が強まり、社会主義への転換が準備されると尾崎は考えていた。

世界戦争の過程で「社会」問題が顕在化していくことについては、次のようにのべている。

世界戦争の長期化は当然軍事的段階、経済戦段階から社会戦段階に移行するであらう。……勝敗を決するものは終局において社会戦における攻防である。／軍事的敗北を喫したものはすでに余儀なく社会戦の渦中に投ぜられてゐる。つぎに消耗のもつともはげしく社会的紐帯の脆弱のものから次々にこの渦中に投じて行くであらう。★[48]

ここでは、国家としては「軍事的敗北」を喫した中国で、抗日戦争の渦中で社会革命が進展していくことが想定されている。そして、不均衡をはらんで脆弱な日本資本主義もまた、長期持久戦によって消耗・疲弊し、社会革命の可能性が高まることが暗示されていた。★[49]

また、世界戦争の発展の行方について、新聞紙上では「大国が外交と軍事の火花を散らして地図の上の勢力範囲が伸びたり縮んだりして行くことだけが問題にされがちである」が、「そこにぬりつぶされた地図の内部の社会や民族の中に起りつゝある変化」に注意する必要があり、日本の対外政策には「国際的大国家間の駈引」だけでなく「東亜の民族、社会政策」が必要であるという。★[50]

では、こうして「民族」問題や「社会」問題に向き合うべきことを訴える尾崎の議論は、「東亜」の戦時社会変革を唱える言説の隆盛のなかで、どのような批判と介入をおこなうものだったのだろうか。

5 〈帝国の社会科学〉としての「東亜協同体」論

「東亜」の戦時社会変革を唱える「東亜協同体」論は、「民族」問題・「社会」問題の解決をかかげるものであった。ここでは、その言説をささえる知の枠組を簡潔に検討しておきたい。

昭和研究会における「東亜協同体」論の理念形成を主導した三木清は、総力戦下でめざすべき「革新」について、次のようにのべている。

今日「革新」といはれるものは二重の意味のものでなければならない。それは、一方において、現在なほ想像されるよりも多く残存してゐる封建的なものを清算して近代的になることであると同時に、他方において、近代主義を超えた新しい原理へ飛躍的に発展することである。かやうな二重性を把握することが今日我が国におけるすべての革新にとつて要求されてゐる。★51

ここでいう革新の「二重性」とは、総力戦状況において、近代性をさらに推進・強化しつつ、その矛盾を内破し、のりこえようとするものである。戦時変革論のなかには、近代化と「近代の超克」という二重の課題がこめられていた。それは、たんに日本内部の問題として議論されていたのではない。日中の抗争をのりこえ、新たな「東亜」の秩序を創出していく課題のなかで、中国・アジア社会をめぐる「二重の革新」が提示されていた。昭和研究会の報告書『新日本の思想原理』では、次のようにいう。

東亜の統一は封建的なものを存続せしめること或ひは封建的なものに還ることによつて達成され得るものではな

い。却つて支那の近代化は東亜の統一にとつて前提であり、日本は支那の近代化を助成すべきである。支那が近代化されると同時に近代資本主義の弊害を脱却した新しい文化に進むことが必要である。[★52]

ここでは、戦時下の日中の抗争のなかで、「東亜」において近代性が促進されることが示唆されている。そして、近代性によって半封建性や前近代性を否定すべきこと（いわば資本の文明化作用）、さらに近代性の克服、すなわち近代資本主義をこえる社会変革をつうじて、新たな「東亜」（社会主義的な東アジア）を創出すべきことが唱えられている。

こうした議論の背後にあるのは、一九三〇年代の日本と東アジアの「社会」をめぐるマルクス主義社会科学の枠組である。「日本資本主義論争」（とりわけ講座派の議論）で焦点となったように、日本社会において、近代の資本制と半封建性・前近代性がいかに接合し構造化されているか、そこにどのような矛盾がはらまれているかを明らかにすることが、重要な課題となっていた。

その問題系は、中国や朝鮮・台湾など東アジアの「社会」をめぐって議論される共通の課題であり、植民地・民族問題と結びついて、「中国社会性質論戦」、「中国社会史論戦」、「満洲経済論争」、「中国統一化」論争、そして朝鮮・台湾の資本主義をめぐる論争などが展開された。[★53] とりわけ半植民地性に苦悶する中国では、帝国主義勢力と結びついた軍閥・地主・買弁資本などによる半封建的支配の打倒が、民族解放・社会解放のための課題とされたのである。

このように、一九三〇年代の東アジアの「社会」をめぐる知の枠組が、近代の資本制と半封建性・前近代性の複合を解明しようとするものであったことが、戦時下で「二重の革新」を語る言説をささえていた。日本と東アジアの資本主義機構の「革新」のためには、半封建性・前近代性を打破する近代化と、近代資本制を克服する社会変革という二重の課題が必要とされたのである。

さらにここで注目したいのは、このような日本と東アジアの「革新」が、たんに地域をこえた共通の課題として把握されていただけではなく、戦争をつうじた中国社会との接触・交錯こそが、日本社会に反作用をおよぼし、社会変革を触発していく可能性が論じられたことである。とりわけ、中国の農業経済と交錯していくことによって、日本内部の農業経済の再編成が促進される問題が、さまざまな論者によってとりあげられている。

風早八十二は、「支那農業社会と日本農業社会との相互関連の発生」に注目しながら、「支那農業社会を発展せしめんとする任務の遂行が不可避的に日本農業の展開、再編成への契機に転化する見透し」について論じている。★54

こうして、侵略戦争という暴力的な形をとった日本社会と中国社会の接触が、中国社会の変動をひきおこすだけでなく、日本社会内部の変動へ反作用をおよぼすことを、後に東畑精一は、「逆植民」(countercolonisation)という言葉で定式化している。東畑は、「逆植民」現象について、「母国による植民地開発の結果が逆に母国の経済に変革的反作用を与へる」もの、「母国からの植民地への影響とは逆流せる植民地から母国への経済革新的作用」と定義している。★55 東畑は、こうした反作用を梃子にして、日本農業をさらに合理化・高度化し、生産力を拡充させようと考えたのである。

このような、中国社会との接触・交錯がひきおこす反作用をつうじて、日本資本主義を修正・変革する契機が産出されるという認識こそが、「東亜」の戦時社会変革を唱える「東亜協同体」論をささえるものであった。それによって、諸民族が自立・発展していく広域的な秩序を形成し、その主導者として日本を再編成していくことがめざされたのである。

これは、植民地の自立・発展と帝国の発展を両立させようとする議論であり、新植民地主義的な〈帝国の社会科学〉にほかならない。東畑は、矢内原忠雄が日中開戦を批判する発言によって辞職に追いこまれた後、東京帝大・経済学部の「植民政策」講座を兼任していた農業経済学者であり、論文「逆植民」は、戦時下の一連の「植民政策」研究の一環として書かれたものである。★56 そして東畑は、「日満農政研究会」のメンバーとなって、第一次近衛内閣の有馬頼寧農相によって推進されはじめた広域的な農業革新政策にも関与していた。★57

三木清、風早八十二、東畑精一など、昭和研究会に参加した革新派の知識人たちは、たがいに連関する議論を展開しており、「東亜協同体」論をめぐる言説空間が形成されていた。これらは、日中の抗争と相互連関のなかで、戦時社会変革をつうじた広域圏の形成を語る〈帝国の社会科学〉であり、近衛内閣の「東亜」革新政策と結びついていた。★58

そこに浮かびあがるのは、多民族が自主・協同するトランスナショナルな「社会的」広域圏のヴィジョンである。★59そして、「東亜」全域の開発・発展を主導する盟主として、日本を再編成していくことがめざされていた。では、なぜ日本が「東亜」の社会変革と発展を主導しうると考えられたのだろうか。

この問題は、東アジアの「社会」に残存する半封建性を強調する講座派マルクス主義の知の枠組や、「アジア的生産様式」論争をつうじてウィットフォーゲルらによって議論された「アジア的停滞性」論とその受容に関わっている。★60東アジア各地の「社会」においては半封建性・前近代性が共通に見られるが、とりわけ中国には「アジア的停滞性」が強固に残存し社会発展を阻害しているのにたいし、急速な資本主義化をすすめた日本は、むしろ「東亜」のなかで先進性をもっていると考えられたのである。

秋沢修二や森谷克己、平野義太郎は、一九三〇年代のマルクス主義社会科学を背景として、戦時期には中国の「アジア的停滞性」を論じ、「東亜協同体」論や「大東亜共栄圏」論をささえていく論者となった。秋沢は、日中戦争をつうじて、「支那社会の「アジア的」停滞性の政治的支柱とも云ふべき軍閥支配」が一掃されたことによって、「支那社会がその特有な停滞性を最後的に克服して、前進的自立的日本との結合によつて、その真の自立を獲得する道――東亜協同体とは実はこれだ!――が拓けたのである」という。★61

日中開戦前に論議された「中国統一化」論争のなかで、半封建性・「停滞性」を強調する大上末廣の視座には、日本の侵略的関与によって中国・アジアを発展させようとする強硬路線を、左翼の側から正当化していく契機がすでにはらまれていた。その危うさが日中戦争下に顕在化し、日本主導の「東亜協同体」形成を語る〈帝国の社会科学〉をささえていったのである。★62

6　抗日戦争と「農業革命」

では、このような危うい言説空間のなかで、尾崎秀実はどのように批判と介入をおこなったのだろうか。尾崎自身も中国社会論のなかで、半封建性・半植民地性による「停滞性」についてくりかえし語っており、ウィットフォーゲルや森谷克己、平野義太郎らの議論も参照している[★63]。しかし尾崎は、半封建性・半植民地性のくびきに苦悶する中国が、みずから「停滞性」を打破していく「支那革命」を、「動態的」に把握することに重点をおいている[★64]。そして、その「停滞性」を克服する社会変革が、侵略・占領する日本の力によってではなく、抗日ゲリラ戦をたたかう中国社会によって産み出されることを論じていくのである。

『支那社会経済論』の「序論」では、日中戦争について、「支那社会にとつての必然的な過程であり、私のいふ広義の支那革命中での重要なる一つの契機を為すもの」とみなし、それは「蔣介石の指導する国家の存亡よりは遥かに大きな事実である」とのべて、次のようにいう。

　支那社会は崩壊するであらうかといふ問に対しては、断じてさうでないと答へるに躊躇しない。支那社会は、甚しい立遅れと、醜い不整なものを内に蔵しつゝも、生き延びて行くであらう。単に生きのびるばかりでなく、或ひは素晴らしい姿をもつて更生するかもしれないといふ期待すら、我々に与へてゐるのである[★65]。

そして尾崎が、抗日戦争をつうじた社会革命について正面から論じたのが、論文「東亜共栄圏の基底に横たはる重要問題」（一九四一年三月）であった。

尾崎は、「犠牲と苦痛に充ちた抗日闘争の過程に於いて大きく変りつゝある支那社会の現在とその動向との正しい把握なしには両国の将来性ある連帯は生れ得ない」とし、抗日戦争をつうじて発展していく「農業革命」に注目すべきことを呼びかけている。

一般には救ひがたい停滞の沼に坐して動かうともしないものと考へられ勝ちであつた支那社会が、旧く重い殻をひきずり乍らも発展への動きを現はし来つてゐた、その際に日本との歴史的事件に当面して終《しま》つたといふことは特記されねばならない。……／支那革命の発展は今次事変によつて多くの偏向と深い変質を蒙りつゝも、尚支那社会が生き抜く努力の形に於いて其の歩みを続けてゐるものと見ることが妥当であらう。而して今日の支那革命の経済的内容をなすものは明らかに土地革命であり、事実又抗戦力の少くとも一つの重要な源泉を成してゐるものは、農業革命から生れる民衆動員であると思はれるのである。★66

このように尾崎は、ねばりづよく連綿とつづく「支那社会」の革命の歩みのなかに抗日戦争を位置づけ、その核心を「農業革命」に見出している。それは、半封建性・半植民地性に苦悶する中国民衆の「内的要求」に根ざしている。

支那抗戦体制の中心を成してゐるものは、政治的な民衆動員である。民衆動員は半封建的な生産関係と半植民地的立場の下に置かれてゐた支那が、強力な政治経済体制を有つ高度な資本主義国と相抗争する場合、必然的に採り上げなければならなかつた所の絶対的課題である。そしてこの事は久しきに亘つて列強資本の下に半封建的関係の中で喘ぎ続けて来た支那民衆を、その桎梏から解放することを前提としてゐるのである。支那社会を包んで来た商業高利貸＝地主の半封建的支配を強化すると言ふ方向に於いては、尨大な民衆を力ある組織に動員することは出来ない。著しく遅れた農業社会たる支那にとつて、広汎な農民が自己の解放と結びつけて自主的に参加することなしには、対外抗戦は不可能である。★67

ここでは、中国の半封建性・半植民地性は、「高度な資本主義国」日本にたいするたんなる後進性・停滞性として語られているのではない。抗日ゲリラ戦への民衆動員をつうじて、半封建的支配を打破する社会革命の要求が、広汎に解き放たれていく根拠として語られているのだ。

そして尾崎は、中国共産党支配下の「西北地区」や「晋察冀辺区」は、「最も進んだ民主主義化の段階」にあるとし、「農村機構の民主化」や小作料・利息の引き下げ（減租減息）に注目している。そこには「非資本主義的形態」の発展が見られるが、「社会主義体制への移行」ではなく、「急進的民主主義段階」にある。★68 共産党は、国共合作を維持するため、地主の土地没収などの急進的な土地革命を停止していたが、民衆動員の過程で、徐々に社会革命が進展しつつあった。★69

こうして尾崎は、「国共合作下の抗日政権内部に生起しつゝある変化★70」に注目し、「農業革命」の進展によって民衆の支持を得る共産党の勢力拡張をとらえていた。「農民動員を根幹とする支那抗日闘争の長期化は、必然的に支那社会革命を発展せしめ、中国共産党の勢力拡大を生み、そして支那民族独立運動を促進させる」のであり、それはソ連・コミンテルンの方針にも添うものであった。★71

このように、抗日戦争をつうじた「農業革命」の進展を語りながら、さらに尾崎は、日本社会自体の農業問題への取り組みを提起している。日本農業もまた、地主的土地所有と零細規模農業によって「著しい停滞性」を持つ点で、「支那農業に共通した条件」におかれ、「土地関係の基底には相酷似した問題」が含まれている。★72

そこで尾崎は、「日支農業の或程度歩調を合はせた根本的解決」「両国農業問題の統一性ある前進的解決」を訴え、日本が「自己自身の革新・編成替へを全面的に成し遂げること」を呼びかけている。★73 ここで提示されるのは、日本が自ら社会変革をすすめ、共産党が主導して「農業革命」をすすめる中国と提携しうる条件をつくりだすことである。

こうして尾崎は、半封建性・半植民地性を克服する課題をつうじて、「東亜における民族問題」と「東亜農業社会革新の推進力★74」の深い結びつきを論じ、その原動力を抗日ゲリラ戦への民衆動員に見出した。それによって、日中

の相互連関をつうじて、東アジア規模での社会革命を展望したのである。[★75]

戦時下の中国社会の動向をめぐるこのような認識は、尾崎の単独のものではない。抗日戦争への民衆動員が土地改革によってささえられている点については、満鉄調査部の伊藤武雄・中西功らによる「支那抗戦力調査」プロジェクトが明らかにしている。その報告書では、共産党の地盤となり、ゲリラ戦の根拠地となる「辺区」（解放区）において、土地改革や民主化が進められ、それが抗日戦争への民衆動員をささえていることが論じられている。[★76]

尾崎は、中西功、尾崎庄太郎、西里竜夫らと連携しながら、中国共産党の諜報活動とつながる情報交換のネットワークをつくっていたが、[★77]他方で、満鉄調査部嘱託として「支那抗戦力調査」プロジェクトとも連携しており、中間報告会議に出席したほか、まとめられた報告書にたいする批評を書いている。

そこでは、とりわけ民衆動員に焦点をあてた「政治篇 第一分冊 戦時の支那内政」（とりまとめ責任者は中西功）を、「本報告書全体を通じて最も高い水準に立つてゐる」と評価している。そして、「支那問題の根源に横はる民族問題・土地問題の解決」をめぐって、報告書が共産党と国民党の二つの路線をとりあげ、「農業革命の発展の上に立ちて農民層を基礎とする民主的性格の強い山西辺区地方」と、「依然として旧い土地関係の上に立ち地主・高利貸・官僚・軍閥的色彩の強い広西地方等」を比較検討していることに注目し、「支那抗戦力の拠点が農村であり、動員の基本的階級が農民であることは自明である」という。[★78]

抗日戦争をつうじた社会革命を論じた尾崎の論文「東亜共栄圏の基底に横たはる重要問題」は、中西らによる「支那抗戦力調査」プロジェクトとの連関のなかで書かれていた。それは、中国の社会変革の原動力を、侵略・占領する日本の力ではなく、抗日ゲリラ戦をたたかう中国民衆のなかに見出すものである。その議論は、日本の主導によって半封建性・「停滞性」を打破し、「東亜」の開発・発展をもたらそうとする言説にたいする対抗言説なのである。

その争点は、日中開戦前の「中国統一化」論争での対立構図をひきつぎながら、さらに深く掘りさげるものであった。[★79]それは、「東亜」の社会変革と発展を語る〈帝国の社会科学〉への内部批判として提示されている。

尾崎自身も、「東亜協同体」を批評するなかで、「東亜における生産力の増大が、半植民地的状態から自らを脱却せんと試みつゝ、ある民族の解放と福祉とに如何に多く貢献すべきか」を語っていた。[★80] そして、昭和研究会の「東亜政治研究会」の責任者として、報告書『東亜新秩序建設の理論と方策』をとりまとめている。[★81] このように尾崎は、「東亜新秩序」論の一環として「民族」政策・「社会」政策を検討していく形で、〈帝国の社会科学〉に関与している。そのうえで、抗日ゲリラ戦をつうじて「民族」解放・「社会」解放を求める中国社会の動向と向き合いながら、帝国主義の自己変革の契機を探っていた。

その議論は、マルクス主義の反帝国主義の立場から、植民政策を批判的に研究していた細川嘉六とも連携するものであった。尾崎は、昭和研究会の「東亜政治研究会」を、前掲の報告書の刊行を機に、細川嘉六を責任者とする形で改組している。[★82]

細川は、「民族独立」と「国内革新」を求めるアジア諸民族の動向を論じ、民族自決をかかげるソ連の民族政策の影響力拡大を分析して、日本の帝国主義の自己否定と民族政策の転換を呼びかけていた。[★83] とりわけ中国については、国共合作による抗日戦争の持続と民衆動員は、民主主義の伸張や土地改革などを促進する好機となり、共産党の「当面の任務」が遂行されつつあると論じており、尾崎や中西の議論と通底するものである。[★84]

尾崎は、このように中西功や細川嘉六らと連携しながら、〈帝国の社会科学〉への内部批判を試みていた。それは、「東亜」の社会変革と発展を語る〈帝国の社会科学〉の言説空間に「潜入」しながら、抗日戦争をつうじて社会革命をすすめる中国と向き合う場へとひらき、体制変革的契機を再生させようとする営みである。尾崎の論文「東亜共栄圏の基底に横たはる重要問題」は、総力戦の渦中で産出された〈帝国の社会科学〉の臨界点を探り、内部批判を試みる批評だったのである。

おわりに――「東亜新秩序社会」のヴィジョン

尾崎がこの論文を発表した直後、一九四一年四月半ばに日ソ中立条約が結ばれるが、その後六月下旬に独ソ戦が始まり、情勢は一気に緊迫する。日本では、これを機に対ソ開戦し、ドイツとともに挟撃してソ連を崩壊させようとする北進論が浮上する。当時は、フランス領インドシナへの南進によって英・米との対立も深まりつつあり、北進（対ソ開戦）か南進（対英・米・蘭開戦）かをめぐって激しく動揺し、危機が深まっていく。そして、ソ連と英・米連合国は急接近し、日中戦争が世界戦争の渦中にくみこまれる時期が迫っていた。

独ソ戦について尾崎は、ソ連は軍事的には一時的に敗退しても、「社会」の統一性は容易には崩壊せず長期抗戦がつづくと見ており、近衛の側近グループにも多かったソ連崩壊説・北進論を批判・牽制していた。[★85] また、近衛内閣が進めていた日米交渉については、妥協によって開戦が回避される可能性は低いと見ており、政治情勢報告「全貌を露呈した「危機」の正体」（八月）で次のようにのべている。

現に上層部に依て試みられつつある外交転換の道は殆ど実現の可能性無きものと断ぜざるを得ない。屈伏は敗戦の後始めて可能である。……対米妥協の不成功が明らかにせられる場合、若くは戦争の勃発の場合に到れば近衛内閣の倒壊は先ず必至であり、かくて軍政的色彩の加わることは必至であろう。[★86]

このように、情勢が急速に緊迫していくなかで、ゾルゲ、尾崎、宮城与徳らの諜報活動はしだいに探知されつつあった。検挙の日が近いことを予感していた尾崎は、日米交渉の決裂と開戦を予想しながら、論説「大戦を最後まで戦ひ抜くために」（十一月）を書きあげた。

そこでは、第二次世界戦争は「世界史的転換期の戦」であるとして、次のようにいう。

旧世界が完全に行き詰つて、英米的世界支配方式が力を失つたところから起つた世界資本主義体制の不均衡の爆発に他ならないこの戦争が、英米的旧秩序に逆戻りし得る可能性は存在しないのである。戦争はやがて軍事的段階から社会・経済的段階に移行するであらう。……／私見では第二次世界戦争は「世界最終戦」であらうとひそかに信じてゐる。この最終戦を戦ひ抜くために国民を領導することこそ今日以後の戦国政治家の任務であらねばならない。[★87]

ここでは、世界戦争の渦中で、「世界革命」に転化する社会革命が進行することが暗示されている。すなわち、社会革命と民族解放に向けて、戦時変革を誘導しようとする檄文なのである。その執筆直後、十月半ばに尾崎は検挙され、これが公表された最後の「時評」となった。

さらに、太平洋戦争開戦の後、中国共産党諜報団事件（中西功、尾崎庄太郎、西里竜夫ほか）、泊事件・横浜事件（細川嘉六、『改造』『中央公論』編集部員ほか）、合作社事件（佐藤大四郎ほか）、満鉄調査部事件（大上末廣、渡辺雄二、堀江邑一ほか）など、革新左派を一斉検挙していく一連の弾圧事件がつづいた。こうして、総力戦の渦中で「東亜」の戦時社会変革を唱える言説空間は封殺され、幕を閉じていったのである。

獄中の政治犯・「捕虜」[★88]となった尾崎は、訊問の過程で変革のプログラムについて語りはじめる。そこで浮かびあがったのが、日・中・ソ提携によって社会革命と民族解放をめざす「東亜新秩序社会」のヴィジョンである。「ソ連及資本主義機構を離脱したる日本並に中国共産党が完全にそのヘゲモニーを握つた形の支那」の提携によって、日本の社会主義への転換をすすめ、「東亜諸民族の解放」を実現しようというのである。[★89]

これは、総力戦の渦中で、「世界革命」の一環として、「東亜」の社会革命をめざす尖鋭な変革のヴィジョンである。国家をこえたトランスナショナルな社会連帯によって、国家を揚棄・廃絶していく意味をこめて、「東亜新秩序社会」という独特の用語を用いていた。

その前提となっているのは、日本資本主義が「甚しく不均衡であり全体として脆弱性を持つてゐる」ため、社会革命が起きる可能性が高いという判断であった。[★90] そのため、「一時的には軍事的に成功の可能性ありとするも、軈て国内の疲弊行詰りを生じて、遂に内部に社会革命の起る可能性が最も多」いと想定していた。ただし、日本国内では共産党はほぼ壊滅状態にあり、革命勢力は弱体であるため、英・米との敵対関係のなかで日本が社会主義へ転換するには、ソ連や中国共産党の提携・援助が必要と考えたのである。[★91]

日本・ドイツの侵略にさらされた中国・ソ連では、正規軍同士の戦闘では一時的に敗退したとしても、ゲリラ戦による抵抗をつうじて、「社会」の再編・変革が進む。「東亜新秩序社会」を形成する原動力となるのは、このような抵抗戦争への民衆動員であり、その主導者となるのは日本ではなく中国（共産党）であった。[★92]

「東亜新秩序社会」論のなかでは、東アジア・東南アジアの諸民族の解放をすすめるなかで、「朝鮮民族共同体」や「諸民族協力の新しい共産社会としての舞台」に置きかえられた「満洲民族共同体」、さらに「蒙古民族共同体」「回教民族共同体」についても言及している。[★93] これは、戦時社会変革をつうじて、日中双方の「帝国」支配を臨界点に導き、多民族の自主・協同の地平をひらこうとする試みであった。

その鍵となるのは、「東亜」における「農業革命」が、半封建性と（半）植民地性を打破し、民族解放と社会解放を可能にするという知の枠組である。尾崎は、抗日戦争の渦中で進む「農業革命」に向き合いながら、〈帝国の社会科学〉を内部批判し、その臨界点を明らかにしていく批評によって、「東亜新秩序社会」の地平を垣間見ていた。[★94]

その視座は、苦難をかかえて崩壊の瀬戸際に瀕しながらも、ねばりづよく生きのびていく中国「社会」を見すえることでささえられていた。一九三八年春、尾崎は、抗日戦下の中国について、「国家的な抵抗力を弱めつゝあるのは事実であるが、歴史の長い眼から見た、民族的凝集力は飛躍的な前進を遂げたものと思はれる」とのべ、「この地の底にしみ通る水のやうな、或ひは空を被う空気のやうな補へ難い民族の問題」と語っていた。[★95]

抗日ゲリラ戦の渦中で、不均衡と矛盾を抱え、とらえがたく変容しつつ、身もだえしながら生きのびていく中国「社会」。日中の抗争の狭間で、尾崎はその動態に向き合い、東アジアの社会革命と自立・連帯のヴィジョンを幻視したのである。

［注］

（1）尾崎秀実の活動は、ゾルゲ事件に連座した諜報活動の方面から注目されることが多かった。しかし彼の言論は、同時代の言説空間のなかで、中国との連関をつうじて再検討されるべきものである。中国問題を専門とする研究者・ジャーナリストとしての尾崎に注目したものとして、今井清一・藤井昇三編『尾崎秀実の中国研究』（アジア経済研究所、一九八三年）、野沢豊「尾崎秀実の学問――「中国統一化」論争との関連において」（『季刊 現代と思想』二十八号、一九七七年）、野村浩一「尾崎秀実と中国」（『近代日本の中国認識』研文出版、一九八一年）、浅田喬二「尾崎秀実の中国研究」（『日本知識人の植民地認識』校倉書房、一九八五年）などがある。また、米谷匡史編『尾崎秀実時評集――日中戦争期の東アジア』（平凡社・東洋文庫、二〇〇四年、以下、『時評集』）では、尾崎の主要な「時評」を集成し、「解説」でその言論活動の軌跡を展望した。本稿の記述には、この「解説」と一部重なるところがある。

（2）山之内靖、ヴィクター・コシュマン、成田龍一編『総力戦と現代化』（柏書房、一九九五年）、山之内靖『システム社会の現代的位相』（岩波書店、一九九六年）、中野敏男『大塚久雄と丸山真男――動員、主体、戦争責任』（青土社、二〇〇一年）など。

（3）竹内好「近代の超克」（『近代日本思想史講座七 近代化と伝統』筑摩書房、一九五九年）、橋川文三「東亜新秩序の神話」（『日本政治思想史Ⅱ』有斐閣、一九七〇年）は、「東亜協同体」論や「近代の超克」論・「世界史の哲学」を、中国との連関のなかで批判的に読み解く先駆的な試みであった。米谷匡史「戦時期日本の社会思想――現代化と戦時変革」(『思想』八八二号、一九九七年十二月)、同「三木清の「世界史の哲学」――日中戦争と「世界」」(『批評空間』Ⅱ期十九号、一九九八年)では、「東亜協同体」論をめぐる言説空間の生成過程を再構成し、「戦時変革」の文脈・状況を分析した。

また、日中戦争期の朝鮮では、日本知識人の「東亜協同体」言説を批判的に受容しながら、独自の言説空間が成立していた(印貞植、金明植、徐寅植、朴致祐ほか)。近年は、「植民地／近代の超克」研究会での討議をつうじて、これらの言論を読みなおす研究を提示しつつある。本書・第九章の洪宗郁氏の論文のほか、趙寛子『植民地朝鮮／帝国日本の文化連環』(有志舎、二〇〇七年)、崔真碩「朴致祐における暴力の予感」(『現代思想』二〇〇三年三月号)、戸邉秀明「転向論の戦時と戦後」(『岩波講座 アジア・太平洋戦争 三巻 動員・抵抗・翼賛』(岩波書店、二〇〇六年)、車承棋「抽象と過剰――日中戦争期・帝国／植民地の思想連鎖と言説政治学」(『思想』一〇〇五号、二〇〇八年一月)、米谷匡史「植民地／帝国の「世界史の哲学」」(『日本思想史学』三十七号、二〇〇五年)など参照。
(4)尾崎秀実「張学良クーデターの意義――支那社会の内部的矛盾の爆発」(『中央公論』一九三七年一月号、『嵐に立つ支那』再録、亜里書店、一九三七年、『時評集』所収)。
尾崎の主要な論考は、『尾崎秀実著作集』全五巻(勁草書房、一九七七―七九年)に収録されているが、『時評集』では初出の雑誌を底本として校訂をくわえている。本稿では、『時評集』所収の論考については同書から引用し、著作集収録のその他の著作についても、原則として初出や当時の単行本から引用する。著作集未収録のものは初出等による。なお、最も整備された最新の著作リストとして、松田義男編「尾崎秀実著作目録」がある(個人ホームページ上で公開)。
(5)『時評集』、二三三頁。
(6)「中国統一化」論争の主要な文献は、『「中国統一化」論争資料集』(アジア経済研究所所内資料、一九七一年)にまとめられている。野沢豊・山口博一『「中国統一化」論争の研究』(同所内資料、一九七一年)、西村成雄「日中戦争前夜の中国分析」(『岩波講座 「帝国」日本の学知 三巻 東洋学の磁場』岩波書店、二〇〇六年)など参照。
(7)大上末廣と中西功の論争は、一九三〇年代半ばの「満洲経済論争」の対立構図をひきつぐものであった。なお、上海の東亜同文書院出身の中西や尾崎庄太郎は、一九三〇年前後に朝日新聞特派員として上海に駐在していた尾崎秀実とともに、中国人・日本人が連携する共産主義運動のネットワークのメンバーとなっていた。そして、日中開戦後には、中西や尾崎庄太郎は中国共産党の対日諜報活動にたずさわり、尾崎秀実は彼らとの間で情報交換のネットワークをつくっていく。

（8）尾崎秀実「日支経済提携批判」（『改造』一九三七年五月号、『嵐に立つ支那』再録、『時評集』所収）。

（9）同「西安事件以後の新情勢」（『社会及国家』一九三七年二月号、『嵐に立つ支那』再録、『時評集』所収）、三九頁。

（10）同前、四〇頁。

（11）なお、この時期の尾崎は、「東亜」における戦争の危機は、日英・日米の対立よりも、むしろ日ソ関係にはらまれていると考えていた。「戦争の危機と東亜」（『中央公論』一九三七年四月号、『嵐に立つ支那』再録、『時評集』所収）、五二頁参照。満洲事変以降、日ソ間の緊張が高まるなかで、一九三六年十一月には日独防共協定が結ばれた。日本はそこに国民政府をまきこみ、ソ連や中国共産党を封じこめようと画策していた。その動向は、台頭する中国の抗日運動・人民戦線と真っ向から切りむすぶものであり、その対立が日ソ戦争へと波及することが懸念された。また、日本がイギリスとともに国民政府との「経済提携」に入っていく路線は、対立しあう帝国主義諸国の利害が「防共」の一点で合致し、その矛先をソ連に向ける形で世界戦争の発火点となることにも通じる。こうしたさまざまな関心から、尾崎は「日支経済提携論」に強い疑念を抱いていた。

（12）日中開戦直後に書かれた「北支問題の新段階」（『改造』一九三七年八月号、『現代支那批判』再録、中央公論社、一九三八年、『時評集』所収）の冒頭で、尾崎が「必ずやそれは世界史的意義を持つ事件としてやがて我々の眼前に展開され来るであらう」（七七頁）と記しているのは、日中戦争が世界戦争へと発展することを暗示する警告であった。

（13）司法警察官訊問調書（一九四二年二月十四日、『現代史資料2　ゾルゲ事件（二）』所収、みすず書房、一九六二年）、一二六―一二九頁、など参照。

（14）尾崎秀実「支那は果して赤化するか」（『実業之日本』一九三七年十月十五日号、『国際関係から見た支那』再録、第二国民会出版部、一九三七年、『時評集』所収）、一二一頁。

（15）同「敗北支那の進路」（『改造』上海戦勝記念・臨時増刊号、一九三七年十一月、『現代支那批判』再録、『時評集』所収）、一三七頁。
(16)同『支那社会経済論』(生活社、一九四〇年)、二頁、四―五頁。
(17)同「長期抗戦の行方」(『改造』一九三八年五月号、『現代支那批判』再録、『時評集』所収)、一五七―一五八頁。
(18)同「長期戦下の諸問題」(『中央公論』一九三八年六月号、『現代支那批判』再録)、二一三―二一四頁
(19)米谷前掲「戦時期日本の社会思想」では、日中開戦後の社会大衆党が、日中戦争を支持する方向へ「転向」しながら、統制経済・計画経済を導入する「戦時革新政策」をつうじて社会主義をめざす「戦時変革」路線をとっていたことに注目し、革新左派を包摂する「戦時挙国一致体制」の成立ととらえた。そして、このような国内の社会問題が「中国統一化」問題と連関して、「東亜協同体」言説が現われる文脈を分析した。
(20)三木清「現代日本に於ける世界史の意義」(『改造』一九三八年六月号、『三木清全集』十四巻、岩波書店、一九六七年)、同「知識階級に与ふ」(『中央公論』一九三八年六月号、『三木清全集』十五巻、一九六七年)、同「支那事変の世界史的意義」(『批評空間』Ⅱ期十九号に翻刻、一九九八年)。
(21)尾崎秀実「漢口戦後に来るもの」(『大陸』一九三八年十月号、『現代支那批判』再録、『時評集』所収)、一七四頁、一八〇頁。また、翌年五月におこなわれた講演「東亜体制と日支関係――第三十三回全国図書館大会講演」(『図書館雑誌』一九三九年八月号)では、「支那事変二年間の経過といふものは先づ支那自身を甚しく変質せしめつゝあり、従つて是と関連して日本自身にも何等かの変化を要請しなければ置かないといふ関係にあるだらう」と語っている(一三頁)。
(22)同「新支那建設と国内問題」(『知性』一九三八年十二月号)、一七―一八頁。
(23)『時評集』、一八一頁。
(24)「中国統一化」問題が再浮上するなかで、「東亜連盟」論や「東亜協同体」論が提示される文脈については、米谷前掲「戦時期日本の社会思想」五節参照。
(25)戦時下の社会大衆党や日本革新農村協議会の動向については、有馬学「日中戦争と社会大衆党」(九州大学『史淵』一二九輯、一九九二年)、同「日中戦争期の「国民運動」――日本革新農村協議会」(『年報・近代日本研究 五 昭和期の社会運動』山川出版社、一九八三年)など参照。

（26）蠟山政道「東亜協同体の理論」（『改造』一九三八年十一月号、『東亜と世界』再録、改造社、一九四一年）、二〇頁、二九頁。
（27）「蔣介石の近衛声明反駁の記念週演説」（『抗日政権の東亜新秩序批判』所収、東亜研究所、一九四一年）、四頁、一四頁。また毛沢東は、日中戦争期に「持久戦論」「抗日遊撃戦論」を発表し、ゲリラ戦による持久戦をつうじて日本帝国主義を消耗・疲弊させ、反転攻勢に転じることを呼びかけていた。「持久戦論」「抗日遊撃戦論」は、『改造』一九三八年十月号・十一月号に抄訳掲載されている。特に『改造』十一月号では、蠟山の「東亜協同体の理論」と毛沢東の「抗日遊撃戦論」が同時に掲載されており、当時の読者は両者を読みくらべることができた。
（28）尾崎秀実「「東亜協同体」の理念とその成立の客観的基礎」（『中央公論』一九三九年一月号、『時評集』所収）、一八八頁。なお、「東亜新秩序論の現在及び将来」（『東亜問題』一九三九年四月号、『時評集』所収）でも、「東亜協同体の批判者たる立場」をとったとのべている（二三九頁）。
（29）尾崎は、日中開戦以前の論考「日支親善といふこと」で次のようにのべている。
「日支親善といふ言葉くらひ耳にたこが出来てゐる言葉は外交関係の言葉としてほかにはあるまい。しかもこれ位空虚に響く言葉も珍らしい。何故だらうか。何よりも特徴的なのはこの言葉がいつでも日本側からのみ発せられるといふことである。支那側からは殆どこの意味の言葉がきかれたためしがない。……日支の関係は決して一朝一夕に親善になれないものであることを、はつきり知つて置くべきであらう。支那の民族主義運動の根強さを知り、その民族感情の発露である排日運動であることを考へねばならない」（『社会及国家』一九三五年三月号、四頁、六頁）。

日本が呼びかけるアジア主義に強く反発する中国の視座を理解していた尾崎は、アジア連帯の理念が、誰が誰に呼びかけるものかをめぐる文脈にきわめて自覚的であった。アジア連帯論をめぐる東アジアの間主体的な交渉のポリティクスについては、米谷匡史『アジア／日本』（岩波書店、二〇〇六年）、同「誰が誰に語るアジア連帯なのか」（『理戦』七十六号、二〇〇四年）など参照。
（30）『時評集』、一八七頁。
（31）同前、一九〇頁。

(32) 同前、一九二頁。
(33) 同前、一九二―一九三頁。
(34) 同前、一八八頁。
(35) 同前、一九七頁。
(36) 同前、一九七―一九八頁。
(37) 尾崎は、この論文と同月に発表した「東亜に於ける新平和体制への道――東亜に於ける新秩序」(『アジア問題講座』二巻、創元社、一九三九年一月刊)のなかで、「東亜連盟」論や「東亜協同体」論など各種の「東亜新秩序」論について、「そのいづれもが日本人の案であること」に注意を喚起し、「総べてこれらの案は支那人の進歩的な分子によつて取上げられ彼等自身のものとして展開された時に、はじめて「協同体」案たり得るのである。戦勝者によつて投げ与へられたる案である限り、それは遂にペーパー・プランたるに止まるであらう」(一七頁)とのべ、日本内部に閉じた自己充足的な議論となっていく傾向に警告を発している。
(38) 尾崎秀実「東亜政局に於ける一時的停滞と新なる発展の予想」(『改造』一九三九年三月号、『時評集』所収)、前掲「東亜新秩序論の現在及び将来」など。
(39) 同「大陸の春を想ふ」(『革新』一九三九年四月号)、八四頁。同年初めには、東方会・社会大衆党・日本革新農村協議会の合同によって革新派を結集させる試みがあったが、交渉は決裂して失敗に終わっている(二月)。
(40) 八巻佳子「中国における東亜連盟運動」(『伝統と現代』一九七五年三月号)、小林英夫「東亜連盟運動――その展開と東アジアのナショナリズム」(ピーター・ドウス、小林英夫編『帝国という幻想』青木書店、一九九八年)、柴田哲雄『協力・抵抗・沈黙』(成文堂、二〇〇九年)など参照。
(41) 汪精衛「日本に寄す――中国と東亜」(『中央公論』一九三九年十月号)、四七九頁。この寄稿にたいする日本の知識人からの応答として、三木清「汪兆銘氏に寄す」、西園寺公一「汪精衛先生に寄す――希はくは先づ偉大なる愛国者たれ」が発表された(同誌十二月号)。これにたいし、汪精衛はさらに「日本に答ふ」(翌年一月号)を寄稿しているが、中国の民族主義に深い理解をしめした西園寺にのみ応答しており、三木清はあえて黙殺している。民族主義をこえて「東亜協同体」を建設する「世界史的課題」を語りつつ、それを中国に呼びかける三木の〈発話の構造〉の問題点については、米谷前掲「三木清の「世界史の哲学」」八節参照。
(42)尾崎秀実「汪精衛政権の基礎」(『公論』一九三九年十一月号、『時評集』所収)、二五九頁。
(43)「近衛新体制運動」をめぐる政治史的文脈については、伊藤隆『近衛新体制』(中公新書、一九八三年)、源川真希『近衛新体制の思想と政治』(有志舎、二〇〇九年)など参照。
(44)日中戦争の衝撃と「東亜新秩序」論の浮上によって、アジアへと膨張する天皇制・国体・日本主義が揺らぎを抱え、問いなおされた文脈については、米谷匡史「日中戦争期の天皇制――「東亜新秩序」論・新体制運動と天皇制」(『岩波講座 近代日本の文化史 七巻　総力戦下の知と制度』岩波書店、二〇〇二年)参照。
(45)一九四一年四月四日の内閣改造(星野企画院総裁辞任)と並行して、四月二日には大政翼賛会の改組もおこなわれ、革新派の中枢であった有馬頼寧事務総長、後藤隆之助組織局長らが辞任している。
(46)尾崎秀実「新体制と東亜問題」(『東亜連盟』一九四〇年十月号、『時評集』所収)、二六九頁。
(47)同「内閣改造と外交の新方向」(満鉄東京支社調査室『東京時事資料月報』二十一号、一九四一年四月、今井清一編『開戦前夜の近衛内閣』所収、青木書店、一九九四年)、二二七―二二八頁。
(48)同「国民の勘と社会戦の段階」(『北国毎日新聞』一九四一年九月二十九日)。
(49)日中開戦前の時点で尾崎は、「経済的、社会的機構に脆弱なものを多く内包してゐる国家程、ブルジョアジー支配の動揺の激しさのために、急速にファッショ化の道を急がねばならなかつた。……それは自己の強さの現はれであるよりは弱さの表白なのである」とのべていた(尾崎前掲「戦争の危機と東亜」、『時評集』、四一頁)。ドイツ、イタリア、日本などのファシズム諸国は元来、資本主義機構が脆弱であり、社会的危機を抱えたまま世界戦争の渦中に投じられて、社会革命の可能性が高まると尾崎は考えたのである。
(50)尾崎秀実「東亜外交政策に加ふべき考慮」(『都新聞』一九四一年五月十七日夕刊)。
(51)三木清「全体と個人」(『文藝春秋』一九三九年六月号、『三木清全集』十四巻)、二七六―二七七頁。
(52)昭和研究会事務局『新日本の思想原理』(一九三九年一月)、『昭和社会経済史料集成』七巻、大東文化大学東洋研究所、一九八四年、三〇頁。
(53)本書の序章、第九章(洪宗郁氏論文)のほか、長岡新吉『日本資本主義論争の群像』(ミネルヴァ書房、一九八四年)、福本勝清「日中資本主義論争史管見」(『明治大学教養論集』三三六号、二〇〇〇年)など参照。
(54)風早八十二「長期建設と東亜農業社会」(『大陸』一九三九年二月号)、五七―五八頁。
(55)東畑精一「逆植民」(『上田貞次郎博士記念論文集 四巻 人口及東亜経済の研究』科学主義工業社、一九四三年)、二九一頁。これは、アジア・太平洋戦争期の「大東亜共栄圏」論の一環として提示された理論だが、この問題は当初は、日中戦争期の論文「東亜新秩序の建設に於ける日本農業」(『日本農業年鑑 昭和十五年版』富民協会、一九三九年十一月、東畑『日本農業の課題』再録、岩波書店、一九四一年)などで本格的に議論されはじめた。盛田良治「東畑精一における「植民政策学」の展開」(大阪大学『日本学報』十七号、一九九八年)参照。
(56)戦間期の矢内原忠雄の植民政策学が、「民族」問題と「社会」問題を連関させ、植民地の自立・発展と帝国の発展を両立させる知の枠組をもっていたことについては、米谷匡史「矢内原忠雄の〈植民・社会政策〉論」(『思想』九四五号、二〇〇三年一月)参照。東畑精一は、このような知の枠組を継承・発展させる形で、戦時下に「植民政策」を論じていた。「植民政策学」の系譜については、酒井哲哉編『岩波講座「帝国」日本の学知 第一巻 「帝国」編成の系譜』(岩波書店、二〇〇六年)参照。
(57)玉真之介「「満州移民」から「満蒙開拓」へ――日中戦争開始後の日満農政一体化について」(『弘前大学経済研究』十九号、一九九六年)、同「戦時農政の転換と日満農政研究会」(『村落社会研究』四巻二号、一九九八年)など参照。なお、農林省官僚の東畑四郎(精一の弟)は、占領下の北京に出向し(北支派遣軍特務部、興亜院華北連絡部に勤務)、華北占領地の農業政策の統括者となっていた。
(58)「東亜」全域の農業革新政策を掲げる有馬農相は、「東亜協同体」建設を唱える日本革新農村協議会結成の仕掛け人であった。また、戦時下の農民運動においては、「東亜」全域の協同組合運動・合作社運動の連携が唱えられていた。『産業組合』一九三八年十一月号では、「日満支協同組合特輯」が組まれており、日本革新農村協議会のリーダーとなる安達巌は、「東亜協同組合運動当面の諸問題」(『農政研究』一九三八年五月号)を書いている。「満洲移民」とともに、「東亜」全域の協同組合運動の連携による社会変革が、「東亜協同体」論をささえる社会的基盤と考えられていた。

(59) 戦間期・大正期に浮上する非国家的な「社会」領域への関心が、戦時期には「東亜」・中国に投射され、「帝国秩序」「東亜協同体」をささえる知の枠組を形成していく点については、酒井哲哉『近代日本の国際秩序論』(岩波書店、二〇〇七年)参照。

(60) 石井知章『K・A・ウィットフォーゲルの東洋的社会論』(社会評論社、二〇〇八年)、同「戦時期マルクス主義と東亜協同体論の隘路」(『情況』二〇〇六年五・六月号)、盛田良治「戦時期〈植民地社会科学〉の隘路――平野義太郎を中心に」(『ライブラリ相関社会科学七　ネイションの軌跡』新世社、二〇〇一年)、福本勝清「停滞論の系譜」(電子版『蒼蒼』二八―三二号、二〇〇九年)、子安宣邦「『アジア』はどう語られてきたか」(藤原書店、二〇〇三年)、植村邦彦『アジアは〈アジア的〉か』(ナカニシヤ出版、二〇〇六年)など参照。ここでは、半封建性論、アジア的生産様式論、アジア的停滞性論、アジア的専制論などの異同をめぐる文脈には立ち入らない。

(61) 秋沢修二『支那社会構成』白揚社、一九三九年、「序文」V頁。秋沢は、「東亜協同体」を論じた一連の論考を含む『科学的精神と全体主義』(白揚社、一九四〇年)で、「日本的性格とは一方においてはアジア的であるとともに他方においてはアジア的停滞的ではない」とのべ、「停滞」する「支那社会」から日本を区別している(「序文」二頁)。森谷克己も『東洋的生活圏』(育生社弘道閣、一九四二年)や「東亜協同体の理念と内鮮一体」(『緑旗』一九三九年八月号)など戦時期の著作で、「東亜」の盟主日本が戦時変革をつうじて「アジア的停滞性」を打破し、解放と発展をもたらすべきことを論じている。講座派マルクス主義の中心人物であった平野義太郎は、森谷とともにウィットフォーゲル『東洋的社会の理論』(日本評論社、一九三九年)を翻訳・紹介し、『大アジア主義の歴史的基礎』(河出書房、一九四五年)などを書いている。

(62) 日中戦争下の中国で呉振羽は、秋沢修二の『支那社会構成』をとりあげ、その「アジア的停滞性」論をきびしく批判している(「停滞史観の本質」、玉嶋信義編訳『中国の眼』所収、弘文堂、一九五九年、原著は『中国社会史諸問題』一九四一年刊)。当時の中国論壇における「東亜新秩序」批判の動向については、山口一郎『近代中国対日観の研究』(アジア経済研究所、一九七〇年)五章「抗日戦期における中国の日本帝国主義観」参照。

(63)尾崎秀実『現代支那論』(岩波書店、一九三九年)四章「支那社会と歴史的停滞性」、尾崎前掲『支那社会経済論』二章「支那社会の構造的特質」など。
(64)尾崎前掲『現代支那論』「自序」では、「現代支那を統一的に、動態的に見るといふ一つの企て」を語っている(三頁)。
(65)同前掲『支那社会経済論』、四―六頁。
(66)同「東亜共栄圏の基底に横たはる重要問題」(『改造』一九四一年三月号、『時評集』所収)、二八五―二八七頁。
(67)同前、三〇二頁。
(68)同前、三〇九―三一〇頁。
(69)抗日戦争期の土地改革が共産党の勢力拡張をもたらし、戦後の社会主義革命につながった点については、Chalmers A. Johnson, *Peasant Nationalism and Communist Power*, Stanford U.P., 1962(『中国革命の源流』弘文堂新社、一九六七年)、山本秀夫・野間清編『中国農村革命の展開』(アジア経済研究所、一九七二年)、田中恭子『土地と権力――中国の農村革命』(名古屋大学出版会、一九九六年)、奥村哲『中国の現代史――戦争と社会主義』(青木書店、一九九九年)など参照。このような民衆動員と土地革命の連関は、中国共産党の権力と正統性の源泉であり、功罪両面をふくめて再検討が必要である。
(70)『時評集』、三〇〇頁。
(71)同前、三二三頁。
(72)同前、三二一頁。
(73)同前、二八七―二八八頁。
(74)同前、三三〇頁。
(75)この論文で尾崎は、さらに東南アジア諸民族についても、やはり民族問題・農業問題を抱えていることに注目している。東アジア・東南アジアを貫く農業問題の解決こそが、「東亜共栄圏」の基底にある問題なのであり、日本自身が農業問題に向き合い、土地改革を進められるか否かが鍵であると見ていた。翌月に発表された論文「東亜共栄圏と東亜農業圏」(『国際経済研究』一九四一年四月号)では、東南アジア各地の民族問題・農業問題について詳しく論じている。

(76)「支那抗戦力調査」プロジェクトは一九三九年に始められ、翌年秋に報告書「昭和十四年度総括資料」(十分冊)がまとめられた。復刻『支那抗戦力調査報告』(三一書房、一九七〇年)参照。また、この報告書のエッセンスは、満鉄調査部編『支那経済年報 昭和十五年版』(改造社、一九四〇年)第三部「抗戦支那の政治・経済」として公表されている。

(77) 渡部富哉「尾崎秀実を軸としたゾルゲ事件と中共諜報団事件」(白井久也編『国際スパイ・ゾルゲの世界戦争と革命』、社会評論社、二〇〇三年)、楊国光『ゾルゲ、上海ニ潜入ス』(社会評論社、二〇〇九年)など参照。

(78) 尾崎秀実「支那抗戦力調査委員会「昭和十四年度総括資料」に就いて」(『満鉄資料彙報』六巻四号、一九四一年四月、宮西義雄編『満鉄調査部と尾崎秀実』再録、亜紀書房、一九八三年)、四六四―四六五頁。

(79) 宮西義雄は、「満洲経済論争」・「中国統一化」論争などの研究成果の蓄積のうえで、「支那抗戦力調査」の分析がおこなわれたと指摘している(宮西編前掲『満鉄調査部と尾崎秀実』論文篇、六八頁)。宮西はまた、「支那抗戦力調査」をつうじて尾崎と中西が連携していたことを証言している(「満鉄調査部と尾崎秀実・中西功・日森虎雄Ⅰ」、『アジア経済』一九八七年七月号)。

(80) 尾崎前掲「「東亜協同体」の理念とその成立の客観的基礎」(『時評集』所収)、一九八頁。「東亜協同体」論に関与した左派知識人(三木清や尾崎秀実をふくめて)の思想に、帝国主義批判をつうじて産出される新たな植民地主義の契機が見られること、その問題はマルクス主義の知＝権力の根幹に関わることについては、米谷匡史「マルクス主義の世界性とコロニアリズム」(『情況』二〇〇〇年三月号)参照。

(81) 昭和研究会『東亜新秩序建設の理論と方策』(生活社、一九四〇年)。昭和研究会内の「東亜政治研究会」は、「支那問題研究会」を改組したものであり、尾崎秀実が責任者であった。この部会には、朝鮮の同化政策を主張する岡崎三郎や、民族主義の連合による民族協和を唱える橘樸らが参加しており、民族政策をめぐってメンバー間に見解の相違があった。岡崎三郎の報告「帝国の朝鮮統治策」(一九三九年七月、『昭和社会経済史料集成』三十四巻、大東文化大学東洋研究所、二〇〇七年)では、「内鮮の名実ともに完全な同化・統一」を主張しているが、公刊された報告書『東亜新秩序建設の理論と方策』には収録・採用されていない。

(82) 昭和研究会の事務局員であった「被疑者河合徹の訊問調書」(『特高月報』一九四二年二月、『昭和特高弾圧史 二巻』

再録、太平出版社、一九七五年、九三―一〇一頁）や、『細川嘉六獄中調書』（不二出版、一九八九年、二四七―二五七頁）など参照。改組後の「東亜政治研究会」には、台湾人の謝国城（南洋協会嘱託）が正式メンバーとして参加しているほか、ゲストとして朝鮮人の朴錫胤（満洲国の元ポーランド総領事、民族協和による「東亜連盟」論者）を招き、「朝鮮に於ける日本の民族政策」について話をきいている。この部会は、一九四〇年六月に改組・発足したが、昭和研究会の解散にともない同年十月頃には解消しており、報告書はまとめられていない。

(83) 細川嘉六『アジア民族政策論』（東洋経済新報社、一九四〇年）、『現代日本文明史 十巻　植民史』（同社、一九四一年）など。

(84) 同「支那民族運動と列強」（『改造』一九三九年五月号、『アジア民族政策論』再録）、二一七―二一八頁、同「世界動乱に当面する日本国民」（『改造』一九四一年八月号）、二一―一三頁、同前掲『植民史』五四四―五五二頁、など。大原社会問題研究所の所員であった細川は、一九二〇年代後半以来、断続的につづく尾崎との交流をつうじて、中国革命への関心を深めていった。一九三九年に細川は、尾崎が開設した「支那研究室」の責任者にもなっている。

(85)『現代史資料2　ゾルゲ事件（二）』所収の司法警察官訊問調書（一九四二年三月十一日）、一八七頁、検事訊問調書（同年三月十二日）、二五八頁など参照。一九四一年八月には、尾崎は日本軍が北進を断念したと判断し、コミンテルン・ソ連に通報している。

(86) 尾崎秀実「全貌を露呈した「危機」の正体」（満鉄東京支社調査室『東京時事資料月報』二十五号、一九四一年八月、今井編前掲『開戦前夜の近衛内閣』所収）、二八四―二八五頁

(87) 同「大戦を最後まで戦ひ抜くために」（『改造』一九四一年十一月号、『時評集』所収）、四〇七―四〇八頁。

(88) インターナショナルな労働者階級の連帯によって「世界革命」をめざす尾崎にとって、「自己の現に属する帝国主義国家は階級的には敵対勢力」であり、自らの境遇について「戦闘に敗れ捕虜となつた」と語っている。前掲『現代史資料2　ゾルゲ事件（二）』所収の司法警察官訊問調書（一九四二年二月十六日）、一三二頁、同訊問調書（同年三月十一日）、一九三頁。

(89) 同前、司法警察官訊問調書（一九四二年二月十四日）、一二八―一二九頁。

（90）同前、検事訊問調書（一九四二年三月五日）、二〇三頁など。
（91）同前、司法警察官訊問調書（一九四二年二月十四日）、一二八―一二九頁。
（92）なお尾崎は、当時のスターリン体制下のソ連について、ある懐疑をいだいていた。「転機を孕む国際情勢と東亜」（『中央公論』一九四一年七月号、『時評集』所収）では、「ソ連の民族解放運動に対する魅力は今日、第一次大戦後より一九二七・八年頃までの期間のそれとは比ぶべくも無く少いやうに見受けられる。それはソ連がその後ひたすらとり来つたソ連流の国家主義的傾向の結果によるものと云ひ得る」という（三八〇―三八一頁）。また、独ソ開戦直後に書いた時評「最後の勝負を決するは民族社会の弾力性」（『都新聞』一九四一年六月二十八日夕刊）では、「ソ連としては近年その国家的形態の整備と国力の充実の反面に鬱勃たる社会革新的推進力に一種の停滞をきざし、更に躍進のためには次の自己革新を必要としてゐたのではないかと我々は感じてゐたのである」とのべている。「世界革命」をめざす尾崎やゾルゲの路線は、「一国社会主義」路線との緊張をはらんでおり、諜報組織のなかでも粛清の嵐が吹き荒れていた。
（93）前掲『現代史資料2　ゾルゲ事件（二）』所収の司法警察官訊問調書（一九四二年二月十四日）、一二九頁。
（94）中西功も、中国共産党諜報団事件で検挙された後、獄中で「東亜社会主義共和国連邦」をめざす「東亜革命」のヴィジョンを語っている。その中心課題となるのも、「中国の対日民族解放戦争」と連携しながら、「東亜」の社会革命をすすめることであった。『中西功訊問調書』（亜紀書房、一九九六年）所収の司法警察官訊問調書（一九四二年十月三十日）、九九―一〇三頁。
（95）尾崎前掲「長期抗戦の行方」（『時評集』所収）、一六二―一六三頁。

【第2章】

蠟山政道と戦時変革の思想

平野敬和

はじめに

本論文は、主として政治学者・蠟山政道（一八九五―一九八〇年）のテクストを取り上げることから、一九三〇年代のアジア社会論の一側面を明らかにするものである。近代日本における行政学・国際政治学の開拓者である蠟山は、早くから国際行政への関心を示していたが、戦時期には「東亜協同体」論に見られるように、時局への積極的なコミットメントを通して、「近代政治学」から「現代政治学」への転換を唱えていた。ここでは、植民地帝国日本を取り巻く現実政治との関わりの中で、蠟山がどのようにアジア社会の認識をめぐる枠組みの転換を試みたのかを検討する。その際、とりわけ東アジアにおける植民地／帝国主義の関係が、どのようなかたちでテクストに刻み込まれているのか、という点に注目することにしたい。

本論文では、第一に、第一次世界戦争後に行政学・国際政治学など、国際関係を理解する新たな学知が要請されたことの思想的意味を検討する。蠟山の第一作『政治学の任務と対象――政治学理論の批判的研究』は一九二五年に刊行されたが、そこでは国際法・外交史研究の理論的枠組みを超え出て、新たに国際政治学が提唱される。また、国際政治の定義とともに、国際行政という概念の定義がなされている。ここには、帝国主義国家による植民地領有・領土支配という、法・主権・国家に関わる次元から見た植民現象の分析にとどまるのではなく、帝国が植民地社会へと膨張する過程において引き起こされる異なる主体・社会群の移動と接触により、帝国秩序がどのように再編されていくのか、という問題関心を見て取ることができる。

第二に、満洲事変以後、とりわけ一九三三年の国際連盟脱退を契機として、蠟山において「地域主義」的な国際秩序論が導入される過程、及びその議論が「東亜新秩序」論へと変容する過程を分析する。一九三〇年代に入り、行政学者としてデモクラシーの基礎をなす議会政治の転換を説き、また第一次世界戦争以後の国際秩序の枠組みを規定したヴェルサイユ・ワシントン体制の無効を主張する蠟山は、東アジアにおける「地方的事情の再認識の下に」、デモクラシーの再編を目指すことになる。この時期には、『日満関係の研究』や『日本政治動向論』（ともに、一九三三年）を刊行したのを始め、近衛文麿のブレイン集団である昭和研究会のメンバーとして、後の「東亜協同体」論に見られるような、時局への積極的なコミットメントを行なうようになる。

第三に、戦時期に発表された蠟山の「東亜協同体」論が、どのようなかたちでそれ以前の彼の議論を受け継ぐものであったのかを分析すると同時に、他の「東亜協同体」論との異同を検討する。蠟山は、中国との全面戦争の開始、第二次国共合作の成立を受け、「東亜協同体」論という枠組みにおいて、改めて中国のナショナリズムを再認識する中で、「地域主義」的な国際政治論を発展させることを試みる。『世界の変局と日本の世界政策』（一九三八年）や『東亜と世界――新秩序への論策』（一九四一年）では、日本と中国の緊張が高まる中で、ナショナリズムを超克するという課題が浮上すること、またその課題に応えるには帝国主義を乗り越える「地域主義」の概念を発展させると同時に、その実現を可能にする国家変革が必要になることを力説する。★1

1　一九二〇年代の蠟山政道

本論文は、主として戦時期の蠟山政道のテクストを取り上げるものであるが（「東亜協同体」論につながる問題構成を模索し始めるのは、一九三三年頃からである）、当該期における彼の関心がどのように形成されたのかを明らかにするために、本節では一九二〇年代以降の論理の展開を追うことにする。

吉野作造門下の東京帝国大学生を中心に結成された新人会の初期メンバーである蠟山は、一九二〇年代前半に自らの政治理論の構築を試みるが、その成果を検討する前に、この時期の経歴を簡単に整理することにしたい。蠟山は一九一七年に東京帝国大学法学部に入学、吉野に私淑して、新人会に加わっている。大学時代の履歴として重要なのは、一九一九年にシベリア・満洲・朝鮮を訪れたことであろう。蠟山は後に、日米関係や日中関係、特に満洲問題を中心とした日中関係への関心が、この旅行により与えられたと述懐している。[★2] 一九二〇年、東京帝国大学卒業と同時に助手に就任（二二年に助教授、二八年には教授に就任）、行政学講座の初代担当者として現代行政学確立の任に当たった。一九二五年に『政治学の任務と対象――政治学理論の批判的研究』を刊行、同年よりイギリス留学、二七年には帰国の途次、ハワイで開かれた太平洋問題調査会第二回会議に出席する。一九二八年に『国際政治と国際行政』を刊行し、国際政治学の確立に寄与した。

この時期の蠟山が、自らの政治理論を構築する過程で、「大正デモクラシー」期に形成された政治理論をどのようなかたちで継承したのかという問題については、松沢弘陽「民主社会主義の人びと――蠟山政道ほか」（思想の科学研究会編『共同研究 転向 下』平凡社、一九六二年）を始めとして、いくつかの先行研究がある。すなわち、議会民主政の理論的基礎、及びヴェルサイユ・ワシントン体制を基軸とする国際民主主義思想を提示した「大正デモクラット」の議論が出揃う時期に思想形成を行ない、その後議会制の危機が生じ、ワシントン体制を突き崩すかたちで中国国民革命が進行する中で、独自の問題領域を発見していく過程を跡付けている。

まず、蠟山独自の問題関心を検討する上で見過ごすことのできないのは、多元的国家論の展開を視野に置きながら、機能主義的な国際政治論を展開した点である。酒井哲哉はこの点に注目し、「大正期の社会概念の析出状況を国際関係思想史のなかにいかなる形で書き込むか、という問題」[3]に関連して、「狭義の国家間関係に解消されない社会集団間のトランスナショナルな相互作用の場として国際関係を捉える視点を開拓した存在」として、蠟山と矢内原忠雄を取り上げている。[4]「巨視的に見たとき蠟山の国際政治論は、大正期における社会概念の析出が国際政治領域に拡大・投影された場合の一つの論理的可能性を示すものであった」[5]。

『政治学の任務と対象――政治学理論の批判的研究』では、国際政治学への関心と国法学的政治学の前提とした国家概念からの離脱が表明されるが、そうした関心は当該期の国際関係についての状況認識から導かれた社会への注視にかかわっている。すなわち、国家間関係を中心として発生する現象は、従来外交政策もしくは対外政策として議論されてきたが、それに対して蠟山は、「国際政治組織の成立根拠は、個別国家では解決不能な政策領域の出現と、各主体の相互協力を可能にする利益の共有性に求められるわけであるが、このような国際政策領域の出現は国際行政の発生原因でもある」[6]と考えたのである。

蠟山において、「国際政治組織とは、国際社会なる一箇の全体社会の構成、維持及び発達の為めに生み出された埒枠であつて、その成員の活動に対して一定の方向を有する統制を加ふる職分を有するものでなければなら」[7]なかった。その際、「国民主義」の要求が、「分離的要求として現はれたる場合は、所謂小国の簇出となるのであるが、地理的関係や経済的事情を無視し、不自然に政治的に分割する結果として、新たなる国際紛争の種子を播」[8]くとして、その原動力ともなる民族自決主義は国際政治発達の阻害要因とみなされた。それは「国民主義」が、「その領域の固定性を主張し、国家成員の純一性を要求し、更に国家統治機関の地理主義に根拠する時、国家領域を越えて成立せる全体社会の政治的要求に副はざるは明白であつて、国際政治秩序の発達に大なる障碍となる」ため、また「国際主義の要求は、この国民主義の構へる埒柵を破つて、外部に進展しつ、ある」[9]ためである。次の文章には、そうした蠟山の認識が直截に表れている。

現在の国民国家が帝国主義の政策によつて海外発展を試みつ、あるは、恰も国民主義の当然の発展であるかの如く考へられてゐるが、見様によつては国民主義としては没落の過程に入れるものである。なぜなら民族大の領域に於て自給自足を営むことを理想として来た国民国家が、そのことの不可能を悟つて、若くは無意識的に内部の社会的機構の必要に促されて、海外の諸国へ発展せねばならぬからである。[10]

それは蠟山において、資本主義の進展に基づく国民国家の膨張が新たに国際行政を要請し、資本拡大にともなう国家の膨張により引き起こされる内部矛盾が「国民主義」の無効を想起させる事態だったのである。彼は、「先進国と未開国との関係は、必ずしも悪弊のみではない。〔中略〕先進国が未開国の天然資源の開発を掠奪と解し、それを先進国の利己的又は貪欲的行為と難じ去るは、決して問題の核心に触れた批評と云ふを得ぬ。先進国と未開国との接触によつて、未開国の利益となれるものとしてその国内秩序の発達と生産力の増加とを挙げることができる」[11]と述べている。蠟山は、先進国からの投資・通商活動が未開国の近代化を促すと同時に、その過程にこそ新たな統治権力が必要とされると考えていた。そのために、第一次世界戦争を頂点として表れた「国民主義」の衝突という関係を止揚し、「全体社会」を統治する理念としての「国際主義」を提唱したのである。

しかし、ここで「国際主義」の進展の見通しを語る蠟山が、「極東諸邦にとりては、二十世紀は国民主義の時代」[12]である、という現状認識を抱いていたことに注目しなければならない。「国民主義」の成立が「国際主義」の発生への第一歩であると見る限りにおいて、東アジアにおける「国際主義」の発生を語ることは誤りではないが、「国際主義」は「国民主義」の発達が十分に熟し、国民と国民の衝突が熾烈を加えるに至って始めて生まれるものと考えられていたのである。「今や、極東諸邦に於ける国民主義的運動は行進を開始した。この運動に於て日本は先進国である。支那は華府会議以後この運動に意識的に参加した」[13]。日本にとって、国際政治成立の試金石である中国政策を顧みる時、当の中国は諸帝国の支配に抗するかたちで国民革命を進めている最中であり、その意味において、日本の「国民主義」の段階と中国の「国民主義」のそれの間に横たわるギャップを、蠟山は議論に組み込まなければならなかった。

蠟山は、日本の「国民主義」の発展が東アジアにおける国際行政の確立を促していること、同時にその発展こそが中国における「国民主義」の側からの異議申し立てを引き起こしていることを十分に理解していた。その意味において、彼の国際政治への関心は、国民国家の膨張が引き起こすナショナリズムの対抗を止揚する論理を必要とするのである。蠟山は東アジアにおいて、「この衝突が如何なる方面に於て、如何なる形態を以て現れつ、あるかを研究する[14]」必要があると記しているが、「この衝突」については、他ならぬ中国権益をめぐって生じると理解していた。それは、中国の国民革命の進展が、ワシントン体制によって維持される諸帝国の利権を、その内部から突き崩す可能性を秘めていることが明らかだったからである[15]。

とりわけ、一九二八年に蔣介石率いる国民党によって中国統一が成し遂げられ、国権恢復運動の最大の標的として満洲が位置付けられると、蠟山は「満洲の占むる国際的な四囲の形勢を達観し、その内部に於ける我が経営の組織と技術とが、相対的な変化を遂げつ、ある時代の推移に対する建設的な対策[16]」が必要であると述べた。そうした認識は、帝国主義的な政治支配によって満洲問題が生じるとするのではなく、鉄道建設問題・投資及び経済政策・人口及び耕地問題など、満洲の経営に占める国際的位置に関する政治的問題として満洲問題を理解する方向性を示すものである。

蠟山はその点について、「日本の満洲経営は満鉄を中心とする産業的活動であつて、同じ帝国主義と言つても利子の搾取を目的とするものではなく、恰も内地の延長と同じやうな形態を執つて」おり、「満洲に於ける日本の政治活動が、支那の主権下に在つて、局部的乍ら経済上の統制力を完全に有する理由は、この内地延長の形態を有する為である。換言すれば、日本の対満活動は余剰資本の移出に依ると言はんよりも、寧ろ内地の産業活動の延長と見るべきである」[★17]と述べている。「今や、北満に於ては我々の眼前に於て、革命以来ユーラシア政策てふ新規軸を以て非帝国主義者と共産党との結合を企図し来れるソビイエット・ロシアが、国民党の急進的国民主義を以て猪突し来れる支那と衝突し、接衝しつゝある」[★18]状況においては、「支那人の国民主義的主張を承服せしめ得」るように、「我が国民の主張は更に高所大所より更に一般の努力をしなければならぬ」[★19]。

2 デモクラシーの危機と「地域主義」

本節では、満洲事変以後、とりわけ一九三三年の国際連盟脱退を契機として、蠟山政道において「地域主義」的な国際秩序論が導入される過程、及びその議論が「東亜新秩序」論へと変容する過程を分析する。蠟山は一九三三年に『日満関係の研究』と『日本政治動向論』を刊行したのを始め、同年には近衛文麿のブレイン集団である昭和研究会のメンバーとなり、幹事に就任した。後の「東亜協同体」論に見られるような、時局への積極的なコミットメントが始まった時期である。

蠟山は『日本政治動向論』の刊行に際して付された序文において、「欧洲戦後の改造思想たるデモクラシー論の黎明に始まり、世界恐慌の生み出せる新国家主義への反動に終つたところの過去十年の我が日本の政治的動向」[★20]を振り返り、現在客観的情勢に鑑みるなら「今日は、必ずしも単に日本ばかりでは無く、一般にデモクラシーの政治理念に基く制度及び政策が危機にあり、殆ど停頓の状態にある。〔中略〕これは当然にデモクラシーの再考察となり、議会制度の再検討とならざるを得ない」[★21]と述べている。そして、デモクラシーの危機が東アジアの政治状況に及ぼす影響については、次のように述べていることが注目される。

欧洲戦争の経験によつて樹立された国際連盟規約や九ヶ国条約及び不戦条約は今日の世界情勢に於いて国際平和の樹立には役立たなくなつた。

若しこれを第一段階に於ける努力と名づけるならば、今や第二段階に於ける再度の努力が必要となつてゐる。今や過ぎ去つた第一段階と今後始まらんとする第二段階との間に於いて、その努力の方向に異ならねばならぬものがありとすれば、それはデモクラシーの抽象的普遍的理念を文化段階と社会様相との異なる世界に於ける地方的事情の再認識の下に適用することでなければならぬ。★22

行政学者としてデモクラシーの基礎をなす議会政治の転換を説き、また第一次世界戦争以後の国際秩序の枠組みを規定したヴェルサイユ・ワシントン体制の無効を主張する蠟山は、東アジアにおける「地方的事情の再認識の下に」、デモクラシーの再編を目指すことになる。『日本政治動向論』は一九二二―三二年にかけて発表された論文を収録しているが、それらを概観するなら、三〇年代初頭には、議会政治を基礎とする「デモクラシー」から「立憲的独裁」の概念により措定される「立憲主義」の理論付けへと、彼の関心が推移することを読み取れる。

こうした認識の変化をもたらす要因について、蠟山は「『組織されたる資本主義』の政治的領域」（『経済往来』第六巻第四号、一九三一年四月）の中で、欧米諸国の資本主義の情勢に言及している。とりわけ、ヒルファーディングの指摘した「組織された資本主義」の現実化を持ち出しつつ、その地盤として国民的な政治領域が特に本質的な要件とされている点について、現代政治の趨勢とどのように関係するのか、という問題を提起していることは興味深い。蠟山は「組織された資本主義」の政治領域への影響について、社会民主主義のファシズム化にともなう政策行動理論に注目し、「組織された資本主義」は資本主義の組織化のみならず、戦時統制経済時代に見られるような政治組織の合理化をも必要とすると言う。その上で、議会制度に基づく政党政治が、「組織された資本主義」の要求に副うものでないと指摘し、「立憲的独裁」を可能にする社会変革を主張するのである。[★23]

また、満洲事変後の東アジアについては、ナショナリズムを超えた相互性を持つ地域開発の論理が採用されなければならないと述べているが、[★24] その方向として法律関係ではなく事実関係に基づく政治的介入を示唆していることは興味深い。満洲事変の勃発から満洲国建国という差し迫った事態において、蠟山は帝国主義・国権恢復主義のリアリティーが喪失していると考えた。「今日の満蒙問題の危機を日本資本主義の側からのみ観察しているが、今日の極東情勢は寧ろ支那に於ける国民主義運動の進展により多くの原因がある」[★25] として、次のように述べている。

極東情勢を規定してゐる普遍的な要素と思はれる第一は、この地域に於ては未だ民族社会又は地域集団と政治的領域との関係が何等確定的な方針を以て定められてゐないことである。若し帝国主義が普遍的原理として確定してゐるなら、その原理の良否は暫く別として、とにかく一定の方針がある筈である。又反対に民族自治、若しくは一民族一国家の原理が存立してゐるなら、それで一定の方向が普遍的に認められる筈である。しかるに、極東に於ては、これ何らの原理も確立してゐない。そこで政治的不安が発生するのである。[★26]

蠟山はこのように、「極東情勢を規定してゐる普遍的な要素」が政治的領域と社会的領域の不一致にあり、その政治的矛盾が満蒙問題の本質をなしていると考えた。理念としての「国際主義」を掲げながらも、日本と中国の「国民主義」が衝突するという事態において、地域の開発を模索する彼の議論は、満洲国建国が日本の傀儡性を消去できず、日本と国民党政府の対立が抜き差しならないものになるにつれ、改めてその有効性を試されることになる。

蠟山は続けて、「満洲各地に散在する七十万の朝鮮人、関東州及び満鉄沿線及び奥地に於ける二十余万の日本内地人、南北両満に於ける三千万の支那人を支配してゐる一箇の政治的領域は存在せず、各種の権限を異にする政治的領域が共通な社会的、経済的領域の上に刻まれてゐる。この不自然こそ満鮮問題の政治的不安の源泉と言はねばならぬ」[27]と述べている。そして、帝国主義国家における植民・被植民の関係やその変形としての経済ブロック関係を超え、またパワー・ポリティックスや利潤追求をもっては律し得ない「東亜」の地域性、日本の「東亜」における「特殊的地位」を弁証するのである。その上で、蠟山は「世界の再認識と地方的国際連盟」（『国際知識』第十三巻第一号、一九三三年一月）の中で、満洲問題について、第一に満洲における特殊的位置はアメリカを始めとする列強間の国際秩序との兼ね合いで、その例外性を事実関係において認めさせること、第二に「日満ブロック経済論」に反対し、満洲問題の例外性を強調することによって対満政策と対中国政策を区別し、例外の範囲を極力限定することを求めた。

また蠟山は、「我国が積極的に国際連盟や太平洋平和機構に対して、自己の外交上の原理や技術を提供し、これらの国際機構と自国の外交との有機的な不可分の関係を設定することをなさなかった」[28]ことが、ワシントン体制下の外交を追随外交と罵られる原因をなしたと考えた。そして、国際連盟脱退後であっても、日本外交と国際連盟を媒介する地域的平和機構の設立を提唱したのである。この地域的平和機構を支える原理が、「地域主義」であった。これを受けて、蠟山は地域の開発のために「能率ある公正なる政府」を日本の指導により満洲に樹立する必要性を説き、その形態は民主政よりもむしろ寡頭政ないし独裁政が望ましいと主張したのである。[29]彼において「地域主義」が要請されたのは、日本の社会的領域をめぐって、日本と中国の対立が深刻化する状況において、地域の開発をめぐる政治的指導体制の強化を打ち出すことを意味していた。

これまで見てきたように、満洲事変以後、とりわけ国際連盟脱退を契機として、蠟山は既存の政治原理を内部から変革することを試みた。その後、中国との全面戦争が始まると、彼は「東亜新秩序」論という枠組みにおいて、中国のナショナリズムの抵抗と西欧帝国主義の威力を再認識するようになる。この段階で、彼は国際機構への配慮を失い、日本を主導とした世界秩序の転換という方向に、議論の軸足を移すことになる。蠟山は、「東亜」には日本を除いて近代的国民国家が存在せず、しかも西欧帝国主義の侵略の前に絶えず政治的不安に苦しむという共通性があるために、日本が「必然的に自国の安全と同時に支那の保全を要求しなければならぬ奇しき運命を背負」い、「東亜」における「安定勢力」として「東亜」に対する特別な関係を結ぶ必要があると言うのである。[★30]

日中戦争開戦直後、蠟山は、これまで満洲国をめぐってはワシントン諸条約や国際連盟の枠組みが機能してきたが、今後はソ連・中国に対抗するかたちで、日本と「一定の強固な関係を設定しなければならぬことが分つて来た。又、さういふ国際的新秩序の設定に必要なる国防、軍事の施設と重工業の発達のためには、日本内地の資本の力を借りねばならなくなつた。すなはち、経済的に見れば資本の植民地的建設開発の線に沿うて行かねばならぬことが判明して来た」[★31]と述べ、「日本経済の内面的要求」に応えることを求めた。ここには、国際政治の対抗軸を明確にした上で、日本の「資本の植民地的建設開発」に積極的に参与するという議論の方向性を見て取ることができる。

3　蠟山政道の「東亜協同体」論

日中戦争は、日本の知識人に中国のナショナリズムを再認識するきっかけを与えた。昭和研究会のメンバーもまた、政治的な立場はさまざまであったものの、各々の方法で問題に取り組むことになる。蠟山政道は昭和研究会の中で中心的な役割を果たしたが、彼は近衛内閣への政策提言をまとめる責任者の立場にあり、「東亜協同体」論もまたその一環として発表されたものである。本節で検討するように、各種の「東亜協同体」論において、中国のナショナリズムをどのように評価するのかという問題をめぐっては、必ずしも意見が一致していたわけではない。その中で、戦時変革をリードした蠟山は、どのようなかたちで「近代政治学」から「現代政治学」への転換を目指したのだろうか。

蠟山は『世界の変局と日本の世界政策』（一九三八年）の刊行に際して付された序文において、「我国としては飽くまで満洲事変の特殊性を強調して、欧米列強の蒙を啓くことに努めつゝ、何等かの形態に於て満洲国の地位を連盟の国際秩序と関連あるものに置かしむるの工夫を遂ぐべしと主張し[★32]」てきたことを自己批判する。その上で、一度与えられた秩序を自ら脱するには新しい秩序を創造しなければならないとして、「東亜」の地域性が「東亜新秩序」において安定すると述べるのである。「東亜協同体の理論」(『改造』第二十巻第十一号、一九三八年十一月)では、戦争を契機としてアジアのナショナリズムを超克するという課題に応えるには、西欧帝国主義に対抗し得るように「地域主義」の概念を発展させ、同時にその実現を可能にする国家変革が必要になることを力説する。この点において、蠟山の思想的作業は、戦時期に表面化する「近代の超克」論や「世界史の哲学」とも相関的な関係にあったと考えられる。昭和研究会に参加し、近衛新体制運動にも関わった蠟山は、民族自決原理に対して否定的な評価を下しながら、「地域主義」的な国際政治論を展開することによって、「近代政治学」から「現代政治学」への転換を目指すのである。

『東亜と世界——新秩序への論策』(一九四一年)は、巻頭の「東亜協同体の理論」に続けて、「国民協同体の形成」(『改造』第二十一巻第五号、一九三九年五月)を収めている。このことは、日本の膨張が中国側からの抵抗にあい、持久戦へと突入する時期において、中国のナショナリズムの超克を目的としたアジア改造を試みると同時に、総力戦に耐え得る「国民協同体」の形成をも促すという関心のあり様を示すものである。多数の「東亜協同体」論が発表される直接の原理的な契機となったのは、一九三八年七月七日・昭和研究会における三木清の『支那事変の世界史的意義』、政策的側面では同年十一月に発せられた近衛首相の第二次声明＝「東亜新秩序建設声明」であり、蠟山の「東亜協同体」論はそれに呼応するものだった。

既に日本の大陸発展の現実的生成過程から示唆されてゐる地域的運命協同体の理論こそは、東洋が東洋として世界史的使命に覚醒し、その東洋の統一を実現すべき指導原理であり、誤れる民族主義によつて醸されたる東洋の悲劇を超克し行く思想的武器であると確信する。[33]

蠟山はここで、対中国全面戦争の開始を契機として、日本主導の「協同体」建設が「東洋の世界史的使命」を呼び起こすと論じている。その際に強調されるのは、日本と中国の対立・相克を止揚すべく、ナショナリズムの論理を超克することである。「東亜協同体」論に限らず、「近代の超克」論も含めて、戦時期の国際秩序論においては、このように広域秩序原理への関心が前景化する。三木が「東亜協同体」論について、「東洋の統一といふ空間的な問題と資本主義の解決といふ時間的な問題とは必然的に一つに結び付いてゐる」[34]と述べていることには、東アジアにおける民族主義を超克すると同時に、資本主義批判を連結させるという共通の課題を見て取ることができる。蠟山もまた、民族自決原理に対して否定的な評価を下し、次のように述べている。

抑々東亜協同体の理論が提唱せられるに至つた根本動機は、支那における「民族的統一」又は「民族主義運動」の存在が如何なる意味においても、軽視し無視し得ぬといふ認識に発足してゐる。これは総ての東亜協同体論者の一致してゐるところであると言つてよい。[35]

ただ、中国のナショナリズムを包摂する論理構成を取る「東亜協同体」論が、近代国民国家の未形成な東アジアにおいて、資本主義を批判し、民族主義の歴史的限界を語ることには、どれ程の説得性があったのだろうか。三木は「新日本の思想原理」の中で、「東亜の統一は封建的なものを存続せしめること或ひは封建的なものに還ることによつて達成され得るものではない。却つて支那の近代化は東亜の統一にとつて前提であり、日本は支那の近代化を助成すべきである」[36]と述べている。すなわち、中国の封建的性格の克服＝近代化は、「東亜協同体」論の前提条件とされているのである。しかし、そこで想定されている中国の「近代化」については、論者によって見解が異なっていた。

酒井哲哉が指摘するように、「東亜協同体」論には、アジアの開発モデルとしていかなるモデルを想定するのか、という問いが内包されていた。すなわち、蠟山が蔣介石政権の英国資本と結び付いた「不自然な近代化」を超える合理的な経済建設計画を施行することを強調する一方で、中国共産党への対抗上からも開発計画の設計を要請したのに対して、尾崎秀実は抗日統一戦線が追及する中国社会の「半封建性」、及び「半植民地性」の克服を可能にするような「東亜新秩序」の形成を説いていたのである。★37

蠟山は一九三〇年代前半に、ドイツの「地政学」の成果に注目しているが、それは各種の「東亜協同体」論の中で、蠟山の「東亜協同体」論の特徴を考える際に、重要なポイントになる。★38 すなわち、蠟山は「東亜」という地政学的規律化の論理を持ち込みつつ、東アジアには日本を除いて近代的国民国家が存在せず、しかも西欧帝国主義の侵略の前に絶えず政治的不安に苦しむという共通性があるために、日本が「必然的に自国の安全と同時に支那の保全を要求しなければならぬ奇しき運命を背負い」、東アジアにおける安定勢力として「東亜」に対する運命的関係に入る必要があると言うのである。★39

日本のナショナリズムがアジア大陸に発展したことが一面において支那のナショナリズムを刺激したことは明かであり、それを支那は近視眼的に西洋的思想の一たるマルクス主義に従つて資本主義的帝国主義として規定し、西欧民主国家の唱ふる軍国主義としてこれに抵抗したのであり、遂に今次事変となつたのである。★40

そして蠟山は、「中華帝国は封建的中世的制度なるが故に、国民党の中華民国はそれの誤れる民族主義により、西欧的帝国主義との政略的結合の下に地域的非協力による建設理論を有するが故に、又共産的民衆化地帯は新東亜体制がコミンテルンの世界理論を根本的に否定し、防共の一線を確立せんとする立場から当然に相容れない」★41と述べている。それへの対抗として、日本の大陸発展を、「国防経済とそれと密接に関係する経済開発計画を伴ふ地域的協同経済[42]」と規定し、資本主義が推進力となって行なわれる西欧帝国主義との質的差異を強調するのである。

このように、蠟山は日本と中国のナショナリズム運動の衝突が引き起こした戦争という事態を、「地域主義」を実現する原動力に置き換える。ゆえに、なぜ戦争が戦われなければならないのかという問題については、西欧帝国主義とナショナリズムの超克を掲げ、「その東洋の統一への現実過程には寔に悲劇的なる民族相剋の運命と西欧帝国主義体制との衝突といふ障碍が横つてゐる[43]」と述べるのである。アジア諸国が西欧から受容したナショナリズムが、アジアの「民族相剋」とそれに乗じた西欧帝国主義の侵略の原因であり、それゆえ「東洋の統一」はナショナリズムの超克によってのみ可能になると主張する。「日本の大陸発展に内在してゐる原理は本来西欧的な帝国主義ではなくして、防衛又は開発の為めの地域主義なのである[44]」とは、世界秩序再編の原動力としての戦争における日本の指導性の弁証である。その上で蠟山は、「東洋が地域的運命協同体であると云ふ意味は〔中略〕政治的である[45]」と述べ、政治的な指導力により「東亜新秩序」を形成することを強調した。

さらに、「新秩序」創造の試みは、必然的に「国民協同体」論を呼び起こすと言う。すなわち、当該期の日本が直面している戦争の処理、特に外交の刷新に対する国論の統一、その強力な推進のためには、「新秩序」を支える国民化の論理を新たに基礎付けることが必要とされたのである。近衛の「東亜新秩序」論を理論付け、その推進を図ろうとした昭和研究会の言論の中心に位置するのが、蠟山の「国民協同体」論である。その内容について、蠟山は「近代政治学」から「現代政治学」への転換という政治学の内部革新が図られなければならないとして、次のように述べている。

今日の「国家」が当面してゐる統制経済や計画経済の課題が、既存の政治行政の諸機構を駆使し、「国家」と対立して考へられてゐた「経済」の諸組織を動員しようとしても、それが既存の形成物の平面における立法的行政的作用である限り、その効果が一定の限界に止まるべきは当然である。[46]

その上で、「近代政治学の対象であった「国家」の概念に対して、現代政治学の対象として国民協同体の概念を置き、まさに「経済」や「社会」をも包含した「立体的な社会的存在」としての「国民協同体」を理論付ける必要があるとするのである。[47] ここでは政治学の現代化が、戦時体制に呼応するものとして要請されている。「東亜協同体」論で示されたナショナリズム批判は、国内社会における個人を基礎にした契約的社会構成の行き詰まりの先に、協同体的社会構成を指し示すことになったのである。

いまひとつ注目すべきは、蠟山が「伝統」の革新を進める上で、国体に関する見解を示している点である。「日本及び日本国民の政治的形成の根本原理が日本国体に内在してゐる」として、現在の「新秩序」形成の原理が「現実的指導的であると共に、常に伝統的歴史的であること[48]」を求めている。そして、「満洲事変以後における現実の政治の運営それ自体」が「日本的原理の発見と建設に役立つ」のであり、「この自然発生的なる祖国愛の感情を如何にして統一的な秩序に齎らすかの政治の形成作用」と「如何にして複雑なる経済産業社会の諸部分の諸活動をして全体における個の合目的活動たらしむるか、の建設的作用[49]」が進まなければならないと言うのである。「東亜新秩序」論が、台湾人や朝鮮人など植民地住民をも巻き込む戦時動員を推進するものであったことを考慮に入れるなら、蠟山は戦争遂行という課題のもとに、帝国統治の方向性を改めて国体論というかたちで提示したものと考えられる。

この日本大陸発展の内在的原理は、今次事変の勃発を契機として、台湾、朝鮮、満洲国等従来日本人が無反省的に植民地視してゐた地域に急激に起つた精神的変化を通ほして証明される。これらの地域に居住する漢人や鮮人の内面的生活は、これまで決して安定したものでなかつた。日本の支配下に立つことの意義が精神的思想的に充分理解されてゐなかつた。しかるに、今次事変を契機としてこれら地域に居住する大部分の民衆は日本人たることに心から名誉と誇りを感ずるやうになつた。又、日本人と政治的に運命を共同にすることが自分達の行くべき道であると自覚し、功利的に生活的に考へても前途に光明を見出すやうになつたのである。★50

しかし、蠟山の「国民協同体」論が豊かな成果を挙げたとは言えないだろう。戦時期に中国のナショナリズムに対峙し、その中から国際秩序を構築する試みは、日本国内で具体的な展望を見出さないまま、新体制運動の補強、さらには大政翼賛会への道を開くことになった。昭和研究会が一九四〇年に解散を余儀なくされると、蠟山は四二年、衆議院議員選挙に大政翼賛会の推薦を受け群馬二区から立候補し当選（四五年九月に議員辞職）、中央公論社副社長にも就任した（戦後は『中央公論』の主幹を兼任）。デモクラシーから総力戦体制への移行の中で、蠟山はデモクラシー思想がその内部に抱えていた問題の解決の糸口を、戦時期における政治学の再編過程に見出したが、そこで議論された問題領域は、植民地帝国日本の崩壊により放棄されることになる。★51

おわりに

本論文で明らかにしたように、蠟山の「東亜協同体」論は、時局への対応という側面にとどまらず、近代日本の政治学の展開過程において導き出された議論でもあった。しかし、戦後の蠟山が、かつて中国のナショナリズムに向き合うことから試された「東亜協同体」論におけるナショナリズムの問題を、深く追求することはなかった。冷戦体制の下で、蠟山はアメリカの世界戦略の中での日本の役割を論じているものの、日本が直接アジアのナショナリズムに向き合う中から問題を提起するという姿勢を失っている。戦時期の議論は、あくまで日本が主導的立場を維持することにより「東亜」の安定を図るというものであった。戦後の分岐点である一九五〇年代後半には、蠟山の議論は日本の高度成長の必然性を正当化する「近代化論」に収束する。

戦中から戦後にかけての学知の展開を検討する際、帝国支配と冷戦構造がある種の差異を含んだ連続性の相を呈していることを重視しなければならない。蠟山における「東亜協同体」論から「近代化論」への展開に関しても、冷戦構造の中で見失われた問題、すなわち戦時期には日本に抵抗するナショナリズムに向き合うことから議論が組み立てられていたことに注目する必要がある。とりわけ、戦後の社会科学の枠組みを相互補完的に規定したマルクス主義と近代主義に対して、「近代化論」が持った対抗的意味については、両者がアジアのナショナリズムをどのように捉えたのかを明らかにしなければならない。その点について、今後さらに検討を加えていきたい。★52

［注］

（1）近年、酒井哲哉は欧米の国際政治学・国際法学などの新たな展開との関連において、日本の国際政治認識・国際秩序認識の枠組みを再検討し、その知的系譜を跡付けている。酒井哲哉「「東亜協同体論」から「近代化論」へ――蠟山政道における地域・開発・ナショナリズム論の位相」（日本政治学会編『年報政治学一九九八 日本外交におけるアジア主義』岩波書店、一九九九年）は、本論文にとって最も重要な先行研究である。酒井はこの中で、蠟山における「東亜協同体論」から「近代化論」への展開に関して、戦中・戦後に連続する認識の枠組みを問うている。

（2）細谷千博・斎藤真・今井清一・蠟山道雄編『日米関係史 開戦に至る十年』第三巻（東京大学出版会、一九七一年）、四四四―四四五頁。

（3）酒井哲哉「アナキズム的想像力と国際秩序――橘樸の場合」（内田隆三・森政稔・山脇直司・米谷匡史編『ライブラリ相関社会科学七 ネイションの軌跡――20世紀を考える（Ⅰ）』新世社、二〇〇一年）、六六頁。

（4）酒井哲哉「「国際関係論」の成立――近代日本研究の立場から考える」（『創文』第四三一号、二〇〇一年五月）、八頁。

（5）酒井前掲「「東亜協同体論」から「近代化論」へ」、一一一頁。

(6)同前、一一二頁。
(7)蠟山政道『政治学の任務と対象――政治学理論の批判的研究』（巌松堂書店、一九二五年）、五三〇頁。
(8)蠟山政道「国際政治秩序と国民主義」（『外交時報』第三十九巻第四五八号、一九二四年一月。『国際政治と国際行政』所収、巌松堂書店、一九二八年）、三八頁。
(9)同前、三九頁。
(10)同前、三七頁。
(11)蠟山前掲『政治学の任務と対象』、五一七―五一八頁。
(12)蠟山政道「極東連邦の国民主義的趨勢と日本」（『外交時報』第四十巻第四七五号、一九二四年九月。前掲『国際政治と国際行政』所収）、一七六頁。
(13)同前、一七九頁。
(14)同前、一八〇頁。
(15)藤岡健太郎は「戦間期日本知識人の東アジア国際秩序認識の構造――蠟山政道と末広重雄の場合」（『九州史学』第一二五号、二〇〇〇年五月）において、既存の国際法・外交史研究（末広）を超え出て、蠟山が国際政治学の領域を発見した点に注目している。その際、一九二〇年代から三〇年代初頭にかけての蠟山の東アジア国際秩序への関心について、特に満洲問題をめぐってワシントン体制との対抗軸が打ち出された点を強調している。
(16)蠟山政道「満洲問題の中核」（『中央公論』第四十四年第九号、一九二九年九月）、三七頁。
(17)同前、四三頁。
(18)同前、三七頁。
(19)同前、五〇頁。
(20)蠟山政道『日本政治動向論』（高陽書院、一九三三年）、一頁。
(21)同前、二頁。
(22)同前、六頁。

(23) この点については、三谷太一郎「日本の政治学のアイデンティティを求めて――蠟山政治学に見る第一次世界戦争後の日本の政治学とその変容」(『成蹊法学』第四十九号、一九九九年三月)を参照。蠟山は「立憲的独裁」の概念について、「憲法を停止したり、破壊したりすることなく、政党の如く予め、国民の前にその政綱を示して政権をとるといふことなく、唯非常時なるが故に如何なる政綱を有つてをるかといふことを前以て国民に示さず、従つて国民に向かつて公約していないものが政権をとるといふ独裁政治」(『議会・政党・選挙』日本評論社、一九三五年、三六頁)と述べている。また、「立憲的独裁」が求められる事態については、「世界に於ける資本主義の破綻」による西欧諸国の「国民主義的な政治変化」、及び「カルテルやトラストに見られる如き、団体的結合や国家保障や保護制度の如き」資本主義経済の「政治権力への依拠」によって、「国家行政権の拡大」と「議会立法権の衰退」が議会政治の危機をもたらしたものと考えている(『現代社会思想講話』高陽書院、一九三七年、二七五―二七六頁)。
(24) 蠟山政道『日満関係の研究』(斯文書院、一九三三年)、二〇八―二一四頁。
(25) 蠟山政道「満蒙問題の「重大化」」(『中央公論』第四十六年秋季特別号、一九三一年十月。『世界の変局と日本の世界政策』所収、巌松堂書店、一九三八年)、八頁。
(26) 同前、九頁。
(27) 同前、一〇頁。
(28) 蠟山政道「国防と外交との連関」(『国家学会雑誌』第四十七巻第十一号、一九三三年十一月。前掲『世界の変局と日本の世界政策』所収)、一五三頁。
(29) 蠟山における「地域主義」の導入については、三谷太一郎「国際環境の変動と日本の知識人」(細谷千博・斎藤真・今井清一・蠟山道雄編『日米関係史 開戦に至る十年』第四巻、東京大学出版会、一九七二年。『大正デモクラシー論――吉野作造の時代とその後』所収、中央公論社、一九七四年)、同「日本における「地域主義」の概念――ナショナリズム及び帝国主義との関連についての歴史的分析」(『近代日本の戦争と政治』岩波書店、一九九七年)を参照。
(30) 蠟山政道「支那事変の背景と東亜政局の安定点」(前掲『世界の変局と日本の世界政策』所収)、一八六頁。
(31) 蠟山政道「世界秩序と支那事変」(『外交時報』第八十五巻第七九四号、一九三八年一月。前掲『世界の変局と日本の世界政策』所収)、一九八頁。
(32)蠟山前掲『世界の変局と日本の世界政策』一頁。
(33)蠟山政道「東亜協同体の理論」(『改造』第二十巻第十一号、一九三八年十一月。『東亜と世界――新秩序への論策』所収、改造社、一九四一年)、二三―二四頁。
(34)三木清「東亜思想の根拠」(『改造』第二十巻第十二号、一九三八年十二月。『三木清全集』第十五巻所収、岩波書店、一九六七年)、三一三頁。
(35)蠟山政道「東亜協同体の理論的構造」(『アジア問題講座』第一巻、創元社、一九三九年。前掲『東亜と世界――新秩序への論策』所収)、一六一頁。
(36)三木清「新日本の思想原理」、一九三九年一月。『三木清全集』第十七巻所収、岩波書店、一九六八年)、五一〇頁。
(37)酒井哲哉「戦後外交論の形成」(北岡伸一・御厨貴編『戦争・復興・発展――昭和政治史における権力と構想』東京大学出版会、二〇〇〇年)、一二六―一二七頁。
(38)蠟山における「地政学」の導入については、三谷前掲「国際環境の変動と日本の知識人」、波多野澄雄「「東亜新秩序」と地政学」(三輪公忠編『日本の一九三〇年代――国の内と外から』創流社、一九八〇年)を参照。
(39)蠟山前掲「支那事変の背景と東亜政局の安定点」、一九二頁。
(40)蠟山前掲「東亜協同体の理論」、一六―一七頁。
(41)同前、三三頁。
(42)同前、一九頁。
(43)同前、一〇頁。
(44)同前、一七頁。
(45)同前、二八頁。
(46)蠟山政道「国民協同体の理論」(『改造』第二十一巻第五号、一九三九年五月。前掲『東亜と世界』所収)、四五頁。
(47)同前、四六―四七頁。

(48)同前、五〇頁。
(49)同前、五五頁。
(50)蠟山前掲「東亜協同体の理論」、二〇―二一頁。
(51)太平洋戦争期における蠟山の活動については、盛田良治「戦時下における蠟山政道の〈フィリピン経験〉」(『日本思想史研究会会報』第十九号、二〇〇一年十一月)を参照。太平洋戦争期に日本の東南アジア進出が現実化すると、蠟山は「東亜協同体」を構想した時とは異なる問題が生じてくることを認識し、「大東亜広域圏論――地政学的考察」(太平洋協会編『太平洋問題の再検討』朝日新聞社、一九四一年)を発表した。この中で蠟山は、東南アジアは「東亜協同体」が想定していた東アジア地域と異なり、西欧列強の植民地でありその植民地性が濃厚であるために、政治的にも経済的にも従来の秩序が根を張っていることを強調している。蠟山は「広域経済圏」の建設に向けて、「比島調査委員会」の中心メンバーとしてフィリピンでの日本軍政に関与することになる。
(52)戦後の近代主義とマルクス主義の思想的意味については、平野敬和「戦後の「近代主義」と「民主主義」」(苅部直・片岡龍編『日本思想史ハンドブック』新評論、二〇〇八年)を参照されたい。また、戦中・戦後の丸山眞男のテクストに即して、当該期のアジア認識について検討を加えたものとして、平野敬和「著作解題/丸山眞男『現代政治の思想と行動』」、同「著作解題/丸山眞男『戦中と戦後の間』」(『KAWADE道の手帖 丸山眞男』河出書房新社、二〇〇六年)、同「戦後思想とアジア――一九五〇年代の丸山眞男を中心に」(『同志社法学』第三一二号、二〇〇七年七月)も参照されたい。

【第3章】

二十世紀社会学の課題と「東亜」

新明正道にとっての総力戦

道場親信

はじめに

本稿では、戦中・戦後を結ぶ日本社会学の重鎮の一人であり、戦時期には時評家としても活躍した新明正道[★1]に関し、主として日中戦争―アジア太平洋戦争期の著作をとりあげ、その「新体制」論および「東亜新秩序」論を検討する。新明は一八九八年生まれ、初期新人会のメンバーとして学生社会運動のラディカルな一翼を担うとともに、卒業後は関西学院の少壮教授として関西の社会運動に身を投じ、東北帝大に移ってからは理論社会学を独自に体系化する一方、ファシズム批判の舌鋒鋭く、論壇に躍り出た。日中戦争期には「東亜協同体」論を掲げ、東亜連盟運動に関与した。さらに戦後は「国民性の改造」を掲げて民主化の遂行を説き、五〇―六〇年代には初期革新自治体（仙台市）ブレーンとして都市計画などにも関わった。彼のこの多彩で時代とつねに切り結ぶ軌跡は、思想史的には説かれるべき問いとして存在している。

総力戦の時期（日中戦争―アジア太平洋戦争期）、新明は数多くの時評論文を執筆し時評集を続々と刊行したばかりでなく、のちに「新明社会学」と呼ばれる、彼の社会学「体系」を確立していった。新明の社会学は彼独自の「綜合社会学」（synthetic sociology）という構想によって特徴づけられ、主体的な行為者としての人間の社会的行為の連関に着目することで社会を「綜合的に」認識できるとするものであった。そこでは、人間の相互行為のパターンを取り扱う「形式社会学」と、歴史性を持った具体的な行為の集積としての文化活動を取り扱う「文化社会学」との「綜合」としての「綜合社会学」という意味と、専門分化した社会科学の一分科としての「社会学」が従来扱ってきた「狭義の社会」と、専門分化した社会諸科学が共通に向き合っている「社会」そのもの、つまり「広義の社会」とを区分した上で、諸社会科学間の連関を「広義の社会」の観点から「綜合」するものとしての「綜合社会学」という意味との二つが重ね合わされていた。[★2]新明自身はそこから「綜合」という言葉をかなり無碍に用いている感があり、「綜合＝止揚」（Synthese）の概念を自在に使いながら、社会学を軸に「国家学」崩壊以後の、しかもマルクス主義とも対抗しながら新しい総合的社会科学を創り出そうとした彼の歩みは、誇大な、そしてアナクロニスティックな試みとしてしばしば批判されてきた。[★3]だが、この新明の新たな総合的社会科学への志向は、――それが必ずしもアウトプットにおいて成功していなかったとしても――彼が社会科学史的知見に基づき明確にその「必然性」を定式化した、二十世紀の「新たな政治」という課題に向き合うものであったことは、正確に認識されなければならない。

もっとも、その新明の社会学「体系」は、学と学、研究分野と研究分野の間の関係をどのように分類・統合するか、またその統合の際の視点は何か、というところに力点が置かれており、必ずしもその枠組みを引き継いで研究を発展させるだけの方法的整備がなされていないことは、彼の薫陶を受けた研究者たちからも指摘されているところである。たとえば新睦人は、次のように述べている。

行為論が社会学にとって文字どおり基礎理論としての性格をもつことは誰にも異論のないことであろう。現時点の社会学的潮流においても、〈シンボリック相互作用説〉のみならず、〈交換理論〉、〈ドラマツルギー〉、最近では〈コミュニケーション的行為理論〉などは明らかに行為論の系譜である。にもかかわらず、この今日的な流れのなかに新明行為論の居心地が悪いのは、基本的に、それが一種の社会学的「心得」条項として受けとめられたため、社会学それ自体、あるいは行為論の営みとして、その周辺で十分に問いつめられなかったからではあるまいか。ともかく、教授自身の行論にも、ひとたび提唱した自己の枠組にたいする対自的な試みが欠けており、体系だった社会理論として完成されていないと思われる。★4

そのことが、数多くの研究者を育て、その研究者たちから繰り返し「新明社会学」に言及した論文が発表される一方で、現実には「新明社会学」を継承し体系的に発展させた者が一人もいない、という事実を証立てているように思われる。そういう点で、新明正道は次第に忘れられた社会学者となっていったが、恐らく彼の本領は、そうした社会学「体系」構築の理論的作業にあったというよりも、該博な社会科学史の知見に基づいた、学説史研究や思想史的な社会学史の方にあったのではないかと考えられる。後にも触れる『社会学史概説』には彼の「綜合社会学」がどのような歴史的視座に基づくプロジェクトであったかが明確に示されているばかりでなく、少なくともその動機の次元では、二十世紀の社会科学が抱えていた課題を自覚した上で固有の「社会学」を構築しようとしたことが見て取れるのである。それが彼の学問作業の、社会科学史的な可能性であると同時に限界を明らかにしている。「学」のあり方や「心得」を論じ、学問的課題が生起する必然性を弁証しながらも、具体的な秩序像や政策、社会構想を提示することはほとんどなかった。とくに本稿が対象とする総力戦期においてはそのことが如実に表れている。

以下、本稿では、この新明正道の理論的軌跡に即しながら、彼が日中戦争以後展開した議論の意味を考察していくことにしたい。本論集が『一九三〇年代のアジア社会論』と銘打たれていることを考えれば、新明自身はアジアでフィールドワークを行なっているわけでもなければ、データに基づいたアジア社会分析を行なっているわけでもなく、取り上げるべき事例として必ずしも適切とは言えないかもしれないが、他方、東亜連盟運動などへのコミットやそこでの理論的作業を通して、社会変革的志向をもった教養ある社会学者が、「社会」に関するいかなるヴィジョンを掴み出していったのか、という問題を考察することで、この時代の「東亜」に関わる多様な言説を考察していく一助となしうるのではないかと考える。

筆者は以前、二〇〇四年に同趣旨の論文を執筆しているが、[★5]本稿では旧稿の論点を増補しつつ、「東亜」に直面することで開始された新明の「民族社会学」が戦後にも同一の枠組みで継続されていることを明らかにしていきたい。論述の各所で旧稿との重複が生じてしまうことをあらかじめお断りしておく。

1　時評と社会科学――三〇―四〇年代年代新明正道の課題

(1) 論壇への登場

新明正道は一八九八年、父が植民地官僚であったことから台北市で生まれ、のち大連・撫順・遼陽の小学校を転々とし、中学も金沢一中から京城中学へ転校するなど、少年時代の多くの期間を植民地・外地で過ごした。一九一五年に第四高等学校に入学、キリスト教に入信するとともに文学の同人誌を発行するなど、「文学青年」として成長していった。一九一八年に東京帝大法科大学政治学科に入学し、吉野作造の教えを受けるとともにできたばかりの新人会に入会、同会本部となっていた黄興邸に仲間と合宿生活をし機関誌の発行責任者となるなど、新人会活動では中心的な活動家の一人となった。一九二一年に東京帝大を卒業後、関西学院文学部教授となり、翌二二年、新人会の仲間と『社会思想』誌を創刊する。同誌はのちに長谷川如是閑らの『我等』と合併して『批判』誌となるが、これらの同人的思想雑誌に継続的に学問的・時評的論文を発表し続けるなど、若い時期から旺盛な執筆活動を行なっていた。[★6]

この新明がいわゆる「論壇」誌へ時評論文を寄稿する常連の書き手となるのは、一九三〇年以降のことである。それ以前にも、『改造』『社会科学』『経済往来』誌に文学的エッセイや社会科学の啓蒙的な論文を寄稿することはあったが、彼が東北帝大教授としてドイツに留学し、そこで見聞したヨーロッパの政治情勢、とくに独伊のファシズム化の分析や対抗する政治勢力の動静をジャーナリスティックに分析し報告した一連の「欧州通信」を『経済往来』誌に連載(一九三〇年二月―三一年一月、のちに『欧州の危機』として日本評論社より刊行される[三一年十一月])して以降、同時代政治とイデオロギーの批判的分析を基礎とした時評家として、新明は「論壇」誌などに続々と時評的論文を発表していくことになる。★7

この時期の新明の時局分析は、ナチス政権獲得前夜のドイツにおける政治情勢、とりわけ政党や労働組合などの連携やその失敗をめぐるヘゲモニー分析に冴えを見せ、所を日本に移しても、三〇年代前半の「ファッシズム」の動向に対し、鋭い分析を示している。ドイツでファシストの手に政権が転がり込んでいく全過程を目の当たりにした新明は、帰国後、日本ファシズムを対象にドイツとも比較しつつその「強さ」「弱さ」を分析していくが、「下からの」ファシズムとしては弱さを抱える日本のケースを指摘する上では冴えわたっていた彼の分析は、在野勢力と統治エリートとの間の合作として進んでいった「新体制」運動に対しては、自らもこれに加担する立場から評論を展開する中で、「国民再組織」を軸とした秩序再編成に希望をつないでいく「当事者」となった。この間、時局的関心と理論的関心を織り合わせた著作として『国民革命の社会学』(一九三五年、甲文堂)、『ファッシズムの社会観』(一九三六年、岩波書店)、『ゲマインシャフト』(一九三七年、刀江書院)などが書かれていく一方、主として『経済往来』と後継誌『日本評論』を中心に「論壇」活動を行なっていく。

『経済往来』―『日本評論』は、一九一〇―二〇年代のいわゆる「大正デモクラシー」期に大きな影響力を確立した『中央公論』や『改造』――新明の師・吉野作造の有名な「民本主義」論文は『中央公論』に発表されたし、『改造』は「進歩的」ジャーナリズムを象徴する名前となっていた――などの先行誌に対しては遅れて登場した後発論壇誌であり（日本評論社発行）、この後発論壇誌を舞台として、三・一五、四・一九の政治運動弾圧後の言論界に新明はデビューしていくことになる。彼が「論壇」において求められた役割を考えるとき、このような登場のタイミングと場所を考える必要があるかもしれない。★8

はじめヨーロッパにおけるファシズムの動向分析を軸に進められていた時評の作業は、一九三六年頃から日本の国策動向をめぐる議論へとシフトしていく。だが日中戦争開始までの新明の論調は、軍部を中心とした「強力政治」の推進者たちの動向を日本における「ファッシズム」ととらえ、その要求や戦略を批判的に分析する姿勢が保たれていた。たとえば、『改造』一九三七年五月号に発表された論文「強力政治の現勢分析」では、「強力政治」が「合法主義」的方向に転換し、「国政革新の目標をなす原理」に対しても「改変が加えられ」、「自由主義」批判の論調のうち資本主義批判のトーンが弱められ既成政党攻撃が主流となっていることに注意を促している。だが、「強力政治の傾向が生じてから既に相当の歳月が流れているのに、強力主義政党の成立がかくも遅々として進まなかったのは、伊独のファシズムとは大いに類を異にするところであって、これはわが国において強力主義が国民層に原動力をもっていなかったことを物語っている」として、日本ファシズムの基盤の弱さを強調している。★9

こうした軍部的「革新」の動向に対し、距離を置いて批判的に分析していた新明の姿勢が転換するのは一九三八年である。一九三七年七月七日に始まる日中戦争（「支那事変」）は、それまでの言論状況を大きく変え、社会科学者たちにこの戦争の解決、またこの戦争の解決を通じた「変革」に向けての時局投企を促すことになった。のちに内容を検討するが、『日本評論』一九三八年八月号に発表された論文「二十世紀の政治」において、彼は総力戦下で進む社会の再編が「二十世紀の政治」固有の課題に対応したものであると論じ、以後「国民再編成」をめぐる議論にコミットしていくことになる。一九三八年十一月に近衛内閣が発表した「東亜新秩序」声明（第二次近衛声明）以後論壇において活性化する「東亜協同体」論に新明も積極的に参画し、その動きの中で外交国策団体「日本青年外交協会」の「顧問」となり、★10 同会機関誌の『世界週刊』にも数度寄稿したほか、自らの「東亜協同体」論を集めた論集『東亜協同体の理想』を同会から刊行している（一九三九年十月）。また、一九四〇年からは石原莞爾・木村武雄らが主導する「東亜連盟協会」にも深くコミットし、同会の「中央参与会員」と宮城支部の「支部役員」を務めるなど、青年期の社会運動とは趣を異にする政治活動に携わった。★11

この時期は新明にとって「時評家」として最も活躍した時期でもあった。山本鎮雄によれば、時局評論の執筆は一九三八年が一九本、三九年が一八本、四〇年がピークで三九本にのぼるという。★12これに合わせて評論集も続々と出版され、すでに触れた『東亜協同体の理想』のほかに『文化の課題』（一九三八年二月、河出書房）、『思想への欲求』（一九四一年四月、三笠書房）、『政治の理論』（一九四一年九月、慶應書房）、『民族社会学の構想』（一九四二年十月、河出書房）、『社会と青年』（一九四三年七月、潮文閣）が出版されている。

他方、新明の「主著」とされる『社会学の基礎問題』（一九三九年六月、弘文堂）もまた同時期に書かれたものである。このことは偶然の符合ではなく、新明の社会学「体系」は、この総力戦経験の中で「民族」と「国民社会」に対する考察を深める中でその設計図を確立していったものと考えられる。以下では、その設計図を支えた基本構想が、いかに総力戦下で可視化した——新明のいい方を用いるなら——「二十世紀的」な社会科学と政治の課題に応えるものとして構想されていたかという点について明らかにしたい。

(2)二つの課題

ここでいう「二十世紀的」な社会科学と政治の課題とは何か。それは二つの点に集約することができる。その第一は「社会再組織（国民再組織）」の社会学的弁証であり、第二は民族自決主義批判と結びついた「超国民的」枠組の社会学的弁証である。この二つの課題は、「資本主義問題の解決」と「東洋の統一」という二つの目標を「東亜協同体」論に持ち込んだ三木清の議論とも並行するものであるが、三木はむしろこの時期の論壇におけるアジェンダ・

セッターと考えることができ、多くの論者がこの二つの問題とその連関を論じていくことになったのであり、[13]国内再編成（自由主義＝資本主義批判）と国際再編成（日中提携の政治秩序構築による和平）という新明の課題の立て方もこの枠組みに沿ったものであるといえる。彼の議論の個性は、これを社会学的に弁証しようとした点にある。[14]十九世紀的な自由主義経済と議会制度が制度疲労を起こしていると見、資本主義を修正して政治・経済・文化の新たな連関を国家の介入によって実現していこうとする彼の「国民再組織」のヴィジョンは、山之内靖のいう「システム社会」への再編成という課題を新明なりに受けとめたものであって、これは戦時期に限定されたプロジェクトではなく、「戦後」にも継続されるべきものであることを日中戦争のさなかに彼は主張していたし、事実、アジア太平洋戦争の敗戦後にもこの課題を彼は説き続けている（第4節で述べる）。また、無制限な民族自決主義を批判し、国民社会間の「協同」の政治的枠組み作りを説いた日中戦争期の議論は、のちに民族主義を修正して多民族一国家的な秩序へと再編成することが民族問題克服のための賢明な政策であることを説く方向へと展開ないし変質していくが、この枠組みもまた敗戦後まで彼の「民族社会学」の中核的主張として維持された。新明が「二十世紀」における「新しい政治」（後述）として提起したこれらの議論は、戦中・戦後を貫いて「新明社会学」を枠づける基本的なパラダイムをなしたのである。

山本は「時評家新明正道」と「綜合社会学者新明正道」を並行させる二元的なとらえ方をしているが、こうした二元論では、元来新明自身によって二十世紀の社会学が引き受けなければならないとされた諸課題を正確にとらえることはできないだろう。それは、すぐれた思想史的社会学史の研究者であった新明自身のヴィジョンをも断ち切ってしまうものである。

新明の戦時期の言説を単なる「転向」の問題として考えるのではなく、彼の「綜合社会学」のプロジェクト自身が孕んでいた「二十世紀性」つまり、「システム社会」への変動期における社会科学の課題を新明自身が戦時期に自覚し、これにコミットすることで、社会科学観と己の社会学体系を確立していったものと見るべきである。そして「時評家」新明と「社会学者」新明とを二元化するのではなく、通底するモチーフを探し出すことから統一的に理解するべきであると考える。二十世紀に「社会学者」であるとはどういうことであったのか。この点は個別新明の思想像に限られた問題ではなく、一九二〇年代に「社会の発見」を共有した論者共通の問題として、戦時・戦後の連続性、さらには二〇年代との思想的連続性を考えていかなければならないだろう。

新明は一九六八年に自らの社会学研究の歩みを三つの時期に分けてふり返っている。第一期は一九二六年から二九年までの時期で、東北帝大の法文学部社会学主任教授として勤務し、ジンメルの形式社会学の研究を軸に社会学プロパーの研究者として自己を確立していく過程であるとされている。学生時代の新人会活動や、卒業後大学教授となって社会学を講じた関西学院時代は、ここでは前史に位置づけられ、「準備時代」とされている。一九二九年三月から三一年五月のドイツ留学時代をはさんで、一九三〇年から三八年までを第二期とし、知識社会学の研究に取り組むとともに独自の体系を模索していた時期とされる。そして第三期が一九三九年以降で、これには終わりの時期が示されていない。ということはつまり、少なくとも三九年以降六八年まで新明にとっては一つの同じ時期、彼自身の研究上のパラダイムに変化がないことを示している。[★15]

だがたとえば大道安次郎に見られるように、このような時期区分を採用しながら時評と社会学理論書とを恣意的に区別する議論がこれまで反復されてきた。大道は次のように述べている。

第三期は、『社会学の基礎問題』（昭和十四年六月）と『社会本質論』（昭和十七年六月）の二著によって代表され、『社会学辞典』（編著・昭和十九年八月）にいたる時期である。大体の区切りをいえば、昭和十四年から終戦までの期間である。その間、さきの書物のほかに、〔中略〕数多くの著書が出版されている。しかし新明社会学の生成と発展という見地からいうと、さきの三つの著書を除いては、そう重要な係わり合いがあるものとはいえない。[★16]

しかし純社会学理論著作だけを「新明社会学の生成と発展という見地」から取り上げる根拠はなく、恣意的な選別にとどまっている。本稿では、このような恣意的な区分に抗いつつ、戦中・戦後を貫く新明自身にとっての「社会学」の課題を明らかにしていく。以下、第2節では国民再組織をめぐる新明の議論を、第3節では民族問題をめぐる議論を、それぞれ検討して、第4節ではそれが戦後にどのように継承されているのかを明らかにする。

2　国民社会の再組織

(1) 自由主義批判としての「国民社会の再組織」

まず、第一の課題、国内再編成としての「国民社会の再組織」という問題について見ていきたい。この「国民社会の再組織」という言い方は、新明独特のものである。同時代、この問題は「国民再組織」の問題として論じられていた。[★17]「国民再組織」とは、軍部による中国大陸での戦争の拡大に対し、政治の力で歯止めをかけ「和平」を実現するという目的と、戦時下での国内体制の矛盾を強いリーダーシップで打開するという、相互に引力と斥力の双方をもった課題を近衛をトップに抱くことで解決しようとした一連の政治運動(「近衛新党」から「近衛新体制」「大政翼賛会」結成まで)において掲げられた標語である。[★18]新明はこのことばに「社会再組織」という、サン＝シモン、コントらが掲げていた「社会学」初発の課題を重ね合わせ、「国民社会の再組織」という言い方をすることによって、十九世紀的な社会学の課題(「社会再組織」)に続く二十世紀的な社会(科)学の課題として文脈化した。秋元律郎は「新明が〈社会学〉成立史を、社会学の本質規定にかかわる問題としても、またその思想史的な基盤を見極める上からも、特に重視していた」ことを指摘しているが、[★19]学説史家らしい課題設定の仕方であるということができる。

有馬学は、民衆の日常的生活を科学的にモニターし、その再生産に関わる知が一九二〇年代以降行政に導入されてくるという現実――「政治の行政化」――を指して「管理型の政治もしくは管理型権力」の誕生と呼んでいるが、この政治―権力を支える「管理型知識」は、一九二〇年代の「社会の発見」を通じて行政官僚と社会運動のリーダーたち（およびこの運動と接点をもって知を形成した知識人たち）に共有されたものであることを指摘している。[★20]ここでいう社会運動のリーダーたちとは、新明ら「前期学生運動」（ボルシェヴィキ化以前の学生運動）の指導的部分を指し、彼らは一九二〇年代から三〇年代に至るまで様々な社会運動の指導部を構成し続けた。「これら前期学生運動出身者を中核とする無産政党運動指導部のリーダーシップは、満州事変以降、昭和一〇年代にかけての政治的再統合を目指す「国民運動」へと運動を転換させる過程でも、主導的に発揮された」というのである。[★21]「国民社会の再組織」という課題は、この層の人々が共有している社会科学的な知と、運動上のヘゲモニーとをつなぐものとして存在していた。

では、具体的に新明はどのように「二十世紀の政治」の課題を語っているのか。それが最初に鮮明に示されているのが、そのものずばり「二十世紀の政治」と題された論文である（『日本評論』一九三八年七月号）。十九世紀の政治は自由主義のそれであった。だが、「二十世紀においてはもはや昔日の威力を持続することが出来なく成」り（五九頁）、「いたるところで、我々は自由主義の終焉の声を聞く」（六二頁）。その理由は、自由主義が「政治の国民化において失敗した」ことにあり（六二頁）、「二十世紀の政治は十九世紀の解決し得なかつた問題、即ち政治の国民化乃至社会化の問題を取り上げてこれに新しい解決を与へるのでなくてはならぬ」という（六五頁）。「政治的自由主義は国民を政治的に動員しただけであつて、これを真に国民的な綜合の要素として尊重しなかつたところが蹉跌を見た」のだ、と（六三頁）。わかりにくい言い方だが、国民の政治的動員とは、参政権の付与による大衆デモクラシーの確立を指しているようであり、この形式的な「国民化」を超えた「政治の国民化乃至社会化」すなわちより広範囲にわたる国民の政治参加と社会参加を実現しなければならない、という趣旨であると考えられる。

「二十世紀の政治」論文のモチーフを継承し、これを新明流の「綜合社会学」の課題として「新体制」における社会科学の役割を明らかにしたのが、論文「国民再組織の問題」(『経済情報政経篇』一九三九年五月)であった。これは「新体制」「新秩序」を論じた新明の二大時評集『東亜協同体の理想』と『政治の理論』の双方に収録されている唯一の論文であり、新明にとっても重要な意味をもつ著作であったと推測される。[★22]

同論文では、「国民再組織の対象となるのは、近世に成立した自由主義的な国民社会であつて、その新しい組織化が現下の問題となつて」おり(一四四頁)、「国民社会の再組織は世界的な必要と成つて来てゐる」という(一四九頁)。このように、「自由主義的な国民社会」を新たに再編成するという課題は、日本一国が直面しているものではなく、各国共通の課題である、というのである。その上で、この「再組織」の中身を新明は次のように語っている。

国民の再組織のためには勿論政治的な再組織が必要であるが、それは最も大きな意味における政治的な再組織であると云はねばならないのである。

茲に云ふ政治は、社会の全体的な政治である。それは最も広義における社会の組織を意味してゐる。かくの如き政治の概念は狭義の政治の概念の成立する以前において世界的に通用してゐたものである。人々は社会をボデー・ポリチックと呼び、社会の組織問題をポリチークと称してゐたものである。コントの実証政治の如きは此の系統の概念であり、社会の全生活の組織を内容としたものに他ならなかつたのである。我々は現代における社会の再組織の目標のなかに国家と社会、政治と経済の機械的な分離の克服が含まれてゐることを指摘したが、これを成就しようとする再組織が当然従来とはちがつた全体的な視点に立たなければならないことは当然である。再組織の出発点において、国家は社会となり、社会は国家と成らなければならない。又、政治は経済となり、経済は政治とならなければならない。此の全体的な変革が即ち大きな政治の意味をなすものである。〔傍点引用者〕(一五七―一五八頁)

コントを引用しつつ、社会学初発時の課題が「現代における社会の再組織」の必要性として新たに生起していることを指摘するとともに、「国家」と「社会」の分裂の克服、政治と経済の綜合、その全体的な「再組織」、という課題に取り組むためには社会学的綜合認識が必要であると主張されている。これに続く論文「新体制の政治学」（『日本評論』一九四〇年九月号、のちに『政治の理論』に収録）では、上記の課題を踏まえた「新しい政治の観念」の創造が提唱されている。

> 新体制は政治を狭義の政治を越えた広義のものたらしめ、国家と政府の統制的組織化の範囲を社会の全般に及ぼすものでなくてはならぬ。〔中略〕此の場合我々は国家や政府の意義がもはや旧体制的なものでなく、新しい政治の観念によつて基礎づけられてゐることを認識しなければならぬ。〔傍点引用者〕（七三、七五頁）

「社会の全般」に及ぼされる「国家と政府の統制的組織化」こそが「新しい政治」である、というこの主張は、実は新明にとって新しいものではない。有馬によれば、「国家」と「社会」を社会科学的対象として分離して考察する――「社会」の発見――「多元的国家論」の洗礼を受けた論者たちのうちでも、新明は二〇年代から「国家」による「社会」の統治、という問題関心を鮮明にもっていた論者であった。

> そこでの問題意識を概括すれば、多元的国家論を理論的契機とした国家の社会化という観点からの国家主権の理論化であった。〔中略〕それは、新明正道によって、次のように説明される。すなわち、国家を他の社会と同一水準に引下げた時、その相互関係は、社会間の協調のための統制機能を国家に帰属させることによって成立する、と。こうして、新明においては社会的秩序を形成する原理としての「統治」の機能が前面に登場する。〔中略〕新明によれば、「統治」は反社会的なものではなく、「統治を必要であると考へる立場が正しい」のである。し

かしながら現実の「統治」には個人的、階級的利害が付着しており、統治秩序からそうした「階級的殻」を除去して「一個の理念を設定する」ことこそが、「政治行為の目標」でなければならないとされる。こうして新たに意味化された政治を、新明は次のように定義する。すなわち、「広い意味における政治とは、かくの如き秩序を中心としたあらゆる人間行為を包括するのである」と。[★23]

一九四〇年前後の新明は、この「あらゆる人間行為」をすでに社会学的な意味で体系的に分類・配置しており、この認識をもとに「自由主義」＝資本主義批判を中心的テーマとして「新体制」構築のための社会科学的認識を提示しようとしていた。

源川真希によれば、この時代の「自由主義」批判の論調には共通の性格が存在している。源川は黒田覚・矢部貞治・恒藤恭・三木清に即して、この時代の「自由主義」をめぐる議論が二つの極へと分解していった状況を明らかにしている。「この時期、経済的自由を中軸とした自由主義の批判と、自由の擁護を両立させるという、河合栄治郎が概括したような自由主義を現実化することは極めて困難だったのであ」り、「これらの両立どころか、自由の擁護か、経済的自由を中軸とした自由主義の克服か、二者のうちのどちらかの選択が迫られる事態になっていく」という。[★24]たとえば矢部貞治について、次のような軌跡をたどったというが、新明もまた同様であり、源川の示す戦時期「革新」派知識人共通の問題設定の中にすっぽり収まっている（これらの先行的論者のあとを追いかけていた、というのが実情であろう）。

矢部は、国際関係原理としての民族自決、国内政治におけるリベラル・デモクラシー、経済的自由を中軸とした自由主義を批判し、新しい原理ないし制度を対置する。国内政治・経済の面では「自由主義的な議会政治、分立的な政党政治ではなく、国民的基盤に立つ執行権の集中強化」、「自由放任、営利主義による経済ではなく国家公益を指導原理とし、職能団体組織による統制経済乃至計画経済」を主張した。これは「共同体的衆民政」に基づく政治経済構想であり、新体制運動につながる面を有していた。[★25]

これら一連の「国民再組織」の議論のうちには、帝国秩序全体に対する意識はなく、宗主国日本の再組織しか念頭にないという共通の特徴も存在する。新明においても、植民地台湾・朝鮮をどう「再組織」するかについての言及はなく、[★26]満州に関してはむしろ外交的関係としての「東亜協同体」「東亜連盟」の議論として展開されることになっていくので、「民族」に関する問題も外的な関係としてしか論じられないことになる。

(2) 社会学的知の役割

こうした知の担い手として社会科学者や知識人が論壇に登場するのは、新明単独の現象ではなく、この時代に広く見られた現象であった。そのことは新明自身にも自覚されていた。一九四〇年一月号の『日本評論』に掲載された論文「思想転換の方向」において、新明は次のように述懐している。

〔昭和〕十三年は〔中略〕知識階級の思想的な成熟を示すに足る兆候をすでにあらはしていた〔中略〕。十三年の暮になつて政局の一角に国民再組織と東亜新秩序形成の主張が起つたのも、この国民的な動向とある関連を有してゐる。〔中略〕此の動向において思想家が受働的にばかり立ち廻ることなく、一歩積極的な身構へを示すにいたつたのは注目さるべきであらう。そして、これが特に明瞭となつたのは、日支事変の処理方策に関してだつた。(八六頁)

まさに新明自身がこのような転換を遂げたのであり、三八年暮れ以降、という時期において、時局への積極的な介入が開始された。そしてまた、新明の指摘によれば、これらの議論の担い手は当時の「三十代以上の壮年」層であるという。[★27]一九四〇年頃に三十代以上の層とは、およそ一九二〇年代に二十代であった世代である。これは先に触れた有馬の指摘する「社会の発見」世代であるといえる。この世代の知識層固有の関心が、「新体制」「新秩序」「再組織」を自らの知的課題として取り組む姿勢につながっていた。新明の言説は、共通のパラダイムの中にいるこれら世代に向けて生産されていたということができるのではないか。そこでは「社会」に関わる知についての、共有された関心が存在していたのである。

では、このような配置の中で、「国民社会の再組織」に際して社会学が果たしうる役割とはどのようなものか。一九四一年八月に日本社会学会機関誌『社会学』（第八号）に新明が発表した短文、「社会学の現在における課題」では、「新体制の原理的な基礎付けに積極的な関心を示すべきである」と述べられている。「新体制」の必要性やその構成原理について、社会学は固有の役割を発揮しうる、というのである（二九五頁）。ここでは、「新体制」が「国防国家」と一体的に語られている点で以前とは若干異なる道具立てとなっているが、しかしここでいう「国防国家」の語は、まだここでは「新体制」の枕詞にとどまっている。

国防国家の観念に象徴されてゐる歴史的必然性を、もつと基本的な国民社会の構造的変革として明確にする必要があるのであつて、これは国民社会の綜合的考察に従事する社会学に対して最も好適の問題を提供するものである。〔中略〕我々がかくの如く新体制建設の意義を国民社会の発展的完成的要求に求めたならば、新体制建設は戦時的一時的な目標以上のものとして確定されることになる。〔中略〕新体制建設の眼目をなす国民組織の建設についても社会構成の諸要素の役割や統制の方法的効果を明かにすることによつて、それが局部的な官庁的な組織と堕することなく、真の国民総力の結集たり得るやうに指導することも可能である。〔傍点引用者〕（二九六

頁）

「社会構成の諸要素の役割や統制の方法的効果を明かにする」という抽象的な言い方ではあるが、そうした社会学的知見に基づいた政治の必要を唱えていることは理解できる。ただし、これ以上具体的な秩序像の提示はなく、何をどのように「再組織」するのかについては、漠然とした社会学の有用性を説く以上のことはできなかった、というのが現実であった。そしてまた、四一年夏の段階では前年以上に資本主義批判を語ることができなくなる背景が存在していた。同年一月と四月に大規模な検挙のあった「企画院事件」の影響で、「これ以降、日本資本主義の変革を、表立った主張として提示することは困難な情勢となる」と米谷は指摘している。[★28] すでに四〇年十月には大政翼賛会が発足しており、「再組織」が目標とした政治力の結集は挫折に追い込まれていた。社会レベルでの「再組織」についても資本主義批判が許されなくなるとすれば、極めて抽象的に「真の国民総力の結集たり得るやうに」というスローガン的文言を繰り返すほかなくなってしまう。かくして、二十世紀社会学の根本的課題として新明が位置づけた「国民社会の再組織」は、状況の変化の中で具体的提案を示すことが不可能となり、十九世紀的システムと十九世紀的社会科学の批判を通じてその必要性・必然性のみを弁証する、という議論に閉塞することとなった。だがこの課題は、新明自身が語る如く「戦時的一時的な目標以上のもの」であり、彼の社会学を貫く動機を構成することになって、戦後へ連続していくのである。

3　民族自決主義の超克と「超国民的組織」

(1)「東亜」問題への直面

以上のような「国民社会の再組織」と並んで新明が取り組んだのが民族自決主義批判を通じた「東亜新秩序」の方向づけと、その後の「民族社会学」および民族政策論であった。これら一連の民族論の展開を新明に促したものは、日中戦争において可視化した中国ナショナリズムの「強さ」の問題であった。一九三八年からの転換が物語るものも、抗日ナショナリズムの「強さ」とそれに支えられた国民政府の抗戦力に対する「再認識」であり、ここから中国ナショナリズムを否定することなく、しかしこれを親日的なものへと転換させるための政策と日中間の枠組みづくりとが追求されていくことになる。近衛声明における「東亜新秩序」も、知識人による「東亜協同体」や「東亜連盟」などの構想も、いずれもこうした課題を担うものとして提起された。

新明は一九三九年九月に発表した論文「事変の教訓」（『日本評論』のち『東亜協同体の理想』所収）で、「問題はむしろ支那の民族主義にあると云ふ見方が有力に成つて来た」という言い方をしながら、中国ナショナリズムを直視しこれに正しく対処することなしには「事変」の解決は不可能であるという見解を示すとともに[★29]、これ以後中国ナショナリズムへの対処を中心とした民族政策と社会学的なナショナリズム研究に取り組んでいくことになる。

そこで新明が提示したのは、中国の「国民社会」の存在とナショナリズムとを尊重し、これを基盤として「日満支」の「国民社会間の協同」を目指す、という方向性であり、それが「和平の組織」としての東亜協同体、東亜連盟なのであった。新明はこれらの問題に対し、理論的には一九三九年から東亜協同体論にコミットし、運動的には一九四〇年から四一年にかけて東亜連盟運動に深くコミットする形で関わりをもった。そして東亜連盟運動の挫折以後も、民族政策の基礎をなす民族理論を「民族社会学」の形で提供していくことになる。一連の東亜協同体論は、『東亜協同体の理想』（日本青年外交協会、一九三九年十月）、『政治の理論』（慶應書房、一九四〇年九月）にまとめられており、さらに一九四四年八月に刊行された『社会学辞典』（河出書房）でも、辞典の項目という形で解説が加えられている。そして少なくとも敗戦直後まで、「協同体」であれ「連盟」であれ、「東亜新秩序」の歴史的必然性を新明は主張し続けた。

政治運動としての東亜連盟運動には、新明は衆議院議員で元社会大衆党の菊池養之輔の勧めで加入している。きっかけとなったのは、新明が『東亜解放』一九四〇年六月号に「東亜連盟の理論的検討」という論文を寄稿したことであった。[★30] 新明はここで「東亜新秩序論のなかで具体的な組織運動と結びついてゐるものは、現在のところ東亜連盟論だけであると云つてよい」と述べ（二九九頁）、「東亜連盟論は諸社会力の関連をもっと広義の全秩序として把握し、その革新の目標を狭い政治主義的なものから広い政治的なものに拡大推進せしむべきであろう」と主張している（三一二頁）。

東亜連盟支部結成の準備をしていた菊池はこれに新明を誘い、六月一日の発会式において新明は「発起人」に名を連ね、参与員として活動することになる。[★31] これ以後、新明は会議への参加、講演会の講師など積極的に連盟運動に関与し、宮城支部の支部役員もつとめた。山本の調査によれば、『東亜連盟』誌上で少なくとも一九四一年十一月二十六日までは新明が会議等に参加していることがわかっており、[★32] 論文は四二年一月号まで掲載されている（後述）。この間四一年一月には「協会の最高同志」と位置づけられた中央参与会員にも任命されている。[★33] また、これに先立ち四〇年十一月二十四日から十二月十四日までの約三週間、連盟の文化交流事業の一環として汪兆銘政権成立直後の上海、南京に派遣されている。[★34]

連盟運動におけるとくに重要な言論活動の一つとしては、連盟身延山講習会での講義をもとに書かれた四分載の長大な論文の執筆があり、ほかに国内における東亜連盟運動の圧迫を狙った政府の動き——四一年一月の「国家連合論」批判、および四一―四二年に進められた「興亜団体」統合問題――に対する牽制と東亜連盟の擁護に関わる論文の執筆が挙げられる。

東亜連盟運動が掲げる政策の特徴としては、何よりも植民地台湾・朝鮮の「自治」の可能性を示唆する点と、連盟を構成することになる諸国の主権の尊重を強調している点が指摘できる。新明自身が参照したと考えられる、甲南女子大学新明正道文庫所蔵の宮崎正義『東亜連盟論』第二改訂版（立命館出版部、一九四〇年十一月）では「各連盟構成国家が独立的に自国の主権を行使すること」（二六頁）を重視し、「加入国家の自由なる意思に基く協定により連盟を構成し（二七頁）、「自由なる意思に基き、連盟より脱退する権利を保有する」（二八頁）ものとして、日本が「国内に朝鮮及び台湾の漢民族を包擁」する「複合民族の国家となつてゐる」ことを前提に（六〇―六一頁）、「今日の如き国家連合の時代においては、弱小民族の一国家では到底安全を確保し難きこと、第二次欧州大戦においてまざまざと見せつけられたのみならず、その国家がなるべく多く連合しえたものが、今日以後世界の勝者となりうる」（六二頁）と説かれている。以上の箇所にはすべて新明本人によるものと思われる傍線が引かれており、これらの点に新明が着目していたことが推測できる。[★35]とくに新明の民族政策論・民族社会学に大きく影響を与えているのは「弱小民族」の連合による国家形成、国家連合形成というヴィジョンであり、これは戦後の『史的民族理論』（一九四七年）に至るまで彼の民族論の中核的な主張をなしている。

他方、帝国内の民族問題については、まず朝鮮民族に関し「民族自決と称して分離せんとするは、世界の大勢に逆行するもの」として批判しつつ、「日本国は複合民族の国家として朝鮮の政治に深く反省を加へ、統一を要するものと、朝鮮民族の自治に委すべきものとの間に、最も合理的なる解決をなすべきである」として（六四頁）、一定の「自治」を認めた「複合民族の国家」としての再定義を求める一方、「内鮮一体」については政治的差別の撤廃を第一の課題として要求し、日本・朝鮮両民族「融合」については、これを「理想」としつつも、政治的強制によって短期間に実現しようとするのは誤りであり、「真に自然的結果であらねばならぬ」と述べている（六六頁）。[★36]台湾についてはあまり具体的な「自治」の議論はしておらず、「行政は民族協和の見地から根本的検討修正を要する点少からざること、考へられる」とのみ述べられていた（七〇頁）。

この民族「自治」の問題について、不思議なことに新明は一度も言及していない。しかもこの時期に限らず、植民地台湾・朝鮮については戦前も戦後もほぼ沈黙を守っている。植民地官僚であった父親の身分に配慮したものか、何らかの経験や思想に基づくものなのか、今後探求されなければならないだろう。当局では東亜連盟運動における民族政策論に関し、「朝鮮及台湾の国内的民族問題」を考えたとき、「東亜連盟論の持つ民族協和の思想の一面をなす民族の平等思想の発展影響は、東亜民族の統一傾向を助成せず、反つて分裂傾向を助長するの危険性を多分に包蔵する点は、亦決して軽視し得ない点である」と見ていた[★37]。この点は論壇でもしばしば取り上げられており、新明がこのことを意識していなかったとは考え難い。だがいずれの理由によるにしろ、帝国内の民族構成に関する言及が系統的に消去されていることにより、「国民社会の再組織」をめぐる議論も「東亜新秩序」をめぐる議論もともに本国中心の現状追随的議論たらざるをえなくなるだろう。

以上のような東アジアの再編成構想をもった東亜連盟運動に関わりをもつようになった一九四〇年の末、前述のように新明は上海・南京を訪問している[★38]。ちょうど新明が中国訪問中の十一月三十日に汪政権と日本政府との間で「日華国交調整基本条約」が調印され、日本政府は同政権を正式承認、日中「国交回復」が行なわれていた。新明自身がこの式典等に参加した形跡は見られないが、彼を派遣した東亜連盟の側では、「国交回復」に伴う文化使節の意味も含めていたのかもしれない。日記によれば、汪政権宣伝部顧問を務めていた詩人の草野心平と旧交を温めていたことが記されている。草野は南京にわたる直前まで、東京で『東亜解放』誌の編集長をしていた。新明は同誌に数々の「東亜」論策を発表したばかりでなく、同社主催の講演会講師なども積極的に務めていた。帰国して約一か月後の四一年一月下旬、新明は慶應大学と早稲田大学で講演をし（東亜解放社主催）、「新明氏は、最近支那各地を視察された感想から、支那に於ける東亜連盟運動を解剖しつつ、民族解決と世界情勢との関連を分析して余りなく、〔中略〕傾聴する学生に多大の感銘を与へ〔後略〕」と記録されている。[39]

この一九四〇年秋から暮れという時期は、日本政府の対中戦争政策が大きく転換した時期でもあった。汪兆銘グループを誘致しつつ蔣介石の国民政府と交渉を続けるという二重政策が最終的に途絶するのが同年九月であり、「これ以後陸軍は中国の長期占領方針に転換し、南京政権を外交的に承認して支持を強化しはじめた」とバーガーは述べている。[40]それゆえ、汪政権の発足と日本によるその外交承認は、新明が語るように「和平」のスタートになるというよりは、その可能性が閉じていく決定的な一歩であった。新明はそうした形で可能性が閉じていく過程で東亜連盟運動にコミットしていくことになったのである。

さらに、東亜連盟運動は政治運動としては長くは続かなかった。一九四一年一月に政府は東亜連盟運動を想定して国家連合理論を批判する声明を発表、続いて同年夏からは「興亜団体統合」という名目のもとに連盟の活動を囲い込み、統制する政策を打ち出してきたからである。一九四一年七月六日、「統合」によって発足した大日本興亜同盟に対し、東亜連盟協会は不参加で臨んだが、[41]当初は「単なる連合組織にすぎなかつた」同組織[42]を改組し、諸団体を単一組織に統合するという政府の方針のもとで運動部門を放棄（形式上は興亜同盟に統合）、連盟の活動は「思想運動団体」として再定義され「東亜連盟同志会」と改称された上で山形県庄内地方を中心とした農法改良運動へと変質していった。[43]

新明はこの興亜団体統合の動きに対し、運動の実力をもった東亜連盟を軸に統合を考えるべきで、大衆運動がなければ東亜新秩序を建設することはできないと主張する「大日本興亜同盟論」（『改造時局版』一九四一年八月号）を発表している。このような抵抗を試み、東亜連盟の存続と運動への注視を求めた新明の言論活動は、やがて連盟運動の政治運動としての停止、挫折とともに——運動に裏づけられた——具体的政治構想を消去し、政治の枠組み抜きの民族間関係論——「民族綜合」の理論——へと後退していくことになる。

⑵新明における「東亜協同体」と「東亜連盟」

以上のような政治的コミットの間に新明はどのような「東亜」論を展開したのか。ここでは時評集『東亜協同体の理想』『政治の理論』と『東亜連盟』誌に新明が発表した四分載の論文「東亜連盟の必然性（上・下）／東亜連盟と民族政策（上・下）」（一九四一年九・十・十二・四二年一月）を軸にその内容を検討することにしたい。

まず、『東亜協同体の理想』（日本青年外交協会、一九三九年十月）は、一九三九年五月から九月という短い期間に書かれた「東亜協同体」「国民再組織」関係の論文を集めた論集である。比較的長い論文が多く、いくつかの主要論文をたどれば新明の「東亜」論、「民族」論の骨格を掴むことができる。[★44]時期の相違を無視できるということもあり、以下では本書の各所から主要な論点を抽出する（カッコ内の頁は本書の該当頁）。

まず、「東亜協同体」の性格について、「単なる戦争の処理」にとどまらない、「具体的な東亜の連関組織を形成する積極的な構想をもつこと」が必要であるとして、「和平の組織」としての東亜協同体の必要性が主張されている（序文三―四頁）。[★45]それは国民社会を基礎としつつも、その発展の上に築かれる「高度の超国民的組織」として建設されるものである（二二頁）。新明は次のように言う。

新東亜社会の協同体的組織が特に汎組織として有望であると判断されるのは、それが現存の国民社会を基礎としてその自然的な発展たり得る条件を最も多く具有してゐると考へられるからである。（二九頁）

人間社会の最も複雑かつ「綜合的」な実在として認めうるものは、「国民社会」であると「新明社会学」の方法論序説である『社会学の基礎問題』でも述べられていたが、ここでの新明の議論は、彼の社会学「体系」に忠実に展開されていることを確認する必要がある。そして、この「国民社会」の発展として、より高次の「綜合」が可能となってきている、という展望を示し、それが「東亜協同体」であると論じられている。それは「国民社会の連帯の次の発展段階と成り得るものである」（六五頁）。「東亜協同体」はそのような発展段階上に構想されるものである。

次に、「東亜協同体」はナショナリズムを否定しない。「東亜協同体論は民族主義の外からでなく、その内からこそ建設されてゆくべきものである」（五〇頁）。とはいえ、ナショナリズムを無制限に承認するわけではない。

今日の民族主義には民族内部の統一のほかに民族間の協同への用意が含まれてゐなくてはならぬ。我々はかくの如き発展性をもつた民族主義を東亜協同体の将来を考へるときにも支持することが出来る。〔傍点引用者〕（一八八頁）

「民族間の協同への用意が含まれ」たナショナリズムこそ「発展性をもつた民族主義」であると推奨されている。それは民族自決主義の主張を抑制し、「協同」的なものへと変容せしめることこそ進歩的であると主張するものである。そして、この「協同への用意」を欠いた場合には、物理力による強制もやむなしとの判断を、「この協同的な原理こそ我々に新東亜社会の建設を道義的なものとして強行する根拠を与へるものである」と示す（三八頁）。「協同」はその道義性ゆえに「強行」されてよい、というのである。

我々は片手にコーラン、片手に剣式に新東亜社会の建設を説くと共に戦争も遂行してゆかねばならぬ。（四一頁）

このようにして、政治的社会的な枠組みとしての「東亜協同体」の基盤をなす「社会」次元での「協同」の質について、「民族」なるものが「歴史的に生成」し変容していくという認識をもとに、「民族を越えた大社会」成立の可能性としても論じている（二三六―二三七頁）。この、いわば「動的民族主義」とも名づけうる立場は、その後の新明の民族政策論・民族社会学の展開において鍵となる役割を果たしていく。

以上のような「東亜協同体」の議論を補完し、「具体的な東亜の連関組織」を形成する政治運動として新明が期待したのが東亜連盟運動であった。一九四一年九月に出版された時評集『政治の理論』には、『東亜協同体の理想』以後に書かれた「国民再組織」「東亜新秩序」論が集成されている。[★46]出版時期である一九四一年九月という時期は、ちょうど東亜連盟運動の存続をめぐって抗争が生じていた時期であり、論集には「東亜連盟」への言及は明示されているものの、「東亜協同体」の語は後景化し、「東亜新秩序」という政府公式語が多用されているという点に、前著とは大きな変化が見られる。しかし「新秩序」を弁証し「民族」を論じる枠組みは前著の延長線上にあるものと見なすことができる。

ここでも「東亜新秩序」を国民社会間の連合という形で実現するべき――「国民乃至民族を基礎とした発展的な方向においてこそ真の国民的連合の成立が可能とされるものである」（二四七頁）――という従来の議論は維持され、それが「社会の進化の過程によっても客観的に基礎づけられ得るものである」と述べられている点も変わりがない（二一九頁）。本書の段階において一つの理論的展開を遂げているのは、「多民族国家」統治のヴィジョンである。「一民族一国家」の枠組みを新明は「民族的国民主義」と名付けているが、これを「立派に実現してゐるものは、いづれも人口五千万以上の民族」であり、「他の中小民族にいたつては更に近似的な民族と結合するか、又は強力民族と協同しなければ、事実上民族的生存を保ち得ない」という（四〇八頁）。

我々は強大民族については民族的国民主義の採用を必然的に肯定しなければならないが、これを公式的に一般化することによつてあらゆる民族と国民の関係が確定されるとは限らない。強大民族にとつては健全な民族的国民主義を中心とした進路こそ最適のものであるが、中小民族が同一コースを辿ることは困難である。これらは民族主義の公式に囚はれることなくむしろ同類者との結合又は大民族との協同を肯定することによつて、自己をより大きな歴史的生命のなかに生かすことが出来る。我々は大民族の健全な国民主義と中小民族国民の大なる目的への協力のなかに、民族主義の公式によつては達成し得ない民族と国民との調整に新しい展望を見出すものである。（四〇八―四〇九頁）

この「民族的国民主義」を論じた論文は「アジア民族政策論」（初出『大陸』一九四一年三月号）であるが、この論文の中で新明は「日本は多民族国家をなしてゐる」という形で珍しく日本帝国の民族的構成に言及している。具体的にこの日本帝国を民族的にどのように再編成することが望ましいかは論じられていないが、行論上、帝国内の非日系民族の「結合」ないし「協同」が推奨され、長期的には宮崎の『東亜連盟論』に見られたように「自然的結果」として「渾融」が生じるものという展望を有していたと考えられる。というのも東亜連盟運動挫折後の民族政策論には、そのことがはっきりとあらわれてくるからである。この、多民族一国家の国民／国家形成論は、一九四一年八月に発表された学会報告要旨「人種、国民、民族」（『社会学』第八号）でも繰り返されている。そこでは「我々としては国内的に多民族一国民主義を理想的に実現することを期するとともに、東亜的な諸国民の協同体組織を促進することによつて国民社会間に生じ得べき摩擦を東亜的見地から克服する方法を考慮すべきである」と主張されている（三五七頁）。

この、類縁性に基づく多民族の接近と「協同」というヴィジョンは、「民族政策」として語られる場合には、政策を遂行する物理力の保持者――「東亜新秩序」に即していえば日本帝国の軍事的政治的実力――によって強制的に「再組織」が行なわれる方向へ進む。論文「東亜連盟の必然性／東亜連盟と民族政策」では、この点があからさまな形で語られている。

新明は、東亜連盟の形成に当たっては「各国民なり、各民族の自由意志的参加自由意志的決定に依る参加を根本条件」とすべきであるという。とくに「中華民国は自由意志的に決定できる状態になつてゐる」ので、「中華民国を相手として東亜連盟を作つて行く場合、〔中略〕自由意志的連盟を原理とする必要があるのぢやないか」と述べている（前編上、二三、二四頁）★47。中国が「自由意志的に決定できる状態になつてゐる」というのは、おそらく汪政権の成立をふまえてのものであることを意味している。ここでは「自由意志的に決定できる状態」であるか否かは当事者ではなく東亜連盟（あるいは新明）によって一方的に判定される、という非対称性が明瞭である。それゆえ、この自己決定能力の判定者である連盟（ひいては日本帝国）にとって「未だ自由意志に依つて決定が出来ない様な民族があつた時はこれをなし得る立場に迄教育するといふことは我我の責任だ」という論理も導き出されて来ることになる（同二二三―二二四頁）。それがはっきりと強制力として示されるのは、次のような場合である。

南方の極く少数の人口百万に充たない様な民族に対して、「一国の民族としての自覚を持て、それ迄は連盟を作るのを待たう」といふことも言つて居ない。然し乍ら斯ういふ民族の処置は自由連合の一般的のものに基いて教育的に誘導するといふことがなし得るのであります。而してこの教育的の誘導が場合に依ると多少の苦痛を与へるかも知れませんが、これは東洋民族に忍んで貰ふことも出来る。ただその場合の条件は我々が飽く迄我が東洋民族に対して自由的連合を求めるといふその立場に於て認めるといふことになるのであります。〔傍点引用者〕

（同二二四頁）

ここまでくると、「自由的連合」というときの「自由」とは何かがわからなくなってくる。「強制」と「自発性」が融合した「二重思考」（オーウェル）があらわれているのであり、ただ純粋な強制はいけない、という抽象的なスローガンを掲げる以上の意味はもち得ないのである。ここではただ、新明が東亜連盟の「道義性」に賭けている、その決意性しか見出し得ない。そこから、先に見たような多民族一国家の政治単位を、政策的に強制していくことが提案される。

若し小さい或は中位の民族を全部国家的形態に仕上げるといふことになれば、中々時間がかゝるし、連盟の構成は遅れて来る訳であります。〔中略〕自由連合の根本原理の上に立つて教育的指導に依つて、場合に依つては将来に於て当然一つの大きい単位となり得るものを一緒にして、出来るだけ民族的綜合の大きな単位をつくることを考へる必要があります。少くとも仏印なんかに三つも四つも自立不可能な国家が出来るといふやうなバルカン的結果を防ぐことは、却つて将来連盟の結成のために必要ではないかと思ふのであります。（後編上、四三頁）

現在、「仏印なんかに三つも四つも」国民国家が誕生しているが（ベトナム分断期は四つ、現在は三つ）、それが「バルカン的結果」を生み出しているか、また民族間紛争があるからといって、上から統合を強制することが適切であるかどうかについては歴史的に審判が下っているものと思う。これが新明の「民族的綜合」のヴィジョンであった。

(3)「民族社会学」というプロジェクト

以上のような民族政策論は、東亜連盟のような「国民社会の同盟乃至連合」という主権尊重の枠組みにおいて成り立つものとして当初は構想されていた。しかし、東亜連盟運動が挫折し、日本帝国の軍事的拡張に歯止めをかける原理、現実的勢力を見出し得ないまま、強制力をもって「教育的の誘導」がなされ、「民族的綜合の大きな単位」が創出されていくのだとすれば、それはもはや日本の戦争政策の追認以外の何ものでもなくなってしまう。事実、東亜協同体・東亜連盟といった政治プロジェクトが挫折した後は、「社会進化」の法則を立てて「民族的綜合」さらには民族融合を説くという形で「社会学」的語りに内閉しつつ、直面する政治動向を批判することができなくなっていく。だが「民族的綜合」「民族融合」に評価基準を置いて「社会学」的に民族自決主義を批判するという作業は、実のところきわめて政治的な意味をもっているのであり、日本帝国の侵略に抗する抗日ナショナリズムを「社会進化」という魔法のことばで否定する役割をもつのである。

すでに『東亜連盟』所載論文でもあらわれてきていたが、一九四一年十二月の対米英開戦以後、政治枠組みの提案とそれによる現状批判を含まないまま展開される「民族的綜合」の議論が積極的に展開されることになる。対米英開戦後の新明の民族論は、民族間の「融合」「渾融」に力点を置いた議論となっていくが、そのことを端的に語るテキストが『亜細亜復興史論第三部A　三民主義の理論的批判――民族自決から民族綜合へ』（表題傍点引用者）（発行主体不明、一九四二年?）である。★48

道具立てとしては従来の議論を大きく修正するものではないが、サブタイトルに見られるように「民族綜合」が「民族自決」に対置され、これを超えるものとして提示されている点は重要な意味をもつ。新明は孫文の三民主義にあらわれた中国ナショナリズムに対し、「我々は東亜諸民族の綜合が世界的に必然な相形を示すにいたつた現在において、一様に各民族はその民族主義を在来の形態において止揚し、これをしてよく民族的綜合に対応し得る弾力的なものたらしめる必要があると見るものである。しかも、此のなかにあつて、孫文の民族主義は欧米民族主義の伝統に立脚して、民族自決を説くだけであつて、東亜における民族的綜合は殆んど全く無関係の理論を成してゐる」と評価を下し（七八頁）、「支那が此の世界史的な課題の解決に参加するためには、その民族主義をよくこれに対応し得るものに飛躍せしめることが必要であり、これはやがて三民主義における民族主義の改造を必至ならしめるものと判断される」と述べている（八〇頁）点で、かつて民族間の「協同」として語られていたものが、より近接な距離で相互浸透していくべきというところに当為を置く議論へと力点を変えることにより、政治を不問に付しつつ政治（軍事）の結果として生じる社会的接近を正当化する議論へと踏み出している。

酒井哲哉は、一九二〇年代の「社会の発見」をめぐる議論が、国際関係論においては「主権批判」という形で展開され、国家間の関係としてではなく社会間の関係として国際関係を考える新しいパラダイムがあらわれたことを指摘した上で、「「帝国」秩序の残存していた東アジアにおいては地域に内在した主権国家の形成が未形成であり、主権概念批判は本来「帝国」的言説に回収されやすい構造があった」と指摘している。★49 新明の場合も、社会間の協同を説きながら政治権力が消去されていくという軌跡をたどっている。

『日本評論』一九四二年二月号に発表された「大東亜政治論」では、いまや「大東亜政治」なるものが必要になってきたとし、「それは東亜の地域に成長して来た国民民族をその人種的経済的文化的な類似性に基いて国家以上に広大な集合的秩序に結成し、以て圏内の国民民族の共栄を増強しようとするものである」と主張する（六八頁）。もはや民族発展をめぐる社会学的議論ではなく、「大東亜共栄圏」を自分が従来用いてきたテクニカルタームで語り直しているだけである。「〔ボルネオ・ニューギニア・オーストラリアについて――引用者〕我々は此等の地域はむしろ日本の領有のもとに東亜国民民族の共栄的な植民の開拓の地域たらしめるに若くはない」とし、政府の「共栄圏」構想を後追いするばかりである（六九頁）。ついに新明は植民地の拡大までも主張するに至った。

一九四二年十月に刊行された論集『民族社会学の構想』（三笠書房）では、類縁性に基づく多民族一国家の形式を「国民主義」と名づけ（三六頁）、「中小民族が自ら此の民族的限界を絶対的なものとして固守することを果してどの程度まで可能とされるかは疑問である」として（四一頁）次のように述べる。

此の難関を中小民族が突破しようとする場合には、唯一つの合理的な方向が考へられ得るのではなからうか。それは強ひて自己の地盤において一民族一国家の実現を企図することなく、近縁的な中小民族との協力合作によつて国家を形成するか、又は近縁的な大民族との協力合作によつて国家を獲得するかである。これはもはや一民族一国民を内容とする意味における民族主義ではない。それは多民族一国民的な形成を肯定してゐる点において国民主義の一つの形態である。しかし、国民の内容が多民族的であるとしても、民族自体に血液的文化的地域的近縁性の存するかぎり、此の協力合作にはやがて此等を一大民族の形成又はこれへの渾融に導く可能性が与へられてゐる。〔傍点引用者〕（四三頁）

「一大民族の形成又はこれへの渾融」というヴィジョンは、宮崎正義の東亜連盟論においては遠い見通しとしてあった。しかし、四二年の新明においては、この「渾融」が現実に進行しまたそれが社会進化の方向に沿ったものであるとして正当化されている。★50

以上のような民族論—民族政策論は、時期によって力点を変えつつも、戦時期を通じ議論そのものの系は維持されて戦後に至っている。山本によれば「新明が綜合社会学の体系を完成したのは、大部の『社会学辞典』（一九四四）である」ということだが、★51この『社会学辞典』（河出書房、一九四四年八月）では、「現代社会の動向」と題された章において三八頁にわたり「近代国民社会の再組織」「全体主義」「ファッシズム」「民族社会主義」「新体制樹立運動」「自由全体主義」「全体国家」「協同体国家」「職分団」「国防国家」「青年運動」「世界新秩序」「広域圏主義」「ブロック経済」「欧州新秩序」「東亜新秩序」が解説されており、「綜合社会間の構成」の章でも「比較的地域と血液を同じくした近縁的な国民の結合乃至連盟としての超綜合社会を問題とし得る〔中略〕。広域圏または共栄圏の如きは、この種の超綜合社会の具体的な例をなすものといへる」との記述がある（二〇八頁）。

以上の新明の議論を通底する問題点として、「社会学」を過剰に用いることにより、政治の問題を政治の問題として、国家／政治秩序の問題を国家／政治秩序の問題として可視化させない、という幻惑効果をもってしまっていることを指摘しないわけにはいかない。それは過剰な政治を過剰な「社会学」で相殺してしまう詐術ともいえるだろう。「社会進化」の方向なるものを媒介として、事実と当為とがあいまいに接合してしまう。そのことで、上からの「民族的綜合」に向けた「強制」が正当化される構成になってしまっているのである。★52

4　課題の継続——新明社会学の「戦後」

以上のような民族論を展開する一方で、本稿冒頭でも述べたように、新明は自らの社会学「体系」の整備を進めていた。『社会学の基礎問題』に続いて一九四二年六月には『社会本質論』（弘文堂）を刊行、さらに「三部作」の最後として『社会組織論』が予告されていた。『社会組織論』は実際には刊行されず、その後新明は「三部作」完結のプロジェクトを放棄してしまった。この幻の書について、いかなる構成案も証言も見つかっていない。山本は新明自身の回想として「戦争末期から終戦や占領状態にいたる動揺と混乱にわざわいされて、ついに執筆不可能に終わってしまった」ということばを引用しているが、[53]あれほど自らの「体系」にこだわった新明が、「戦争末期から終戦や占領状態にいたる動揺と混乱」が終ったあともこれに取り組まなかったのは奇妙である。戦争末期、新明は東北帝大において「民族社会学」の講義を積極的に行なっているが、これは単なる「民族」概念、「民族」現象をめぐる社会学的考察にとどまらず、社会学の「綜合的考察」の最高レベルの単位である「国民綜合社会」を越えた「超国民的組織」の可能性を弁証するものでもあった。

日本帝国の敗戦という現実は、戦時期に描かれたシナリオが水泡に帰す転換でもあった。敗戦直後、新明は『同盟世界週報』（第二十六巻二十号、一九四五年九月一日）に「時艱突破の基盤」という論文を寄せているが、そこでは「われわれは武運拙く敗れたりといえども、東亜共栄圏の確立ならびに東亜解放それ自体には世界史的に積極的意義のあるべきものが存すと確信する」と述べている。[54]また、一年後の一九四六年八月十六日の『河北新報』社説「停滞する民主化——終戦一周年を顧みて」では、「なお再建の基礎は脆弱であって、社会の再組織については未だ確乎たる方向が自覚されていない有様である」と述べられている。[55]ここでの「再組織」とは「再建」と同程度の意味であるかもしれないが、しかしやがて往時の含意を取り戻し、彼の「社会学史」の基本概念として再登場することになる

（後述）。

このような敗戦前後の新明の問題意識を参照するとき、未完に終わった『社会組織論』とは、「国民再組織」と「超国民的組織」の構成に至る新たな社会秩序――が実現するという立場で構築された――「二十世紀的」社会学論になっていたと推測することはできないだろうか。新明自身、自らのあゆみを回想するインタビューの中で「あの次に、社会組織論などを書いていても、これまた訂正しなくてはならんことになるでしょうね」と語っているが、[★56]このことばからは、予定されていた同書が少なくとも「訂正しなくてはならん」内容を含んでいたことが示唆される。山本は「国民的綜合社会」をめぐる新明の議論について、「「国民的総合社会」の分析は序論的提言に止まり、しかも「広義の社会」を総合的に認識し得たとは言えない（中略）新明は「一般社会学」の考察の究極的な対象として「国民的総合社会」を位置づけたが、その考察は、いわば未完成に終わった」と総括している。[★57]「未完成に終わった」のは、新明がこの社会学「体系」を構想した際、近未来までも先取りして「社会組織」のあり方を叙述しようとしたからではないか。そして主著群の一角をなすはずだった『社会組織論』が挫折した後も、総力戦期の社会学的課題は「新明社会学」の中に重要な位置を占め続けていたのである。

まず、社会学「体系」第一の書である『社会学の基礎問題』は戦後もそのまま版を重ね続けた。一九五一年十二月に刊行された同書第五版では、新たな序言が追加されて「私は今回新しく第五版を刊行するにあたつて、旧版の誤植を訂正し、若干の字句にも修正を加へたが、内容的には根本的変更はなく、本書においても旧版の面目は大体原形のまゝ保存されてゐる」と語られている。[★58]

第二に、新明の著作の中でも最も優れた著作の一つであり、最も長く読まれている著作でもある『社会学史概説』（岩波全書、一九五四年二月）においては、かつての議論と道具立ても同じく、「社会の再組織」という課題が社会学にとって最も重要な動機として語り出されている。

現代におけるように自由主義を原理とした自己意識の限界が顕著にされて来たときには、もはや自由主義のみを金科玉条とすることなく、むしろこれに代って真に近代社会の組織問題を解決し得る新たな原理を探求し、これによってその社会的認識を基礎づけることが社会学にとって当然の歴史的要請と成って来る。私は自由主義に代るものとして積極的な意義を要求し得るものは社会主義であると見るが、自由主義から社会主義への原理的転換はすでに現代の社会学のなかにも示唆されているところであって、今後の社会学にとっては内容的にこの原理を基調として近代社会の再組織のための認識的作業を進めることが、その歴史的にもっとも合理的な方向をなすものと結論されるのである。〔傍点引用者〕（四―五頁）

かつて「近衛新体制」に向き合ったときの議論と全く同一であることがわかる。しかし、一九五四年の新明にあっては、この「再組織」の課題を担うものは「国防国家」や「新体制」ではなく、「社会主義」であるとされている。

近代社会の行詰まりによって自由主義の歴史的使命の終ったことが証明され、その再組織の必要が痛感されて来た現在では、社会主義に対する原理的な評価は積極的に高められて来ており、その実現に向って進むべき条件も前代以上に熟成されている。その学問的構成を内容的に指導する原理としてはまさにこの社会主義が撰択さるべきであって、社会学にとってこの撰択は前代よりもはるかに容易であるとともにまた自然であるともいえるのである。（二六五頁）

これを時代に便乗して「国防国家」から「社会主義」に差し替えたものと見なすのは適当ではない。「二十世紀」の社会科学的課題に照らしてみるかぎり、むしろ両者は新明において機能的に等価であったと見るべきである。これが彼の「社会学」を支える動機であり、課題意識であったと見れば、戦中戦後の新明の軌跡を一貫した形で理解できるだろう。

第三に、「民族社会学」に関しては、新明は「昭和十八年乃至二十年にわたつて、東北帝国大学法文学部で行つた講義『民族論』および『民族主義論』を土台として」一九四七年四月に『史的民族理論』（岩崎書店）を刊行しており、[★59]この著作が戦中戦後をつなぐ彼の思考を証明している。彼はここでも「民族それ自身が近代において必須とされる一定の規格的基準に合致してゐなくてはならない」としてあらゆる民族に民族自決主義を認めることを否定する（一九二頁）。以下、特徴的な叙述を二か所ほど引用してみよう。

民族主義が真に歴史的に積極的意義を有ち得るのは、その基礎をなす民族が社会的綜合の見地において積極的な意義を有つことの出来る場合に限られるのであつて、もし民族にこの条件が欠けている場合には、これに歴史的意義を認めることは困難であつて、時としてそれは社会的綜合の方向と逆行する結果をさへ生ずるものと見なければならぬ。（二四四―二四五頁）

大民族は完全に国民国家の形成を認められるが、中小民族は大民族と共に国家を形成するか、又は彼等同志の連合によつて大単位の国家を形成するかのいづれかの途を指定されることになる。この方式は近代民族の歴史的意義の認識によつて確認され得るもつとも合理的な国家形成の原理をなすものであつて、民族主義自体の地盤に立つて考へるかぎり、これ以外に合理的な方向を求めることは出来ないのである。われわれはこのなかに国民社会を越えた高度の綜合に到達する可能性的原理をも発見し得るのである。（二六〇頁）

戦時期の「民族的綜合」論と全く同じ構成である。[★60]いや、より正確にいえば、民族の「融合」という未来像を差し迫ったものと見なす対米英戦期の語り方からこれをふたたび遠方へと押しやり、彼のいう「国民主義」の形成を軸とした議論へと整序されている、というべきだろう。新明の戦時期の社会科学は、その「綜合社会学」の「体系」構想と合わせ、戦後へと繰り越された一貫したプロジェクトであったことがわかるはずだ。これらを支える基本的な論理は、「高次の綜合」へと向かう動向こそ「社会進化」の方向性であり、その動向を掴んでシステムを制作する基礎的な認識を提供するのが社会学の役割だというものである。

この点につき、山本は新明の民族論を戦中・戦後で断絶したものであるとして、「新明の戦後の民族理論は戦時下の『民族社会学の構想』とは異なり、戦後の民主化と非軍国主義化の課題を認めて考察されたものである」と述べているが、★61 根拠が示されていない。「東亜新秩序」「大東亜共栄圏」を掲げた大日本帝国は敗北したが、その「新秩序」を弁証した「新明社会学」は大きな断絶を経験することはなかったのであり、むしろ新明は、自らの民族社会学が十九世紀的な「民族自決主義」を克服した「二十世紀的」な実践性をもつものと考え、戦時以来の学問作業を継続したのである。新明にとっての「東亜」とは、そのような「二十世紀」的社会学を構想する、いわば「実験場」としての意味をもった。そのことで彼の社会学は「発展」を遂げたが、「実験」というには大きすぎる犠牲と破壊とを経験しなければならなかったことに対し、新明が主体的な反省を残さなかったことは、「二十世紀」の社会学の意味を考えるとき、見落とすことのできない空白を生み出しているといわなければならない。

［注］

（1）「時評家」としての新明の活動については、山本鎮雄『時評家 新明正道』（時潮社、一九九八年）、および同編『新明正道時評集』（日本経済評論社、二〇〇七年、および編者による解説）を参照。

（2）新明の社会学説およびその「体系」については、大道安次郎『新明社会学――生成と展開』（恒星社厚生閣、一九七四年）、山本鎮雄『新明正道――綜合社会学の探求』（東信堂、二〇〇〇年）を参照。

（3）冨永健一『社会学講義――人と社会の学』（中公新書、一九九五年）。
（4）新睦人「新明社会学における〈行為関連の立場〉」（『社会学史研究』第八号、一九八六年）、一三頁。同様に菅野正は次のように述べている。「新明先生によれば、もろもろの社会的行為は相互に不可分に関連しあっているということを重視すべきであること、さらに社会の綜合的認識は科学的に必要でありかつ重要な意味をもつとともに、それは哲学をまたなくとも科学的に可能なのだということが、くり返し強調されている。しかし「全体としての社会の綜合的認識」の可能性をその手続き論まで掘りさげた議論は、先生の著作のなかには見られないのである。」（菅野正「歴史社会学の意義とその性格――新明先生の歴史社会学について」、山本鎮雄・田野崎昭夫編著『新明社会学の研究――論考と資料』時潮社、一九九六年、一六八―一六九頁）。
（5）道場親信「近代社会の危機と再組織――新明正道の「東亜協同体」論」（『社会学年誌』第四十五号、二〇〇四年）。
（6）以上の伝記的事実については、山本前掲『時評家　新明正道』、『新明正道――綜合社会学の探求』を参照。その後、本稿で取り上げるように戦時期は「東亜」と「新体制」をめぐる一連の時評を展開する一方、自らの社会学「体系」を確立した。戦後公職追放に遭ったのちしばらくは社会学の啓蒙的著作を発表して生活を支え、やがてパーソンズの行為論体系の批判的研究に作業を集中し、一九八四年に八十六歳で亡くなった。以上についても山本前掲『新明正道――綜合社会学の探求』を参照。
（7）新明の著作目録については、山本鎮雄「新明正道論文目録」（山本・田野崎昭夫編『新明社会学の研究』時潮社、一九九六年）にほぼ全体が収録されている。
（8）本稿ではその点について詳しく論じることはできない。同じく『日本評論』で活躍した時評家・哲学者の船山信一については、本論集において大澤聡が論じている。
（9）引用は山本編前掲『新明正道時評集』二四〇頁より。原文に対し漢字・かなづかいなどに変更が加えられている。
（10）米谷匡史「三木清と「日本青年外交協会」」（『場』第十三号、二〇〇〇年二月）。
（11）このほか、雑誌『東亜解放』を発刊する東亜解放社や国民新聞社とも関わりを持ち、時局講演会などに積極的に出向いている。対米英開戦後は大熊信行に誘われて「大日本言論報国会」の理事にも就任しているが、これら一連の活動により、敗戦後公職追放に遭って東北帝大教授の地位を追われた。新明本人も、彼の公職復帰を求めて何度も東京に陳情に通った教え子たちも、公職追放の原因として言論報国会のみを挙げているのは理解に苦しむことであり、一九四六年九月から五一年十月までまる五年間公職追放を解除されなかったのは、一連の対「東亜」国策団体での積極的な活動を抜きにしては考えられないだろう。新明の公職追放とその解除を求める陳情運動については、佐々木徹郎「新明先生の公職追放と解除運動」(『社会学研究 新明正道先生生誕百年特別号』一九九九年)を参照。

(12) 山本前掲『時評家 新明正道』、一一三頁。

(13) 米谷匡史「戦時期日本の社会思想――現代化と戦時変革」(『思想』八八二号、一九九七年十二月)。

(14) 米谷(同前論文)は、後者の課題、すなわち国際秩序の再編成に関し、三木清や尾崎秀実はこの再編成を規定する力として「脱植民地化」へと向かう中国ナショナリズムを最重要視していたことを指摘している。そのことが、植民地主義と帝国主義に規定された十九世紀的近代を超える二十世紀的近代の課題であることを三木や尾崎は理解していた、というのである。この点、後述するように新明は異なる見通しと提案を示すことになる。

(15) 新明正道「著作集第一巻 序言」(『新明正道著作集』第一巻、誠信書房、一九七八年)。この時期区分のもととなっている論文は、新明「社会学五十年の回顧」(『中央大学学報』一九六八年三月号)。

(16) 大道前掲『新明社会学――生成と展開』、四八頁。

(17) 赤木須留喜「国民再組織」(日本政治学会編『年報政治学1972「近衛新体制」の研究』一九七二年)。

(18) 「国民再組織は、当初においては国民再編成とも呼ばれ、狭義では、第一次近衛内閣の末期に手がけられた近衛新党への動きとその挫折後に提起されるいわゆる国民再組織問題に限定されよう。しかし広義では、たんに第一次近衛内閣時代に限定せず、それを発端とする政治新体制↓大政翼賛会の形成過程へかけての国民再組織論として把握すべきであろう」(赤木同前論文、三三頁)。

(19) 秋元律郎「新明正道の理論」(新明正道・鈴木幸壽『現代社会学のエッセンス[改訂版]』ぺりかん社、一九九六年)、二八二頁。

(20) 有馬学「戦前の中の戦後と戦後の中の戦中――昭和十年代における「革新」の諸相」(近代日本研究会編『年報・近

代日本研究第十号　近代日本研究の検討と課題』山川出版社、一九八八年）、および有馬学『日本の近代四「国際化」の中の帝国日本』（中央公論新社、一九九九年）。

（21）有馬学「「前期学生運動」と無産政党リーダーシップの形成――「政治」観の問題を中心に」（近代日本研究会編『年報・近代日本研究第二号　近代日本と東アジア』山川出版社、一九八〇年）、二九七頁。

（22）『東亜協同体の理想』では「国民社会新組織の問題」と改題されている上、執筆日時が一九三九年八月一日と誤記されている（初出誌は同一）ほか、『政治の理論』所収論文との間に若干の異同がある。

（23）有馬前掲「「前期学生運動」と無産政党リーダーシップの形成」、三二六―三二七頁。

（24）源川真希「近衛新体制期における自由主義批判の展開」（『年報・日本現代史十二　現代歴史学とナショナリズム』二〇〇七年）、一五頁。

（25）同前、一〇頁。

（26）新明の成長過程とそこでの植民地経験を考えれば、彼が決して植民地台湾・朝鮮に対してリアリティを欠いた人物であったわけではないことは明らかであるが、彼の議論の中には一貫してこれらの地域に対する言及が欠落している。それゆえ意図的な消去、ということも考えられるが、この点は今後の課題としたい。

（27）新明正道「青年の奮起と政治参加」（『大陸』一九四〇年十二月号）、のち「青年と新体制」と改題されて前掲『思想への欲求』に収録。引用は同書一七〇頁から。

（28）同前、九六頁。

（29）引用は『東亜協同体の理想』、一一頁。

（30）山本前掲『時評家　新明正道』、一〇五頁。同論文はのち『政治の理論』に収録された。

（31）同前、九六頁。

（32）同前、九七頁。

（33）桂川光正「東亜連盟運動史小論」（古屋哲夫編『日中戦争史研究』吉川弘文館、一九八四年）、三九二―三九三頁。

（34）山本前掲『時評家 新明正道』、一〇九―一一〇頁、新明正道「中国訪問記（一九四〇年の日記から）」（山本鎮雄・田

野崎昭夫編『新明社会学の研究——論考と資料』時潮社、一九九六年)。「中国訪問記」三七一頁には、十一月二十四日の記事として「二時半、埠頭へつく。連盟の迎えのものは来ていない」という記述がある。

(35)甲南女子大学新明正道文庫の調査は二〇〇一年度早稲田社会学会研究奨励金による。

(36)「民族の融合、即ちその渾成は人類窮極の理想であらねばならぬ。人種的に近き日鮮両民族がなるべく速かに融合の実を挙ぐることはもとより喜ぶべきところである。これを朝鮮民族の滅亡と考へるもののあるならば、甚しい誤解といふべく、日鮮両民族渾成の新しき民族となるわけである。名称は日本民族と称せらるるにせよ、断じて悲しむべき民族の滅亡ではない。しかし、民族の渾成は到底政治の範囲外に属することで、真に自然的結果であらねばならぬ。現に日鮮人の結婚が緩徐ながら行はれつゝあるも、大勢となるまでには長き年月を要するであらう。若し内鮮一体が、朝鮮民族を政治力により速かに解消せんとするものと考ふるものありとせば、これはこの自明の道理を弁へざるものである」とある(六六—六七頁)。

(37)『思想月報』第七九号、司法省刑事局、一九四一年一月、五八頁。

(38)このときの中国訪問に関連して新明が書き残している文章としては、「和平支那の文化的胎動」(『科学主義工業』一九四一年二月)、「南京中央大学訪問記」(『文化』第八巻第三号、一九四一年三月)がある。

(39)編集部による報告記事(『東亜解放』一九四一年三月号)、一五四—一五五頁。

(40)ゴードン・M・バーガー『大政翼賛会——国民動員をめぐる相剋』(坂野潤治訳、山川出版社、二〇〇〇年)、二一八頁。

(41)桂川前掲「東亜連盟運動史小論」、四一三頁。

(42)下中弥三郎編『翼賛国民運動史』(翼賛運動史刊行会、一九五四年)、九三五頁。

(43)桂川前掲「東亜連盟運動史小論」には次のようにある。「東亜連盟同志会の以後の活動の一つの柱は、白砂糖や白米を「駆逐」し玄米食を普及するとか、民間療法の研究、薬草の調査・採取などの「生活改善」運動であった。これ以上に力が入れられたもう一つの柱が、池本農業政策、木村農法、酵素肥料などといった農業技術の改良とその普及事業であった。これは、食糧増産におわれる戦時下の農民に歓迎され、同志会の会員は農民を中心に増えていった。(中略)

東亜連盟運動の最終的形態は、このようなものであった」(四一三頁)。

(44) 収録論文と初出は以下の通りである。①緒論「東亜的国民の啓蒙」(原題「東亜的国民の啓蒙――協同体建設の課題」、『関西学院新聞』第一五四号、一九三九年六月二十日)、②第一章「日支事変の教へるもの」(原題「事変の教訓」、『日本評論』一九三九年九月号)、③第二章「新東亜社会建設への責務」(『外交時報』第八三一号、一九三九年七月十五日)、④第三章「東亜協同体と民族主義」(『東亜解放』一九三九年九月号)、⑤第四章「東亜協同体と人種理論」(初出不明、一九三九年六月三日の日付あり)、⑥第五章「東亜新文化の基本的方向」(原題「東亜協同体と新文化の方向」、『文藝春秋』一九三九年八月号)、⑦第六章「国民社会新組織の問題」(原題「国民再組織の問題」、『経済情報政経篇』一九三九年五月号)、⑧第七章「東亜協同体と協同主義」(原題「現代日本における協同主義の役割」、『改造』一九三九年八月号)、⑨第八章「東亜協同体論の動向」(『国民新聞』一九三九年七月八日―十八日)。

(45) 当時の書物によくあるように、序文と本文が別建てでそれぞれ「一頁」から始まっているため、このように表記した。

(46) 同書は第一部国民再組織、第二部東亜における新秩序、第三部世界政策の新展望の三部に分かれ、それぞれ一五本、一四本、五本の計三四本の時評からなる五〇〇頁超の時評集成である。収録論文が書かれた期間は三九年一月から四一年七月までの二年半にわたる。

(47)「東亜連盟の必然性 上」(『東亜連盟』一九四一年九月号)。以下、「東亜連盟の必然性」を「前編」、「東亜連盟と民族政策」を「後編」と表記する。「上」「下」はそれぞれの上下区分を示す。

(48) 同書は一〇〇頁足らずのパンフレットの形をとっており、他にも同シリーズで論文が刊行されていることがNacsisの検索でわかる。東京大学東洋文化研究所に、新明執筆の同書も含め所蔵されているが、Nacsisのデータベースでも発行主体・発行年とも不明となっている。同書は甲南女子大学新明正道文庫にも所蔵されており(同シリーズの他の論文は不在)、本稿では同文庫所蔵のものを参照した。行文中、「我々は日支の五ヶ年にわたる抗争を通じて云々」という文言があることを見ると、一九四二年中(秋か?)に執筆されたことだけは推測できる。

(49) 酒井哲哉「日本外交史の「古さ」と「新しさ」――岡義武「国民的独立と国家理性」・再訪」(『国際関係論研究』

第十三号、一九九九年)、一四頁。

(50)『社会と青年』(潮文閣、一九四三年七月)にも同様の言及がある。

(51) 山本前掲『時評家 新明正道』、七九頁。

(52) この点、新明自身も参照した高田保馬の「東亜民族」論においては、「広民族」としての「東亜民族」の形成を当為として説く一方、それはあくまで個々の民族の主体的な意思によるものであるとして、ただ融合するだけでなく個々の民族がより広い民族としての共通意識を形成していく可能性を論じているのに対し、新明の場合「民族的綜合」ということばがかなり自由に使われていることからその意味を確定し難い部分があるとしても、社会組織そのものを作り上げていく方向に力点がある、というところに相違があるように思われる。高田の「東亜民族」論については、稿を改めて検討したい。さしあたり高田の議論については高田保馬『東亜民族論』(岩波書店、一九三九年六月)を参照。

(53) 山本前掲『時評家 新明正道』、七九頁。

(54) 山本編前掲『新明正道時評集』所収、三三六頁。

(55) 同前、三四二頁。

(56) 新明正道「新明正道先生・回想の八十年(インタビュー)」(聞き手:田野崎昭夫・原山保・前田征三、編集:山本鎮雄)、山本鎮雄・田野崎昭夫編著『新明社会学の研究――論考と資料』(時潮社、一九九六年)、二〇〇頁。

(57) 山本前掲『時評家 新明正道』、七九頁。

(58) 新明正道「第五版序言」(『社会学の基礎問題』弘文堂、一九五一年)。例によって序言と本文とがそれぞれ別に「一頁」から始まっているので、引用部分は序言の「一頁」である。

(59) 新明正道『史的民族理論』序三頁。例によって「序」と本文がそれぞれ「一頁」から始まっているためにこのように表記する。

(60) 一九五三年、新明は『史的民族理論』に加筆して大阪大学に提出し、学位を取得した。この事実は、「民族的綜合」の論理が少なくとも一九五〇年代まで維持されたことを明らかにする。だがかなり後になって、ここでの認識には自己批判が加えられることになる。おそらくは一九五〇―六〇年代の植民地独立の動きを見た上で、新明は一九八〇年になって「これは小民族にだけ連帯と融合への責任を負わせ、これに対処すべき大民族の自制心と反省を十分要請していなかったうらみがあり、現在では小民族よりもむしろ大民族の民族主義や民族政策に対する態度こそ最大の問題点をなしていることをもっと力をこめて強調する必要があるのではないか」と訂正を加えている（新明「著作集第八巻 序言」、『新明正道著作集』第八巻、誠信書房、一九八〇年、vii頁）。
(61) 山本鎮雄「解説」（山本編前掲『新明正道時評集』）、四三五頁。

【第4章】

加田哲二の「東亜協同体」論

石井知章

はじめに

盧溝橋事件（一九三七年）を契機にして、緊迫した日中関係と準戦時体制がいよいよ日本国内での閉塞感を増大させる中、日本における東アジアをめぐる論壇は、再びアジアへの回帰によって国策を変更し、アジアの解放、資本主義の修正を模索し始めていた。とりわけ、日中戦争が長期化の様相を呈し始める中、革新左派の知識人たちを集めて提起された東亜協同体論とは、近衛文麿による「国民政府を対手にせず」の態度表明によってさらに悪化した状況を打破するための、いわば「万能膏」の如き役割が期待されるものであった。その運動を思想的に支えたのが三木清、尾崎秀実、そしてその周辺に位置する後藤隆之助、笠信太郎、平貞蔵、蠟山政道といった革新派によって構成された昭和研究会であり、ここで取り上げる加田哲二（一八九五―一九六四年）も、その分科会である「東亜ブロック経済研究会」の主要なメンバーの一人である。

一九一九年に慶応大学理財科を卒業した加田哲二は、まもなくベルリン大学へ留学し、主に社会学やドイツ経済思想史を学んだ。帰国後彼は、母校で植民政策の講座を担当しつつ、「持てる国」と「持たざる国」という資本主義経済のもたらす基本的矛盾を、当時の植民地政策論における当時の一大潮流であった「民族の自決」と「民族資本の育成」による「植民地の解放」という課題へと結びつける研究を続けていた。それゆえに、加田にとって東亜協同体論とは、なによりもこうした「民族の解放」を実現すべく長年続けてきた植民政策研究の一つの重要な到達点であった。

だが、尾崎や三木、蠟山といった人々に比べると、加田についての研究はいまだにほとんど手つかずの状態にあり、その理論的展開の実態については、あまり多くを知られていない。[★1]とはいえ加田も、この東アジアにおける新たな地域主義によって日中の衝突を解決し、両者の提携を実現するための双方の「ナショナリズムの超克」を提唱したことにおいて、他の東亜協同体論の提唱者と基本的姿勢を共有している。そこでは中国の近代化こそが東亜協同体の形成にとっての前提であり、日本の支配は列強の支配にとって代わるようなものであってはならず、その帝国主義的膨張を抑制するためにはまず資本主義の問題を解決しなければならないと理解されたのである。また、加田においても、西洋文明の全般的閉塞は近代そのものの行き詰まりとして解釈され、これをアジア的な論理と倫理で乗り超えようとした京都学派の「世界史の哲学」、「近代の超克」論の延長線上で理論化されたという意味で、ある種のオリエンタリズム批判の一つとして展開されたといえる。

だが、他の東亜協同体論の提唱者と比較した場合、とりわけ加田のそれに特徴的に見られるのは、一方でそれまでの欧米帝国主義に対する批判的言説が展開されつつも、他方、日本の帝国主義に対して一定範囲で修正、変更を迫り、諸民族の自立・発展を促すための東アジアの広域に及ぶ地域的秩序の形成が主張されたという点である。加田はそのことを、それ以前の矢内原忠雄や東畑精一による植民政策研究の議論とも重ね合わせつつ、帝国主義による領土支配とは異なる新たな植民政策・民族政策として提唱した。それは当時の正統派マルクス主義の中心理念にもあった「民族の自決」の論理を容認し、近接地帯の周辺国を独立国家として承認しつつも、なおかつ「指導的国家」としての日本を中心とするこの「東亜協同体」という地域主義を、新たな政治支配の秩序の中で正当化しようと試みるものであった。この意味で、加田の東亜協同体論は、いわばポスト帝国主義時代の新植民地主義を補完する論理として提出され、それまでの植民地化による領土拡大とは異なる形式で、実質的な勢力圏を拡大してゆくための新たな理論として展開されたといえる。

したがって本稿は、加田がこのテーマについて主題的に論じた『東亜協同体論』（一九三九年）、及び帝国主義に替わる地域主義の中で採用されるべき新たな植民政策・民族政策について論じた『現代の植民政策』（一九三九年）、『植民政策』（一九四〇年）、さらに太平洋戦争開戦の前後に東亜協同体の対象領域をさらに拡大するための論理として提出した『太平洋経済戦争論』（一九四一年）などのテクストに内在しつつ、なおかつ他の同時代の論者たちとの比較において、加田の東亜協同体論のもつ独自の言説空間の位相を浮かび上がらせようと試みる。

1　加田にとって「東亜協同体」とは何か？

盧溝橋事件（一九三七年）の勃発以来、日本の進歩的論壇において「現実主義」的、「ユートピア」的、「理想主義」的といった様々な立場に分かれて論じられてきた東亜協同体論について、それらのいずれにも興味を持つことができたとする加田は、さらに「どこまでも東亜の問題として、東亜の人々とそれを語りたい」★2と述べ、他民族との率直な対話の姿勢を覗かせている。とはいえ、彼はこの「東亜」という言葉によって、近い将来において具体的に実現されていくべきものとの立場から、まずは日本と中国、そして満洲によって形成される「日満支協同体」を念頭におき、同じ東アジアにおけるもう一つの重要な民族である朝鮮を、当初からその対象外に置いた。だが、ここで形成される日満支の「政治経済ブロック」とは、それだけでアウタルキー（自給自足）を実現するものではけっしてなく、むしろ将来の世界政策の基礎としての「集団民族主義」を実現すべきアジアにおいて、さらに広域で形成されるべき協同体への第一歩としてとらえられた。[★3]それゆえに、この協同体において、その提唱者である日本人に対する具体的パートナーとは、誰よりも中国人のことを意味したのである。加田はここで、「まづ支那人に対して、東亜協同体論は説かれねばならぬ。文化人が、東亜協同体論を支那人に説く場合、それは命令でもなく、お説教でもない。そこでは、東亜が協同体組織に入らねばならぬ必然性が、まづ説かれねばならぬ[★4]」とし、まずはその当面のカウンターパートとしての対象を中国（人）にのみ限定した。

その際に問題となってくるのは、辛亥革命以降、一九二〇年代の初期から繰り広げられた民族主義運動の思想的根拠の一つとして、旧社会の中国思想に対する痛烈な批判を繰り広げてきた中国の若い世代やインテリゲンチャである。「支那文化人の現在における態度は、合理的な考へ方である。一切の不合理を斥け非合理を排そうとする態度が、こゝでは問題である。この態度を矯正しようとすることもよい。たゞ現実の問題として、われわれが支那の文化人と東亜協同体を語る場合、もしわれわれが、その東亜における現実としての必然性を問題にしないならば、彼等は、これに耳を傾けないであろうし、われわれの理論そのものも、決して迫力のあるものとは、ならないであらう」[★5]。それゆえに加田にとって、東亜協同体思想における「世界性」が如何にして「東亜」に適用されるか、またはその「世界性」が即ち「東亜性」であることの「必然性」をいかに論証するかが重要課題となる。この意味において加田は、「抽象的に東亜協同体の根拠としての思想の世界性を主張するよりも、地域性による協同体の必然的構成を主張する方が、現実的な問題としては、理論としての価値がある」として、同じ東亜協同体論でも、例えば三木清のそれのような理念的かつ理想主義的立場を最初からとっていない[★6]。

加田にとって、東亜の目下における政治経済的地位は、「植民地または半植民地的状態」にあり、逆にそうさせているのが「欧米帝国主義」である。すでにその制圧下にない日本ですら、開国から五、六十年にわたって欧米の半植民地化政策のために苦闘した経験を持った。たしかに、欧米列強との対抗防衛関係において日本が東亜の一部に対して自ら欧米流の政策の一部を採用したことを、加田はここで率直に認める。とはいえ、「いまや日本は、欧米と並んで、東西の半植民地的地位を維持して行くことはその利益でも理想でもなく、また国是でもない。世界の進運に寄与し、併せて自国の発展を計らうとするためには、かくのごとき、東亜の半植民地的地位の打破あるのみである」[★7]とし、加田は日本が欧米流の帝国主義的立場をとらないという基本的立場を示した。

たしかに、民族主義者が一般に主張しているような「植民地的または半植民地的地位からの解放」は、東亜でも広く望まれるところとはいえ、「強大国のブロック化政策」という世界的傾向の中でその達成は容易なことではない。このブロック化政策においては、従来の植民地または半植民地的状態を、そのままブロック形成の要素としている点において、なんら植民地または半植民地的状態の解放となり得ないばかりでなく、逆にその強化を意味するものであるという。それゆえに、加田にとって、このブロック政策と東亜協同体論とを分かつものこそが、「植民地の解放」が実現するか否かを決定付けるもっとも重要な分岐点となる。

こゝに協同体の思想がある。協同体においては、その構成者は互恵的、双務的関係において、その一員である。そこには、植民地または半植民地関係からの解放がある。植民地または半植民地関係としての支配、被支配の関係が断たれる。そこには、指導、被指導の関係はある。これは、協同体構成者の政治経済的発展段階の相違に基く、協同の必要上のそれであって、搾取関係による植民地または、半植民地関係ではない。わが日本は、その政治経済的発展の関係において、まづ東亜の防衛者であり、その指導者としての地位を占むべきことは、当然である。現実的政治経済関係の上からいって、協同体を、これらの否定の上に構成しようとするがごときは、虚妄である。それが人道主義の立場から主張されるならば、一つのセンチメンタリズムに過ぎない。[★8]

このように、加田においてはまず、欧米流の帝国主義の植民地、半植民地からの「解放」が支持される。だが、そのポスト帝国主義時代における東亜協同体内部での独立国とは、けっして自由で平等な国民国家として承認されるわけではない。東亜協同体の構成者は、あたかも互恵的、総務的関係において横の平等な立場に置かれているかのように見えながら、その実、「政治経済の発展段階」を唯一のメルクマールとして、日本がそのヒエラルキー秩序の頂点に立ち、他の構成者との関係を指導―被指導、支配―被支配という上下関係に置くものである。この意味において、例えば昭和研究会による『新日本の思想原理』（一九三九年）が、「日本の指導によって成立する東亜協同体の中へ日本自身も入る限り、日本自身もこの協同体の原理に従わねばならない[9]」とし、日本のナショナリズムの制限を提唱したのとは、その性格を大きく異にしている。

そのことはまた、宮崎正義の提唱する「東亜連盟」と加田の構想する「東亜協同体」における考え方の違いにも、明確に表れている。すなわち、『東亜連盟論』（一九三八年）において宮崎は、「日本及びその盟邦は他の民族の解放運動に努力すると共にその連盟に加入するや、又は完全なる単独の独立国として残るやについては、その自由なる選択に任すべきである。又、加入後も、脱退の権利を認むべきである。東亜連盟は、日本と各盟邦との間における政治的及び経済的相互依存関係の紐帯により、強固に結ばれるべき東亜諸国の自主的立場における盟約であり、強制の体制ではない。したがって、独立国家の最後的意思は束縛されるべきでない[10]」とし、構成国による東亜連盟への参加をめぐる日本と構成国との間の平等な権利とそのメンバーシップの任意性を認めた。これに対し加田は、「東亜領域の一体化は、自由選択的ではなく、必然的である。その点を、わたくしは強調する。すべての東亜建設の理論は、東亜領域の一体化の必然性を認識しなければならぬ。この一体化に参加する自由、または脱退する権利などといふ自由主義理論の発生する余地はこゝにはない筈である[11]」と明確に批判し、「宮崎氏は、東亜連盟の組織に関する限り、あまりに多くの「西欧的自由」を、東亜の諸民族に与えんとするものではないか。このことは満洲国の成立に多くの因縁を持つ東亜連盟論の根本的態度であり、それは自覚してはいないであらうが、最も重要な理論的欠陥である[12]」とすら断じている。

他方、加田の提唱する東亜協同体論においては、東アジアの特殊性である「植民地または半植民地関係」が取り上げられ、なおかつこの関係性において「アングロ・サクソン世界支配体制」の問題が、まずは現実的認識の対象でなければならないとされる。そうすることによってこそ、近代世界の国際政治の原理として世界的意義、及び東亜協同体の現実的意義が生まれる、というのが加田の基本的立脚点である。たしかに、アングロ・サクソンの支配の後に来るものは、協同体の構成員としての各民族の内部的問題なのかもしれない。だが、東アジアの将来にとって、適切な理論と政策とが樹立されねばならぬことは、それまでこの地域を支配していた欧米帝国主義が凋落の時期に及んでいるとき、最も重大かつ喫緊の課題である。ここで加田は、「東亜協同体が国際関係における新しい理念または理論たる限りにおいて、まづ東亜における現実問題が、その主題とならざるを得ないし、そうならなければ、現実的意義を失った白昼夢の一に過ぎぬ」[13]と述べ、尾崎秀実のそれにも似た、きわめて現実主義的な立場に与した。

とはいえ、加田にとって、日本がヨーロッパ的帝国主義をそのまま採用すべきでないことはいうまでもない。「かくのごときヨーロッパ的帝国主義と、本質的に異なるところの新しい東亜の関係と秩序とは、東亜十億の民族のともに切実なる要求を持つ」[14]のであり、それを理論的に根拠づける新しい思想こそが東亜協同体論なのである。その立場は、欧米流の搾取と暴力の伴った帝国主義を排しつつ、共存・互恵の関係において日本を中心とする「国防地域の設定」と「経済産業の開発」のために新たな地域主義を企図した蠟山政道のそれにもきわめて似通っている。[15]このように、加田にとっての東亜協同体論とは、それまでの帝国主義とは異なって近接地帯の周辺国に対する独立国家としての主権を承認しつつも、あくまでも「指導的国家」としての日本を中心にした新たな地域主義としてのみ正当化された。したがって、それはポスト帝国主義時代に新たな勢力圏を拡大しようとする、いわば「植民地なき帝国主義」（Imperialism without colonies ＝ピーター・ドウス）の創生のための一つの大きな国民的翼賛運動の提唱であったといえる。[16]

2 「東亜協同体」論への序説

日中戦争の勃発以来、両国の関係が何らかの方法で解決されなければならないという認識は、他の東亜協同体論の提唱者によって強く意識されていたように、加田にとっても、まったく同様に共有されている。しかも、それが京都学派の提起したような意味において世界史的な課題であるがゆえに、日中間だけではなく、世界的意義と規模において進められねばならないとされた。たしかに、日中関係の解決のための原理として世界史的重要性を持つのが東亜協同体論であるとはいえ、それはいまだ形成の過程にあり、その萌芽状態にあるに過ぎず、様々な意味で「施肥」もしなければならないし、「補強工作」も必要となる。加田のみるところ、現在にいたるまでの東亜協同体の理論は、東亜における諸現象の必然的帰結として主張されていないところにその最大の弱点がある。「それが一つの理想として主張されることは、将来の東亜における新秩序の理論としては、当然のことである。しかし、その理論の生み出され、または生み出さるべき現実的基礎の問題を克明に分析することに、努力することが足りないのではないかと考へられる。従って、この理論を聴くものは、その一応の妥当性を承認するとしても、それを実行にまで押《ママ》し進める迫力を持ってゐないと感じてゐる[★17]」。このように、加田の問題関心は、東亜協同体という新たな原理の創出にあるとはいえ、単なる理想主義にはとどまらない、その現実的な実現可能性にこそ、同協同体理論構築への熱い眼差しが注がれる。

そうした「現実主義」的認識の重要性を唱える加田によれば、そもそも日中戦争（日支事変）とは、「民族主義の表現としての大陸政策と、支那の排他的民族主義との衝突」であり、「日支関係数十年間の総決算」である。仮にそこに「世界史的意義」があったとしても、それが明確に把握されたとはいえず、局地解決・不拡大方針が実現されないまま戦火は拡大する一方で、日本軍による大陸東部の主要諸都市への占領にもかかわらず、多くの人達が希望し、かつ予期したような解決点には到達できていない。だが加田は、そうした状況が単に中国の「抗戦的精神」と「抗戦能力」のみによるものでなく、「事変を民族解放戦争として理解し、これに対する熱意は、相当あるにせよ、現在の支那民衆は、既にそれに疑問符をなげかけてゐる[18]」とし、尾崎や蠟山らとは対照的に、中国におけるナショナリズムの昂揚に対しては、あたかも中国国内における「厭戦ムード」が多勢になりつつあるかのようなきわめて非現実的見方を示している[19]。

もちろんこの日中戦争の背後には、これまで中国に対して政治的・経済的・文化的「帝国主義」工作を行なってい た欧米の列強諸国が存在している。「この背後的勢力の原則的な、そして徹底的な処理が行はれない以上、たとへ現在の戦争が終わる時期に到達したとしても、日支間の諸関係の整調が出来ない状態に置かれてゐる。事変が世界的意味において考へられ、解決されねばならぬといふのは、この点である[20]」。だが、だからといって従来のような帝国主義的または現状維持的政策が採用されるとすれば、それは「世界政治の進展」をもたらすものではなく、逆に「世界政治の進歩を阻止する」ものである。世界の強国として英・仏・米・ソ連などが世界地図の現状維持を主張していることは、その形式的方面においてだけでも、その妥当性を主張することはできない。では、日本はいったい、如何にすべきなのか?

加田によれば、ここでは新しい国家と国家、民族と民族との関係が、何よりも設定されねばならない。「それは全世界的必要であり、要求である。この新しい国際関係の要求に、応ずるところの指導的精神を創造し得るものが、世界改造の指導的勢力たり得るものである[21]」。例えば、ドイツ・イタリア両国の行動は、単に「世界における旧支配体制の打破」にその最終目標があるだけであって、それを「超克すべき新原理」の創造には到達していない。なぜならば、それは行動的には、新しい原理の方向に向っているとはいえ、世界を指導するほどのものをいまだ持っていないからである。それに対して、日中間においてそれまで広く共有されていた「暴支膺懲」から、新たなる「東亜における新秩序の創成」への発展とは、加田のみるところ、「世界が記憶しなければならぬ」思想的一大飛躍である[22]。

こうした中で、東亜協同体論が、いわば「近代の超克」ともいえる理論的本質をもつべきなのは、アジア諸国の国際的趨勢が特に新しい国際関係の創定を要望しつつあるからである。例えば、英米のような独立国に協同体が形成されるべき必然性がないのは、彼らがすでに領土的にも物質的にも充足しているからに他ならない。その地理的優位と大西洋と太平洋との両岸を接続する大陸の中には、ほとんどあらゆる資源を包蔵し、国内に巨大な市場（購買力）を有するとともに、中南米に対してもその支配的位置を増進しつつある。「英帝国や北米合衆国のごとき、かかる状態においては、世界の現状維持を希望するだけで足りるのである。それは満ち足りている富豪が、その家産の安全のみを希ひ、いささかの変化をも、その家産に持ち来されることを恐れると同様である」[★23]。

加田にとって、そうした既得権益を守る国際システムこそが国際連盟に他ならない。それは国家の政治組織の理念としてのデモクラシーを国際間にまで推し広めてきたものであり、その意図においてはけっして憎むべきものではないとはいえ、「政治的デモクラシーが経済的実力の差異の上に建設せらるるとき、それは単なる欺瞞的組織に過ぎなく、経済的不平等のカムフラージュとなると同様であって、国際連盟が、英・仏の連盟であり、英仏の指導の下に群小国家がデモクラシーの要求をなすに過ぎず、従って、その犠牲となるものは、群小国家としては強大に過ぎ、また対外に活動力を有するにも拘らず、英・米・仏のように既得の領域を持っていない、日・独・伊の諸国であった」[★24]。このように述べるときの加田の口吻は、「英米本位の平和主義を排す」（一九一八年）を論じた際の、近衛文麿のそれともほぼ重なり合っている。

だが、加田のみるところ、東亜の問題はこれらのものとは条件を異にしている。第一に、中国と日本との関係を見ても、それは同じ「持たざる群小国家」であるとはいえ、「血」と「領域（ラウム）」という地政学の理論を適用したドイツとオーストリアとの関係や、「民族発展主義」を唱えたイタリアとエチオピアの関係とはけっして等しくはない。従来、日本と中国とは「同文同種」といわれ、日本民族の中に中国民族の中の一部が混在しているだけでなく、南方民族と北方大陸民族と中国大陸民族、日本の原住民族であるアイヌその他とはすでに渾然一体たる融合がなされて、日本民族が形成されている。加田にとってそのことは、例えば、津田左右吉（『シナ思想と日本』一九三八年）が主張したように、「支那文化は、その特殊なものを持ち、日本の文化は、またその独自なものを持ってゐる」ことをなんら否定するものではないし、西洋文明に対する東洋文明という意味での「同一的傾向」とは、「同一性」そのものとははっきりと区別されるべきである、とすらいう。[★25]だが、ドイツやイタリアの民族併合政策を容認しているかのように見えるその「民族と文化」の同一性をめぐる言説は、明らかに一つの民族が他のそれを強制的に併呑しかねない両義的な危うさを伴っているといわざるを得ない。[★26]

3　加田の「東亜協同体」の基本原理とは？

加田のみるところ、そもそも東亜協同体の基本原理とは、以下の六点に要約できる。第一に、資本主義にある程度の「是正」を加え、とりわけ私利優先の資本主義的精神が、協同体全体を綜合としての「全体的協同主義」に転換されるべきであるとする点。第二に、ブロック経済のように、植民地的関係が諸領域の経済的相互関係の基本的原理であってはならないとする点。第三に、「中心的勢力」としての「中枢的国家」が存在しなければならないとする点。第四に、「中枢国家」の利己主義は、協同体全体の利害が考察され、中枢国家の領域が発展して、その程度にまで到達するまでは、厳に抑制されるべきであるとする点。第五に、経済協同体の構成は、互恵的関係により、資源、投資、貿易、生産において、協同体全体の利益から算出された計画がなさるべきであるとする点。そして最後に、全面的計画性を持つことを必要としている点である。では、このように理解された新たな「協同体」と旧来の「ブロック経済」とは、その基本原理において一体何が異なるのか？　ここで加田は、三木をはじめとして、他の東亜協同体論者も使った「ゲマインシャフト」の概念を用いて、それとの差異について、以下のように説明する。

経済協同体は、ブロック経済体よりも、数歩を進めたものであるといふことが、出来るであらう。従って経済協同体は、その全面的統制の必要の結果、地域的には接壌地帯たることを要する。またブロック経済より密接不可分の関係が、設定せられるので、接壌地帯における領域協同体たるの事実を有し、運命協同体的関係に入るのである。この場合経済協同体は、ドイツ語に翻訳すれば、「ウィルトシャフツ・ゲマインシャフト」（Wirtschaftsgemeinschaft）と、いはるべきものであろう。しかし、多くの東亜共《ママ》同体論者が東亜共《ママ》同の、ゲマインシャフト性を問題にしてゐるが、その言葉を、もしも、ドイツの社会学者、フェルヂナント・テンニースの意味した、本質的意志の具現者としての「ゲマインシャフト」を意味するならば、若干の行き過ぎであらうと思われる。経済協同体は、以上の意味における「ゲマインシャフト」ではない。その形成後、数十年または数百年後においては、いざ知らす、眼前において形成せらるべき経済協同体は、却って利益社会的結合であるといふべきである。何とならば、そこには一定の計画に従っての生産、資源、投資、貿易、労働の事項が規制せらるるのであり、自然発生的または自然生成的な構成体ではないからである。その意味において、経済協同体は一国、民族等のような自然生成的構成ではない。その間に行はれる緊密な関係、その間に存在すべき友好関係は、みな計画性の実現された後に来るものだからである。[★27]

このように、加田にとって東亜協同体とは、なによりも経済的諸機能を中心原理とする「経済協同体」であって、「本質的意思の具現者」としての「自然発生」的「ゲマインシャフト」ではなく、むしろ「利益社会的結合」としての意味において、「ゲゼルシャフト」ですらある。この点で、例えば、三木を中心にまとめられた昭和研究会の『新日本の思想原理』が、東亜協同体の基本原理を「単にゲマインシャフト的でなく、またもとより単にゲゼルシャフト的でもなく、却ってゲマインシャフト的とゲゼルシャフト的との総合としての高次の文化[★28]」ととらえ、前近代的な共同体（Gemeinshaft）とも近代的な利益社会（Gesellschaft）とも厳密に区別されるべき「第三の道」としての協同社会（Genossenschaft）を目指したのとは、大きく性格を異にしている。その「経済協同体の構成」とは、「接壌地帯における領域協同体」であり、したがって「運命協同体的性質」、及び経済協同体を通じての計画性を持ち、その結成は互恵的原則において行なわれる。それは例えば、蠟山の東亜協同体という「地域主義」において、「（東洋）民族の地域的運命（Raumsschicksal）の意識を生み出す運動」としてのみ「地域的運命協同体」が正当化されたのともきわめて相即的である。[★29]それは、植民地的、又は半植民地関係の設定を意味するものではなく、この協同体における「指導的国家」とはあくまでも「指導的役割」を演ずるものであるとはいえ、「協同的原則の上において」行なわれることにその特徴がある。加田によれば、経済協同体の本質は、ブロック経済に比べれば「一歩前進したもの」であるが、「経済協同体の建設」そのものは、「ブロック経済の建設」よりもなお困難なものである。たしかに、「ブロック経済的結合」とは、従来の植民地的または半植民地的関係を緊密化すれば足りるがゆえに、現在の資本主義的世界における諸領域の結合としては、最も容易、かつ一般的かもしれない。しかしながら、そうした植民地の原理に根ざした「ブロック経済の強靱性」とは、ポスト帝国主義という時代的要請には必ずしも適していない。それゆえに、「互恵的関係における、経済協同体が一つの理念として発生することは、決して偶然ではなく、却って、当代の真実の要求に応ずるものといはねばならぬ[★30]」と加田は主張するのである。

では、ここでの日本の立場と役割とは、具体的にはいったい如何なるものなのであろうか？　加田によれば、この東亜の「解放と発展」を企図する東亜協同体において、日本は単に東亜の諸民族のためにのみこれを主張し、実践化しようと目論んでいるわけではない。それは東亜における「民族の解放」という他者の利益となるとともに、「日本の発展」という自国の利益を実現するものである。

日本はこの協同体の一構成員たるべきものであり、この協同体の結成によって、同時に、わが国の発展と向上と、そして、その世界政治における地位とを確保せんとするものである。その意味において、東亜協同体は、日本の利他的意味のみを有するものではない。それは他を利するとともに、自国を利するものである。東亜の諸民族の解放と正義を主張すると同時に、わが国の正義をも、主張せんとするものである。われわれは、東亜協同体において、日本がその指導的地位に立つべき現状にあることを認識してゐる。しかしながら、この現状に立つ認識は、日本の利己主義を、こゝに実現せんとするものではない。現在の世界政治においては、現実の政治経済の実力が、政治運動の基礎である。この意味において、東亜協同体の建設における日本の重要性が存在する。[31]

このように加田にとって、日本とは単に他と同じ中立かつ平等な立場にある構成員の一つではなく、「指導的地位」にあっても「利己主義」にはならず、他の国々との相互関係における「正義」を主張するという特殊な位置を占める構成員である。それは植民地的、又は半植民地関係を前提にした指導的役割ではなく、あくまでも協同的原則に基づく互恵関係のもとで演じるべきそれとして理解されている。ポスト帝国主義の時代において、植民地化による領土拡大とは異なる新たな形式で提出され、なおかつ日本を中心とした実質的勢力圏の拡大が企図されたこうした主張にこそ、既述のような、「植民地なき帝国主義」が面目躍如になっているといえる。

もっとも、こうした日本の「指導的地位」の強調は、なにも加田に限って見られたわけでなく、他の東亜協同体論の提唱者にも広く見られる傾向であった。例えば、尾崎秀実が先進資本主義的生産様式との経済的連動とともに、半植民地状態から自ら脱却しようとするアジアの植民地の人々との政治的連帯によって「民族の解放と福祉」をこの協同体の中で実現しようとする際、彼は東亜協同体論をブロック経済という一つの「封鎖的単位」としてではなく、「世界的秩序一般に先行する地域的、人種的、文化的、経済的、共同防衛的なる結合」としてとらえ、さらに、その新たな「結合」の中で日本による「特殊的地位」の主張を「共同利益防衛の見地から」正当化していた。[32]また同様に、共同防衛の観点から日本の指導的役割を正当化する主張は、蠟山においても「日本の実力保障による国防地域」の確保という視点で行なわれており、[33]加田をはじめとして、当時の東亜協同体論者に広く共有されていた基本的認識であったといえる。

4　西欧資本主義の植民地支配と「東亜協同体」論

対欧米資本主義諸国との関係でいえば、アジアにおける多くの諸国家または諸領域は、当時、依然として半植民地国または植民地として存在していた。このことは、欧米及び日本資本主義の活動の結果であり、いいかえれば、植民的関係が主として資本主義的意義を持っていることの裏返しでもある。こうした植民地・半植民地の設定に対しては、しばしばこれに対抗する「直接排外運動」として現われてきたことはいうまでもない。だが、加田の見るところ、中国におけるアヘン戦争直前の林則徐の行動や日本の武士層による攘夷運動などがこれにあてはまるとしても、そうした排外運動は、資本主義的生産様式をもつものに対しては、以下の二つの理由から大きな効果をなし得ない。第一には、資本主義商品の価格が低廉なためであり、第二には、資本主義が市場獲得のために能率のよい武器と軍隊とを容易に利用し得るためである。[★34]では、こうした従属的地位から脱すべく、半植民地国、植民地国側ではいったい何が可能なのか？

自らを植民地的または半植民地的地位に陥らせぬためには、その反対物へと編成替しなければならぬことはいふまでもない。こゝにいう反対物とは、未開的基本社会または封建的基本社会の民族的基本社会への編成替である。攻撃者たる資本主義の装を自らまとうことである。そのイデオロギーは、民族主義である。このイデオロギーによって、自らを民族国家に形成することである。先進資本主義の歩んだ途を、自ら歩むことだ。[★35]

このように、半植民地国、植民地国にとって必要なのは、国内における「民族主義革命」の遂行である。だが、ここで興味深いのは、講座派マルクス主義の提唱する二段階革命論における「ブルジョア民主主義革命」と、いわゆる「民族自決論」に基づくナショナリズムの肯定とが、ある種、奇妙な形で融合されていることであろう。例えば加田は、「民族国家が形成せらるるためには、まづ封建的諸関係が掃蕩されなければならぬ。この封建的諸関係の止揚または掃蕩が、民族主義革命となって現はれる」と述べているが、これは明らかに、ブルジョア民主主義によって封建的遺制を克服しようと企図したマルクス＝レーニン主義に、ウィルソン流の「民族自決論」を重ね合わせたものである。この民族主義革命の展開につれて、「封建的なるもの」と「新しい民族的なるもの」との闘争が繰り広げられ、最終的には、後者が前者を上回ることで脱植民地化が進んでいくとされるのである。さらに、この民族主義革命の過程において、「新しい要素を対外的に保護するために、資本主義的先進国の安価な商品の侵入に対して、自国の幼若産業を保護すること」によって、先進国が歩んだ道を同じように進んでいくことが求められた[36]。このように加田は、「民族の自決」と「民族資本主義」という二つの両輪を軸とする「植民地の解放」を企図したのであった。

こうした帝国主義的植民支配からの「解放」という課題をめぐっては、かつてマルクスがとりわけイギリスによるインドの植民地支配において、「人間精神を最も狭い限界にまで追いやる」専制政治の基礎となる伝統的村落共同体の「破壊」とともに、近代ブルジョア的生産様式の「再生」という「二重の使命」(『イギリスのインド支配の将来の結果』一八五三年)を見出した、いわゆる「アジア的生産様式論」をわれわれに想起させる。だが、マルクスにおいて、植民地の前近代的生産様式が、宗主国の高度に発達した資本主義的生産様式との連動によって破壊され、近代ブルジョア的なものへの転換が企図されたのとは異なり、加田においては、先進資本主義的生産様式との経済的連動だけでなく、半植民地状態から自ら脱却しようとするアジアの植民地の人々による「民族主義革命」という政治的要因の重要性が強調されている。この点では、尾崎が当時の正統派マルクス主義者らとともに、中国社会の「二大特質」を「半封建性」と「半植民地性」(一九二八年中国共産党第六回党大会規定)に見いだし[37]、そこからの解放が中国のナショナリズムの究極目標であるととらえたのと基本線では一致している。[★38] 例えば、加田の見るところ、中国は半植民地的要件を日本よりもはるかに早くからイギリス資本主義によって課せられていた。当時の清朝の絶対王制は、全国統一の形態をとりながら、きわめて形式的に半植民地的状態がなし遂げられていたに過ぎなかったが、加田はそれが清朝の支配領域のあまりにも広大なことに第一の原因があり、中国全土が封建的農業関係を固守して、マルクスが「アジア的停滞」と呼んだ「深いアジア的睡眠」に陥っていたことに第二の原因があると見ている。さらに、イデオロギー的には伝統的な中華思想が一般的であり、「アジア的生産状態《ママ》」にある下部構造に対応しつつ、「進取の精神」に欠乏していたことが中国を完全な「半植民地国」たらしめた、と加田は分析する。[★39] その後、不平等条約が課せられ、中国の領土は本土においても辺境においても、ヨーロッパ先進国によって侵略されたが、その過程は十九世紀の後半から世界大戦当時にまで及んだ、というのである。

ところで、ここでいわれている「半植民地」とは、その国の領域自体としては「一つの独立国の形態」を呈しつつも、実質的にはある一強国の支配を受けるか、数か国の強国の支配を受けて「一国の植民地のような権能」を行なう領域のことを意味する。[★40] それは、経済的発達が高度ではなく、「原始的産業」にその生産の基礎を置き、「高度資本主義国のための原料供給地」としての意義をもっている。「この領域が、一国または数国の支配下にありながら、一国としての独立を保つ所以は、この国を中心とする強国の勢力の均衡状態が、その領域を一強国の純然たる植民地たらしめない所以である。而して、一強国の属領でない半植民地国は、かくの如く数個の強国の相互的干渉によって、その政治的独立を保つものであるが、それが実質的独立国でない所以は、強国との間には、尚ほ上の不平等条約が存在していることによっても、知ることが出来る」[★41]。だが、加田のみるところ、こうした植民地的隷属関係は、「社会意識・民族意識の高揚」している時代においてはけっして長く継続し得ない。なぜならそれは、近代における「民族主義の発展」とその基礎的条件である「植民地または半植民地」における形式に依拠しており、「植民地または半植民地民族主義は、これらの領域に民族の形成を主張し、その自治独立を主張する」[★42] ことにならざるを得ないからである。そこには、植民地または半植民地が従属的発展を遂げる過程で、従属的地位そのものから抜け出ようとする自治独立の契機が自ずと芽生えてこざるを得ないという、ナショナリズムの成立過程そのもののもつ逆説が横たわっている。

この民族の形成の主張は植民地または半植民地における封建的社会の打破の主張であり、民族の自治または独立の主張は、植民国または先進国に対する植民地関係または、半植民地関係の解消を主張する。植民地または半植民地関係とは、先進国に対する後進国の政治経済的隷属関係であるが、この打破が主張されてゐるのである。この点において、帝国主義打破の運動となって現はれる。この帝国主義打破の運動は、後進国においては、土着資本の運動として、また労働者農民の運動として現はれる。従って植民地または半植民地における民族主義は、この二つの傾向によって代表せられ、これが先進国との関係において極めて複雑化する可能性がある。土着資本と労働者農民の関係並に両者の帝国主義に対する異れる関係がある。この点において、植民地または半植民地の民族主義は、極めて認識において困難な点がある。しかしながら、この民族主義を理解することなくして、植民地または半植民地の問題を理解することは不可能である[★43]。

かくして、東亜協同体論の核心は、民族資本家と労働者農民を中心的アクターとするナショナリズムの問題へと移らざるを得ない。「民族自決そのものは、よき意図を持った主張である。民族の自由と独立とは何処までも尊重せられねばならぬ。それは民族の根本的要求だからである[★44]」。だが加田は、その自由主義的解釈または方法を排撃すべきであり、そうした「機械的主張」は、「よし一国内に数種の民種が存在する場合にも、また独立の数千万または数億の民族の場合においても、許容し得ないことがある[★45]」とみており、「民族の自決」をめぐるその立場とは、きわめてアンビバレントなものである。なぜなら、植民支配という従属的地位から抜け出し、一つの独立国家へと成長を遂げる過程で「民族の自決」や「自由と独立」が正当化されても、いったん国民国家としてこの東亜協同体のなかでの「民族の協同」関係に入るや否や、一転して許容されなくなるからである。

それは民種（民族）の生活機構が、他の民種のそれと綜合的になってゐる、歴史の段階において、民種協同の生活体が既に出来上ってゐるのであるから、これから自決権によって、離脱することは出来ないであらう。また現に民族を構成し、また構成しつゝあるが、他の民族とその相互の生活圏の拡大によって、協同的関係を緊密ならしめてゐる場合には、この協同的関係を促進することによって、反って、民族的生存を確保し得ることがあるであらう。更に、機械論的な民族自決主義のごときは現代において許容せられないものである。既に世界の傾向は、数個民族の協同または結合にある。この協同または結合体における自由と自主が求められなければならないのである。わたくしは、かくのごとく民族自決主義を批判することによって、欧米帝国主義を許容しようといふのではない。それは協同でなく、抑圧であり搾取のための支配だからである。アジア民族はそれを払いのけて、相互の民族協同に入る必要があるといふのみである。[★46]

このように加田は、一方で植民地、半植民地における「民族自決権」を容認しつつも、他方で既成事実としての「協同体の生活体」に対してはその「機械的」当てはめを許すべきでないとして、その行使を部分的に否定、あるいは制限しており、いいかえれば、ここでの国家主権は、いわば「協同体」あるいは「結合体」の中での集団的国家主権（＝制限主権）としてのみ容認されているにすぎない。その結果、以下で見るように、中国のナショナリズムへの評価に対しても、加田はきわめて屈折した立場に置かれることにならざるを得ない。

5 「東亜協同体」論とナショナリズム

加田によれば、世界大戦以来、植民地および半植民地国における先進国に対する抵抗が強度を増してきたことには、⑴民族自決主義、⑵ロシア革命とそれに伴う共産主義の宣伝と影響、⑶民族資本と労働者階級の勃興、という三つの要因があった。その第一の要因である民族自決そのものを、加田は一方で民族の根本的要求ゆえに「よき意図を持った主張」としつつも、他方で、経済協同体において現に民族を構成し、他の民族とその相互の「生活圏の拡大」によって協同的関係を緊密ならしめている場合には、「民族的生存」を確保し得るのであり、「機械論」的な民族自決主義は許容できないとした。[★47] それは、西側資本主義国に限らず、社会主義（共産主義）的政治社会形態においても、例えばスターリンの民族政策に見られるように、きわめて非実際的なものに過ぎないという。

加田にとって、中国のナショナリズムに対する政治工作とは、「指導精神の更改」にまで到達されるべきものである。従来の指導精神としての三民主義とマルクス＝レーニン主義との合作である民族戦線的抗日思想の存立を「許すべからざるもの」としつつも、加田は三民主義そのものの意義を根本から否定するわけではけっしてなく、むしろプラグマティックな意味での一定範囲の利用価値をそこに認める。だが、三民主義は、これらの三部面の有機的関連において主張されているがゆえに、「その部分的採用は、全体としての破綻に至るものと考へられる」[★48]。つまり、加田にとって三民主義とは、仮に部分的な政策としての利用価値があったとしても、これら三つのファクターがその有機的関係において存立している以上、部分的利用を三民主義の原理そのものが妨げてしまうがゆえに、中国の「指導精神」にはなり得ないというのである。「しからば、新支那の思想は何か。今日のいはゆる日本主義をもってこれに当てることは困難であらう。支那民族と日本民族との特殊性を保持しつゝ、これを包含するやうな集団民族主義とも称すべきものが、その雄偉な体系において創造されなければならぬ。それは民族主義に基礎を置きながらそれを乗り越えるものでなければならぬ」[49]。加田の見るところ、「三民主義」も「日本主義」も、ナショナリズムについての諸問題を解決するうえでの「指導精神」にはなりえず、むしろここで何よりも求められているのは、「理念」でなく「政策」である。それゆえに、加田にとって、ここで現実的な経済政策として第一になすべきこととは、「中国民族資本との提携」である。ブロック経済の下で外資輸入を簡単に行なえないとすれば、如何なる方法によって資金を獲得すべきなのか？　中国民族資本との提携こそ、東亜経済協同体の意義を昂揚する上においても、また中国の経済的発展のためにも必要なことであり、それは「日中提携の実質的出発点」ですらある、と加田はいう[50]。

こうした中で、注目すべきなのが、ここでもまた中国の知識人の動向である。加田によれば、彼らこそこの未発達状態にある中国産業のある意味における代弁者である。「かれらが国内的にはデモクラシーを主張し、対外的には民族の独立と自由とを主張するのは、かかる産業の要求に従っていると見てよいと思われる。かかる立場にある支那インテリはわたくしとの会談において、わたくしの日支資本の提携論に対して、現在のそれが不合理であるとして、支那民族資本の擁護論を主張したことに不思議はない。問題は事変以後に中国に進出しつゝあるわが産業の経営方針に関してゐる。わが産業には統制産業と自由産業とが存するが、その何れの場合においても、問題とするところは、わが産業と支那産業との結び付きの問題である」[51]。それによれば、日本の産業の進出は、多くの場合、中国の事業家との合弁の方法で行なわれるが、中国知識人の眼に映ずるところでは、その合併の方法が第一に不合理極まりない。ある中国の工場、企業など実質的設備が評価され、それが現物出資として計算される際、彼らによれば、「この場合事業会社の有する他の債権債務の関係は何等顧慮されるところがない」。第二には、「実物財産の評価に対して、叩けるだけ叩く」という態度であり、第三には、合弁に際して採られている「強圧的方法」であり、例えば統制を受けていない日本の事業家までが「軍」という触れ込みで交渉することを彼らは極端に嫌っている。そして第四に、商議の成立しないときには、強制的に委任経営の方法によって工場を運営する、といった態度を見せる点であり、「かくの如き状態では恐らく日支の経済提携は不可能」であるとするのが彼らの見方である、という[52]。

だが、こうした中国の知識人の意見に一定の合理性を見出しつつも、加田は中国のナショナリズムが民族主義の形態において、民族自決主義の「形式的主張」に陥っていると批判する。形式的民族自決主義者は、民族の自由と独立との形式のみを尊重し、民族の自由主義的行動によって、民族の自由と独立とが獲得できるかのような錯覚に陥っている。孫文をはじめ多くの民族主義者は、形式的独立を獲得して、この外見的独立の国家をして、経済的に発展させるためには外国の資本的援助を獲得すべしという。つまり、加田の見るところ、一部の中国知識人が「民族自決」の名の下に外国資本を排除しようとするのに対して、孫文は中国が商工業の発展によって政治経済的「独立」を獲得し、「人民の繁栄」をもたらすべきだとしている。だが、ここにはある種の屈折した、従属的支配―被支配関係がまとわりつかざるを得ないのであり、ここに孫文のデモクラシー的政治的形式主義が横わっているという。[★53]

加田によれば、そもそも中国の民族主義者らは、以下の三点において大きな「誤謬」に陥っている。第一が、日中関係において「地域的接近性」が「無視」されている点である。ここでは「接壌地帯」としての日本の発展が、朝鮮半島を通過して大陸に延び、東シナ海を渡って中国に到るという「地域共同関係」にあることに対する認識が誤っている。第二が、ヨーロッパ諸国の活動が「商業的搾取」であるのに対し、日本のそれは「資源開発的」であって、日本の経済活動は中国での「開発と繁栄」をもたらし得るものであるという「本質的相違」が認識されていない点である。「しかるに、支那民族主義者達は、欧米のそれと日本のそれとを混同し、均一的に帝国主義をもって、呼ぶことの誤謬を敢てしている。殊に日本が協同体理念によって、活動を起そうとしているとき、これを認容することが、支那自体にとっても、繁栄と平和とを齎らすことを認識せねばならぬであらう[★54]」。第三が、「近接地帯」の日本との間にはあり、欧米諸国にはない「深い関係」の存在が認識されていない点である。こうした「誤謬」こそが、植民地をめぐる「従属」か「独立」という、中国のナショナリズムを喚起する根源的な解釈の分岐点に存在しているのだという。

だが、加田のいう近接地帯にある「深い関係」こそが、じつは協同体の最も大切なパートナーである中国の主権そのものを、日本が大きく揺るがしているという事実に対する客観的認識が、そこにはまったく垣間見られない。「支那民族が、如何なる国家形態・社会機構を採用するとも、それは自由であると主張されることは、近接地帯に存在する我が国としては、容易に認容し得ないところである。わが国は、永久に支那を敵とするものではない。却って、その協同者として、その開発と解放とを指導し、協力せんとするものである。かかる関係において、欧米諸国とは異る関係を持つ」★55。このように述べるときの加田は、ただ単に「近接地帯」にあって「深い関係」にあるという事実によって、中国における「国家形態・社会機構」の選択を当の主権者たる中国人に委ねようとはしていない。これはどんなに欧米流の帝国主義を批判したところで、日本にとっての従属的、「半植民地」地位を引き続き容認しているというべき性格のものである。したがって、「中国の独立」も、あくまでも日本にとっての「解放と繁栄」とが実現される限りにおいてのみ正当化される「独立」であることは、次のような言葉によっても端的に示される。

われわれは、支那の独立を尊重する。この尊重は、自由主義的な恣意的尊重ではない。東亜の近接地帯にゐるものとして、その解放と開発とが行はれ得る限りにおいての尊重である。もし支那が、この日本の、支那の独立に対する尊重を形式的に理解することによって、東亜の平和と東亜の安定勢力としての日本を無視することがありとすれば、日本は、これを是正するために闘はねばならぬ。しかし、平和が正常な状態において維持せられ、東亜の繁栄が企図せられ、招来せらる丶ことは、わが国の最も熱望するところである。この繁栄と解放とは、支那が日本と提携することによって、獲得せらるることは、歴史の明らかに示すところである。今次の事変は、幾多の生命と財貨とを、犠牲としたことにおいて、遺憾であるが、東亜の新秩序の理念を獲得し、これによって、日支の関係が新らしい出稜をなし得るとすれば、犠牲となった人々もまた慰安せらるべきものを持つであらう。日支の関係は、今日において、再出発されねばならぬ。而して、それは、民族の要求を基礎として、その協調の上になさるべきことは、以上詳述した如くである。民族の独立は尊重せられねばならぬ。しかしながら、民族は孤立的存在ではなく、また低度文化の状態に満足すべきではない。ここに民族の協同が必要であり、一民族の他民族に対する指導が必然的に生れる。[★56]

ここでも加田のいう中国の「独立の尊重」と、現下の中国に対する戦闘行為の正当化との間の論理は、きわめて矛盾に満ち、かつ屈折したものであるといわざるを得ない。その「独立の尊重」が中国による「自由主義的」かつ「恣意的」尊重ではないとすると、中国に「独立」を与えるかどうかは、そのための明確な基準がここで何ら示されていない以上、結局のところ、「指導的中枢国家」としての日本の「恣意」によるしかないからである。したがって、ここでいわれている「民族の協同」とは、明らかに「指導的中枢国家」たる日本が、自らの「恣意」によって「尊重」したり、その武力を背景に恣意的に「闘」ったりしながら、「東亜の平和」と「東亜の繁栄」を企図するものでしかない。そこには、東亜協同体の制度的枠組みに自ら入っていき、その共通理念によって自らのナショナリズムそのものが肯定されつつ、同時に制約されるとした、三木や尾崎によって企図された普遍的思想性や国家権力相対化の契機はすでにまったくみられない。たしかに尾崎においても、加田と同じように「日本の指導的役割」が正当化されてはいたが、尾崎の場合は、「日本の独占的な排他主義であってはならない」と同時にクギを刺すのを忘れていなかった点において、加田のそれとは立場を大きく異にしていた。[★57]それに対して加田は、三木が「東亜思想の根拠」（一九三八年）で「民族と民族とを超えて結ぶ原理は、一民族の内部においては、結合の論理として可能であるような内密のもの秘儀的なものであることができず、公共的なもの、知性的なものでなければならぬ」としたあの著名な一節を引用しつつ、「民族が民族自体として存在することは何らの秘儀的ものではない。ただ、その場合、民族が民族自決主義に執着する限りにおいて、自己の墓穴を掘るに等しいものだ。協同体は、決して、民族を超えて結ぶことではない。民族の実体を存しつゝ、民族の活動において、結合することだ」と述べ、「民族独立」擁護の立場を「民族の孤立」を招くものとして、直截に排斥すらしているのである。[★58]なぜなら、加田にとって東亜協同体とは、個々の民族による自由な選択によって構成される「民族の任意的な連盟」でなく、あくまでも「植民地的状態からの解放」という歴史的使命に対する構成国の強固な確信によって成り立つ「必然的な協同体」だからである。仮にそうした協同体の結合が「必然的」だとすれば、この結合の紐帯的役割を果たすのは他ならぬ「指導的中枢国家」としての日本であり、アジアの諸民族はその援助によって植民地状態から「解放」されなければならないがゆえに、加田は「協同体における自由平等主義を理解し得ない」とあからさまに表明している。「而して解放は、日本の援助なくして不可能のことだ。日本は、東亜解放と東亜協同体の結成を必然と考えるゆえに、進んでこれらの諸領域の植民地脱却を援助し、またこれを強制することすらあり得るであろう」[★59]。このように一切の躊躇なく国家権力の暴力すらちらつかせるときの加田の立場とは、もはや東亜協同体の対象領域がより限定的であるというだけの違いを除いて、その本質的性格においては大東亜共栄圏の思想に限りなく重なり合っているといわざるを得ない。

おわりに

これまで見てきたように、加田にとっての東亜協同体論とは、それまでの欧米の帝国主義とは異なって近接地帯の周辺国に対する独立国家としての主権を承認しつつも、あくまでも指導的国家としての日本を中心にした新たな地域主義として正当化された。それは「民族の自決」の論理を容認し、近接地帯の周辺国を独立国家として承認しつつも、指導的国家としての日本を中心とする地域主義を、新たな政治支配の秩序の中で正当化しようとする、ある意味できわめて屈折し、なおかつ矛盾に満ちた両義的概念であった。こうした東亜協同体内部での「民族の自決」によって達成された「独立国」とは、けっして自由で平等な国民国家として承認されたわけではなく、日本がそのヒエラルキー的秩序の頂点に立ち、他の構成者との関係が指導—被指導、支配—被支配という新たな上下関係に置かれたにすぎない。したがって加田は、従来の植民地または半植民地的状態をそのまま維持しようとする欧米帝国主義によるブロック化政策を批判しつつも、それまでの植民地化による領土拡大とは異なる新たな形式によって実質的な勢力圏を拡大していく「植民地なき帝国主義」の論理として東亜協同体論を提出していたのだといえる。

たしかに、加田においても、西洋文明の全般的閉塞を近代そのものの行き詰まりとして解釈し、これをアジア的な論理と倫理で乗り超えようとしたという意味で、ある種のオリエンタリズム批判の一つとしても展開されていたのは事実である。例えば、ドイツ・イタリア両国の行動は単に「世界における旧支配体制の打破」にその最終目標があるだけであって、それを「超克すべき新原理」の創造には到達していなかったものの、日中間においては「暴支膺懲」から「東亜における新秩序の創成」への発展が、「世界が記憶しなければならぬ」思想的一大飛躍と理解されていた。このように、加田にとって、東亜協同体論とは、いわば「近代の超克」を実現するための政策論レベルでの具体的プロジェクトとして、アジア諸国の新たなる国際的趨勢を創定しつつあった。

だが、ここでのより本質的な問題とは、対西洋帝国主義との関係においてオリエンタリズム批判を展開しつつも、対アジアとの関係において、自らが日本的オリエンタリズム（＝逆オリエンタリズム）とでも呼ぶべき新たな言説を構築、展開することとなったこの根源的矛盾について、いったい如何に考えるべきなのか、ということであろう。すでに見たように、一方で欧米流の帝国主義を批判し、植民地からの解放を念頭におきつつ、他方日本を中心とする「植民地なき帝国主義」を再構成しながらも、新たなオリエンタリズムを再生産するというこの行為そのものに対する無自覚、無反省が、明らかにそこには存在していた。そしてこのことを象徴的に表しているのが、「どこまでも東亜の問題として、東亜の人々とそれを語りたい」と東アジアの隣人らとの対話の姿勢を覗かせつつも、同じ近隣におけるもう一つの欠くべからざる民族である朝鮮（人）を、当初から東亜協同体の対象外に置いていたという事実であろう。[★60] 蔣介石は一九三八年、「我々は朝鮮が未だ併呑さるる以前に以って日本人が日韓一体或いは日韓不可分等の語調を以て朝鮮人民を眩惑せしめたる事実を想起する。今日日本は又盛んに「日『満』支不可分」とか「東亜協同体」とかの新語を語っているが、我国をして明白に指摘せしむるならば、何が「東亜協同体」であるか、これはつまり「中日合併」であり、即ち中国の日本に対する全面的帰属であり、又「日本大陸帝国」の完成である」と述べているが、このことが示唆するのは、加田の東亜協同体論でそもそも視野にすら入れられなかった朝鮮問題こそが、じつは中国側で東亜協同体論をいかに理解すべきかについて考える上での最大のポイントになっていた、ということである。[★61]

しかも、このような東亜協同体論に対する懐疑的な姿勢は、なにも日本に敵対的であった国民党重慶政府や共産党延安政府周辺の知識人に限ってみられることではなかった。三八年末に汪兆銘とともに重慶（蔣介石政府）を離れ、日中間の「和平運動の主動者」（今井武夫）とされた陶希聖にさえ、それは全く受け容れられていなかったという事実を、われわれはここでしかと想起すべきであろう。彼にとって、そもそも東亜協同体論とは、「反ナショナリズム」と「超国家主義」との二種類に分類できるが、仮にこれらがオリエンタリズムという問題性と繋がっているとするならば、陶は対西洋との関係においてオリエンタリズム批判に立つと見られる加田哲二や新明正道の東亜協同体論も、「反ナショナリズム」ではなく、「超国家主義」に属するものであるととらえ、これを厳しく批判していたのである。陶によれば、加田はナショナリズムを超えるべく日中ともに「別の出発点」である「「東亜新秩序」の理想」を追求すべきであるとし、他方新明正道は「各自の民族主義を堅守すべき」としながらも、いずれも「支那の民族主義には、批判を加え、改修を加えるべきである」としており、実際には「反ナショナリズム」ではなく、「超国家主義」を擁護しているに過ぎないのだという。[★62]つまり、ここで陶は明らかに、反西洋的オリエンタリズム批判というよりも、むしろ反日本的オリエンタリズム批判の立場にある。オリエンタリズムの一つの特徴が、他者をよりよく知るのは他者でなく自己であるとする思い上がりにあるとすれば、陶の眼には、加田や新明は一方で西洋中心主義に対して批判的な反オリエンタリズムに立ちながらも、他方で周辺のアジアに対しては日本の逆オリエンタリズムに無批判に依拠するという典型例として映ったにちがいない。

このような他者性に対する無反省こそが、普遍主義的理念の採用を拒否して、日本という国家（＝暴力機構）の存在を背景に、理念的諸問題を新植民政策・民族政策へと一方的に昇華させようとする横暴さにも表れている。それゆえに、東亜協同体の中で日本と構成国との間の平等な権利とそのメンバーシップの「任意性」を認めた宮崎正義の『東亜連盟論』でのリベラリズムを「東亜領域の一体化の必然性」の名の下で根本的に否定したことも、協同体内部で自らのナショナリズムを肯定しつつ、なおその協同原理によって制約されるとした三木による普遍的理念や国家権力相対化の契機がまったく見られなかったことも、この他者性に対する無自覚、無反省にこそ、その問題性の根源があるといえる。仮に思想性の問題を具体的な政策論の中で昇華させようとする試みそのものが正しいとしても、加田の東亜協同体論に決定的に欠如していたのは、リベラルな民族政策論を展開するための基礎となるべき、自己を媒介としつつ、他者に対して開かれた「民族の解放」の理念である。

［注］

（1）ただし、その例外として、川合俊三「東亜経済協同体と加田哲二」（昭和研究会・昭和同人会編・著『昭和研究会』経済往来社、一九六八年）、及び高橋久志「東亜協同体論――蠟山政道、尾崎秀実、加田哲二の場合」（三輪公忠編『日本の一九三〇年代』彩流社、一九八一年）がある。

（2）加田哲二『東亜協同体論』（日本青年外交協会、一九三九年）、序文四頁。

（3）同『現代の植民政策』（慶應書房、一九三九年）、四五二―四五三頁。

（4）加田前掲『東亜協同体論』、序文四頁。

（5）同前。

（6）同前、序文五頁。

（7）同前、序文六頁。

（8）同前、六―七頁。

(9)昭和研究会事務局編『新日本の思想原理』(昭和研究会事務局、一九三九年)、一一―一二頁。
(10)宮崎正義『東亜連盟論』(改造社、一九三八年)、四五―四六頁。
(11)加田哲二『太平洋経済戦争論』(慶應書房、一九四一年)、二三四頁。
(12)同前。
(13)加田前掲『東亜協同体論』、序文七頁。
(14)同前、序文八―九頁。
(15)蠟山政道「東亜協同体の理論」(『東亜と世界』改造社、一九四一年)、一八頁。
(16)ピーター・ドウス「〈大東亜共栄圏〉の構想」(藤原帰一訳、『思想』八一四号、一九九二年)、及び米谷匡史『アジア/日本』(岩波書店、二〇〇六年)、一二〇頁以下を参照。
(17)加田前掲『東亜協同体論』、二頁。
(18)同前、四―五頁。
(19)同前、五頁。ちなみに、こうした多くの東亜協同体論者たちに共有されている中国のナショナリズムに対する事実誤認について、尾崎秀実は「致命的な欠点」とし、「協同体論者の殆ど総てが、古くからの支那研究者ではないという事実についてみても何ほどかの消息がわかる筈である」と批判している(「東亜協同体論」、『帝国大学新聞』一九三九年六月二十六日、『尾崎秀実著作集』第五巻、勁草書房、一九七九年所収、一七二頁)。
(20)加田前掲『東亜協同体論』、五頁。
(21)同前。
(22)同前、六頁。
(23)同前、九頁。
(24)同前、一〇頁。
(25)同前、一三頁。
(26)こうした文化的同一性と民族的同一性とをある一定の地域的空間において重ね合わせようと試みる民族論とは、当時の民族問題をめぐる多くの論者によっても共有されている。例えば、その代表的論者であった高田保馬は、民族について、「血縁と文化の共同によってつながれ、又何れかの時期に地縁によって維がれ、進みては、その結果として歴史に於いて遭逢したる運命の共同によって維がれ、最後に、われらという一体の意識によって結ばれると共に、この共同自我の要求によって結ばれている集団である」と定義している（高田『東亜民族論』岩波書店、一九三九年、三頁）。こうした当時の東亜協同体論と民族をめぐる諸問題については、Kevin M. Doak, The concept of ethnic nationality and its role in Pan-Asianism in imperial Japan, Sven Saaler and J. Victor Koschmann ed., *Pan Asianism in modern Japanese History-Colonialism, regionalism and borders*（London and New York: Routledge, 2007）を参照。

(27) 加田前掲『東亜協同体論』、一一三—一一四頁。

(28) 昭和研究会事務局前掲『新日本の思想原理』、一〇頁。

(29) 加田前掲『東亜と世界』、一一七頁。

(30) 加田前掲『東亜協同体論』、一一五頁。

(31) 同前、一二九頁。

(32) 尾崎秀実「「東亜協同体」の理念とその成立の客観的基礎」（米谷匡史編『尾崎秀実時評集』平凡社、二〇〇四年）、二〇一頁。

(33) 蠟山政道「事変処理と大陸経営の要諦」（前掲『東亜と世界』）、一三〇—一三一頁。

(34) 加田前掲『東亜協同体論』、二六頁。

(35) 同前。

(36) 同前。

(37) 米谷編前掲『尾崎秀実時評集』、一九一頁。

(38) 尾崎秀実「東亜共栄圏の基底に横たわる重要問題」（同前所収）、三〇〇頁。

(39) 加田哲二『植民政策』（ダイアモンド社、一九四〇年）、四五頁。

(40) 同前、七七頁。

(41) 加田前掲『東亜協同体論』、九八頁。
(42) 同前、一〇〇頁。
(43) 同前、一〇一頁。
(44) 同前、一〇四頁。
(45) 同前。
(46) 同前。
(47) 同前。
(48) 同前、一五八頁。
(49) 同前、一五八—一五九頁。
(50) 同前、一六一—一六二頁。
(51) 同前、一六二頁。
(52) 同前、一六二—一六三頁。
(53) 同前、二三四—二三五頁。
(54) 同前、二三六頁。
(55) 同前、二二六—二二七頁。
(56) 同前、二二七頁。
(57) 米谷編前掲『尾崎秀実時評集』、二〇一頁。
(58) 加田前掲『太平洋経済戦争論』二四五頁。
(59) 同前、二四五—二四六頁。
(60) 日本の提唱する東亜協同体論に対する中国側の不信感が、こうした朝鮮問題にからんでいたことについては、高橋久志も早くから指摘している通りである。三輪編前掲『日本の一九三〇年代』、五九頁参照。
(61) 東亜研究所編『抗日政権の東亜新秩序論批判（復刻版）』（龍渓書舎、一九九九年）、一五頁。

(62) 同前、一二七―一三三頁。

【第5章】

複製装置としての「東亜協同体」論

三木清と船山信一

大澤聡

はじめに

中島健蔵は、三木清の獄死が判明した直後に「三木さんの死」(一九四五年十一月)という文章を発表している。この文章は、三木の死を悼む「F君」からの手紙への返信という設定のもとに書かれている。そのなかに次のような回想がある。中島が三木に連れられ、はじめて西田幾多郎を訪ねたときの一場面である。

> その時、西田さんが、多分あなたの噂をされたやうに覚えてゐます。すると三木さんが「Fも大分変つて来ました」といひ、西田さんは、〔「〕我々の考へに少しは近くなつて来たかいな」といふ。「ええ、大分近づいて来たやうです」と三木さんの答。あなたの姿を思ひ浮べながら、我々に近い考へといふ言葉を、意味深長に感じたことを覚えてゐます。[★1](〔 〕内は引用者による補足。以下同様。傍点原文)

晩年の中島の回顧録である『回想の文学④』（一九七七年十月）にも、これとほとんど同じ記述が見られる。[★2] それによると、訪問は一九三九年三月十五日に行なわれ、「F」とは「船山信一」のことであったとわかる。では、傍らで聞いていた中島が「意味深長」と感じた「我々に近い考へ」という西田と三木のあいだにある了解は、一体どのような「考へ」を意味していたのか。また、話題の主である「F」＝船山の「考へ」はどう「変つて来」たのか。そして、この逸話を提出する中島の思惑はどこにあるのか。

本稿は、船山信一（一九〇七—九四年）というひとりの思想家が、日中（—太平洋）戦争期の言論空間に占める位置価を解析することに目的が設定されている。とりわけ、関係の深かった三木清との思想的交流の軌跡に焦点をあてる。そのことをつうじて、戦時期日本における知の連鎖・編成の一片を描き出す試みとしたい。一連の問いは、そのなかで回答を与えられていくはずである。

1　分析視座の設定——二元的枠組と〈固有名〉の呪縛

戦後の船山は、戦時下における自身の思想的営為を「明白な転向であった[★3]」とくりかえし総括している。仮に、実体概念としての書き手にすべてを還元する立場を採るならば、こう判定することができるだろう。すなわち、超越的位地に屹立する船山信一みずからの手によって〝「転向」期の思想である〟との判決がくだされたのだ、と。戦時期のテクスト群は、あらかじめ分析停止を宣告されてしまっているかのようである。実際、他の時期——唯物論活動家としての戦前、哲学研究者としての戦後——の仕事に比べ、船山の戦時期の言説はあきらかに放置されてきた。戦後における凡庸かつ通俗きわまりない思想史の記述は、船山信一を完全に捉え損なってきたのだ。しかし、船山の戦時思想は、「転向」期独特のバイアスが多分に介在したものであるとしてそのまま空白にしておいてよいものでは決してない。

　このことは船山にかぎらない。これまで、戦時期の思想全般は「転向／非転向」あるいは戦時体制＝日本ファシズムに対する「協力（翼賛）／抵抗（批判）」といった二分法的な評価格子に嵌め込まれてきた。だが、それは冷戦体制下の歴史的判断を支える共通了解（としての対立構図）に制御され硬直化した「常識」にすぎない。きわめて状況依存的で党派性の強いこの図式の呪縛こそが、戦時思想を貧しくさせてきたのである。冷戦期以後の現在、戦時思想をその軛から解放してやる段階にある。戦時期の思想そのものについて論じてみなければならない。まずは、暫定的に船山による「転向」判決を解除しよう。ここでは、「自分の書いたもので判断してもらうほかに方法はない」[★4]という船山の言葉を流用する。つまり、戦時期に「書いたもの」を戦後の船山信一による特権的判断から奪取する。そして、従来とは異なる分析枠組、あるいは新たな読みの地平を確保するなかでテクストを捉えかえしていく。必要とされているのはそうした作業である。

　そのための導きの糸として、米谷匡史が「戦時期日本の社会思想」（一九九七年十二月）をはじめとする一連の論考において提起した《戦時変革》の議論を導入したい[★5]。帝国主義戦争に対抗する立場にあったはずの戦時期日本の社会主義者たちは、政策立案に関与するなど積極的に体制の一角を担っていた。米谷は、従来「転向」として理解されがちだったその思想動向の意味を、国民国家の枠を越えた東アジア全体の構造変動・相互作用のなかに位置づけなおす。「日中関係の変容と国内の社会変革とを連動させ、立体的にとらえる視座」[★6]を構築することにより、一国内部に閉じた「協力／抵抗」という尺度では捉えきれない当時の社会変革構想を甦生させているのである。米谷のいう《戦時変革》（のひとつの形態）が最も端的にまとめられた箇所を引用しておこう。


　当時〔＝日中戦争期〕は、侵略戦争と総動員体制が、意図せずして、アジアの解放と国内の変革を導きだす可能性があった。そして、それにかけた革新左翼が時局に介入し、激しいかけひきが行われたのである。これは、反戦をつうじた変革の試みではなく、単なる翼賛・転向でもなく、あえて参戦をつうじて時局に介入し、戦時下の構造変動を変革にむけて転換させようと試みるものであった。★7

ここでいわれる革新左翼が時局介入する際の理論が、近衛内閣の「東亜新秩序」構想を具現するべく案出された「東亜協同体」論だ。

米谷が中心的に取りあげるのは、「三木清」や「尾崎秀実」といった存在である。既存の思想史を新たな視点から書き換え更新しようとしたとき、このふたつの固有名が課題として浮上したことは、きわめて必然的であった。なぜなら、それらは二極化する定型的な物語においてくりかえし消尽されてきたからだ。いってみれば、日本思想史において不動の〈固有名〉として列聖化され、貨幣的に流通している。戦時期の知識人のあいだにもった影響力、および時代認識の鋭さと射程のひろさは疑うべくもない。不可避ともいえる米谷の手続きは、戦時社会思想の見取図を大局的に剔出する目論見に確実に成功している。と同時に、ふたつの〈固有名〉にまとわりつく従来型の評価の刷新にも成功する。だがその一方で、「三木清」「尾崎秀実」をいっそう強力な〈固有名〉として流通させる回路の再構築に荷担してしまっているのではないか。米谷の議論はそうした遂行的限界を――少なくとも論理的には――内包するものである。このことは、あえて問うておかなければならない。★8　戦時期日本の思想空間に出来した《戦時変革》のプログラムを、その核心において把握するためには、現在は無名の存在として埋没しつつある、あるいは当時からすでに匿名的であった有象無象の言説に光をあてる必要がある。

ここでは、思想史のなかに埋もれかけた戦時期の船山信一のテクスト群を召喚する（なお、それ以外の時期の「船山信一」はある種の〈固有名〉性を帯びている）。そのことをたよりに、《戦時変革》の全貌に迫る一助としたい。これから見ていくように、《戦時変革》プログラムは、決して限定された〈固有名〉やその主観的意図の次元に還元されるものではない。複数の思想・言説が絶えず交通しあう網目の結節点、そのなかから生成する自律的構造を備えたものなのである。《戦時変革》はその総体においてのみ解読されうる。〈固有名〉に抑圧されてきた無名的・匿名的な多数性をこそ修復しなければ、その意味は捉えられない。

したがって、これから行なう議論は、匿名化した／しつつある戦時期の「船山信一」を、〈固有名〉の位地へと回復定位する意図に基づくものではない。それとはあきらかに異なった方向へむかうことになる。くりかえしておこう。《戦時変革》の理論体系そのものは、個人主観性の水準ではなく、間主観的な水準においてこそ、捕捉されるべきものである。個人の言表は、左派言説のネットワークのなかに組み入れられ、他の論者の言表と接続・融合される。このことによって、そのつど新たなひとつの理論体系が構造的に立ちあがり、共有化されていく。このとき個々の論者は、いわば「消失する媒介者」(vanishing mediator)として一回的な機能をはたしている。船山はあくまでそのモデル事例のひとつにすぎない。程度の差はあれ、三木清のような存在も例外ではない。その一回性において互いが互いの媒介となる。

ここで試みたいのは、言説が生成する場＝空間それ自体における力学の解明である。〈固有名〉的存在である個人の思想とその変遷を内在的に抉り出す、いわゆる「思想家論」は、こうした力学を取りこぼしてしまう。個別に浮游する無数の匿名的事例を「現場」へと引き戻し、それらを積分すること。この一見迂遠かつ愚直な作業こそが、《戦時変革》プログラムの総体把握――あくまで漸近にすぎない――を意味するはずである。

課題を限定しておこう。晩年の船山信一は、あるインタヴューのなかで次のように語っている。世間の規準に沿わせることで「転向」を承認しつつも、所々で(遠慮がちに)当時の構想が開示される。もちろん、そこには戦後の証言であるという留保がつく。

希望を持っていたのは、いつごろともはっきりは言えないが、一九三八、九年ぐらいだと思うんですよ。そののちの段階になると、我われはもう駄目だという考えがあった。そこへ出て来たのがあの京都の連中なんだ。[★9]

「転向」期と同定される戦時期にあって、「一九三八、九年」の船山は、ある「希望」をもって言論展開していた。ここではそのことが示唆されている。さらに、これに別の回想を照合するならば、「希望」の所在はより絞られてくる。船山は、「私が最も活発に活動したのは一九三八年後半から一九三九年前半までの一ヶ年であり、それ以後は制約され、「奴隷の言葉」で語られている」と述べている。[★10] 三九年後半以降、「希望」は萎縮し、次第に「もう駄目だという考え」＝諦念へと移行する。「奴隷の言葉」が船山の言説を蝕みはじめる。

以下では、「一九三八年後半―三九年前半」というかなり限定された期間に、船山が抱いていた〈希望〉の布置をめぐって展開する（この期間設定も、そして「希望」という言葉自体も、戦後の船山から領奪する）。この〈希望〉は具体的に何を意味するのか。結論を先取りしていってしまえば、それは《戦時変革》の強度を指すのではないか。日中戦争期に船山が産出したテクスト群を、主に三木のテクストとすりあわせながら解読する。[★11] そのことをとおして、〝〈希望〉＝《戦時変革》〟を検証していくことにしよう。

2　揺動するテクスト――船山信一の自己分裂

一九三七年七月七日、当時「支那事変」と呼称された日中戦争が、盧溝橋事件を契機として全面的に開始される。戦時統制を目的とした各種法案が漸次整備され、時局は挙国一致体制確立へと集束していく。矢内原事件や二次にわたる人民戦線事件などに象徴されるように、言論弾圧は熾烈をきわめ、左派知識人をとりまく環境は減縮の一途をたどった。

治安維持法違反の廉で、一九三五年五月から翌年四月の約一年にわたって収監されていた船山は、いわゆる獄中転向を経たのち、盧溝橋事件と相前後するこの時期にようやく言論活動を再開する。したがって、それ以後、職業的評論家として膨大な時事的文章を量産していく船山の軌跡は、日中―太平洋戦争の勃発から終結にいたるまでの全プロセス、つまり緊迫度を増す対外侵略／対内統制の進展と併走することになる。三〇年代前半における気鋭の唯物論者としての活動を早い段階で閉ざされてしまった船山は、新たな発言方法＝場所を模索せざるをえない。少し遠回りして、まずは復帰直後の船山が置かれていた場所を確認することからはじめよう。

『日本評論』一九三七年十月号に「時局と評論家」と題された匿名論壇時評が掲載されている。戦時下の評論家の姿勢について触れる当該時評は、時局便乗を問題外としたうえで、以下のようなことを述べている。圧力を増す言論統制下にあって、「ヂヤーナリズムの上で果敢に行動することはどうしても許され」ない。そもそも「編輯者に敬遠され」てしまう。「或る者は又「書斎にかへる」でもあらう。然しヂヤーナリズムを離れることは同時に書斎を失ふことを意味する人にとつては問題のさういふ解決方法は何の役にも立た」ない。[★12]「P・C・L」名義で発表されたこの論壇時評の担当者は、実は船山信一である。[★13]戦前・戦時の船山は、大学アカデミズムに拠点（＝「書斎」）をもたず、在野の哲学者・評論家として活動した。並行して一般職（大日本水産会など）に就いてはいたものの、執筆活動はまちがいなく糊口を凌ぐ手段で**も**あった。より制約された「ヂヤーナリズム」の世界に「生活」の場所を確保していくほかない。この時評にはそうした一個人の切実な状況が吐露されている。

したがって、船山の発言は評論家としての活動＝「生活」の継続を最低条件として考慮に入れたものになるはずである。実際、獄中転向以降の船山は、直接的な意味での弾圧を蒙らずにすんでいる。与えられた条件・環境において可能な発言を続けなければならない。「転業」は無論のこと、時局への「迎合」や「沈黙」は、「評論家としての生活」[★14]からの離脱を意味する（戦後、思想の科学研究会の転向研究が、「転業」と「沈黙」を「非転向」の可能的手段に数えたことを受け、船山は「それらは少なくとも転向を前提として可能なのではないか」[★15]と疑念を呈している）。こうして船山は、場合によっては過剰ともとれるほどに、言論弾圧・国内思想戦に対する予防線を張りめぐらせていくことになる。

それとは対蹠的に、三木清は積極的な議論を終始展開している。日本帝国主義による中国包摂を助長する欺瞞的な「日支親善」の物語が横行するなか、左派知識人は制約された状況下において、対抗言説をつむぎ出さねばならない。そこで三木は、眼前に展開する日本の侵略戦争そのものに、絶対的な「反対」を連呼する直接的な反戦闘争とは異なった路線を選択していく。論説「日本の現実」(一九三七年十一月)はその意味で重要である。

支那事変は思想的に見て少くとも先づ一つのことを明瞭に教へてゐる。即ち日本の特殊性のみを力説することに努めてきた従来の日本精神論はここに重大な限界に出会はねばならなくなつて来たのである。そのやうな思想は日支親善、日支提携の基礎となり得るものでないからである。日本には日本精神があるやうに、支那には支那精神がある。両者を結び附け得るものは両者を超えたものでなければならない。[★16](傍点引用者。以下、ことわりのないかぎり同様)

自己(=「日本精神」)と他者(=「支那精神」)とを止揚する第三項(=「両者を超えたもの」)を新たに導入し、「自己をも否定する飛躍的な発展」[★17]へと水路づける。「日本精神論」(日本帝国主義・日本資本主義)を批判し、《変革》へと接続する好機として、日中戦争=「限界」が捉えられているのだ。他者による抵抗との直面が自己否定を誘発する。議論は、「日本と支那とがそれぞれの特殊性を発揮するといふことが、いはゆる東洋の統一よりも大切なことである」[★18]という言葉で締めくくられる。三木は中国の独立性を担保した連帯構想へと、日本国内の論調を転轍しようと画策している。この論理は日中戦争や提携論を半ば前提とする。ゆえに、天皇制ファシズム的な議論へと接近する、あるいはそれに利用される可能性を多分に孕む。きわめて危うい試みであった。三木はその危険を認識しつつもぎりぎりの旋回軸を模索する。その旋回軸を画定しうる瞬間の可能性・開放性に賭けたのである。このとき三木は、危機的状況にある戦時下の日本に、《戦時変革》の兆し＝〈希望〉を見ていたはずである。とはいえ、この論説の引用箇所以外のところには、「……」「××」といった伏字がかなりの頻度で混在している。このことが暗示するように、三木の日本主義批判は、言説戦略の修正を迫られることになる（そこで、内閣の構想を支える「東亜協同体」論へとコミットしていくのだった。詳細は後述）。

船山は、すかさず三木のこの議論に賛同的に反応している。たとえば、十二月に執筆した論説「現代日本の思想形態」（一九三八年二月）は、一編全体をとおして三木論文に逐一リンクさせる形態を採る。三木の提起した第三項の思想を模索するにあたって、「東洋精神は日支親善の思想的基礎として充分であるとは言へぬ」[★19]と述べ、旧来の「東洋精神」＝伝統ではない、日中をつなぐ新しい思想の創造に課題設定することを訴えている。日中の衝突を媒介に立ちあがる「東洋」は決して所与のものではない。これから形成されるべき理念としてのみ存在する。

だが、注意しなければならない。この船山の議論自体は、「日本精神が支那を包容する」[★20]ことをめぐる考察にはじまっているのである。三木の議論を受けとめながらも同時に、日本主義的論理へと回収されかねない多義的な表現を配備している。P・C・L「三七年の論壇を貫けるもの」（一九三七年十二月）のなかで当該三木論文を注釈した際にも、同様の表現を使用していた。[★21]三木にはっきりと存在した日本帝国主義批判・コロニアリズム批判の契機は、船山の論考において散乱してしまっている。船山は（あえて）誤読し、三木とすれちがっている（／かのように振舞っている）のである。論壇復帰後の船山は、自身の位置取りをめぐって、しばらくのあいだ揺動している。

一九三八年一月十六日発表の近衛声明は、「帝国政府ハ爾後国民政府ヲ対手トセス」[★22]として、トラウトマン和平交渉を早々に打ち切り、強硬路線の採択を表明する。親日的な傀儡政権を中国に樹立・育成し、これらとの提携によって国民政府を潰滅させる方針である。対する中国側も徹底抗戦の構えを固め、三八年中盤には長期持久戦への移行は必至となる。[★23]国民政府との交渉および事変不拡大という昭和研究会の当初の目標は、まさに研究会が支持すべき近衛内閣によって、ことごとく否定されるかたちになってしまった。

先の論説「日本の現実」を眼にした酒井三郎の提案で、三木は三八年二月より昭和研究会の「七日会」に招聘され、[24] 同年七月七日の例会では、「支那事変の世界史的意義」と題した談話を行なっている。[25] 三木はこの談話以後、昭和研究会にさらに本格的なかたちで参画し、部会のひとつとして文化問題研究会が設置されるにあたり、委員の人選を含め指導的役割を担うことになる。多岐にわたる研究会全体の活動を総轄的に嚮導し、新たな対中情勢に対応しうる思想原理を討議・形成すべく、三木清の存在が要請されたのだった。

昭和研究会という拠点――それも近衛文麿の私的諮問機関というふれこみである――を得たことで、〈希望〉は増大する。この頃から、三木は何かを掴んだかのように、精力的に同時代の知識人に対して時局への積極的関与を呼びかけはじめている。それは、とりわけ次のふたつの論考のなかで集約的に表現される。宛先を明記する「知識階級に与ふ」という同一タイトルを分有し（便宜上、A／B）、ともに三八年六月発表――実際にはやや時差がある――である点において興味深い。時局に対する三木の態度表明としても読まれるべきものである。

A 〔前略〕いづれは逃れ難い運命であるとしたならば、これに対して積極的に起ち上り、現実の問題の解決に能動的に参与することがインテリゲンチャにふさはしいことであると云はねばならぬであろう。〔中略〕大事件はすでに起つてゐる、すべての好悪を超えてすでに起つてゐる。これをどう導いてゆくかが問題だ。この大事件にどのやうな意味を賦与するかが問題である。歴史の理性の意味を明かにすること、そしてその意味賦与に向つて積極的になることがインテリゲンチャに対して要求されてゐる。／日本が現在必要としてゐるのは解釈の哲学でなくて行動の哲学である。[26]〔中略〕日本の行動の「世界史的意味」を発見し、この意味賦与に向つて能動的に行動することが要求されてゐる。

B　思想の自由を口実とする無責任な言論は斥けられねばならぬ。〔中略〕しかしまた徒らに時世に追随することは、知識階級が自己の立場を抛棄することであり、実は責任回避の一方法に過ぎない。時局をどこまでも客観的に把握し、その発展的意義をどこまでも深く認識し、これに基いて政治の動向に積極的に影響を与へるやうに協力することが真に責任ある態度である。世界史の現在の時間的・空間的段階を見究め、日本の使命と自己の使命とをこれに結合せよ。孤立してゐては何事も成就されない。★27

同じく六月に発表された論説「現代日本に於ける世界史の意義」のなかで、引用Bの「現在の時間的・空間的段階」に関して、空間的には「東洋の統一」を、時間的には「資本主義の問題の解決」をそれぞれ対応させている。そのことによって、引用Aにいう「日本の行動の「世界史的意味」」を具体的に定式化する。そして結論として、「日本の行動にとつて要求されてゐるのは世界史の哲学でなければならぬ」とまとめている。★28 これらの論考が相互参照しあうことで浮かびあがらせる議論の総体は、先にあげた七月七日の談話「支那事変の世界史的意義」においてそのまま展開される。そこでは、「支那建設の原理は同時に国内改革の原理であらねばならず、国内改革の原理は同時に世界形成の原理であらねばならぬ★29」として、日本帝国主義の自己変革と「世界史の哲学」とが接木される。のちに船山が体系化する「協同主義」哲学の骨子は、三木によってすでに準備されている。

それまで沈黙に近い状態を余儀なくされ、インテリ批判に甘んじてきた多くの左派知識人が、三木のこの〈呼びかけ〉に呼応するようにして、三八年中盤から一斉に戦時体制へと介入していく。国策への関与を媒質とする左派言説の存立可能性をそこに見たのである。《戦時変革》のプログラムはすでに起動しはじめている。こうして、昭和研究会周辺に新しい様態のネットワークが形成されていき、三木が陰に陽にそれをナヴィゲートしていく状況がゆるやかにできあがる。

船山も三木の〈呼びかけ〉にはっきりと応答している。たとえば、P・C・L「回顧と前進」（一九三八年七月）では、三木の「知識階級に与ふ」（A）を援用し、日本主義的論理が回顧主義＝「解釈の哲学」に陥る傾向を指摘するなかでこう記す。「単に過去を回顧することでなく、未来に向つて前進することが大切なのだ。〔中略〕問題は日本民族が如何なる世界史的使命を荷ひうるかといふことにより多く係はる」[★30]。そして、昭和研究会に参画する以前に執筆された（八月十日擱筆）と思われる論説「東亜思想とナショナリズム」（一九三八年九月）では、「東亜をひきゐ得る思想の建設にたづさはることは別けても我々インテリゲンチヤの責務であり名誉である」[★31]と述べるにいたる。他の左派知識人と踵を接するようにして（あるいは率先して）、船山は三木の「時務の論理」へと引き寄せられていく。

しかしながら、その一方で、同月のP・C・L「現実分析のポーズ」（一九三八年九月）では、知識人の時局における使命感の過剰な昂揚に対して執拗に警鐘を鳴らしている[★32]。さらに翌月のP・C・L「哲学と経済の間」（一九三八年十月）では、右の船山名義による「インテリゲンチヤの責務」発言を受け、匿名で「この思い上りこそ、「排撃」せらるべき」[★33]と自己批判的に一蹴する。依然として船山は時局介入の角度をめぐって低徊しているのだ。そのことは、論説「東亜思想とナショナリズム」においてなお、日本主義批判が決定的に言明されなかったことによっても裏書きされる。どういうことか。

この論考で船山は、「日本主義がそのまま東亜全体をひきゐ得る思想たり得ないことは明らかである」[★34]として、先に三木が提起し、自身も考察を開始していた日中をつなぐ第三項の新しい思想を、表題にもあるように「東亜思想」と術語化し、議論の機軸に据えている。数ヶ月後に発表される論説「東亜の思想的一体性」（一九三八年十一月）のなかで、船山はこう述べる。「新しい秩序は新しい思想の上に築かれねばならぬ。／かつて私はこの新しい思想を東亜思想と呼んだことがある」[★35]、と。また、高田保馬『東亜民族論』（一九三九年六月）は、同時代の論壇状況を「蠟山政道氏の東亜協同体に関する指導的論文があらわれ、また船山信一氏の東亜思想があらわれた」[★36]と整理している。これらの叙述は、「東亜思想」という術語が船山の創案である可能性を窺わせる。少なくとも、そう認知されていたことを証示する。船山は、「これから作り出さるべきもの」[★37]としての「東洋の統一」を積極的に模索している。にもかかわらず、この術語を覆う文脈を含め、その提示の仕方には、やはり強固な日本主義批判の契機を読み取ることはできない。事態はむしろその逆となっている。

> 日本が仮に、支那から手を引き、又は反対に今度は支那を植民地化してやつて行けるものならば、ナショナリズムとしての日本主義で充分であらう。併し東亜協同体――それは勿論日満支三国の単なる並存ではなくして日本を盟主とする――を樹立するには単なるナショナリズムでは駄目であつて、新なる東亜思想が確立されねばならぬ。日本は単に支那を救ふがためにばかりではなくして、日本自身を存立発展させるために既に、単なるナショナリズムを超克せねばならないのである。日本がナショナリズムを超克することは、譲歩のためにではなくて発展のために必要なのである。★38

日本主義の対外膨張を批判する論理として、ナショナリズムの「超克」が提起され、日中の「両者を超えたもの」（前掲三木）としての「東亜思想」が導入される。そのかぎりでは、船山は三木の同一線上にある。日中の全面衝突によって隆起してきた両国家の新たなナショナリズムを、同時に乗り越える地平が目指されている。しかし、日本主義的言説に親和的な表現をもそこに共在させている。すなわち、「日本を盟主とする」や「日本自身を存立発展させるため」といった過剰な修辞が見られるのである。そのため、ここで開陳された「東亜協同体」構想は、水平的（＝「並存」的）連帯ではなく、垂直的な関係を想定させてしまう。少なくとも、そう了解される可能性に曝されている。それを決定づけるように、引用箇所の数行後には以下の文章が続く。

> 日本は大陸政策を絶対に放棄し得ない。それを放棄することは日本の死を意味する。日本はこの孤島に蟄居することが出来ない。大陸支那に強大な統一的民族国家が成立するとせよ。それは東海の孤島にある日本といふ民族

国家をどう遇するであらうか。我々はそれを知らざる程民族的利己主義に対して盲目ではない。[★39]

書き手である船山の意図はもはや問題ではない。まさに帝国主義的侵略の論理を披瀝している。その客観的事実だけがここにある。たとえそれが弾圧への目くばせに由来する偽装的表現であるとしても事態は変わらない。なぜなら、そのように読み替えるコードをあらゆる同時代読者が共有していた、という保障はどこにもないからだ。ということは、船山はここにいたって、完全に「転向」してしまった（ことになる）のだろうか。

晩年の『私の哲学六〇年』（一九八四年十一月）は、各時期の船山の思想を象徴する論文十二本を、みずから選出し時系列的に並べた編集形式を採用している。そこには戦時期のテクストがふたつ収録されている。「東亜思想とナショナリズム」は、そのうち前者として配置されている。また、船山はこの論文集の構成そのものをとおして、自分が「「転向」したのはいつであり、そしてどういう転向をしたのか[★40]」（同書「あとがき」、傍点原文）を読者に読み取らせようとしている。つまり、船山は当該論文をもって自身の「転向」を代表させたのだ。ここでも特権的位地に立つ戦後の船山が、戦時期のテクストを一括し続ける。だが、私たちは「転向」判定を留保している。苛酷な言論弾圧・思想戦の渦中でつむぎ出された言説の意味は、単独のテクスト内部では決定不可能である。複数のテクスト——それは同一の書き手、あるいは他の書き手による——との相互反響的な関係性のなかでのみ決定されるだろう。ここでは、引き続き三木とのテクスト連関を少しずつ回復させよう。そうすることで、船山が漠然と自己整理した変容の内実と意味とを実証的に掘り起こしていく。

先に見た時評「哲学と経済の間」では、船山信一名義の論文で展開された「東亜思想」に関して、匿名の立場から次のような辛辣な批評を加えている。

〔前略〕当為的なものにとどまり、空疎な美辞をならべることに終る。世界史的な観点と日本主義的立場との中間を行かうとする鵺的なものであり、どつちともいかない曖昧さの中に論者の時流が弄媚されてゐる。／〔中略〕昨日のマルクス主義哲学者が転向してかやうな空論に身を托するのを見るにつけても、いはゆる左翼に信用がおけないのである。[★41]

三木などの「世界史的な観点」と、その対極にある「日本主義」との「中間」に、「船山信一」の立場を位置づけている。テクストとテクストとの〈あいだ〉で、何度も書いては消す作業をくりかえすような落ち着きの悪さ、揺れの振幅、そしてその自己分裂に対する自覚こそを、ここでは問題にしなければならない。船山は自身のディレンマに対する苛立ちを匿名時評に託している。船山が匿名で自身の論考を批判するこうした例はいくつか確認できる。「匿名批評」という叙述形式は読者に正体探しの欲望を誘起する。それゆえ、カモフラージュとしての自己言及の挿入は往々にして見られる現象ではある。[★42]だが、ここで興味深いのは、その二重化した奇妙な表現スタイルが結果としてではあれ、自己批評の契機をもたらしているということだ。船山名義の論考と匿名論考との〈あいだ〉で機能的な棲み分けと対話がなされる。自身の議論を相対化・客観視する機会として、あるいは文脈に織り込めなかった論理的欠落を注釈・補填するものとして、「匿名論壇時評」という場が機能している。船山はバランスを保つための第三者的な視点を匿名時評に確保し続けている。[★43]

また、引用第一文目の言葉は、皮肉にも「東亜協同体」論に対する戦後の評価をそのまま先取りしている。たとえば、橋川文三による「一部の良心的知識人にとっての知的玩具におわるほかはなかった[★44]」といった要約を容易に想起させるだろう。さらには、船山自身による「私たちの協同体論のあやまちは、ゾルレン（理想）を主張することはザイン（現実）を美化することであるということに注意しないことであった[★45]」という回想にも重なる。つまり、その後の「東亜協同体」論の顛末を、あらかじめ語り尽すかのような、きわめて「戦後的」な評言となっているのである。船山信一という評論家において、「東亜協同体」言説はこうした強烈な自己モニタリングをともないながら提起されている。

一般的に「東亜協同体」論は、三八年十一月発表（十月八日擱筆）の蠟山政道「東亜協同体論の理論」をもって嚆矢とするとされる。[★46] 高田保馬の整理にもあるように、同時代の認識も同様であった。「東亜協同体に関する指導的論文」（前掲高田）という意味では確かにそのとおりだ。ところが、いま見たように、船山は蠟山の二ヶ月前に――それも『中央公論』の巻頭論文として――、すでに「東亜協同体」という術語のもとに論を展開していたのである。原点が忘却されている。さらにいうならば、船山に先行して三八年前半には、杉原正巳が自身の主催する雑誌『解剖時代』において、それにつながる「東洋協同体」などの概念系を提唱しはじめていた（ただし、内容としてはのちに三木や船山が「東亜協同体」論において批判することになる「東亜ブロック」論に近い。この時期の船山は部分的に、その用語法に誘引されている）[★47]。雑誌の性格からして広汎に認知されたとはいいがたいこの概念を「東亜協同体」として、出版ジャーナリズムの主要な流通経路へと送り出したのが船山であった。とりあえずは、こう整理できる。

「東亜思想」の創案をはじめとして、船山は「近代主義の超克」「協同主義」といった概念群を早い段階で敏感に掬い取り、ターム化し中央論壇に導入した。それらは船山のテクストを媒介して、他の論者へと次々に転送される。このとき、「船山信一」という固有名はすぐさま後景化する。船山はいわば虚焦点のような機能として存在しているのである。半ば自覚的な商品性・公共性を備えはじめたそれらの術語は、無際限に増殖し、様々な論者によって読解され、語りなおされていくだろう。もちろん、通俗的な欲望のレヴェルにおいても消費される。あらゆる水準の消費形態を突き抜ける、普遍妥当性を有したツールとして、論壇ジャーナリズムを基礎づけていく。あとで見るように、その公共性はアジア全域にまでひらかれていた。そうした言説の流通空間において、「船山信一」という固有名やその主観的意図はもはや意味をもたない。多方向に転送してはただちに消失する一回的な交点と化す。

3 同期化と複数化――「東亜協同体」言説の軌道修正

中国分断を進行させるために中国各地に設立された日本の傀儡政権は、民衆の支持を獲得できず依然弱体のままであった。日本の強硬策はあきらかな行き詰まりを露呈し、泥沼と化した戦況を前に、政策転換の方途模索を余儀なくされる。その結果が、一九三八年十一月三日に発表された第二次近衛声明である。「東亜新秩序」建設に日中戦争の究極目的を置くことが世界へむけて表明される。第一次声明の提示した国民政府否認の強硬路線を大幅に修正し、日・満・支の提携を中国側に呼びかけるものであった。十二月二十二日には、いわゆる「近衛三原則」(＝「善隣友好、共同防共、経済提携」[★48])を掲げた第三次声明が発表される。

政府の一連の動きに呼応する「東亜協同体」論が各方面から産出されはじめるのは、それに前後した時期である。各々の思想的立場に引きつけた歴史解釈をもとに、「東亜新秩序」の理論的背景の付与を多くの論者が試みた。「東亜協同体」論はそのうちの一形態であった。唯一の指導理念であったわけではない。従来からの「東亜連盟」論、「東亜経済ブロック」論、「大アジア主義」、あるいはそれらのヴァリエーションも含め、多種多様な「東亜新秩序」構想が一斉に提起されたのである。それらと拮抗するなかで、「東亜協同体」論はとりわけ多くの知識人を吸引していく。船山―蠟山による一連の「東亜協同体」論のあと、論壇は「東亜協同体」論の簇生を迎える。そして、ひとつのムーブメントへと加速していく。その経緯を簡単に見ておこう。

水面下での関係は確認しえないが、少なくとも言説レヴェルにおいて見るかぎり、三木は船山に後続するかたちで三八年十一月から「東亜協同体」論に参入している。内閣の方針に即応し、かつ解釈拡張性が高い「東亜協同体」論のなかに、〈希望〉を嗅ぎ取ったのである。そこには、革新派を主導とした体制内変革の現実的可能性が瞬間的にひらかれていた。論説「日支を結ぶ思想」（一九三八年十一月）では、「今日要求されてゐるのは日支両民族を結ぶ思想である」[★49]として、「東亜協同体」を次のように位置づける。

〔前略〕必要なことは、東亜協同体といふ全体を考へるにしても、その中において日本が日本の独自性を失はないことは固より支那に対しては支那の独自性が認められることであらう。即ち部分はどこまでも全体の中に包まれながらどこまでも独自のものであるといふ論理が要求されてゐる。そしてこの論理を移して考へるならば、一つの全体国家の内部においても個人の独自の自律的な活動が認められるといふことにならねばならない。そこには従来の全体主義の論理とは異る論理が必要である。[★50]

論説「日本の現実」などで展開されていた論理機制が、「東亜協同体」論という意匠をまとい、そっくり反復されている。既述したように、三木は言説戦略の転換を要求されていた。そこで、多層的なコンテクストを読み込むことが可能な「東亜協同体」論に、三八年前半までの議論を挿し込んでいくのだった。主要課題である日本主義批判の論理も、そのなかで強化・延命されていく。三木は翌月の論説「東亜思想の根拠」（一九三八年十二月）の最終段落にこう記す。

〔前略〕東亜協同体の建設は日本の東亜征服を意味するのでなく却つて新しい基礎における共存共栄を意味するのでなければならぬ以上、また日本は自らイニシアチヴをとつて作るこの東亜の新秩序のうちに自らも入つてゆくべきものである以上、日本も日本の文化もこの新秩序に相応する革新を遂げなければならぬ。日本がそのままであつて東亜協同体が建設されるといふことは論理的にも不可能である。〔中略〕国内における革新と東亜協同体の建設とは不可分の関係にある。[★51]

こうして、日本主義批判＝国内革新の論理は、「東亜協同体」建設のシナリオに前提条件として組み込まれ、一定の正当性を獲得していく。それはとりもなおさず、《戦時変革》の前進を意味する。提示方法として「右寄り」であった船山の「東亜協同体」論は、三木の論理において大幅に修正されたのだ。なお、以上ふたつの論考のタイトルがまさに示しているように、「日支を結ぶ思想」は「東亜思想」と呼び替えられる。三木の議論を受けた船山によって術語化された「東亜思想」が、三木にフィードバックされたのである。このように、三木－船山のあいだには、幾重もの再帰的循環関係を摘出することが可能である。三木は船山の「東亜思想」を覆う文脈をずらそうとしている。

船山は、翌月の論壇時評であるR・K・O「東亜新秩序と国内改新」（一九三九年一月）のなかで、三木の論説に全面的な賛意を示す。その作業にかなりの紙幅を割いている。右の引用箇所に対してはこう注釈する。「我々はかくして東亜協同体の建設が実は支那を如何にするかといふことであると同時に日本を如何にするかといふことであることを教へられるのである」★52、と。そして、同月発表（三八年十一月執筆）の論説「新東亜に於ける日本民族の使命」（一九三九年一月）には、さっそく船山名義での変化が表れる。

> 新東亜における日本民族の使命は、併しながら、日本の内部的発展と引離すことが出来ない。日本は外に向つては東亜協同体といふ全く新しい体制を作り上げねばならぬが、併しさういふことは国内に於ても亦新しい体制を作り上げることなしには不可能である。この国内新体制が国内《ママ》協同体である。東亜協同体の原理は同時に国民協同体の原理でなければならぬ。日本民族が国民協同体を作れないやうなら、どうして東亜協同体を作ることが出来よう。★53（ママとした部分は、単行本収録時に「国民」と訂正）

日本の国内改革（＝「国民協同体」の構築）が、日中連帯の前提とされる。「国民協同体」―「東亜協同体」―「世界協同体」という各水準の構想が、「協同主義」によって相同的に連動し相互前提的な関係にある、と定式化されるまでは一歩である。三木の議論に船山は正確に対応している。三八年九月の「東亜思想とナショナリズム」と翌三九年一月のこの論考とのあいだには、現実空間におけるある出来事が介在している[★54]。それはすなわち、三木の勧誘を受けた船山が昭和研究会の文化問題研究会委員になるという経緯である。三木は船山を必要としていた。言説上の影響のみならず、より直接的な人的交流をとおしても、船山（の思想）は三木（の思想）に接近していく。

しかし、「東亜協同体」の論理を確保するために、やはりここでも「支那を欧米から解放し、日本との関係に於てもナショナリズムを活かし、同時に日本の大陸発展を阻害しないところにこそ、東亜協同体が建設される[★55]」といった複雑な表現による粉飾が施されている。「東亜協同体」を弁証する過程において、船山はかなりの迂回路を採っている。とはいえ、この論考以降、こうした表現は船山名義のテクストからも、そして匿名のテクストからも急速に後退することになる。右に続く「東亜協同体は東亜的であると同時に世界史的[★56]」という記述は、あきらかに三木の「世界史の哲学」の重力圏にある。しばらく低徊を続けてきた船山の屈折する議論は、ようやく軟着陸をはじめたのだ。船山は三木に同期化する。さらにそのことで、船山による署名論考と匿名論考との差異が縮約される。「「支那事変」に対する私〔＝船山〕の対応は一ヶ年以上たってから定まっている[★57]」。戦後の船山がこういうときには、そのことを指示していたはずである。

三木の思惑はまさにここにあった。戦時下にあって文字どおり存在論的不安に苛まれている船山のような左派知識人たちを、根こそぎ《戦時変革》プランへと動員・結集させ、ひとつの勢力を確立する。その拠点となるのが昭和研究会であった。知識人に対する〈呼びかけ〉を開始したときに、三木が掴んでいた「何か」の一片はこうしたところにあったのだ。《戦時変革》プログラムは三九年に入り、いっそう強度を増していく。

船山は一九三九年の丸一年、ブームの中心において精力的に「東亜協同体」論を展開する。その様子を、三九年六月のある記事は、「東亜協同体論などで諸雑誌から引張り凧になり大いに稼いでゐる[★58]」と評した。船山はジャーナリズムの寵児となり、大量執筆の時期を迎える。このとき、三木に共振していく船山は、三木の議論を忠実に複製＝再生産する機能をはたしていた。そういってよい。冒頭に引用した西田と三木の会話が行なわれたのも、まさにこの頃のことだった。

本稿は船山の「東亜協同体」論の内容自体に深く踏み込むことを目的としていない。ここでは一例として、論説「協同体理念の世界史的意義」（一九三九年三月）を見ておくにとどめる。船山の「協同主義」哲学のエッセンスは、ほぼこの論考に凝縮されている。

〔前略〕東亜協同体は先づ、民族を越えた全体を樹立するが、併しその全体は直接に世界を意味する抽象的なものではない。次に、東亜協同体は民族個人主義又は自由主義ではなくて協同主義であり、而もこの協同は単に経済的功利的なものではなくて文化的道義的なものである。★59

ここには三つのポイントがある。整理しよう。まず、(1)民族主義と国際主義とを媒介する地域的（＝「東亜」的）連帯の必要性の指摘。国家レヴェルから世界レヴェルに直結してしまう国際連盟型の連帯方式がもつ抽象性を批判している。(2)「近代主義」に立脚する民族個人主義・民族自由主義を「超克」した「協同主義」の提唱。端的に、「協同主義」は「近代主義の超克」を志向している。そして、(3)「東亜協同体」論の文化的位相の強調。経済主義的な「東亜ブロック」論が対抗軸として念頭に置かれている。

拮抗する他の「東亜新秩序」構想との差別化を図ることで、新秩序に対する「東亜協同体」の適合性を浮き彫りにする。そうした言説戦略が、この論考以降くりかえし採られる。「東亜新秩序」声明の理念的解釈をめぐって、「東亜協同体」論・「東亜連盟」論・「東亜ブロック」論・「大アジア主義」などのあいだで、ある種のヘゲモニー抗争が繰りひろげられていた。批判の応酬がこの時期の論壇を覆う。さらには、「東亜協同体」論者の内部、昭和研究会のメンバー間においてさえも、その方向性が一定していたわけではない。代表的論客とされる蠟山政道は地政学的視角から「地域的運命協同体」建設を、加田哲二はブロック経済的発想から「東亜経済協同体」を、それぞれに提唱している。「東亜協同体」論は具体的デザインをめぐって、その内部にかなりの振幅をもつ。このとき、三木－船山の「協同主義」は、哲学的立場から個々の議論をゆるやかに統轄する象徴的理念、あるいはジャンル横断的な共通言語として機能したのである。反対からいえば、それだけの機能しかもってはいなかった。どういうことか。

三木－船山の高度に思弁的な「東亜協同体」論は、政治・経済・社会・外交などの諸側面における具体的プランをたえず宙吊りにすることで成立している。そのかぎりにおいて、彼らがいう（まさにその意味での）「東亜協同体」は無限に遅延され、永遠に現前しないだろう。「協同主義」に制動された日中連帯という究極目標を掲示し、種々の可能性のせめぎあいのなかに介入する。そして、目標地点へと動線を確保すべく多くの言辞を費やす。彼らの「東亜協同体」は、この身振りの具体性のなかにしか存在しない。だからこそ、当時から今日にいたるまで理論偏重を指摘され続けたのである。

しかし、くりかえせば、《戦時変革》という観点から戦時思想を捉えようとする場合、それらのテクストは内部完結的に単体で取り扱われるべきではない。既出の時評「東亜新秩序と国内改新」のなかで、船山は次のようにいっていた。

> 評論家の任務は具体案を与へることよりはむしろ指標をかかげてやることである。〔中略〕評論家が心構えや基準を示してやり、さういふ気運が一般的になれば、その主旨に沿ふた具体案は必ず生まれるのである。★60

これをある種の開きなおりとして解釈することは、もちろん可能である。しかし、当時の言説の遠近が見えにくい地点にいる私たちは、ここから活字メディアの効果・機能をあらためて認識しなおす必要がある。総合雑誌を中心に展開される「文化評論」や「政治評論」といった記事ジャンルは、可能態としての政治的実践性を帯びていた。つまり、その文中に配置された言葉に強い現実的効力が賭けられている。あとで見るように、その言葉は抵抗する中国側にもむけられていた。言葉の力が機能する空間＝場は、〈一九三〇年代〉という危機の時代にもかかわらず、あるいはだからこそ、成立していたのである。言論空間が現実空間とある点において、転倒的に地続きになっている。すなわち、充填されているのは現実を記録する言葉ではない。現実を創発する言葉だ。

しかし、であるがゆえに、船山はその活字メディアのもった負の側面をもそのまま体現してしまう。結果的にではあるが、三木・船山らの「東亜協同体」論が、「大東亜共栄圏」論につながる言説的・理論的素地を準備したのである。そのことは、彼らの「意図」がどうあれ、事実としてある。だからこそ、戦後の船山は決して頬被りすることなく、戦時期日本の動向を自己の責任として徹底して引き受けたのである。

船山は「東亜新秩序」構想をめぐる複層的なヘゲモニー抗争の渦中へ積極的に身を投じていく。その積極性は三木と同じあの〈希望〉に由来している。この時点での〈希望〉は、次のような戦後の船山の証言が指すものであっただろう。大きな留保つきの参照にしかならないが、二点引用しておく。

> 日本が主導しなければならないとは考えず、逆だってちっともかまわないとさえ思っていた。むしろそれが理想だという考えがあったんだ。〔中略〕中国の指導権の下でというかなあ、日支協同になることを希望もし、期待もしていたわけです。[★61]

> 〔前略〕私たちの東亜協同体論は日本と中国とがともに社会主義体制になって――「協同主義」といっても実は社会主義であった――初めて真に協同ができ、またその協同における指導性は、その能力を日中両国のどちらがそなえるかによって決まるものであって、日本が先天的にもっているものではないと考えていた。[★62]

国境を越えた東アジア全域における社会変革およびその相互接続が目指されていた。そのことが語られている。仮にこれが真実であれば、「私たちの」という言葉が示すように、船山は三木らとともに「東亜協同体」論をとおして、《戦時変革》を画策している（という自覚をもっている）ことになる。だが、その一方で、一九三九年に入ってしばらくすると、その三木の論考から「東亜協同体」を主題的に論じたものを見出すことが困難になる。

従来、戦時期の三木を「東亜協同体」論者の代表として同定する傾向にあった。それは「東亜協同体」構想およびその理念である「協同主義」を行論の機軸に据えた昭和研究会のパンフレット『新日本の思想原理』（一九三九年一月）・『協同主義の哲学的基礎――新日本の思想原理続篇』（一九三九年三月）★63の執筆者であると見做すことなどに基づいている。たしかに三木は研究会の理念的指導者であった。また、かなりの波及力をもつ三木の言葉に触発され、「東亜協同体」論にコミットした論者も多い。その意味で、まぎれもなく三木は「東亜協同体」論者たちの中心にいた。しかし実際のところ、三木個人の本格的な「東亜協同体」論は、一九三八年末から三九年初頭の数ヶ月間に提出されたごく数本の論説に限定されている。三九年前半、複製的言説が氾濫するなか、三木自身は昭和研究会以外の場所では「東亜協同体」論を書かない。個人の哲学構築へと重心を移動させている。このことは重要である。具体的に「東亜協同体」論（争）を展開したのは三木ではない。船山のような、三木に牽引された――そして、今となっては匿名化した／しつつある――周辺的な存在たちだったのである。

パンフレットは、文化問題研究会での数次の例会（各回担当者の基調報告＋共同討議）を経て、三木が整理・執筆し、「昭和研究会事務局」名義で順次発行したものである。これまで、戦時期の三木を論じる際にこれらの文書がしばしば引照されてきた。あたかも「三木清」名義のものであるかのように。それは、両文書が現行の『三木清全集』に「資料」として収録されていることにも象徴される（そのこと自体が他ならぬ元凶だとも考えられる）。たしかにパンフレットは、三木が個人的に提示してきた論理によって決定的に方向づけられた内容になっている。だが、その生成過程にあきらかなとおり、共同討議の産物という性格が強い。三木個人の思想と等置することは妥当ではない。そこでは、三木にあった革新的議論が緩和されている。にもかかわらず、通俗的な戦後思想史はこのテクストを、あまりに素朴に三木個人の思想へと直結させてきたのである。共同討議を整理した文書に個人の思想を読み取ってしまっている。

そもそも、三木の単独執筆「であると見做す」ことから問題含みなのである。パンフ『続篇』を見てみよう。本論の前に付された「緒論」は、本人および他の委員の当時の日記によって、中島健蔵による執筆であるとほぼ確定しうる。[★64]三木の執筆ではない。さらに重要なのは、中島がそのことに関して、「船山信一が二度ばかり書いて、内容に忠実に過ぎたために採択されなかった」[★65]とも記していることだ。〝三木の執筆「であると見做」された「内容」＝本論に「忠実に過ぎ」る船山〟という関係性が浮かびあがる。また、中島は戦後のある談話のなかで、『続篇』の執筆者が「三木清か船山信一、おそらく前者」[★66]であったことを証言している。これらの意味するところは明確にされない。だが、三木・船山双方と密接な交友関係をもち、共同討議にもかなりの割合で出席していた中島の言葉であるだけに、船山による執筆補助のようなものを臭わせる。少なくとも、船山が三木の「補助」的存在として実体的にも機能していたことは確認される。こうした場面でも、やはり「船山信一」は「三木清」という〈固有名〉の背後に潜匿されてしまう。その忘却過程を構造として捉えかえす必要がある。だが、ここで決定的に重要なのは、「船山信一」という固有名をあらためて露顕させることではない。むしろ、「三木清」という〈固有名〉のもとに帰属させられてきたテクストや思考が、無名的存在を媒介させることによって複数化・匿名化するこうした事態、それに着目することだ。

私たちは思いがけずも、冒頭に引用した中島の「意味深長」という戸惑いに、回答を与えるすぐ近くまで迷い着いているのではないだろうか。もう少し先を進めよう。

4　転移する〈希望〉——複製装置という機能的存在

三木が戦時期の思想空間に投企した《戦時変革》の論理は、「東亜協同体」論をひとつの梃子として、同時代の一定の知識人たちへと確実に伝播していく。それはまさに、三木の〈希望〉が連鎖的に転移していく過程でもある。その転移を促進した代表的事例が「船山信一」だった。

まとめよう。三木は複数の問題系を同時進行的に、時として交錯させ迂回しながら、革新的議論を展開している。その要諦を船山は次々と析出し、明晰かつ的確に整理・定式化していく。三九年の「東亜新秩序」論争に積極的に介入したことも、この関係性において理解されるべきである。同時代の池島重信「評論壇の人々」（一九四一年六月）はこう記す。「船山氏が協同主義の哲学に営為してゐるのも〔中略〕三木哲学の新鋭たることを自覚してゐるものと考へてよいであらう」[★67]、と。船山の仕事は、ネガティヴには三木の〈縮小＝〉再生産と位置づけられうる。そのかぎりでは、三木の要約に尽きている。エピゴーネンといってもよい[★68]。しかし、そこにこそ機能的な意義を認める必要がある。どういうことか。

船山という優れた「補助」線を得ることで、三木が散発した議論はきわめて明瞭になる。三木自身が何らかのかたちでそれに再び触発され、議論を展開していくこともあった（たとえば先に見た「東亜思想」）。すなわち逆向きの「影響」である。三木と船山とのあいだに緊密な相互反響関係があることは、これまで見てきたとおりである。また、三木の思想は船山を介すことによって、コンパクトに再編集され論壇に提供される。「東亜協同体」論や「協同主義」哲学はその典型である。昭和研究会とは異なる角度から「東亜協同体」論に介入した社会学者の新明正道は次のようにいっている。「協同主義の立場をもつとも明確にしてゐるのは船山信一氏であつて、協同主義の名称も氏から出てゐると云つてよいのである」[★69]（『東亜協同体の理想』一九三九年十月）。三木の論理は、船山という編集／複製装置＝

メディアを媒介として、次々に撒布されていく。「東亜協同体」論を実際には書かない三木が、「東亜協同体」論者の主格とされるのは、船山（たち）の存在あってこそなのだ。

三木とまったく同じ《戦時変革》の「意図」を船山のなかに読み取ることはできない。にもかかわらず、船山はその言説実践をとおして、三木の《戦時変革》プログラムを持続的に転送する機能をはたしている。これは、三木の忠実な複製としての機能的位相が、意図せずしてもたらした事態である。すなわち、船山は自覚的に三木の思想を要約・再生産するなかで、半ば無自覚的に《戦時変革》の路線を先導していたのだ。[★70]

西田―三木のあいだで交わされた了解、そして中島がそこに感じた「意味深長」さの根源、それらはすべてここにあるのではないだろうか。

厳密には、オリジナルである三木自身のなかに、《戦時変革》に対する決定的な理解があったと見るのも正しくない。ただ、企てそれ自体への自覚はたしかに存在する。《戦時変革》の指し示す射程は、個人的「意図」のレヴェルにおいては捉えられない。あるいは、測定基準としての「結果」においても把捉不可能である。様々な思想的交錯の渦中に、「意図」／「結果」を超えて発現する現働的「可能性」の次元でこそ捉えられるべきものである。私たちはテクストとテクストの〈あいだ〉に密着することで、それを明視しなければならない。

そのためにも、無数の論者・言説をここに導入するべきなのだ。たとえば、尾崎秀実は三木以上に意識的に《戦時変革》のシナリオを織り込ませた論考を発表し、並行してより具体的な実践行動を採っている。船山は匿名時評において、しばしば尾崎の論説を取りあげ、中国社会情勢に対するその的確な分析を署名論文のなかでも大きく参照している。[★71]《戦時変革》の強力な推進者として、尾崎が存在したことはまちがいない。《戦時変革》の「意図」＝中心点は複数存在している。それゆえ、個々の論者の「意図」を包摂しつつ超えたところに出来した《戦時変革》の「可能性」を見なければならないのだ。してみれば、知識人の思想連関は、具体的活動のネットワーク形成に由来するものに限定されない。むしろ事実的な影響関係におさまらない、構造的親和性へと目をむける必要がある。たとえば、三木を理念的指導者とした昭和研究会と、橘樸の理論的基盤を強く継承した満鉄調査部との、各種変革プランが対位法的に共鳴していた。直接／間接の思想連関をつうじたヴィジョンの部分的共有がそこにはある。同時的な〈希望〉の共起とその転移・連鎖を、戦時期東アジア全域における社会変革の「可能性」の一環として捉えなければならない。ただし、これらの問題設定は、すでに本稿の課題を大きく超えてしまっている。以下では、その一例を見るにとどめよう。

三木や船山が想定したテクストの送付先は、あらかじめ特定されていた。ひとつには、これまで見てきたように日本の左派知識人。《戦時変革》を遂行するために、一定の勢力を確保しなければならない。それゆえの〈呼びかけ〉を行なっている。もうひとつには、交戦中であり、同時に「東亜協同体」の提携相手となる中国という国家。日本のジャーナリズムに発表される論説は、「支那、而も抗日政権下の人にさへも、熱心によまれて居る」[★72]（R・K・O「東亜協同体論の行方」一九三九年五月）。実際、蔣介石の演説記録には、「彼等〔＝日本〕の雑誌を見ると東亜協同体下の〔後略〕」[★73]云々というくだりを確認することができる。三木たちは、総合雑誌などに掲載される言説のもつ効果を意識的に活用せんとしている。彼らの言説は、このふたつの宛先にむけて同時送付された。[★74]その結果として、前者からはある程度の反響が見られたものの、後者からは「これ併呑に非ずして何であらう？」と峻拒されてしまう。それぞれの返信がどうあれ、テクストは宛先どおり一応は届いたのである。

だが、その配送過程で「誤配」も発生している。三木の《戦時変革》の伝播は送信元の予期せぬかたちで、同時代の朝鮮知識人へもおよんでいた。[★75]一九三九年の植民地朝鮮では、「東亜新秩序」に関する日本の論議を批判的に受容し、そこに朝鮮の脱植民地化の契機を戦略的に読み込む言説が増殖する。それは主に〔転向〕社会主義者たちによって担われていた。帝国日本で提起された「東亜協同体」の論理が、植民地下にある朝鮮において、リアルタイムで領有されている。支配‐被支配関係を超脱し、日本の同伴者としての地位を確保する。そのことによって、脱植民地化へと進展させる。その「可能性」＝〈希望〉を、日本の「東亜協同体」論に垣間見たのである。

それは、日本の昭和研究会系の知識人が戦時体制へと批判的にコミットすることで、日本帝国主義の《変革》を企図したことと、いくぶん近似した構造をもっている。植民地朝鮮の知識人も、帝国日本の戦時動員へと自ら介入していくことで、主体形成の契機を探査したのだ。もちろん、その立場性のちがいを見落としてはならない。両者の〈希望〉は位相が異なる。そして、朝鮮知識人の応答的言説は日本の知識人に届かなかった。その不着――そこには言語の問題も介在する――が象徴するように、植民地／帝国の非対称性はあきらかだ。[★76] 朝鮮知識人の言説と突きあわせることで、三木らの論理に孕まれていた矛盾や限界が浮かびあがる。たしかに、思想的開放性は、「東亜協同体」論がもった論理的普遍性を証明するものである。しかし同時に、新たな植民地主義への「可能性」を示唆するものでもあった。

このように、《戦時変革》プログラムは、個人の「意図」するレヴェルのみにおいて汲み尽せるものではない。言説に包蔵された論理が転移し、新たな文脈で機能する。その「可能性」をも捉えることができるレヴェルで測定される必要がある。「東亜協同体」論はその名が示すとおり、「東亜」という歴史的地理的空間の全域を包み込む視座によって、読みかえされるべきなのだ。既存のナショナルな枠組に安住した一国史的判断は、すでにあらゆる領域において無効である。「東亜協同体」論・「協同主義」哲学の全貌は、この時／空間的視圏の拡張のなかではじめて理解されるだろう。時／空間の構造的転換に対応して、自己表象の感覚を根柢から再編成する試みが、知識人たちの思考を規定していた。当時のその思想風景を想起したい。

戦時期の「東亜」空間に出来した《戦時変革》の可能性。それはもはや、「三木清」をはじめとした〈固有名〉に帰属するプロジェクトではない。全方位への乱反射、およびその逆反射を反復する濃密な連鎖的空間のなかで、〈希望〉は転移・増殖をくりかえす。そして拡大する。このとき、船山的言説は増殖因子として機能している。同時代における、あるひろがりをもった時＝空間のなかで形成されるテクスト・思想同士の相互連関性、それらを包含する現実総体をこそ、「《戦時変革》」は指し示す。

5　再接続の失敗――未完の《戦時変革》

一九三九年初頭の近衛内閣退陣の影響が徐々に各所に現れはじめる。「東亜協同体」論は、夏前には早くもピークをすぎ、急速に縮退していく。平沼内閣下にあって、近衛新党運動をはじめとする様々な革新的構想は、現実政治への接続点を減少させ流失してしまう。船山は九月の匿名時評のなかで、「東亜協同体論は今のところ暗礁に乗り上げた形」[77]と報告する（B・B・C「時局と学問」）。その後、「東亜協同体」論が再び論壇の主要論件にのぼることはなかった。

早い段階において船山は、匿名で次のように述べていた。「之らの問題（＝「東亜協同体」論・国民組織論）も漸く軌道にのつて来たところである。たとひ、政府が変つて之らに対する態度が幾分消極的になつたやうに見受けられるにしても、論壇はむしろそれを押切りかへつてリードすべきではないであらうか」[78]（R・K・O「汪声明はどう迎へられたか」一九三九年三月）。この認識のもと、船山は昭和研究会での活動と並行して、「東亜協同体」論を矢継ぎ早に発表し、多角的な体系化を押し進めている。その成果のひとつが、評論集『全体と個人――協同主義哲学への志向』（一九四〇年三月）である。主に一九三九年の一年をつうじて発表された論考で構成されている。表題に集約されるように、この時期、「全体と部分との問題が一番私（＝船山）の関心を引」[79]（同書「はしがき」）いていた。「近代主義的論理（＝個人主義・階級主義・全体主義など）との比較から、「協同主義」が浮き彫りにされる。「協同主義は近代主義の超克である」[80]（同前）という定義に、船山が試みた言説実践のすべてが凝縮されている。

またそれは、昭和研究会が三九年九月に刊行したパンフレット『協同主義の哲学的基礎』（前掲）が表明した立場でもあった。「緒論」にはこう記される。「新しき思想原理は、既に破綻の徴歴然たる近代主義を一層高い立場から超克し、自由主義、マルクス主義、全体主義等の体系に優るものでなければならぬ」[81]。船山はパンフレット完成に先行して、四月発表の論説「東亜新秩序の哲学的考察」において、これとまったく同型の表現を使用していた。管見のおよぶかぎり、「近代主義の超克」という成句が船山のテクストに浮上した最初の例である。

　新しい哲学の内容は〔中略〕一言でいへば近代主義の超克がそれであると思ふ。近代主義とはいふまでもなく個人主義、自由主義である。之れを克服しようとするものとして、先にはマルクス主義が生れ、又現在はこの両者に対立するものとして全体主義がとなへられて居る。[★82]

「新しき思想原理」（パンフ）あるいは「新しい哲学」（船山）が「協同主義」である。船山はこの〝「協同主義」＝「近代主義の超克」〟をめぐって、膨大な量の論考を産出している。同じ文脈で「超近代主義」という表現も頻用した。「近代」的秩序の様々な矛盾が圧縮したかたちで前景化する時代、それが〈一九三〇年代〉という世界的な構造転換期であった。そこでは「近代」の次なるステージが種々の方法的立場から模索されている。そのひとつである「東亜協同体」論は、社会主義的な歴史意識を出自としながら「近代」を乗り越える試みとして導出・形成された。だが、前述したとおり、この「近代主義の超克」の予感は早々に潰えてしまう。

　その後、三木は十月発表の論説「世界の危機と日本の立場」において、「東亜協同体の理論と協同主義の原理は今日いよいよ重要になつて来たと我々は信じる[★83]」と述べる。これを受けた船山は、翌月のB・B・C「自主独往とは何の謂ぞ」（一九三九年十一月）のなかで、さっそく次のようなコメントを付している。「この協同体論も、問題をそのままおあづけになつた形であるし、悪るくすると影がうすいやうな感じもあることだし、ここいらで氏〔＝三木〕も大いに自主独往をやらなければならないのではあるまいか[★84]」。表題および引用中の「自主独往」は、日本政府が「欧州戦争への不介入を宣し、事変処理に邁進することを方針として掲げた[★85]」（B・B・C「民族的情熱」一九三九年十月）当時の外交状況を指す。三木は論考のなかで、現実政治に左右されすぎないよう、「自主独往は思想の上においても必要」[86]だと述べていた。ならばということで、船山は三木に「東亜協同体」論への再コミットを促しているのだ。三木との人的交流をもっていた船山が、あえて「匿名批評」という場を介してメッセージを伝達している。その遂行的意味が重要なのである。この場合、匿名性は提案に公共性をもたせる機能をはたす。どうにか論壇の流れを「東亜協同体」論活性化の方向に引き戻したい、そう願っていたと思われる。それは、あの〈希望〉への再接続の試みであっただろう。[87]同時に、職業評論家としての船山の期待もそこには込められているはずだ。三木が船山（の複製機能）を必要としたように、船山の「東亜協同体」論にとっても三木（の求心力）は不可欠な要素であった。オリジナルを喪失した複製装置は有効に作動しない。はじめに確認した「一九三八年後半―三九年前半」という期間は、すでに終わっている。

船山の思惑とは裏腹に、「東亜協同体」論は現実の流れに抗することのできぬまま、一九四〇年代に入ってからは「大東亜共栄圏」論へと拡散的に引き継がれていく。船山らがコミットした四〇年中盤の新体制運動は、十月に大政翼賛会発足という結末を迎える。そして、その余波から昭和研究会は翌月に解散してしまう。三木は以前、次のように述べていた。「批評が単なる批評に終らないで革新的な力になるといふには、知識階級が種々の組織に組織されなければならぬ。〔中略〕要求される団体はインテリゲンチヤ自身の間から自発的に生れ来る組織でなければならぬ」[88]（「協力の基礎」一九三八年七月）、と。昭和研究会への関与を契機として〈希望〉を見出した三木にとって、その「解散」だけはなんとしても回避されなければならない事態であった。だが、それは現実となってしまう。《戦時変革》のプログラムは、この一九四〇年の時点において、ほぼ完全に臨界点を踏み越えたのである。

その後、企画院事件（一九四一年三月）に象徴される左派の一斉排除へと時局は進み、日中戦争は未解決のまま太平洋戦争勃発へとなだれこむ（一九四一年十二月）。三木は軍部の圧力を受け、論壇での発言を事実上封じられる。これら四〇年以降の状況は、船山に再転回をもたらした。予防線的な言説、さらには「奴隷の言葉」が、再び船山のテクストを侵蝕しはじめる。そこに〈希望〉を確認することはできない。では、署名／匿名を二重化させた叙述スタイルの（反転的な）再活用によって批評性を確保することはできなかったのか。この時点ではそれも不可能であった。なぜなら、ジャーナリズム全域において、「匿名批評」はほぼ禁止に近い状態にあったからである。[★89]そもそも船山の発表機会そのものが激減する。時局の遷移とともに、「船山信一」の商品価値が下落したのである。

アジア・太平洋戦争期に日本の言説空間を覆った議論、それはアジアを西洋帝国主義から解放するという建前のもと、日本帝国主義およびその版図拡大を正当化する論理以外の何ものでもなかった。知識人は「大東亜共栄圏」に対する哲学的基礎づけを直接・間接に行なっていく。現状を方向転換することがもはや不可能な地点にあって、「解釈」の転換を遂行するのである。「大東亜戦争」という所与の現実と、「大東亜共栄圏」という欺瞞的構想とに対して、「近代の超克」という歴史的意義を塗り込んでいく。西洋中心主義の呪縛を脱却し、多中心的・多元的な〈世界〉を再形成するという世界史的使命を日本に見ている。ここにおいて日本は、アジアから西洋帝国主義を排除する「東亜の盟主」という確たる位地づけがなされる。

そこで唱えられる「近代の超克」は、船山が「協同主義」を定義する際にさかんに用いた「近代主義の超克」とは、コンテクストがまったく異なる。昭和研究会系の知識人の議論に存在した日本帝国主義批判の契機が、完全に欠落してしまっている。「東亜協同体」論の予期したトランスナショナルな社会変革・水平的連帯の可能性はもはやリアリティを保持しえない。そして、職業的評論家としての船山は、かぎられた執筆機会に、少なからずそれらと親和的な言説を連ねていく。たとえば、四一年八月の論説「近代主義の超克」は、表題こそそれまでの語彙体系に基づいてはいるが、内容を大きく変転させている。単線的な西洋の発展的時間軸をずらすことで、「おくれて居るといふことは逆に進んで居るといふこと」[★90]といった、〝日本を盟主とする東洋〟を礼賛した論理が全面的に展開されるだけである。後続する「近代の超克」論へとスムーズにつながる論理になっている。

すでに引用したとおり、晩年の船山は、一九三九年後半以降の局面について、「我われはもう駄目だという考えがあった。そこへ出て来たのがあの京都の連中なんだ」と語っていた。「我われ」、すなわち三木清を中心とした昭和研究会系の知識人が〈希望〉を喪失する。その段階で、入れ替わるように論壇を席巻したのが、「京都の連中」、すなわち高山岩男や高坂正顕などの「京都学派」第二世代だった。一九四〇年をひとつの分岐点として論壇の光景は一変する。この交代劇は、「近代主義の超克」から「近代の超克」へ、「東亜協同体」論から「大東亜共栄圏」論へ、そして一九三〇年代から一九四〇年代（前半）へという、一連のシフトと平行している。大局的にはそう整理できよう。それはまさに、〈希望〉から〈諦念〉への連続的転落の軌跡だった。

おわりに

一九三〇年代後半のある時点において、〈希望〉のもとに立ちあがったプロジェクトは、《変革》としてその円環を閉じることなく、ついに中絶に終わってしまう。

だが、私たちは一九四〇年以降の論理を、三〇年代後半の論理へ遡及的に投影してはならない。四〇年代の西洋／東洋という安直な対立図式（「近代の超克」論）に陥る以前の、アジアと日本の相剋のなかで多様な可能性が重層的に輻輳した〈一九三〇年代〉そのものを捉える必要がある。〈一九三〇年代〉＝危機の時代という世界的構造変動の枠組のなかで、東アジアの変革および連帯可能性が〈希望〉として感知されていたのだ。もちろんそれは、日本国内の社会変革を志向する〈希望〉でもあった。三木・船山による時局関与の言説は、その一連の流れを――意図するとせざるとにかかわらず――積極的に嚮導しようとしている。このことは、一九三〇年代から四〇年代までを「戦時期」として一括的に束ねる視線からは、決して見えてはこないだろう。

問題の所在はあきらかである。戦後の論者たちがいかなる視角から、どのようなイデオロギー批判に明け暮れてきたかは問題ではない。きわめて限定された期間ではあれ、一九三〇年代後半のテクスト群に、ある種の〈希望〉が厳として刻み込まれている。それは事実だ。そうである以上、私たちは新たな解釈枠組のもとに、それらを読み解いていく必要がある。

【付記】船山信一は、自身の姓の表記に「船山」と「舩山」を併用した。正式な表記は後者であり、現在多くの研究者もそれに従っている。しかし、戦時期のテクストは基本的に前者によって発表されている。対象を戦時期に設定する本稿では、原資料の表記を優先し、あえて「船山」の方を統一的に使用した。ただし、戦後の著作の名義に関してはそのかぎりではない。

［注］
（1）中島健蔵「三木さんの死」（『文芸』一九四五年十一月号）、二〇頁。三一書房編集部編『回想の三木清』（三一書房、一九四八年）に収録。
（2）中島健蔵『兵荒馬乱の巻 回想の文学④ 昭和十四年―十六年』（平凡社、一九七七年）、一七九頁。当該箇所の初出は、中島健蔵「回想の文学（32）――「協同主義」の正体」（『心』一九七七年七月号）であるが、三月十四日の項になっている。なお、西田幾多郎は三月十五日付の日記に「三木来、中島健蔵をつれ来る」と記している（『西田幾多郎全集』第十八巻、岩波書店、二〇〇五年、三〇四頁）。
（3）船山信一「「唯物論研究会事件」予備号の証言」（『季報・唯物論研究会』編集部編著『証言・唯物論研究会事件と天皇制』新泉社、一九八九年）、二二頁。
（4）船山信一「インタビュー 天皇制下における哲学者たちの転向」［聞き手＝藤田友治・田畑稔］（前掲『証言・唯物論研究会事件と天皇制』）、一四九頁。初出は、船山信一「インタビュー　天皇制下の哲学者の転向」（『季報・唯物論研究』二十八・二十九号、一九八八年六月）であるが、大幅の加筆修正が見られるため、ここでは単行本収録版を採用した。

なおこの言葉は、中島健蔵「最後の話題」（谷川徹三・東畑精一編『回想の三木清』文化書院、一九四八年）の次のくだりを連想させる。「三木さんの思想は、書きのこされたものによつて見るほかない。これは、考え、書くことを一生の仕事とした人間の必然的な運命である」（七七頁）。

（5）米谷匡史「戦時期日本の社会思想――現代化と戦時変革」（『思想』八八二号、一九九七年十二月）、同「三木清の「世界史の哲学」――日中戦争と「世界」」（『批評空間』第Ⅱ期第十九号、一九九八年十月）など。

（6）米谷前掲「戦時期日本の社会思想」、七〇頁。

（7）同前、七〇頁。

（8）米谷匡史・大澤聡「狭間で考える――『アジア／日本』をめぐる対話」（『情況』二〇〇七年三・四月号）での討議、および、大澤聡「〈集団的知性〉の分析はいかにして要請されるか――米谷匡史インタビューの余白に」（同前）においてもこの問題を提起した。

（9）船山前掲「インタビュー」、一四〇―一四一頁。

（10）船山信一「私のプロレタリア文化活動時代（完）」（『季報・唯物論研究』十・十一号、一九八三年九月）、五九頁。

（11）大澤聡「船山信一書誌――日中―太平洋戦争期（1937－45年）編」（『文献探索2008』金沢文圃閣、二〇〇九年）において、戦時期に船山が発表した膨大なテクスト群の全書誌情報を一覧形式でまとめておいた。

（12）P・C・L「時局と評論家（論壇時評）」（『日本評論』一九三七年十月号）、三〇七頁。

（13）船山は一九三七から三九年にかけて、『日本評論』誌上で記号筆名による「匿名論壇時評」を担当している。筆名は以下のとおり。一九三七年七月―三八年十二月＝「P・C・L」、三九年一月―五月＝「R・K・O」、三九年七月―十二月＝「B・B・C」。詳細は本稿註43。なお、大澤聡「雑誌『経済往来』の履歴――誌面構成と編集体制」（『メディア史研究』第二五号、二〇〇九年五月）では、『日本評論』の前身『経済往来』の成長過程についてまとめた。また、大澤聡「「論壇時評」の誕生――一九三〇年代日本のジャーナリズム空間」（『出版研究』第三十九号、二〇〇九年三月）では、「論壇時評」欄の史的変遷について論じた。あわせて参照されたい。

（14）P・C・L前掲「時局と評論家」、三〇七頁。

（15）船山〔信一〕「〈思想の動向〉思想家としての科学と科学としての哲学・転向現象の理論」（『立命館文学』一六六号、一九五九年三月）、七三頁。
（16）三木清「日本の現実」（『中央公論』一九三七年十一月号）、七頁。
（17）同前、八頁。
（18）同前、二〇頁。
（19）船山信一「現代日本の思想形態」（『改造』一九三八年二月号）、四〇頁。「思想の貧困とその超克」と改題加筆のうえ、船山信一『時代と思想』（清和書店、一九三九年）に収録。
（20）同前、三九頁。
（21）P・C・L「三七年の論壇を貫けるもの（論壇時評）」（『日本評論』一九三七年十二月号）、三二八頁。
（22）「「国民政府ヲ対手ニセズ」政府声明」（外務省編『日本外交年表竝主要文書 下巻』原書房、一九六六年）、三八六頁。
（23）船山前掲「現代日本の思想形態」は、日中戦争の有する経済的意味に言及した箇所で、「支那に対する戦後の経済的――従つて政治的――対策はかくの如く実に大きなものである」（三六頁）と述べていた。「戦後の」とあるように、執筆した三七年十二月の段階においては、戦争終結後の処理問題を視野に入れたうえでの解決構想が成立可能だったのである。むしろ、「戦後」にある種の期待を抱いてもいたであろう。しかし、この論考が三九年四月刊行の前掲『時代と思想』に収録されるにあたって、引用中の「戦後の」という言葉が削除される。さらに、旧稿には存在しなかった「支那に対する軍事的勝利は必然なるべきも、対支経済工作は若干の成功にさへ恐らく相当の期間を要するは自明である」（三八頁）という一文が引用箇所の直前に挿入される。このことは、単行本化される三九年の段階において、戦争終結の目途が現実的に成立しえなくなっていたことを示唆する。そして、船山は三木に導かれるようにして、「戦後」ではなく「戦時下」における革新的構想を組みあげていくことになるのだった。この船山の改稿が暗示するように、三八年を経過し「長期建設」は不可避となる。
（24）三木の日記（『三木清全集』第十九巻、岩波書店、一九六八年）のうち、一九三八年一月二十七日の項には、「「七日会」へ入会を勧誘して来る。だいたい入会することにしようかと思ふ」（一八八頁）、二月七日の項には、「夜七日会に初めて出席」（一九一頁）との記述がそれぞれある。「七日会」は、「新聞社の論説委員クラス、各官庁の中堅・局長クラス、国策的な会社の幹部クラスが、毎月七日に集まって、時事問題を話し合おうという会」であった（酒井三郎「「昭和研究会」の悲劇」、『文藝春秋』一九六四年十月号、二四〇頁）。

(25) 昭和研究会事務局『三木清氏述 支那事変の世界史的意義』（一九三八年八月）。複数のヴァリエーションに基づいて校訂されたものが、『批評空間』第Ⅱ期第十九号（一九九八年十月）に翻刻されている。

(26) 三木清「知識階級に与ふ」（『中央公論』一九三八年六月号）、五五―五六頁。

(27) 三木清「知識階級に与ふ」（『世界週刊』第一巻第七号、一九三八年六月二十五日）、一頁。

(28) 三木清「現代日本に於ける世界史の意義」（『改造』一九三八年六月号）、八一―八三頁。

(29) 『支那事変の世界史的意義』（前掲翻刻版）、三五頁。

(29) P・C・L「回顧と前進（論壇時評）」（『日本評論』一九三八年七月号）、三〇六―三〇七頁。

(31) 船山信一「東亜思想とナショナリズム」（『中央公論』一九三八年九月号）、一八頁。前掲『時代と思想』、および船山信一『私の哲学六〇年――人間学的唯物論への道』（自家出版、一九八四年）に収録。

(32) P・C・L「現実分析のポーズ（論壇時評）」（『日本評論』一九三八年九月号）、二六一頁。

(33) P・C・L「哲学と経済の間（論壇時評）」（『日本評論』一九三八年十月号）、二九八頁。

(34) 船山前掲「東亜思想とナショナリズム」、一一頁。

(35) 船山信一「東亜の思想的一体性」（『京都帝国大学新聞』一九三八年十一月十二日号）、二頁。「東亜の思想的一体性の問題」と改題のうえ、前掲『時代と思想』に収録。

(36) 高田保馬『東亜民族論』（岩波書店、一九三九年）、三頁。

(37) 船山前掲「東亜思想とナショナリズム」、一二頁。

(38) 同前、一六頁。

(39) 同前、一六―一七頁

(40) 船山前掲『私の哲学六〇年』、三二〇頁。

（41）P・C・L前掲「哲学と経済の間」、二九六頁。

（42）大宅壮一「流行性匿名批評家群【四】――匿名の鑑別法」（『読売新聞』一九三四年三月三十日朝刊）は、匿名批評について次のように述べている。「中には、わざと自分の名前をもち出して、大いに悪口をいつて、それですつかりカムフラージしたつもりでゐる人もある」（四面）。大宅壮一『ジャーナリズム講話』（白揚社、一九三五年）に収録。

（43）「船山信一」を痛烈に批判する「P・C・L」ははたして船山本人なのか。少し触れておこう。船山前掲「私のプロレタリア文化活動時代（完）」に記号筆名を特定する本人の証言がある（五八頁）ほか、並行して書かれた船山論文との表現の一致が多く確認される。ここでは、さしあたり戦後の証言との一致を例としてあげておく。大日本水産会での勤務の合間に執筆活動を行なう「二重生活」（船山信一「哲学者と官僚、二重生活など」、『理想』三二七号、一九六〇年八月、二五頁）の様子について、晩年の船山は前掲『私の哲学六〇年』の「あとがき」のなかで、「研究（読書及び執筆）時間は単に、夜と日曜、それに通勤電車のなか及び出張校正の際の印刷所での時間」（三一九頁）にかぎられていたことを回想している。これは、P・C・L「「期待」される近衛内閣（論壇時評）」（『日本評論』一九三七年八月号）のなかの「電車の中を主たる書斎とせねばならない筆者」（三七三頁）といった表現と一致する。

（44）橋川文三「東亜新秩序の神話」（橋川文三・松本三之介編『近代日本政治思想史Ⅱ』有斐閣、一九七〇年）、三五九頁。「東亜共《ママ》同体論の中国理念」と改題のうえ、橋川文三『順逆の思想――脱亜論以後』（勁草書房、一九七三年）に収録。

（45）船山信一『ひとすじの道――唯物論哲学者の自分史』（三一書房、一九九四年）、一三八頁。当該箇所の元になった記述は、船山信一「学問の周辺（10）」（『立命館学園新聞』一九六六年九月二十一日号）に見られる。

（46）蠟山政道「東亜協同体論の理論」（『改造』一九三八年十一月号）。蠟山政道『東亜と世界』（改造社、一九四一年）に収録。

（47）杉原正巳『東亜協同体の原理』（モダン日本社、一九三九年）には、その後の杉原による一連の協同体論が収められている。なお、尾崎秀実「東亜新秩序論の現在及び将来――東亜協同体論を中心に」（『東亜問題』一九三九年四月号）は次のように述べている。「某氏の指摘するところによれば東亜協同体論は解剖時代の杉原〔正巳〕氏が最も早く主張してゐたところであつて、臘《ママ》山〔政道〕氏の場合も山崎〔靖純〕氏の場合もこれに影響されてゐる点が多いといふことである」（五一六頁）。
(48)「近衛声明」（前掲『日本外交年表竝主要文書 下巻』）、四〇七頁。
(49)三木清「日支を結ぶ思想」『知性』（一九三八年十一月号）、四〇頁。
(50)同前、四一―四二頁。
(51)三木清「東亜思想の根拠」（『改造』一九三八年十二月号）、二〇頁。
(52)R・K・O「東亜新秩序と国内改新（論壇時評）」（『日本評論』一九三八年一月号）、二〇四頁。
(53)船山信一「新東亜に於ける日本民族の使命」（『理想』一九三九年一月号）、九三頁。前掲『時代と思想』に収録。
(54)船山が昭和研究会に加入した経緯については、船山前掲『ひとすじの道』のなかに「昭和一三年に彼（＝三木清）の推せんで昭和研究会文化部に関係」（四六頁）とある程度。管見のおよぶかぎり、具体的な加入日を確定する材料はない。ただし、以下の二点を総合することにより、一九三八年の（十一）十一月頃であったことが推測される。（1）船山は、「私がこれ（＝文化問題研究会）に関係したのは一九三八年の秋であって、そのときはすでに『新日本の思想原理』（一九三九年一月）の討議は完了しておって、私が関係したのは『協同主義の哲学的基礎』（一九三九年九月）にかんする討議であった」と回想している（前掲「私のプロレタリア文化活動時代（完）」、五九―六〇頁、傍点引用者）。（2）パンフ『新日本の思想原理』に結実する例会は、七月二十一日―十一月十四日までのあいだに合計七回開かれ、その後、三木の草稿作成およびそれに対する数回の検討を経ている。日記刊行会編『矢部貞治日記 銀杏の巻』（読売新聞社、一九七四年）、および中島前掲『回想の文学④』の日記の記述を適宜参照。
(55)船山前掲「新東亜に於ける日本民族の使命」、九〇頁。
(56)同前、九〇頁。
(57)船山前掲「私のプロレタリア文化活動時代（完）」、五八頁。
(58)東興太郎「転向者現状報告」（『日本評論』一九三九年六月号）、一八四頁。表題からもわかるとおり、船山は「転向者」として位置づけられている。なお、「東興太郎」は同時代に匿名新聞時評欄などを担当している。そのことからも、筆名であることがうかがえる。

(59) 船山信一「協同体理念の世界史的意義」(『中央公論』一九三九年三月号)、二六頁。前掲『時代と思想』に収録。
(60) R・K・O前掲「東亜新秩序と国内改新」、一九六頁。
(61) 船山前掲「インタビュー」、一四一頁。
(62) 船山前掲『ひとすじの道』、一三八頁。当該箇所の元となった記述は、船山前掲「学問の周辺(10)」に見られる。
(63) それぞれ、『昭和社会経済史料集成』第七巻、大東文化大学東洋研究所、一九八四年、『同』第八巻(同前)に、表紙の印字も含めた完全なかたちで翻刻されている。『三木清全集』第十七巻(岩波書店、一九六八年)には本文のみを「資料」として掲載してある。
(64) 中島前掲『回想の文学④』の一九三九年六月十八日の項には、「全体の序を書き上げて持って行く」(二一四頁)、前掲『矢部貞治日記　銀杏の巻』の同日の項には、「中島健蔵の書いた序文」(二一八頁)とそれぞれ記してある。
(65) 中島前掲『回想の文学④』、二一四頁。日記では「緒論」を「序文」と表記。
(66) 馬場修一「一九三〇年代における日本知識人の動向——昭和研究会の思想と行動」(『東京大学教養学部社会科学紀要』第十九号、一九七〇年)、一八三頁。馬場による談話。
(67) 池島重信「評論壇の人々」(『日本評論』一九四一年六月号)、二六八頁。
(68) 下川凹天「夏まつり」と題された風刺漫画(『世界週刊』第二巻第二十三号、一九三九年六月二十四日、一〇—一一頁)は、「東亜協同体」構想をめぐる各論者をキャラクター化し、見開き頁に配置しており興味深い。そこでは、「東亜協《ママ》同体」という御輿の轅を「三木清」と「舟《ママ》山信一」がまったく同じ姿勢で担ぎ、足並みをそろえる。彼らは「東亜新秩序」とは異なる方向へと御輿を先導している。こうした揶揄的描写の背景には、この時期の『世界週刊』が「三木イズム」批判を連続的に展開していたという事実がある。
(69) 新明正道『東亜協同体の理想』(日本青年外交協会出版部、一九三九年)、一六九頁。
(70) ここでいう「無自覚的」は、たとえば以下のような戦後のエピソードにも表れる。戦中に『中央公論』の編集者をしていた黒田秀俊は、酒井前掲「「昭和研究会」の悲劇」に掲載された「昭和研究会に関係した主な人々」(二三七頁)の一覧に「船山信一」が含まれていないことを指摘し、「重要な役割を果たしていたようにおもわれる」と回想した(黒田秀俊『昭和言論史への証言』弘文堂、一九六六年、一四頁）。しかし、黒田のこの表現にすぐさま反応した船山は、前掲「学問の周辺（10）」のなかで、「「重要な役割を果たしていた」とは考えない」（三面）と述べている（当該箇所は前掲『ひとすじの道』に組み込まれる）。黒田・船山両者の記述の意図はともかくとして、船山の「重要な役割」は、本稿のように思想家個人の意図の次元とは別に、機能的位相において捉えかえされるべきものである。

（71）尾崎秀実の方でも船山の議論に目配りをしていたふしが見られる。たとえば、尾崎秀実「現実把握の不足――理論的な明るさが魅力［時評］」（『帝国大学新聞』一九三九年六月二十六日号）は、「東亜協同体」論をいくつかの系統に整理する文脈で次のように述べている。「三木清、三枝博音氏等の哲学者のグループ、船山信一氏もしばしば注目すべき論文を発表してゐる」（六面）。

（72）R・K・O「東亜協同体論の行方（論壇時評）」（『日本評論』一九三九年五月号）、二八五頁。

（73）「蔣介石の近衛声明反駁の記念週演説　民国二七、一二、二六、中央記念週演説」（『抗日政権の東亜新秩序批判（翻訳）』東亜研究所、一九四一年）、四頁。なお、原文は「中学各科補充教材「蔣委員長二六訓詞」世界書局印行」とある。

（74）同前、四頁。

（75）植民地朝鮮における「東亜協同体」論に関しては、「植民地／近代の超克」研究会編「日中戦争期・朝鮮知識人の東亜協同体論」（『Quadrante』第六号、二〇〇四年三月）が当時の資料を翻訳しており、日本語での確認が可能である。

（76）「誤配」に対する朝鮮半島からの返信が、五十年以上の死蔵期間を経て、今まさに「遅配」され、私たちの手元に送り届けられつつある。解放後の朝鮮においても、やはり植民地期の言説は二分法的に批判されてきた。私たちは、ようやく再応答するところまできている。

（77）B・B・C「時局と学問（論壇時評）」（『日本評論』一九三九年九月号）、三二一頁。

（78）R・K・O「汪声明はどう迎へられたか（論壇時評）」（『日本評論』一九三九年三月号）、三〇五頁。

（79）船山信一『全体と個人――協同主義哲学への志向』（教材社、一九四〇年）、二頁。

（80）同前、一頁。

（81）『協同主義の哲学的基礎――新日本の思想原理続篇』（昭和研究会事務局、一九三九年）、二頁。

(82) 船山信一「東亜新秩序の哲学的考察」(『アジア問題講座 第十一巻——思想・文化篇(二)』創元社、一九三九年)、三八九頁。前掲『私の哲学六〇年』に収録。
(83) 三木清「世界の危機と日本の立場」(『日本評論』一九三九年一〇月号)、八頁。
(84) B・B・C「自主独往とは何の謂ぞ(論壇時評)」(『日本評論』一九三九年十一月号)、三五四頁。
(85) B・B・C「民族的情熱(論壇時評)」(『日本評論』一九三九年十月号)、二七四頁。
(86) 三木前掲「世界の危機と日本の立場」、八頁。
(87) 無署名「人物評 中核体を衝く【1】——船山、三木、佐藤、清水、亀井等」(『読売新聞』一九四一年十月一日朝刊)はこう記す。「三木清などが提唱したきりで、その後は見捨てられた形の東亜新秩序の思想原理といふ問題を、今日なほ船山が熱心に論じてゐるのも、全く彼の実直な人柄によるものだ」、と(四面)。当該記事の記述は船山の言論の紹介を中心に進む。それに対して、三木への言及はこの一言に終わる。にもかかわらず、記事に添付されたのは三木の肖像写真なのである。両者の固有名がもつ商品価値および一般的影響力の落差がここからもうかがえよう。
(88) 三木清「協力の基礎(2)——批評の自由と自発的な組織」(『都新聞』一九三八年七月二十日)、一面。
(89)『日本評論』誌上の「論壇時評」の場合、記号筆名で長期間担当した船山が降板する一九四〇年以降は、実名・短期交代に形式が変わる。それゆえ、船山が四一年一月から四月までのあいだ再度担当した際には実名で発表されている。
(90) 船山信一「近代主義の超克」(『中央公論』一九四一年八月号、一二三頁。船山信一『論理と現実』(中央公論社、一九四一年)に収録。

*本稿は、大澤聡「「東亜協同体」論をめぐる思想連関——三木清と船山信一の〝転移する〈希望〉〟」(『情況』二〇〇五年八・九月号)、および、日本思想史学会二〇〇七年度大会(於・長崎大学、二〇〇七年十月二十一日)での口頭発表「戦時期雑誌メディアにおける「東亜協同体」論——三木清と船山信一の思想連関」の内容に全面的な改筆を施したものである。

*また本稿は、日本学術振興会科学研究費補助金(特別研究員奨励費)による研究成果の一部である。

【第6章】

平野義太郎とマルクス社会科学のアジア社会論

「アジア的」と「共同体」の狭間で

盛田良治

はじめに

二つの世界大戦にはさまれたおよそ二十年間は、国際政治学者E・H・カーによって「危機の二十年」と呼ばれ、とくに後半期である一九三〇年代の世界的な思想状況においては、「危機からの超克」という問題意識が重要な課題の一つとなった。そして学的領域においてこの「危機」に対して最もヴィヴィッドに反応してきた分野の一つが「社会科学」であったことも間違いのないところであり、そのことはもちろん日本についても例外でない。

そもそも日本の社会科学は、明治末期における社会問題の顕在化にさいして「社会政策学会」を組織することで日本帝国主義形成期の社会矛盾に現実的解決を与えようとした歴史をもっており、本書で問題となっている三〇年代においては日本資本主義論争を通じて成立したマルクス主義社会科学の「日本的形態」を通じ現前の「危機」の把握が試みられた。さらにそのことは、戦時下での弾圧と転向のなかで丸山真男や大塚久雄ら一連の「戦後啓蒙」派における民主化・近代化の思想的バックボーンが形づくられる思想史的前提となった、というのが今日における通説的理解である。[★1] また一九九〇年代以降のいわゆる「総力戦体制」研究は、一九四五年を境とした戦中＝戦後の断絶に「総力戦体制」という視点を導入することでいくつかの注目すべき連続面を見いだしており、それに関わって戦後啓蒙派の揺籃期とされる戦時期についても状況に対する抵抗のみを取り出すのではなく、「戦時動員」を通じた主体形成との関わりという状況への親和性にも目を向けている。[★2] 何にせよ日本社会科学が、「近代化」を通じた主体形成によって三〇年代にあらわになった危機を超克しようとしたという点では明らかであろう。

だがこの時期の「危機」はもちろん、一国の内部においてのみあらわれたわけではない。それは日本国家の外部との関係――近隣地域たるアジアとの関係においても明らかになっていた。すなわち明治以降、東アジアで進められてきた植民地帝国・日本の建設は、第一次世界大戦後に至ってこの地域――日本の植民地支配下にあった台湾・朝鮮も含め――において台頭したナショナリズム勢力の挑戦に直面することになった。そして三〇年代に日本は中国大陸における侵略戦争を全面化することによって、ナショナリズムによる抵抗の結果生じたより大きな「危機」への対応を迫られることとなる。当時の日本社会科学もまたこの「危機」に向き合い、三〇年代から戦時期にかけての時期にこのテーマを扱った厖大な研究文献を残すこととなり、社会科学的「アジア社会論」として蓄積された。[★3] しかし戦後から今日に至るまで、それらの業績は――先述した三〇年代の日本社会科学の再評価という近年の動向にもかかわらず――ほとんど思想史的な位置づけがなされることはなかった。その理由はまず第一に、アジアの植民地問題に関するこの時期の社会科学の関与が、最終的にはアジアへの戦時動員という「時局的追随」に帰着したということであろう。三〇年代に本格化した日本の帝国的拡大は、「満洲国」の建国理念や「東亜協同体」論にあらわれているように、そのプロセスのなかにナショナリズムの超克を通じた「危機」の乗り越えという主観的意図が――レトリックであるにせよ――見いだせないわけでもないが、現実にはアジア太平洋戦争を経て一九四五年の敗戦という破局に至った。日本社会科学の関心が、このような動向と無関係ではあり得なかった以上、その問題意識は、戦後における帝国日本から国民国家日本への移行という状況のもとで「忌まわしい記憶」の一つとして潜在化せざるを得なかったのである。しかしながら三〇年代から四〇年代前半にかけての日本におけるアジアへの戦時動員は、それがきわめて限定的かつ屈折した関わりであったにせよ、結果として近代以来の日本（人）によるアジアへの関心、およびアジアへの直接接触に一つのピークをもたらすことになったこともまた確かである。それはこの時期において刊行されたアジア関係の著作物がまさに汗牛充棟の状況であったことにも端的に示されている。さらにそのような関心は潜在化したがゆえに、きわめて見えにくい形で戦後から現在に至るまでの日本人のアジア観に大きく影を落としたともいえる。[★4]

本稿は、一九三〇年代に日本社会科学が蓄積した「アジア社会論」の再評価をめざすものであるが、そのなかでも特にマルクス社会科学（とりわけ「講座派」）の立場によるものを重視する。この時期の日本の社会科学の発展においてマルクス社会科学が果たした貢献については先述したとおりであるが、それは社会科学的「アジア社会論」の領域についても例外ではない。一九三〇年代のマルクス社会科学は、「半植民地・半封建社会」論の提起によってアジアに現れた危機への理論的介入を試み、それは弾圧や転向を経過しつつも戦時期に至るまで大きな影響を及ぼすこととなったからである。本稿ではまず、背景としてマルクス主義社会科学によるアジア社会への関心がどのように現れたのかを概観したうえで代表的論者とされる平野義太郎（一八九七―一九八〇年）のアジア社会論を検討していきたい。[★5]

1　契機としての中国国民革命・日本資本主義論争

日本のマルクス社会科学にとって植民地社会への関心は、とりもなおさず一九二〇年代後半に隣国たる中国で進行する国民革命への関心――それはロシア革命の東アジアへの波及であると捉えられた――としてあらわれた。それは中国国民革命の動向把握が社会主義革命の今後にとって重要な理論的意味を持っていたということにほかならない。

当時（一九三〇年）の佐野学の言葉を借りるならば「僕らは支那は資本主義段階を超躍すると予測してゐるがこれを証明するために支那史の発展傾向を明らかにすることも必要なのだ」ということなのである。★6

中国社会への関心と革命への期待が密接に関連していたことは当時のマルクス社会科学の講座ものの構成にもあらわれている。こうした講座ものの嚆矢となった『社会問題講座』（一九二六―二七年、全十三巻）には宮崎龍介による論文「支那の社会思想と社会問題」が収録されている。ここでは古代から五四運動までの社会思想・社会運動の歴史的発展が概観されているが、「現代」を扱った後半の記述では社会主義思想の普及が中心となっており、この段階では背景としての中国社会の状況に対する分析はみられない。ついで一九二七―二九年に刊行された『マルクス主義講座』（全十巻）では、秋笹正之輔「支那国民革命」が収録され、ここで初めて中国が「半封建・半植民地」の社会であるという認識が述べられ、それに基づいて国民革命の政治過程の分析がなされている。

これらを引き継ぐプロレタリア科学研究所（プロ科）編集の『プロレタリア講座』では、プロ科内で組織された「中国問題研究会」メンバーが中国社会・革命をテーマに執筆した「支那大革命」「ソヴェート支那の成長」（いずれも一九三〇年）が刊行された。同会はプロ科設立（一九二九年十一月）当初からの研究会で、三一年二月からプロ科機関誌『プロレタリア科学』に「中国革命欄」を常設して翌年三月まで中国革命の動向を紹介、四月の大弾圧で多くのメンバーが検挙されるまで活動を継続したとされる。★7 中国問題研究会による中国社会論は、何よりもまず、世界史のなかでの「段階」的位置づけを通じた中国社会の性格規定を目指したという点に意義を有する。そこには郭沫若『中国古代史研究』の日本語訳序文（一九三五年）で訳者の藤枝が述べたように、★8 中国社会を西欧社会とは全く異なる特殊な社会としてロマンティックに描き出す従来の「支那学」に対する批判があり、さらにその背後には、進歩史観に基づく「世界史」解釈と「世界革命」戦略との強い結合により、来るべき中国革命の性格、すなわち革命を主導すべき社会層の確定という問題意識があった。

中国問題研究会の活動が弾圧によって終息した一九三二年には、『日本資本主義発達史講座』の刊行が開始された。

三〇年代に入って本格化していた日本資本主義論争は、山田盛太郎・平野義太郎らがこの『講座』の刊行を通じて問題提起をおこなったことで新たな局面を迎える。それは日本資本主義確立期とその前史の分析に関わる幕末維新史の位置づけ——日本における近代国家・資本主義が歴史的にどのように確立されたのかをめぐる論争の始まりであり、山田・平野らを中心とした「講座派」と「労農派」の間で激しい論戦が展開された。そのなかで主題化されたのが、日本近代化過程における「アジア的」性格である。[★9]

羽仁五郎の論文「東洋における資本主義の形成」(一九三二年)は、十九世紀における欧米勢力の東アジア進出時点での日中印三国の社会の変容を分析し、各国の「マニュファクチュア段階」を規定したものであるが、ここで彼は、「古き中国が、いかに「神秘的東洋」の光に輝いていたろうと、……数億の勤労民衆の上につねに直接に専制権力をのぞましめて来た社会よりほかのものではなかった」としたうえで、マルクスのいう「アジア的形態」概念を適用しつつ、帝国主義段階に入った外国資本主義列強が植民地的搾取のため「旧来の封建的支配」の機構を残存させていると述べる。そしてこのような近代的要素と非近代的要素の併存を前提に、植民地支配下でのブルジョワ的・資本主義的発展の阻止を指摘し、労農勢力による反植民地革命＝非資本主義的発展を展望した。そして「資本主義下に植民地化の下に軍閥・買弁に悩む中国が、いかに中国人の「特殊なる性格」に悩むごとく見えようと、……変革のまっただなかにいる社会である」と結論づけるのである。[★10] このようにアジア社会の「アジア的」性格は、日本を含む東アジアでの近代化＝変革に際して、克服されるべき課題として認識されるに至った。

2 「専制と停滞」のアジア社会論——転向以前の平野義太郎

以上われわれは、特に中国を対象として展開されてきたマルクス社会科学のアジア社会論にとって、アジア社会の探究がどのような意味を持ったのかを考察してきた。端的に言えばそれは中国を始めとする東アジア諸国の近代化=変革の進路のなかに日本をどう位置づけていくか、というきわめて政治的・実践的な課題であった。そこで次に、一九三〇年代から戦時期にかけての平野義太郎のアジア社会論の検討に移りたい。平野は、関連著作の多さからいってマルクス主義的「アジア社会論」のなかでも代表的論者と考えてよく、またアジア社会論に関わったマルクス主義者たちは多かれ少なかれ、戦時期の大東亜共栄圏論（大アジア主義）から戦後の「第三世界主義」への流れに棹さしているのだが、その点においても平野は典型的人物である。[★11] この節では「講座派」時代を中心に、彼の「転向」以前の時期のアジア社会論を検討するが、実のところその展開は直線的ではない。それは「講座派」以前の彼の社会観（共同体観）やアジア社会に対する認識を見ていくことである程度明らかになるだろう。

検討に先だち、一九三六年に弾圧によって一時的に沈黙させられるまでの平野の経歴を確認しておこう。[★12] 一八九七年東京生まれの平野は一九二一年に東京帝国大学法学部を卒業し同学部の助手となり、一九二三年には助教授となった。彼の所属した研究室（民法第三部講座）の主任教授を務めていた末弘厳太郎（一八八八―一九五一年）は、社会改良の実現を、国家による介入ではなく「社会」の力に期待する立場をとっていた民法学者・法社会学者であり、その後の平野にさまざまな影響を与えることになった。一九二七―三〇年には欧州に留学しフランクフルト大学社会問題研究所で『資本論』を研究したが、[★13] 帰国後の一九三〇年七月には共産党への資金カンパ容疑で検挙され、東大を罷免となる。そして一九三二年以降『日本資本主義発達史講座』の編集・執筆に参加するとともに、マルクス社会科学の理論誌たる『歴史科学』『経済評論』などに発表した論文により「講座派」の論客として知られるようになる。

平野が新進の法学者・法社会学者として知られるようになったのは一九二五年の著書『民法に於けるローマ思想とゲルマン思想』（一九二四年）である。この著書のなかでは、ローマ法による個人主義的な共同体とは区別される、ゲルマン法的共同体（ゲノッセンシャフト）の意味が取り上げられ、日本の「入会」をゲノッセンシャフト的な所有形態（総有）の一種として性格づけられた。そして入会に代表される、団体主義的な法原理による個人主義的な法原理の克服が社会主義的な変革として構想されるのである。

「観念」としての国家を「偶像」の王座から引きおろして、具体的な人間の集合生活を再生せしめ、各の個人的所有権を恵恣な私有財産から奪つて共同生活の目的の為めに協働させることは、今や急務ではあるまいか？然らば此の時に物権法を個人主義的組織から社会主義的組織に転換することは正に考へられねばならぬ問題である。★14

このように、共同体的な相互扶助の延長線上に社会主義を構想する平野の社会観は、とりわけ戦時期における彼のアジア社会論と関連して考えるとき実に興味深いものがある。★15 だが講座派時代の平野のアジア社会論は、このような一九二〇年代当時の社会観とは必ずしも直接につながってはいない。

『民法に於けるローマ思想とゲルマン思想』からかなりの時間を隔てることとなるが、彼がアジア社会への注目を見せるのは、『日本資本主義発達史講座』第三部の一分冊として「鈴木小兵衛」名義という形で刊行された「最近の植民地政策・民族運動」（一九三三年三月）である。★16 ここでは特に朝鮮・台湾を中心とするアジア諸地域が植民地社会として把握され、第一次世界大戦後の国際的環境の変化により生じた社会の矛盾が以下のように説明されている。すなわち、第一に大戦期の植民地で工業化政策が進展した結果として、土着ブルジョワジーおよびプロレタリアという新たな社会勢力が台頭したこと、第二にその政治的表現として植民地ナショナリズムが勃興したこと、第三に国際政治においては、社会主義ソ連が成立したなどの要因により、「植民地に対する寄生の増大」と「分離運動の発展」との矛盾が拡大する。そして平野は「植民地の××〔危機〕は、帝国主義の××〔危機〕である」（〔　〕内は引用者による伏せ字の推定復元）という結論を示すのである。★17 だが本文に述べられているように、平野は日本の支配のもとでの植民地社会の近代化が、民族資本の成長を軸とした資本主義的発展という形で実現される可能性を否定し、先述の羽仁五郎の論文と同様の見解を示している。[★18] ここで資本主義的近代化がストレートに実現されないような帝国主義支配下の植民地社会の有する特殊な性格が問題になるが、これ以後平野においては、この特殊性が帝国主義下における社会の植民地性ではなく、アジア社会に内在する「アジア的」性格と結びつけられて議論されることになる。

一九三四年、平野は、『日本資本主義発達史講座』で発表した日本関係の論文をまとめ『日本資本主義社会の機構』を刊行した。この著書において「アジア的」というタームは、近代以降の日本における農業の家族主義的な零細経営、これに寄生する高利貸資本、明治維新政府により「回顧」された専制主義的政治形態というような意味あいで用いられており、[★19] 明治以降の近代化を経たのちも日本社会が「アジア的」性格——とりわけ地主制——を色濃く残存させていることが明らかにされた。

続く課題は日本以外のアジア社会における「アジア的」性格の比較検討である。平野は『機構』刊行と前後して三六年までに中国社会をテーマにした三論文を発表し、中国社会およびアジア的社会に対する視点を提示する。それらの内容は先述の「最近の植民地政策・民族運動」とは異なり、同時代の情勢分析というよりは歴史研究という傾向が強い。まず、「解体を前にせる旧支那の経済・社会——アダム・スミスの支那論」[★20] においては、十八世紀のアダム・スミス『国富論』における「封建支那の解析」(の限界)の検討を通じ、「アジア的な封建社会」における「生産様式の歴史的形態の構造把握」を提起する。彼によれば、当時の中国においては「アジア的な封建制の生産形態・労働形態」のため「農業における生産力は停滞し」、「欠乏、飢饉、多数者の斃死が必然とされる」状況が生まれ、「産業利潤を目的とする産業資本の発展」が阻害され「一般の市民社会の成長を妨げている[★21]」。

近代以降においても中国社会を停滞させる原因となっている「アジア的な封建制の生産形態・労働形態」とは何であろうか。それは、第二の論文「支那研究に対する二つの途——支那研究の史的現状に関する若干の評注[★22]」によれば、土地に緊縛される「農奴的農民」が地主に対する「人格上の隷従関係」により「地代」という形態を通じて「全余剰生産物を汲み取られる」システムであり、「専制的なその支配組織の腐敗的上層機構」と結びつくことで「経済上の頽廃と政治上の腐敗との他に何等の結果をも喚び起こすことなくして、久しく存在する」停滞状態が生まれる、とされる。★23 平野はこの論文においてヴィットフォーゲルやマジャールによる中国社会研究――「アジア的生産様式論」に大きく依拠しているのだが、彼にとってはこのような分析こそが、批判対象たる「半封建的帝国主義的支那学」に対置されるべき「マルクス主義的分析」に他ならないのであった。

そして以上のような視点に基づき、十八世紀西欧における日本論の検討を通じ、農業社会としての日本社会を考察したのが第三の論文「アジア的農業と日本の農業――モンテスキューが論及せる日本、および、モンタヌス、ケンプェルが観察せる」★24 である。ここでは、前近代の日本社会が共有する「アジア的」性格が示された。すなわち専制支配、治水などの大規模土木工事、農本主義集約的零細的農業経営などの諸条件により市民的自由は消滅し、結果として生産力の発展すなわち工業社会への道が閉ざされ停滞した社会＝「アジア的農村社会」として前近代の日本社会が位置づけられているのである。★25

これらの論文における平野のアジア社会論（とくに中国社会論）とはいかなるものであろうか。それは零細な小農経営を基盤とした専制支配という基本構造のもとで、生産が低水準のまま停滞し、農奴制あるいは小農制が温存される「アジア的」性格をもっており、社会の発展コースとして「産業資本の発展」に基づく「市民社会の成長」以外の道をほとんど否定するという前提に立つ以上、それらの条件を欠如した中国社会には経済的・政治的な発展の可能性が存在しない、というものであった。

また、「最近の植民地政策・民族運動」（および羽仁論文）に見られた帝国主義の支配を社会の停滞の主要因とする視点は、三四年以降展開された平野の一連の中国社会論のなかでは全くと言っていいほど見ることができず、したがって彼の議論は中国社会の発展――資本主義発展の可能性をもっぱら社会内部の要因によって否定し、社会の静態性を極度に強調したものとなった。★26 また、日本の社会は前近代において中国などアジア諸国の社会と「アジア的」性格を共有しており、さらにそれが基本的には近代化＝資本主義化を経たのちも持ち越されたがゆえに「遅れている」と見なされたのであった。[★27]さらに言えば、この時期の平野の議論には、初期の著作に見られたように、社会主義に向かう「共同体」的社会を、例えばアジア社会のなかに見いだそうとする志向性も存在していない。

3 「共同体」論としてのアジア社会論──転向後・戦時期の平野義太郎

先の論文「アジア的農業社会と日本の農業」が発表された直後の一九三六年七月、平野は『日本封建制講座』の企画に端を発したコム・アカデミー事件により同じ講座派の山田盛太郎・小林良正・桜井武雄・相川春喜などとともに検挙された。翌三七年、彼は獄中で転向を表明したことで起訴留保として保釈されたが、しばらくの間言論人としての沈黙を余儀なくされたのである。その後数年間、大井憲太郎・中村太八郎の伝記編纂や法学雑誌での判例解説執筆に専念していた平野が、再びアジア社会を論じるようになったのは、一九四〇年、恩師・末弘厳太郎が委員長を務める東亜研究所第六委員会による「中国農村慣行調査」へ参加(─一九四三年)するようになった頃であった。[★28]平野はこの調査事業のなかで満鉄から送られた調査報告書をもとに「土地法」「家族ならびに村落」についての分析をすめるとともに、訪中して「満洲」・華北・華中での現地調査に初めて従事した。一九四一年には鶴見祐輔が事実上の代表を務める国策研究機関「太平洋協会」に就職し、弘報部長を務める一方、四五年八月の敗戦にともない同会が解散するまで機関誌『太平洋』などで活発な評論活動を展開した。このなかで平野は、国策的なアジア地域研究への関与を通じ、総力戦体制に身を寄り添わせその政治的立場を大きく転向させていくことになる。

アジア社会論における平野の転向──この時点では「転回」と言う方が適切かもしれないが──は、アジア社会(東洋社会)を「共同体」社会として把握することから始まっている。それを示すのが『中央公論』一九四〇年七月号に掲載された橘樸・細川嘉六・尾崎秀実との「検討会」と題された「東洋の社会構成と日支の将来」[★29]である。検討会のテーマは「東洋社会には、東洋社会の基底が存在してゐるといふ考へ方を中心」に「日支共同社会の比較」を行ない「日支の将来」には「どういふ発展性があるか」というものであり、議論は橘を中心とする形で進行しているが、それに続いて積極的に発言しているのは平野である。

橘の問題提起はまず、自分の「支那研究」の動機が、辛亥革命・五四運動以来の中国に現れた新しい社会の動きであったと述べ、ヨーロッパ社会を基礎にしたマルクス主義の理論・方法を「東洋」に当てはめることの限界を意識したと語る。そして「主として心理学的に説明された集合体、共同体といふ観念に適当なる歴史的社会学的な修正を加へたならば、東洋社会と西洋社会のそれぞれの持つてゐる特質を、表現するに適当な観念が得られるのではないだらうか」とした上で、日本と中国（「支那」）の異質性について、中国では「彼らの発展を抑へて居るところの共同体的性格」が残存するが、日本では共同体的性格を「過去数十年の努力によつて大いに排除」し、「西洋風の集合体的性格がそれに代つた」が「共同型社会」も今なお残存していることを指摘する。しかし満州事変以後、日本においても「共同体性が……何十年来の集合体化傾向から抜け出して、現れ」てきており、そこから「東洋社会の本質を共同体と考へ、それに対して、西洋社会の基礎的な社会紐帯は集合体だという結論」に至るのである。[★30]

これに対し、橘の発言に触発されたかたちの平野による「日支社会」の比較は、しかし橘とは異なって日本社会と中国社会の差異を強調するものである。

支那は比較的単純に生産力の発展があつても、家族的結合とそれを支配する官人国家が懸絶して聳立するだけであつた。他民族の侵入、戦乱のために断続して、折角行きついた段階が、また或るところでもう一遍繰り返さねばならんといふことになる。日本は兎に角さういふ無駄なしに、世界史的には遅れてはゐるが、順調な段階を本格的に正則的に追うて来てゐる。それから日本は典型的封建制度が成立し、武断的で武将を中心とした忠勤関係が荘園以後起こつてをる。[★31]

日本は非常に組織的な、主従関係が農民たる名主の根柢の上に生じて来た。これは地方的集団を鞏固とし、村落的共同生活の公共精神をも発達せしめた。この共同生活の組織化は、支那村落と比較さるべきです。[32]

下から生活を発達させる民衆自身の力は、日本を支那と対比させる場合重要な事実だ。[33]

これらの発言からは、講座派時代には消失していた、初期の平野の「共同体」社会に対するポジティヴな評価が、この時期になって復活したことを見てとることができる。また、講座派時代にはさほど対象化されていなかった日中の社会発展の差異が、ここでは重要な分析課題とされていることも大きい。平野は「自然的社会的条件」に基づく両者の差異のなかでも主要なものを「資本主義社会以前の伝統的な社会構成」に求めており、日本には中国と異なり強固な「社会組織体」が形成され「共同生活の組織化」が行なわれているとした。その結果彼は、「アジア的」性格を有するがゆえに日本と中国の社会は同様に遅れている、という講座派時代の見解から、強固な共同体が形成された日本社会は中国社会よりも進んでいる、とする見解へと転回することになった。そして平野は「日本人が十分に東亜の諸民族を指導するだけの、或は尊崇を受けるだけの実力さへ備へれば、客観的の事実によつて、自然に相提携し、相協調し合へるといふのですね」と述べ、日本の主導による中国社会の変革を唱道することになる。[34]

「検討会」以後の平野によるアジア社会論は、日本とそれ以外のアジア諸国の社会的な差異をほとんど問題にすることなく、むしろその同質性を強調する方向に進んでいく。「検討会」で、中国社会の近代化に向け「日本が積極的に提携指導をなす力を貸してやればい丶」[35]と発言している平野にしてみれば、日本社会とそれ以外のアジア社会との差異――すなわち日本社会の先進性――は当然の前提となっているのであり、むしろアジア社会の位置づけが「専制と停滞」の社会から「共同体社会」へとシフトされていることが彼にとっては重要なのである。例えば戦時期の著書である『民族政治の基本問題』[36]では、欧米社会と原則的に区別される「東洋社会」を、「治水、水利を基礎条件とする灌漑農業」「家族によつて営まれる集約的な小農業」を主体とする経済構成の上に立つ「家族制度を基礎とする農村郷土社会」と規定し、「アジアの統一性」の社会的基盤としての「東洋的郷土社会」論が提起されている。[★37]

そして、このさい注目すべきことは、かつて講座派時代の論文「アジア的農業社会と日本の農業」などにおいて、「アジア的」な専制の基礎とされた「治水、水利」が、戦時期のこの著書においては「村落協同体による指導」の根拠とみなされポジティヴなものとして評価されているということである。[★38] さらに、敗戦直前の一九四五年六月に刊行された著書『大アジア主義の歴史的基礎』の序文で平野は、かつて中国社会における「専制的支配組織」として批判した、官僚層に結びついた「地主＝商業＝高利貸資本」の三位一体を、戦時下における「農村救済、経済再建の最も現実的に有力な郷土的な力」として挙げ、彼らを中心的な力として生産力の発展を通じ「大東亜建設」に寄与させなければならない、とまで言っている。[★39] 以前の理論的立場と比して考えるなら隔世の感すら禁じ得ない評価の反転である。しかし、戦争末期の平野が梁漱溟「郷村建設論」に対し強い関心を示していたことなども併せて考えるならば、平野の構想は、当時のアジア社会を総力戦に動員する際に、「大東亜建設」に同意する社会的ヘゲモニーの形成を重視しようとするものではなかっただろうか。そしてそれはかつて専制と停滞の社会的基礎として顧みなかったアジア社会――「共同体」社会の内部に、発展・変革に向かう主体を認めようとする理論的転回ではなかったかと思われるのである。中国農村慣行調査の報告として書かれた「会、会首、村長」（一九四一年）には「この村の内部構成、村政を左右してゐる実際の有力者官治規制の基礎となってゐる自然村の内部事情を真に知ることなしには、討伐も統治も新民会の宣撫工作も行はれえないのであ」るとあるが、[★41] アジアの共同体社会の本質を探究する作業のなかに、平野が戦時期におけるマルクス社会科学的「アジア社会論」の居場所を見出していたことは明らかである。しかし、それは「大東亜共栄圏」へのより深い巻き込まれという、きわどい状況――さらに占領地住民に対する過酷な支配――の下においてのみ可能となることであった。

おわりに

以上から結論づけられるように、平野を中心とした一九三〇年代日本のマルクス社会科学による「アジア社会論」は、中国を中心とするアジア社会における近代化の矛盾のメカニズム――すなわちストレートに資本主義が発展するという形ではなく、それが帝国主義と結びついた社会内部の「アジア的」要素により阻害される――を一定解明するという意義を有した。しかしアジア社会の内部に発展や変革の可能性を描き出すことができず、「専制と停滞」を強調する結果となった。さらに総力戦体制構築という時代状況に遭遇することにより、彼らが有していた社会的ヘゲモニーの形成という問題意識は、「大東亜共栄圏」建設へ占領地住民を動員していくための技法として簒奪されることになったといえる。

第二次世界大戦後の平野は、敗戦による太平洋協会の解散により、同協会の中心であった鶴見祐輔から資産の一部を託され、敗戦直前協会内に発足させていた「日華学芸懇話会」の活動を継続した。この会を前身として一九四六年一月には中国研究所が設立され平野は初代所長に就任するのである。[★42] 平野はその他に、日本平和委員会・日中友好協会・中日貿易促進議員連盟などに参加しており、左派（日本共産党系）的立場をとるアジア研究者・平和運動家として知られる存在となった。

平野の戦後のアジア社会論は、他のマルクス社会科学的アジア社会論が概ねそうであったように、戦時期からの「共同体」論に依拠しつつ、そこからかつての「大アジア主義」的主張――「大東亜建設」への動員――を抹消し、例えば社会主義建設の根拠というような別の（平野にとって）ポジティヴな位置づけを付与することとなった[★43]。しかし戦時期になされた「専制と停滞」論から「共同体」論への理論的転向（あるいは転回）が、戦後における社会主義への積極的評価とどのようにつながっていくのかを、平野自らが対象化する作業は永遠に放棄された。平野は自分の戦時期の理論的営為について、戦後は全く言及することなく、「ツベコベと饒舌を弄する」よりも「現実の行動」で示したい、[44]として平和運動や日中友好運動に没頭し、戦時期の自分の言説を清算してしまったのである。また、平野とともに中国研究所に参加した研究者たちも、その多くは満鉄調査部・東亜研究所などの国策研究機関の出身であり、総力戦体制という時流に棹さしながら中国研究を発展させていった経歴を持っていたこともあって、平野の態度を暗黙のうちに認めた。すなわち彼らは平野と同様、総力戦＝アジア侵略への「加担」に対する反省を革命中国への無条件賛美というかたちで表明したのである。[45]冒頭で述べた戦時期の「アジア社会論」を総括する作業の困難さは、実はこのこととも大きく関わっている。

［注］

（1）日本の社会科学の最もスタンダードな通史と思われる石田雄『日本の社会科学』（東京大学出版会、一九八四年）、Ⅴ「危機意識と「民族」協同体」、および高畠通敏「生産力理論――大河内一男・風早八十二」（思想の科学研究会『共同研究 転向』（中）（改訂増補版）、平凡社、一九七八年〔初版は一九六〇年〕）を参照のこと。

（2）山之内靖「戦時期の遺産とその両義性」（山之内靖ほか編『岩波講座 社会科学の方法 第三巻 日本社会科学の思想』、岩波書店、一九九三年）は戦時期の「生産力理論」について扱っており、その後展開される「総力戦体制」研究の基本的な問題意識が示されている。

（3）筆者はアジアを含む植民地世界に対する社会科学の関与を、「植民地社会科学」の名で一括して捉える視点を提案している。盛田良治「戦時期〈植民地社会科学〉の隘路――平野義太郎を中心に」（山脇直司ほか編『ライブラリ相関社会科学七 ネイションの軌跡』新世社、二〇〇一年）、七一―七四頁参照。

（4）アジア・植民地問題に対する社会科学の関与の全体像を把握することが困難となっている理由はここに述べた事情だけではない。それらが多くの場合、地域研究という形で行なわれたため対象領域がすぐれて個別性を有することもその一因である。近代日本の知識人とアジアとの関わりについては竹内好・橋川文三編『近代日本と中国』（全二巻、朝日新聞社、一九七四年）、および小島晋治・大里浩秋・並木頼寿編『20世紀の中国研究――その遺産をどう生かすか』（研文出版、二〇〇一年）、が概観を与えてくれる。

（5）平野義太郎のアジア社会論をテーマとした拙論としては盛田良治「平野義太郎の「転向」とアジア社会論の変容」（栗原幸夫編『レヴィジオン〔再審〕第2輯 超克と抵抗』社会評論社、一九九九年）、盛田前掲「戦時期〈植民地社会科学〉の隘路」があり、本論文と内容的にも大きく関わっているので参照されたい。

（6）佐野学「支那史・演劇・其の他に就いて――獄中より某氏に宛てた手紙」（『プロレタリア科学』第二巻四号、一九三〇年）。

（7）プロ科「中国研究会」の活動については、運動史研究会『運動史研究2 特集 プロレタリア科学運動の回顧と検討』（三一書房、一九七八年）、および梅田俊英「プロレタリア科学研究所と研究同盟の任務」（法政大学大原社会問題研究所『プロレタリア科学 プロレタリア科学研究所機関誌』別巻、法政大学出版局、一九八六年）、参照。

（8）郭沫若・藤枝丈夫訳『支那古代社会研究』（東学社、一九三五年〈初版は『支那古代社会史論』、一九三一年〉）。

（9）後述するように地理的な意味での「アジア」と、社会科学においてしばしば使われる「アジア的」の「アジア」とは同じではない。

（10）羽仁五郎『明治維新史研究』（岩波文庫、一九七八年〈初版は一九五六年〉）、一一七―一一八頁。

（11）平野義太郎のアジア社会論に関する先行研究については、盛田前掲「平野義太郎の「転向」とアジア社会論の変容」、九四―九五頁参照。また特に重要なものとして秋定嘉和「社会科学者の戦時下のアジア論――平野義太郎を中心に」（古屋哲夫編『近代日本のアジア認識』緑蔭書房、一九九六年）がある。

（12）平野の経歴については、平野文庫『平野義太郎著作についての書評集』（白石書店、一九九一年）に付録として収録された「平野義太郎著作目録――人と学問の歩み」が詳細である。

（13）ドイツ留学中の平野は、フランクフルト社会科学研究所に滞在し中国研究者K・ヴィットフォーゲルらと交流し、また国崎定洞を知り「ベルリン反帝グループ」のメンバーとして「対支非干渉運動」に参加しているが、この留学経験がその後の平野のアジア社会論にどのような影を落としたかについては今後の課題としたい。加藤哲郎『ワイマール期ベルリンの日本人：洋行知識人の反帝ネットワーク』（岩波書店、二〇〇八年）、第二章参照。なお、平野に影響を与えたヴィットフォーゲルのアジア的社会論については、石井知章『K・A・ウィットフォーゲルの東洋的社会論』（社会評論社、二〇〇八年）、参照。

（14）平野義太郎『民法に於けるローマ思想とゲルマン思想』（有斐閣、一九二四年〔引用は一九三六年版〕）、四七七頁。

（15）この点については、長岡新吉「「講座派」理論の展開とアジア認識」（『経済学研究』一九八五年三月号、北海道大学）および酒井哲哉『近代日本の国際秩序論』（岩波書店、二〇〇七年）、二六二—二六三頁、参照。

（16）鈴木小兵衛は東京帝大文学部を一九二九年に中退するまで新人会・東大セツルメントで活動、二八年に無産青年同盟に加盟していた（経歴は石堂清倫・野々村一雄・野間清・小林庄一『十五年戦争と満鉄調査部』原書房、一九八六年、一五一—一五六頁などを参照）。『日本資本主義発達史講座』の成立過程を考察した大石嘉一郎『日本資本主義史論』（東京大学出版会、一九九九年）によると、同講座第三部「帝国主義日本の現状」の一分冊である「最近の植民地政策・民族運動」は当初プロ科の寺島一夫による執筆が予定されていたが、三二年の寺島の検挙により鈴木に担当が回った（同、七七頁）。平野の回想（安藤良雄編『昭和政治経済史の証言』（中）毎日新聞社、一九七二年、四一頁）によると、この後さらに鈴木が検挙されたため平野が鈴木名義で代筆したということになる。当該論文を検討したものとしては浅田喬二『日本知識人の植民地認識』（校倉書房、一九八五年）、二七—二九頁、秋定前掲「社会科学者の戦時下のアジア論」、五八九—五九一頁があり、特に後者は、この論文を平野のアジア社会論の展開の中に位置づけた数少ない研究である。

（17）鈴木小兵衛「最近の植民地政策・民族運動」（『日本資本主義発達史講座』（第三部）岩波書店、一九三三年〔引用は一九八二年復刻版〕）、三—四頁。

（18）同前、五二頁。

（19）平野義太郎『日本資本主義社会の機構』（岩波書店、一九三四年〔引用は一九四八年版〕）、四五—四六頁、六六頁、一九八頁。

（20）平野義太郎「解体を前にせる旧支那の経済・社会——アダム・スミスの支那論」（『中央公論』四十九巻一号、

一九三四年一月)。

(21) 同前、二六、二八頁。

(22) 平野義太郎「支那研究に対する二つの道——支那研究の史的現状に関する若干の評注」(『唯物論研究』二十号、一九三四年六月)。

(23) 同前、一五、二六頁。

(24) 平野義太郎「アジア的農業社会と日本の農業——モンテスキューが論及せる日本、および、モンタヌス、ケンプフェルが観察せる」(『思想』一六九号、一九三六年六月)。

(25) 同前、二一六、二二七—二三〇頁。

(26) ここで当然、平野の議論が、アジア社会の停滞の要因をその内部ではなく外部に求める方向に進んでいかないことに関し疑問が生じるであろう。このことは当時、中国国民革命の総括作業を契機としてコミンテルンで展開されていたアジア社会・植民地社会に関する「植民地脱化」(脱植民地化) 論争 (一九二二—二八年) の結果が関連しているものと思われる。コミンテルン第六回大会 (一九二八年) は、「脱化」論を否定し、世界恐慌による「相対的安定」の時期の終焉と「第三期」=「全般的危機」の時期——「社会主義革命をさし迫ったものとしている」情勢——への移行を宣言し、アジア社会においては労農勢力を変革の推進力とし、民族ブルジョワジーへの否定的評価を下す極度に階級還元論的な戦術を指示するようになった。この路線転換を支持し、前掲「支那研究に対する二つの道」において「脱化論」を激しく批判した平野にとっては、中国社会において労農勢力のイニシャティヴを確立することが優先されるべき問題であって、たとえ (脱化論と異なって) ネガティヴな影響であっても帝国主義という外在的要因は副次的なものとしか捉えられなかったのではないか。この点においては盛田前掲「戦時期〈植民地社会科学〉の隘路」、七六—七九頁参照。

(27) 結果としてこのようなアジア社会論は、平野以外の論者によってアジア社会の「停滞論」へと傾斜していくこととなる。これを代表するのが、信夫清三郎による日清戦争期における日中両国の生産段階比較の研究である。信夫の論文「日清戦前における清国産業の発展段階」(『歴史科学』一九三六年一月号) は、「日清戦争におけるわが国勝利の基礎は何であったか」という問題意識から始まり、日本の清国に対する軍備の優越性の根拠をその産業における発展段階の差に求める。そして前年に発表された論文「日清戦前におけるわが国産業の発展段階」を前提として、十九世紀後半の日中の生産段階の比較――すなわち「明治維新」と「洋務運動」という日中の近代化の比較――をおこない、そこには「大産業時代」と「マニュファクチュア時代」の差があったと結論づけるのである。

(28) 中国農村慣行調査については中国農村慣行調査会『中国農村慣行調査』全六巻（岩波書店、一九五二―五八年）、参照。

(29) 橘樸・細川嘉六・尾崎秀実・平野義太郎「東洋の社会構成と日支の将来［検討会］」（『中央公論』五十五巻七号、一九四〇年七月）。

(30) 同前、四八―五三頁。

(31) 同前、五六頁。

(32) 同前、五八頁。

(33) 同前、六〇頁。

(34) 「検討会」は、この後、平野のいう「ゲノッセンシャフト（仲間協同態）」が橘のいう「西洋社会＝集合体／東洋社会＝共同体」に繋がるのか否かについて、はっきりとした結論を出さないまま両者の間に微妙なズレを残したまま終了する。

(35) 橘ほか前掲「東洋の社会構成と日支の将来［検討会］」、六七頁。

(36) 平野義太郎『民族政治の基本問題』（小山書店、一九四四年）。

(37) 同前、一〇―一五頁。なお平野が中国社会に共同体を認めたことで、それを否定する戒能通孝との間に論争が生じたが、これについては盛田前掲「戦時期〈植民地社会科学〉の隘路」、八八―九〇頁参照。

(38) 平野前掲『民族政治の基本問題』、一一頁。

(39) 平野義太郎『大アジア主義の歴史的基礎』（河出書房、一九四五年）、「序」一―二頁。

(40) この点については平野義太郎「新中国における郷村建設――新中国の安定統一に関する梁漱溟の思想と運動」（『法律時報』十七巻一号、一九四五年一月）を参照。梁漱溟は一九三〇年代に中国国民党により進められた「農村復興運動」のイデオローグであり、「郷村建設理論」を提唱した哲学者として知られている。

(41) 平野前掲『大アジア主義の歴史的基礎』、一五三頁。
(42) 米沢秀夫「中国研究所創立と平野」(平野義太郎・人と学問編集委員会『平野義太郎――人と学問』大月書店、一九八一年)など参照。
(43) だが実のところ平野は、戦後の一時期(一九四六年三月)には、のち中国共産党との内戦に敗北することになる蔣介石について最大限の讃辞を表明していることが示しているように、ここで示した「戦後転向」の道筋をストレートにたどっていったのではない。その後、平野は戦後復刻刊行された『中国農村慣行調査』の「解題」において、同調査が「旧い生産関係の桎梏を代表する旧い、暗黒の専制的な官紳支配のなかにも、庶民の内部では大衆がいかに民主に近い慣行を発展させているか」を解明した(中国農村慣行調査会前掲『中国農村慣行調査』第一巻、七頁)と述べているが、そのことは平野のアジア社会論における戦時期から戦後への連続を考える時、象徴的である。
(44) 平野義太郎「中日新関係の前提――敗戦一年に当り再び蔣主席の放送演説より学べ」(『中国評論』一巻十号、一九四六年)。
(45) この点については、加々美光行編『地域研究シリーズ 第四巻 中国:政治・社会』(アジア経済研究所、一九九五年)、「総論」八―九頁を参照。

[第7章]

満鉄調査部の思想

大上末廣と宮崎正義

小林英夫

はじめに

東アジアの歴史的歩みを如何に把握するべきか、という問いに対して、かつては封建社会から資本主義社会そして社会主義社会への道が正道とされ、それと異なる道は邪道として排斥されてきた。そしてまたこの正邪をめぐる厳しい論争が昭和の日本を含む東アジアの学問を規定してきた。さらにこの道は社会変革、つまり革命と反革命の政治運動を内包していたが故に、論争は勢い学問の領域を超えて政治の対立へと発展し、戦後へと引き継がれていった。

しかし昭和の東アジアといった場合でも、戦中の、総力戦体制構築の試みと社会科学の変容を経るなかで、戦前と戦後のそれは著しく様相を異にする側面と継続する側面が並存した。なぜなら、戦後は東アジア各国の独立とともに、その歩みを近代化と近代国家の形成史として把握する動きが顕著となり、それが戦前の社会構成体論の移行を基底にもつ歴史認識に代わって大きな位置を占めてきたからである。この戦後の動きは、総力戦構築過程の一九三〇年代末から四〇年代初頭においてはすでに発現しており、[★1]それは戦後に至り一層力を増し冷戦の終焉をもって前者の社会構成体論を後方へと追いやっていった。

しかし社会構成体をめぐる戦前の論争においても、すでに戦後の近代化への評価と認識を論争のなかに取り込んでいた識者は存在した。満鉄調査部員で、若くして理論的指導者としてその名が知られた大上末廣はその一人だったといえよう。不幸にして四十歳初めにして満鉄調査部事件に連座し、獄死したがゆえに彼の全体的業績評価は困難を極めるが、しかし無限の可能性をもったそれとして検討されるべきものが上記の課題設定との連鎖で存在している。

いま一人は、こうした社会構成体論から距離を置いて、戦後の高度成長の原型を案出し、近代化を開発問題の次元で戦前から志向していた宮崎正義である。彼は、ロシアに留学し、一九一七年のロシア革命下の現実を体験したがゆえに、逆に社会構成体論に入り込むことなく、近代化で戦前と戦後を統一しえたという意味で、大上とは異なる軌跡を描きえた。

小論は、同時代にあって同じ満鉄調査部に籍を置き、同じ開発問題を手がけつつ異なる軌跡を描いた大上末廣と宮崎正義の学問的生涯とその業績の検討を通じて、一九三〇年代の彼らの思想的推移とその足跡を検討し、両者の対比を通じて、もって戦前から現代までを貫く歴史認識の変遷の論争にささやかな関与を試みる。

1　大上末廣・宮崎正義、その人となり

(1) 満鉄入社前

満鉄入社前後の大上末廣——満洲行き・橘樸との邂逅

まず、大上の人となりを跡付けておこう。彼は一九〇三年石川県能美郡苗代村に生れている。日露戦争勃発一年前のことである。一七年苗代尋常高等小学校高等科卒業、その年に石川県立小松中学（現在の県立小松高校）に合格、二三年同中学から新潟高等学校文科甲類に入学、二六年同校を卒業すると同年京都帝国大学経済学部に籍を置いている。さらに研究者の道を求めて二九年京都帝国大学大学院に入学、ここでは山本美越乃、作田荘一に師事している。山本は『植民政策研究』[2]などの著作で知られ、矢内原忠雄と並ぶ日本植民政策の草分け的人物であるし、作田は、『国家論』、『経済の道』などの著作で知られ、京都大学教授として国民経済論を論じ、転じて満洲国建国大学初代副総長（総長は国務総理）などを歴任した経済学者であった。[3]大上の大学院生時代の研究テーマは、「支那国民経済論」[4]だった。彼は、この課題を掲げて三一年京都帝国大学経済学部副手のまま外務省支那留学生として中国に渡っている。それが決定されたのは、満洲事変がおきた三一年九月のことだった。

大上は、三一年十二月上海に渡るが、翌三二年一月上海事変が勃発すると、「一時避難」[5]の目的もあって、上海を引き払って満洲は大連へと渡った。そこで京都帝大の先輩で満鉄調査部員でもあった天野元之助に出会い、彼の支援を得てここに居を構えて研究を継続することを決意し、研究テーマも「支那国民経済論」から「満洲経済論」へと「転換」した。「転換」したというよりは、満洲「国民経済論」を研究することとしたと言い換えたほうが正確だ[6]といえよう。なぜなら、「国民経済論」的視点から、その対象を中国全域から東北に移したともいえるからである。ところで、研究拠点を満洲の大連に定めるにあたっては、彼が私淑していた橘樸が大連を拠点に活動していたことも大きかったという。[7]事実、彼は大連において橘との関係を深めていく。さらに満洲経済研究を本格的に開始するため、大上は三三年九月天野の紹介をもって満鉄に入社し、彼が主任を務める経済調査会第一部満洲経済班に所属して活動を開始した。そして翌三四年には関戸千代と結婚、私生活面での安定も得て、満洲の地での活躍が始まる。

満満鉄入社前後の宮崎正義——ロシア革命の洗礼、石原莞爾との出会い

他方、宮崎はといえば、一八九三年石川県金沢市材木町に生まれている。日清戦争勃発二年前で、大上より十歳年長である。一九〇三年材木町尋常小学校を、〇五年小将町高等小学校を卒業、その年に石川県立金沢二中（現在の錦が丘高校）に入学、一一年同校卒業後に石川県官費留学生としてハルビン、モスクワに留学、一四年に一時帰国するが、再び満鉄のロシア留学生としてモスクワに赴き、シャニヤフスキー大学で社会学を学んでいる。一五年にペテルブルグ大学に移り政治経済学を修め、一七年に同大学を卒業している。卒業時にロシア二月革命に遭遇、強烈な革命体験を持つが、その後に続く十月社会主義革命を見ることなく七月にはロシアを離れ、同月満鉄に就職する。最初は運輸部営業課に配属されるが、二三年には念願の総務部調査課へと移り、調査活動に従事することとなる。

彼は、ソ連スペシャリストとして満鉄調査課に就職するわけだが、その後の彼の歩みを見るにあたっては、ロシア革命の体験がもった意味は大きいものがある。この点に関して、宮崎は金沢二中の同窓会誌『照星』に次のように書いている。

一九一七年の大革命の当時は『ペトログラード』にあり、親しく此の大事件を検分した。小生の親友たる日本人一名及び露人二名は市街戦の犠牲となって斃れた。自分は此の未曾有の一大事変により、世界観上の或るヒントを得た。が、革命の思い出を書けば、余りに長くなる故に此の処には略する。★8

「世界観上の或るヒント」が何であったのか、を宮崎はなんらそこでは語っていない。しかし彼のその後の国家改造案の作成と模索の動きから類推すれば、国家体制とは変化するし、変化させることができるという確信にも似た想いだったのではないか。一七年五月ペテルブルグ大学政治経済学部卒業。同年七月満鉄運輸部営業課雇員に任ぜられ、一八年四月には職員に、入社六年目の二三年五月には総務部調査課ロシア係主任を命ぜられ、満鉄調査課のロシ

ア調査の主力へと成長していく。

おりしも、満鉄調査課は、ロシア革命後のソ連の動向に深い関心を寄せ、情報収集と発信に力を注ぎ、『満蒙露国研究叢書』をはじめ多くの出版物を通じてソ連の紹介や解説に務め、二〇年代を通じて満鉄調査課は、ソ連情報のセンター的機能を果たし始めていた。その中心にいたのが宮崎正義だった。この過程で宮崎は、当時関東軍参謀だった石原莞爾と親交を深め始める。きっかけは、一九三〇年の秋、石原が旅順の関東軍司令部で開催された研究会に彼をソ連問題の講師として招待したことに始まる。初対面の石原は、宮崎を丁重に扱い、講演後汽車で大連に帰る宮崎を、ホームで直立不動、姿が見えなくなるまで挙手の礼で見送ったという。石原莞爾没後一周忌の一九五〇年八月出された『石原莞爾研究』に寄稿した宮崎は、「その後も随分講演を頼まれたことはあるが、石原さんほどの心遣いをされたことは極めて稀である」と当時を回想していた。

満洲事変後の三二年一月石原ら関東軍参謀たちは、新たに満鉄調査課を主体に満鉄理事の十河信二を委員長に宮崎が具体化の中心になって経済調査会を組織し、そこに満洲国建国に必要な経済政策の立案を依頼した。調査課の大半のメンバーがこれに参加し活動したが、その中には天野元之助や後に合流することとなる新進気鋭の大上末廣らも含まれていた。ここでは、まず石原、十河、宮崎らが組織に携わった満鉄経済調査会の活動から述べることとしよう。

(2)満鉄経済調査会での活動

経済調査会と宮崎正義

関東軍は、三二年三月に建国宣言を発表し、満洲国の「建国」に着手した。それに先立つ三二年一月関東軍の石原莞爾らは、新たに経済調査会を立ち上げた。委員長は、満鉄理事の十河信二で、組織化の実行部隊の責任者は、調査課の宮崎正義だった。経済調査会は、満洲国の経済政策を立案する組織で、別称「経済参謀本部」とも称された。宮崎らは、文字通り満洲国の経済政策の根幹を決定する作業を開始し、三二年六月には、経済調査会第一部（宮崎が主査）が「満洲経済統制策」を作成、若干の修正を経て満鉄重役会議に掛けられ、八月には関東軍は「満洲経済統制策」を要約した「満洲経済統制根本方策案」を正式な軍決定案とし、軍特務部の企画指導はすべてこの根本方針によることとなった。この案は、三三年三月の満洲国建国一周年記念日に満洲国政府名で発表された「満洲国経済建設要綱」に引き継がれていった。この諸案の特徴は、満洲国では重要産業は官僚による統制にゆだねることが明示されていた。この間宮崎は、天野元之助、大上末廣が編輯委員を務める『満洲経済年報』一九三三年度版（一九三三年十二月出版）に経済調査会主査として「序」を寄せているが、『年報』については大上を論ずる際に再度言及しよう。宮崎は、「満洲経済建設要綱」が発表された直後の五月満洲を離れ東京へ移転し、三五年八月には日満財政経済研究会を立ち上げた。古賀英正（後の直木賞作家の南條範夫）を筆頭に、五十余名（一九四〇年時点）の、帝大卒が調査員の多数を占めたこの研究会が目指したものは、「満洲産業開発五カ年計画」と呼ばれる経済計画案の立案だった。彼らは三六年八月「昭和十二年度以降五年間歳入及歳出計画、付緊急実施国策大綱」を作成した。計画書は、三七年以降向こう五年間の歳入、歳出の伸びを検討し、そのなかで軍事費の伸び幅を推定すると同時に、「緊急実施国策大綱」では、まず現行内閣制度を廃止し国務院による中央集権体制を確立し、国防費の効率的使用を追及し、国防産業の飛躍的発展を図り、官僚、軍部、民間企業一体での軍事経済体制の構築を目指し、あわせて国民生活の安定を図るとしていた。さらにこの課題をやり遂げる大前提として、「少なくとも十年間の平和を必要」とし、その間大規模な戦争を実施することで国力を消耗し、上記のような体制つくりが遅れることを避けるとしていた。

これが出発点となって、以降計画の具体化が図られる。一か月後の三六年九月には「満洲ニ於ケル軍需産業建設拡充計画」が立案される。この満洲版と平行して二か月後の十一月には「帝国軍需工業拡充計画」が完成している。ところで、この「満洲ニ於ケル軍需産業建設拡充計画」がベースとなって「満洲産業開発五カ年計画」が作られ、十月には、経済調査会が作成した後述する大上末廣らの「満洲産業開発永年計画案」らとともに湯崗子温泉で、関東軍、満洲国、満鉄の主要メンバーが集合した会議が開催された。ここで、大上の主導する農村協同組合による満洲農村振興を内容とした「満洲産業開発永年計画案」は葬り去られ、宮崎らが立案した軍需重工業育成を主体とした「満洲産業開発五カ年計画」が採用される。この会議以降は、満洲サイドの取り組みは実務者レベルに移り、三六年十一月には軍務課で「満洲産業五カ年計画取扱要領」が決定され、日本に先駆けて計画が実施されることとなる。この計画作成プロセスで、宮崎は立案者として中枢的役割を演じたのである。そしてこの官主導の統制経済による軍事経済構築の手法は、岸信介らの商工省出身の「満洲国」官僚の手で三七年以降実施に移され、三九年以降は岸の日本帰還、その後の商工大臣就任とともに日本国内の戦時動員体制構築に適用され、戦後は一九五七年二月に岸が政権を掌握するとともに戦後高度経済成長のツールとして重要な役割を果たすこととなる。★9

経済調査会と大上末廣

他方、大上末廣に目を転ずれば、この間、彼は経済調査会にあって理論的研究を進め、三三年から三五年にかけて『満洲経済年報』各年度版の発刊を組織すると同時に、執筆者たちを理論的に指導し、総論的箇所を執筆している。つまり、『満洲経済年報』三三年度版では、巻頭論文の第一章「満洲経済の史的考察」を、三四年度版でも第一部の巻頭論文「満洲社会経済史の諸問題」を担当している。そこでは満洲社会の歴史と現状の総括的論文を執筆している。そして満洲社会構成が「半封建的半植民地的」であるとする規定を打ち出した三五年度版では「満洲農業恐慌の現段階」なる論稿を発表、この規定との関連で現状の満洲特産大豆恐慌に鋭いメスを入れた。こうして、大上は、終始この『満洲経済年報』の発刊をリードするとともに、これによって満洲経済理論の論客へと躍り出たのである。★10

その際大上は、三〇年代前半に満洲農村を襲った恐慌の原因が満洲国の胎内に宿るとは考えていない。「半封建的半植民地」的性格を有する満洲は、資本主義社会のそれとして恐慌を通じて自己の胎内から経済的矛盾を吐き出し強制的収束を図るよりは、むしろ、それは、外的な恐慌連鎖の中で満洲社会に外圧として浸透するものとして考えていた。[11]

大上が満洲での封建制を強調するにいたった背後には、日本社会の半封建制を強調した「講座派」の影響もあるが、『満洲評論』を主宰する橘樸の「支那学」に依拠した東洋的専制に対抗する「農民自治」論や、橘らと行なったウィットフォーゲルの著作に関する研究会での「東洋的専制論」の影響も大きかったと想定される。[12]

したがって、満洲での自生的な資本主義的発展に期待をかけられぬ以上、大上らが外部からの資本導入による近代化の道か、さもなければ、協同組合を通じた「分権的自治国家」を通じた近代化・民主化の道に向うのは、けだし当然だったであろう。当時満鉄調査部にあって大上と行動を共にし、後に満鉄調査部事件で検挙・収監された小泉吉雄は、その「獄中手記」のなかで、彼は、三六年四月頃大上末廣が仕切る会議の席上、大上の意を汲んで次のように発言したと記している。「満洲経済班及経調会議室の会議に出席せる際、自分〔小泉のこと——小林〕は農村近代化の方法論に付き、満洲国の行政力が農村の末端迄浸透し非ざる今日に於ては、一応現在の地主的社会秩序は之を利用する方針を採り、近代化は商業・高利貸資本の重圧排除等より着手し、地代の引き下げは行政力の浸透を俟って之を行うことを主張せり。会議に於いては当面地主的社会秩序はこれを維持すること、なれり[13]」と。小泉は、また「会議にては大上が原案を説明し質疑応答がなされ、主に農業問題が論議せられたり。席上、協同組合の設置に付き論じられたる際、自分は協同組合が農村に於ける近代化の促進の根幹たること、農民把握の根幹たり得ることを述べ之が実現の必要を提唱せり。政府関係者も協同組合の設立には大体賛成の様子なりたり[14]」とも述べていた。

満洲での自生的資本主義の発展力を過小とみた大上らは、橘の主張する農村共同体に依拠した農村自治の発展による農民の解放の道を一つの解決策に、三六年から「満洲産業開発永年計画」の立案に着手し、その満洲国での国策化を志向した。この「計画」では、恐慌下の満洲農村を救済する方策の主眼は、糧桟〔大地主で糧穀商兼高利貸〕などの高利貸の桎梏から農民を救済するため協同組合を設立するという「郷村協同組合政策」の確立に置かれていた。[15]

大上らが作成した「満洲産業開発永年計画案」は、前述したように一九三六年十月湯崗子温泉で行なわれた関東軍、満洲国、満鉄経済調査会三者合同の「満洲国五カ年計画」打ち合わせ会議で、軍需重工業建設を盛込んだ宮崎正義らが主導する関東軍の案が採用され、三七年一月「満洲産業開発五カ年計画綱要」に結実することで不採用に終わる結果となる。[★16]農村救済案よりは軍需工業の早期建設が優先されたわけである。それは、ある意味で、満洲国といった関東軍の傀儡国家では、けだし当然のことだったかもしれない。

しかしこの湯崗子温泉会議では、経済調査会から参加した「満洲経済開発永年計画案」作成グループの酒家彦太郎らが頑張り、彼の「一人舞台」[★17]だったという。その甲斐もあって、いったん会議で否定されたこの「郷村協同組合案」は、大上を委員長とする経済調査会（後の産業部）内の協同組合小委員会を中心に討論が継続されることとなる。大上を委員長に山中四郎を幹事に、野間清、斉藤征夫、志村悦郎らを委員に発足したこの委員会は、委員の野間清らの活躍もあって満洲国実業部農務司と折衝を継続しながら三七年六月には満洲国国務院会議で「農事合作社設立要綱」へと結実していくこととなる。[★18]

満洲国政府は、一九三四年に金融合作社を、三七年には前述した農事合作社を、そして四〇年には両社を統合した興農合作社を設立して満洲の農村・農民を対象とする政策を遂行した。この三つの組織のうち、農事合作社は糧桟に代表される土着高利貸資本の中間搾取から農民を守る目的を掲げていた。

金融合作社、農事合作社、興農合作社のうちで、特に農事合作社は、政府の統制のもとに農民を組織する機関であったものの、同時に糧桟などの土着商業資本の中間搾取を排除し、産業開発を促進し、満洲農民の福利増進を図ることを目的に掲げていた。

農事合作社は、農村末端を組織し、農産物増産を図る機関であると同時に糧桟の搾取に対抗し、耕作農民を救済する機関でもあった。したがって、この組織には食糧増産を託するものや糧桟の搾取から農民を守る事を託するものまで、さまざまな思惑を持つものが参加した。他の二つの組織が法令に基づいて設立されたのに、農事合作社だけが一九三七年六月に満洲国国務院会議で「農事合作社設立要綱」が可決されるにともない、法制化はされず「要綱」に依拠して設立されていった理由もそこにあったし、この組織内にはさまざまな対立と抗争が伏在していた。

(3)「見果てぬ夢」

「満洲産業開発五カ年計画」と宮崎正義

満洲での開発計画立案と平行して日本国内向けに一九三六年十一月作成された「帝国軍需工業拡充計画」は、その後どんな展開をとげ、宮崎はどんな活動をしたのか。石原や宮崎らは、この計画の国策レベルへの具体化を目指して活動を開始する。彼らは、財界の主だったメンバーにこの案を説明し同意をうる努力を重ねると同時に三七年一月誕生した林銑十郎内閣に期待を寄せ、該計画賛成派を送り込んで、その実行を賭けることとなる。

これとあわせて、宮崎が率いる日満財政経済研究会は、大車輪で活動を展開する。彼らは、五月十五日に「日満軍需工業拡充計画」を、同月二十九日には「重要産業五カ年計画要綱」を、六月十日には「重要産業五カ年計画要綱実施ニ関スル政策大綱案」を、六月十四日には「重要産業五カ年計画要綱説明資料」を次々と作成している。

他方、宮崎の手を離れた満洲での「満洲産業開発五カ年計画」は、満洲国政府の主要政策として実施に移されていくこととなる。日本から送り込まれた星野直樹(大蔵省)、岸信介(商工省)らの高級官僚たちは、満洲国政府の中枢を占める総務庁に集結、関東軍第三課(後の第四課)の内面指導を受けて「満洲産業開発五カ年計画」を具体化していく。それと連動するかたちで、「従来分散しつゝあつた調査研究機関及びその実行機関を一体系に統括し、以つて技術的専門的知識と経済的認識との有機的結合によつて産業開発の全面的活動」[★19]に寄与するため、満鉄調査部も三六年十一月には産業部に改組された。三七年十二月には満鉄が改組され、日本から移駐した日産と満洲国政府の折半出資で新たに満洲重工業開発株式会社(満業)が設立され、五カ年計画の推進母体となっていった。

石原や宮崎らが計画した五カ年計画は順調に進行するかに見えた。しかし、三七年七月勃発した日中戦争は、予想を超えた速度と範囲で広がり、戦線は、瞬く間に中国全土へと拡大していった。戦争の本格化は、石原・宮崎らが作成した三六年八月の「昭和十二年度以降五年間歳入及歳出計画、付緊急実施国策大綱」実現の大前提である「十年間の平和」、つまりこの間に大規模な戦争を実施することで国力を消耗し、上記のような体制つくりが遅れることを避けるとする、その前提条件を破壊していった。参謀本部作戦部長だった石原は、「事変拡大派」の圧力を前に辞任を余儀なくされ、三七年九月関東軍参謀副長として満洲の地に去ることとなる。

日中戦争の拡大とともに満洲独自色が濃厚だった「満洲産業開発五カ年計画」は、変容と修正を余儀なくされ、三八年以降日本国内への半製品供給を重点とした「修正五カ年計画」が満業主導で実施に移されていった。日本国内の計画も、生産力拡充計画が日中戦争下で事実上中断され、物資調達と分配を中心とした物資動員計画が三七年十月発足した企画院の下で実施された。これと連動して三八年四月産業部は調査部へと改組された。当時満鉄総裁だった松岡洋右は、彼の「多年の構想」[20]と満鉄の生き残りをかけて調査部の組織拡充を計画、三八年十一月の重役会議で組織拡充を決定、翌三九年四月改組・拡充を実施した。[21]以降、満鉄調査部は組織を拡大して「綜合調査」を開始することとなる。

石原という後ろ盾を失った宮崎は、日満財政経済研究会を閉めると同時に三八年十一月に近衛内閣が発した「東亜新秩序声明」の実現を目指して三九年十一月結成された東亜連盟への運動に身を置くこととなる。彼は、三八年十二月に改造社から『東亜連盟論』を上梓し、この運動の理論的指導者になっていった。

合作社運動と大上末廣

大上が私淑していた橘樸は、「民族協和」の「分権的自治国家」を構想し、その中心に協同組合を位置付けていた。その延長線上で、満洲国出現後は、新重農主義を掲げ「三位一体」（地主・商人・高利貸）による満洲国農村支配体制の打破と農民救済を主張していた。[22]この橘の新重農主義を掲げた協同組合思想を実践面で継承し、満洲北部の濱江省綏化県において合作社運動を展開した人物が佐藤大四郎であった。

佐藤大四郎に関しては第8章で中心的に論ずるので、詳しくは同章を参照願いたい。が、ここでは、大上の活動を跡付けるに必要な範囲に限定して、ごく簡単に彼のプロフィールをたどることとしよう。佐藤は、一九〇九年東京浅草の医者の家に生まれている。第一高等学校時代に共産青年同盟で活動、検挙され除籍となっている。出獄後に渡満、橘樸主宰の『満洲評論』の編集長として活動し、三七年同誌編集長辞任後は、北満の濱江省で貧農救済を目的に合作社運動を展開する。しかし「濱江コース」と称された佐藤たちの人道主義的な貧農救済を目的とした農村工作は、農産物増産を至上の国策とする満洲国政府の興農合作社への再編政策と対立、佐藤ら三〇名が抗議行動を断行したりした。佐藤が、合作社運動を展開するために日本から元左翼運動経験者を呼び寄せるが、彼らの中には、ソ連の集団農場に似せてこの運動を「コルホーズ」だ、などとはしゃぐ者もおり、佐藤にたしなめられる一幕もあったという。[23] こうした動きを郵便検閲などを通じて密かに内偵していた関東憲兵隊は、四一年十月、ここに共産主義運動ありと断定し、北安省興農合作社連合会の情野義秀を公金横領容疑で検挙した。彼の供述で、十一月佐藤をはじめ合作社運動を担った人々が関東憲兵隊によって検挙された。この合作社事件を発端に、関係者が満鉄調査部で活動しているとの情報を糸口に憲兵隊は満鉄調査部の調査を開始した。これが発端で四二年九月の満鉄調査部事件へとつながり、大上の検挙へと発展することとなる。この点には関しては、後述しよう。[24]

この間、大上は、三九年十一月京都帝国大学助教授に就任するが、佐藤らの合作社運動への支援を惜しまなかった。その役割は、実際の運動に立ち入るというよりは、むしろ運動の理論的指導や支援を担当したというほうがよいのかもしれない。彼は、三九年七月佐藤たちが推進していた北満濱江省綏化県の農村協同組合（合作社）のために「満洲における農村協同組合の一つの任務」なる一文を寄せていた。この論文の中で大上は、土地改革が早期に望めないいま、中国東北農村の近代化、貧農の救済、換言すれば自作農創設・拡大を担うものは、排水灌漑、耕蓄、大型農具などの共同利用を推進する協同組合の活動であるという、合作社運動の目的を端的に指摘していた。[25] もっとも、原稿自体は三九年七月に発表されていたのだが、「その内容が頗る簡潔ではあるが、而も含蓄深く、今日も尚ほ新鮮且つ教訓に富んでゐるので、発表の機会のなかった本稿をいまここに改めて掲載する」★26という「まえがき」がついており、大上のために特別発表の機会を用意していたことがわかる。

東亜連盟運動と宮崎正義

この間、日満財政経済研究会の活動が、企画院のなかに吸収され、宮崎のアイデアが次々と革新官僚の手で具体化されていくなかで、宮崎は、その活動の主力を東亜連盟運動に移していく。一九三八年十二月に宮崎は、『東亜連盟論』を改造社から出版するが、彼は例言で、三八年九月に執筆を開始、十一月には出版社に原稿を渡していたと述べている。彼は三九〇頁弱のこの著作を正味一か月半で脱稿しているのである。早書きの宮崎の面目躍如たるものがあった。本書の中で、宮崎は、東亜の欧米勢力の駆逐、日満支一体の東亜新体制建設、日本での新秩序構築の必要性を説いていた。彼は、この事業を「昭和維新」と称していたが、日満支を結びつける絆を帝国主義的関係ではなく、東洋固有の大乗的王道精神でなければならない、換言すれば支配と従属ではなく、自主的立場における盟約でなければならないと述べていた。彼はこの王道について随所で説明を加えているが、一言で言えば、西洋的な文明を止揚して東洋的な文明に立脚した、東洋民族の自覚に基づく自主的結合を意味していたのである。東亜連盟運動は、「東亜新秩序」を実質的に実現するため、四〇年三月南京に発足した汪兆銘政権と連携しながら中国占領地で展開された。しかし軍事占領下では自主的結合は困難で、宮崎らの活動は効果を挙げることはできなかった。

京都帝大助教授大上末廣と満鉄調査部事件

他方大上だが、彼は、合作社支援活動を展開するさなかの三八年六月、東亜研究所設立準備員に任命され、九月には同研究所調査員に、同所第三部支那農業班研究主事兼満洲経済班研究主事兼第一部企画班部員に就任した。そして前述したように三九年十一月には京都帝国大学助教授に転出するのである。京都帝国大学に就職するにあたって、彼は後に「獄中手記」のなかで、次のように語っている。「十四年（一九三九年）二月頃に石川興二先生から『京大に来ないか』との御話があってその気になり、谷口、石川両先生の御斡旋で十一月京大に赴任しましたがこれは一方では大学教授の地位に対して年来抱いていた俗的欲望を充したかったからであり他方ではこれまで断片的にやってきて未完成のまゝ放置してある自分の満洲経済特に満洲農業経済の研究を四、五年かかりで以って完成したかったからであります[27]」と。おそらく正直な告白であろう。

大上は、京都帝国大学助教授のポストについた後も、引き続き佐藤大四郎らの合作社運動を理論的に支援する活動を展開していた。

彼は、京都帝国大学人文科学研究所の紀要『東亜人文学報』に「興農合作社の金融政策批判」なる一文を寄せて、合作社の金融政策が、高利貸負債が累積する満洲農村の中で他国に類例を見ない進歩性をもつとした上で、その利用が上層農民に優位に運営される弊害を持つが、その弊害を克服し「勤労農民」、換言すれば、実際に農耕に従事する農民たちを育成するためには、民主主義の徹底化よりは、この組織員に対する国家目的の周知徹底化の方がより有効であると説いている[28]。

大上は、日中戦争後の華北を中心とした日本の占領政策を論じた「農業及び農村問題」でも「自作農の維持創設を目標とする小中農の保護[29]」が「支那農業政策の中心[30]」であるべきだ、と論じ、農村協同組合の設立こそが要だと弁じたのである。しかし大上は、ここからさらに一歩問題を進め、中国占領地開発問題にもふれている。日本の産業と競合しないこと、日本の地主的零細農耕を保護するものではないこと、日本企業の犠牲にはならないこと、この三原則の上に立って華北占領地農業開発を考えれば、綿花生産が最適であろうと論じている。しかし「富農的作物」と称されるほど生産費がかさむ綿花栽培を華北の貧困の地で可能にするのは、自作農の創設が不可欠であり、その実現には満洲への華北出稼ぎと満洲から華北への食糧供給、華北での食糧増産が鍵である、としている[31]。ここで、大上は占領地経済政策に言及し、華北を綿花供給地域にすべし、と提言しているのである。協同組合を通じた自作農の育成と彼らの棉作栽培を通じた経営の向上、占領地行政の安定化という提言は、もはや従来の農村構造の性格規定という問題から一歩踏み越えて開発問題への提言という新領域に進出してきていることがわかるのである。この一事をもってしても、思索面での大上の合作社運動への深い連携の一端が理解できよう。

その傍ら、彼は深化し泥沼化する日中戦争のさなかで、後述するように華北占領地の産業開発の提言を行なっている。それは、日本・満洲・華北を一体化した産業政策の提言であり、先の農村協同組合運動との展開とあわせて、大上の産業「開発」政策の「あるべき姿」をおぼろげながら浮き上がらせてくれる。

こうした構想を具体化すべく京都帝国大学で活躍せんとしていた矢先の四二年九月二十一日早朝、大上は京都憲兵隊により検挙され、満洲国の当時の首都新京（現長春）へと送られたのである。そして新京監獄未決監に収監された。その後監獄という不衛生で劣悪な居住環境下で半年過ごすことを余儀なくされた大上は、当時監獄内で蔓延していた発疹チフスに罹り四四年三月に危篤状況となり、急遽収容された新京千早病院で死亡したのである。[★32] 享年四十一。学者としては円熟へ向う直前の時期に該当した。

2　宮崎正義と大上末廣の思想形成と展開

(1) ロシア革命と宮崎正義

以上、戦前・戦中の宮崎・大上両者の略歴を述べたが、以下では、両者の思想形成とその展開にメスを入れよう。前者、宮崎の考え方に大きな影響を与えたものは、人物というよりは事件といったほうが的確だと思われる。それは、彼がロシアに留学中の一九一七年に起きたロシア革命、より正確には二月革命だった。彼は、同年五月に卒業し、七月には満鉄に入社しているので、十月革命は体験していない。しかしこの二月革命の体験が、彼をして、社会は変わるし、また変り得るものだという確認にも似た信念をもたらし、後に彼が「五カ年計画」という国家改造プランに邁進させる原動力となったことは前述したとおりである。当時の日本の識者たちは、社会主義者も含めて、ロシア革命の何たるかを知らず、これに賛同するか、嫌忌するかのいずれかが多かった中で、[★33]宮崎は、早くからこれをロシアの特殊事情によるものと断定し、この模倣を回避し、日本独自の国家改造プランを模索してきていた。そうした意味では、ロシア革命そのものではないが、これが国家改造の可能性を宮崎に確信させたという点で大きな意味をもったといえるであろう。

その後、彼はソ連ウォッチャーとして、「社会主義建設五カ年計画」に注目し、それをフォローしていくなかで、石原莞爾らと交流を深め、石原を介し、軍事力増強を目標とした日満挙げての「産業開発五カ年計画」の立案と具体化に取り組むこととなる。ソ連の五カ年計画は、農村から吸い上げた資金を、党組織の指導下で重工業部門に投下する仕組みになっていた。宮崎は、これに対抗し官僚主導下で外資（日本資本）と農業部門からの資金をベースに、中国東北での開発途上地域の工業化政策に取り組んだのである。彼が認めるその推進者は、日本の大企業群であり、とりわけ財閥企業群であったことはここに改めて指摘しておくまでもない。

(2) 大上末廣と橘樸

他方、大上の学問形成に大きな影響を与えた人物をあげるとすれば橘樸をおいてほかになかろう。大上の橘への傾倒が普通でなかったことは大上の京都帝国大学の先輩で、かつ満鉄調査部でも先輩に当たり、大上が調査部入りをするのに大いに助力した天野元之助や『満洲評論』編集に深くコミットした田中武雄の獄中「手記」にも見ることができることは前述した。一九三三年頃大上らは橘を招いて中国社会経済史の講義を受けたが、この講義は非常に印象的で、天野元之助や大上らは「全く橘さんを師とあおぎ、教えを乞うたものです。とりわけ大上の傾倒ぶりは、スゴイものでした」[34]と戦後天野は回想しているし、『満洲評論』編集長として、彼らの身近にあって活動し、後に満鉄調査部事件で検挙、収監された田中武夫もその獄中手記のなかで、「大上が橘に私淑したことは蓋し甚大である。彼は京都□□□□□□□に在ったときに、支那学の泰斗としての橘の存在を其の丹念な□□□猟の過程に於て発見した。真相は知らないけれども、大連に渡っ□□□□は橘を慕ってのこと、それが主なる動機ではなかったかとさえ想□□□る程である」[35]（□は判読不明）と語っていることからも明らかであろう。しかも彼等が読書会で使用したテキストはウィットフォーゲルの『中国の経済と社会』だったという。

上述の回想から窺がえる大上の発想は、論理から出発してアジア社会を裁断するという手法を回避し、アジアの現実を踏まえ、アジア的な封建体制や文化土壌を基礎に、そこから満洲の社会構造を考えていこうという傾向が窺がえるのである。テキストにウィットフォーゲルの『中国の経済と社会』を使用したというのは、その証左であろう。ウィットフォーゲルは、マルクスとウエーバーを踏まえつつも、水力社会が灌漑と水利事業のための水治による労働力の組織化を通じて、共同体的要請を超えて周辺領域への支配を進め、アジアに独自な東洋的専制国家を生み出すととらえた。というのも、彼は、東洋社会が西洋社会の如く、資本制への移行を胎内に包摂する封建制とも異なり、その体内に並立する権力集団を生み出す契機を生まないままに専制主義を絶対化させるという意味では、アジア的な特殊性をその社会の構造のなかに見出していたからである。[36] 彼の問題意識の根底には、中国社会の変革は絶望的なほど困難な課題だという発想が強くあったと思われる。大上はこの点では、ウィットフォーゲルや橘とも問題意識を分け合える関係だった。したがって、彼は一九三五年から三六年にかけて中西功、鈴木小兵衛と満洲農村構造を巡る南北地域格差や満洲を襲った恐慌の本質に関する論争を展開するが、満洲での内在的な資本主義の発展を認めた前二者とはその見解を異にしていたのである。大上は、「厖大なる満洲農村社会は基礎的には半植民地的構成と封建的機構との二重の相互規定性の上に聳立する」[★37]として、満洲社会を「半封建的半植民地的」性格を有するとして、満洲農村の封建的性格を強調したのである。その点では、満洲社会の胎内から派生する資本主義的な萌芽への動きを指摘した中西功[★38]や鈴木小兵衛[★39]とは見解を異にした。しかし彼は、資本制への移行を「半封建的半植民地的」性格のうちに認めていた点で、封建制すら否定し「東洋的専制国家」を主張するウィットフォーゲルともその見解を異にしたのである。そして彼は、満洲を含む中国社会の封建性離脱の担い手を農村の協同組合運動に求めていくことになる。

3　宮崎正義と大上末廣の思想展開

(1)宮崎正義と満洲産業開発方策五ヵ年計画

宮崎正義の満洲産業開発五カ年計画のベースにある発想は、重工業優先の経済開発計画にほかならない。彼が注目したのは一九二八年から始まるソ連の第一次五カ年計画だった。ソ連共産党の強力な指導下で推進された五カ年計画は、同時にまた農業集団化政策でもあった。急速度の工業化を可能とする資金は、あげて農業部門から供給された。農業部門を犠牲にするかたちで工業化が強行された、と言い換えてもよい。農産物価格は低く抑えられ、富農、中農の農業集団化により彼らの資産は国家に没収された。また農村から大量の労働者が都市に供給され、低賃金を支える給源となった。ソ連政府は、国家計画委員会（ゴズプラン）の指導下で、課税により農村から吸い上げた資金を中央銀行に集め、ここから必要な資金を鉄鋼業を中心とした重化学工業に重点的に投下した。またソ連政府は、低賃金を維持するために食糧の配給制度を整備し、農村から都市に流出した農民を短期間に教育して労働者に転化させるための教育制度を整備した。さらに労働者に対しては熟練に応じた賃金体系を作り、ノルマを課し、そのノルマを達成した場合にはボーナスを支給した。こうした労働者の統制には労働組合が重要な役割を果たした。

この間の一連のソ連政府の施策を、宮崎は注意深く観察すると同時に、満洲の土壌に相応しい統制経済体制の構築を模索したのである。そのアイデアは、彼が三二年八月に執筆した『満洲経済統制策』に表現される。宮崎は、一九二〇年代の日本経済の特徴を総括し、二〇年代に現れた日本社会の弱肉強食の「株式資本主義」の弊害を指摘し、それを是正すべく国防・公共公益関連産業は公営もしくは特殊会社方式で、それ以外は法的統制下での民間自由営業とする「経済統制方策」を提言したのである。★40

この構想は、宮崎が中心になって三六年八月にまとめあげた「昭和十二年度以降五年間歳入及歳出計画、付緊急実施国策大綱」でさらに具体化される。「昭和十二年度以降五年間歳入及歳出計画」は後の「満洲産業開発五カ年計画」の原型となったものだが、「付緊急実施国策大綱」は、それを実現するための戦時に臨む強力な政治体制の確立を提案していた。提言は大きく六点からなっていた。一つは行政機構の抜本的改革である。内閣制度を廃し総理以外に四名の国務大臣からなる国務院を置き、国務院に直属する総務庁が行政の中心となって行政百般を取り仕切る中央集権体制を確立する。二つは、国務院の下、国防費の効率的運用を図ることである。陸海軍間の予算争奪抗争を避け、軍事力強化のための合理的予算配分を実施する。三つには、国防産業の飛躍的増産と輸出の促進である。四つには軍民協力により強力な軍事経済体制を構築することであった。そして五つめとしては、国民生活の向上を実現すること、つまりは社会政策実施の必要性であった。そして最後の六つめの提案は、上記の課題を実現するためには「少なくとも十年間の平和」を必要としたことである。中央集権的国家機構の下での官僚主導の重工業育成政策を提言したのである。

(2) 宮崎正義と満洲産業開発五カ年計画

この官僚主導の重工業育成政策の具体的な姿が満洲産業開発五カ年計画に他ならなかった。最終案に至るまで目標数値には多少の変化があるが、三七年一月の「満洲産業開発五年計画綱要」によりながらその大きな特徴を指摘すれば、以下のようになろう。一つは、「産業開発五年計画ハ日満経済統制方策要綱ノ根本方針ニ基キ有事ノ際必要ナル資源ノ現地開発ニ重点ヲ置キ併セ為シ得ル限リ国内ノ自給自足ト日本不足資源ノ供給トヲ図リ、将来ニ於ケル満洲産業開発ノ根本ヲ確立スル」[★41]という基本方針のもとで、当初予算二十五億円をもって満州国の自給自足体制の確立を目標に鉄鋼、石炭、軽金属、人造石油、電力などの増産を図るというものだった。なかでも重点は、鉱工業とりわけ鉄鋼、石炭、人造石油部門に資金の約半分に該当する十二億円が投下されるように計画されており、「一般に満洲産業開発五箇年計画と称せられつ丶あるものは本鉱工業開発五箇年計画を意味する」[★42]とも言われていた。資金、資材、労働力を鉄鋼増産に投入、鉄鋼生産を軸に他産業に増産効果を波及させて拡大再生産を図っていくという拡大再生産の考えかたを満洲国経済に適用した一例だと考えることができるし、その点でもソ連の五カ年計画の影響を強く受けているといえよう。しかし軍事基礎素材部門の拡大は計画されていたものの、拡大再生産を決定する機械器具工業部門の拡充は計画内に想定されてはおらず、それはもっぱら日本に依存するかたちで、それを前提とした満洲国での機関車・車輌、自動車、航空機産業の発展が計画に盛りこまれていた。その意味ではあくまでも日本に従属的な経済発展の方式が計画され、実施に移されていったのである。また農業部門に関しては、十分な増産計画が提示されてはおらず、重工業化のための労働者訓練は考慮されていたが、大上が主張してやまなかった耕作農民保護といった視点は全くといってよいほど欠落していた。

(3) 大上末廣の西安事変への対応

他方で、大上は、この間「中国統一化論争」やウィットフォーゲル研究、中国占領地政策への提言などで積極的発言を展開している。大上は、一九三六年十二月張学良が蔣介石を監禁、抗日を迫った西安事変の評価をめぐって行なわれた「中国統一化論争」[★43]に参加している。この論争は、一九二七年以降の蔣介石による北伐とその後の中国国民国家形成の動向、つまり「中国統一化」の将来像をどう評価するか、という問題をめぐって展開された。矢内原忠雄が「支那問題の所在」[★44]の中で、事変を契機に蔣介石政権による「資本主義化」の道が進むと予測したのに対し、大上は「支那資本主義と南京政府の統一政策」[★45]なる論文のなかで、半封建・半植民地の中国社会は今後当分は変わる可能性はないであろうと予想し、矢内原の「資本主義化」とは正反対の見通しを発表した。矢内原と大上の両者は、いずれも「上からの資本主義化」の有無を論じたものだが、大村達夫（中西功）は、「下からの運動」を評価して、民族解放運動の力量に注目して、そこに将来の力を見出していった。[★46]

大上は、西安事変が南京政権による全国制覇の端緒だと見なした矢内原忠雄の見通しに批判を加え、世界資本主義の波は、矢内原が言うようなかたちで中国の封建制を打破して近代社会の担い手を作るのではなく、逆にその封建制を強化させると述べている。[★47]具体的に恐慌下の中国経済を分析した大上は、三四年八月に始まるアメリカの銀政策、三五年のイギリス使節リース・ロスによる国民政府の通貨改革の検討を通じて、これがイギリスへの隷属性を強める結果となったと論じる。さらに彼は、折から国民政府の手で進められた中国経済建設事業、つまりは鉄道、道路整備や農村協同組合も、結局は欧米などへの国民政府の買弁性を強化する結果となっている、と断ずるのである。その延長線上で大上は、満洲での現状の農村の危機克服の一歩は、「統一政権の確立」をめざす「進歩的農村協同組合」による農民の組織化と統一化でなければならない、と主張したのである。[★48]

一九三五年の国民政府の通貨改革は、イギリスのリース・ロスが指導権をもって推し進めた改革ではなく、国民政府内部の経済顧問団のルイスやヤングといった面々が、浙江財閥と結びながらも、それなりの独自性をもって押し進めたことが明らかになっているし、また国民政府の通貨改革後の銀処分も必ずしも欧米に従属する方向で処理されたわけではない[★49]。したがって、大上が言うようなイギリスへの隷属性の強化という視点が史実と合致するか、と言えば必ずしもそうではない。

この西安事変に関しては、中国社会の将来の担い手を中国労働者・農民においた大村（中西）の見解があることは前述した。つまり、矢内原は、中国の将来の担い手を国民政府の統一力に、大村（中西）は、労働者・農民に置いたのに対して、大上は、外国勢力と結合した買弁勢力にその将来像を見たことになる。それゆえに三者は三様の異なる見方を示したのである。そして結果は、一九三六から四五年時点までの推移を見れば、矢内原が予測した通りになったし、四九年以降の中国社会主義建設まで射程を延ばせば中西の予想通りだったといってよい。その意味では大上の見解はその見通しをはずしたように見えるが、一九八九年の天安門事件以降まで視野に入れれば、大上のいう外資による工業化の進行と企業の買弁化の進行、それを防止する課題を託した協同組合の活動——一九四九年の中華人民共和国成立後は国家の自国産業保護政策に委託されていると考えてよいが——という視点が見出せるのである。大上の見通しは間違っていたと裁断する見解が、どこまで現在の中国社会を把握しているのか、は冷戦後の視点を含んで再考する余地を含んでいよう。

(4)大上の中国社会分析——橘・ウィットフォーゲルとの関連

大上はマルクスの社会構成体論に依拠して満洲社会分析を行なっているがために、また中西功や鈴木小兵衛といったマルクス主義者と論争しているが故に、彼をその視角から分析する論者もいる[★50]。しかし彼の論稿は、むしろ橘樸やウィットフォーゲル、マジャールとの連鎖を重視すべきで、そこにこそ彼の研究の特色があるのである。

前述したように、大上がウィットフォーゲル研究を手掛けたのは、一九三〇年代初めで、橘樸の研究会で使用されたテキストは、ウィットフォーゲルが一九三一年に上梓し三四年に邦訳された『中国の経済と社会』だったという。ウィットフォーゲルは、この著作の中で、灌漑水治の必要から生まれた統制国家としての東洋的専制国家をヨーロッパの封建制度とは異質のアジア的体制の特徴と呼んでいるが、後に彼がいうところの「東洋的専制国家論」を大上らは学習したわけである。[51]それは、ある意味で、橘樸のいう、満洲農村を支配する地主・商人・高利貸の「三位一体」を体現した「土豪劣紳」に通ずるものを内包している。この学習会を通じて橘は、マルクスやコミンテルンの発想とは異質の「アジア的特殊性」を加味した特殊「封建性」を自己の頭脳のなかに取り込んだのである。

マジャールもウィットフォーゲルと同時代の一九三〇年代に活躍した中国研究者だが、一九三一年（邦訳一九三六年）に『支那の農業経済』[52]（第二版）を上梓している。大上は、井上照丸が翻訳した『支那の農業経済』の書評を『満洲評論』に寄せている[53]が、そこでも大上は、井上の翻訳努力に高い評価を与えつつも、同書第一版（一九二八年）と第二版（一九三一年）の相違に着目し次のように述べている。第一版においては「人口灌漑こそ、一切の問題の基礎[54]」で「独立的な社会経済構成としてのアジア的生産方式に基礎づけられた社会[55]」であった。ところが、第二版においては、「今日の支那社会を『アジア的偏倚』をうけた半封建社会と規定[56]」したのである。ウィットフォーゲルとの関連で言えば、マジャールは、第一版ではウィットフォーゲルに近い、というより彼と同一歩調をとっていたが、第二版では、その見解を変えたというわけである。大上は、この変化を指摘しつつも、結論としては、第二版の「世界市場に結合された『アジア的』半封建的農業社会[57]」という規定を受入れるのである。彼の井上照丸訳本への書評を見ても、大上は、ウィットフォーゲルの見解に賛成するよりは、コミンテルンの規定を重視しているように見える。しかし、そうであったとしても、大上は「アジア的な特殊性」を十分考慮しつつ、半封建的規定を使用しているように思われる。

そのことは、大上がウィットフォーゲルの著作に言及した新聞論稿「『東洋的社会論』――ウ博士の思想とその批判」のなかに端的に表れている。彼は、その論稿のなかで、ウィットフォーゲルの著作『東洋的社会の理論』に言及し、ウィットフォーゲルは、「国家及び国民経済と社会並び社会経済との二つの研究対象」を混同しているとする。[★58] つまり「過去の支那国家が大規模な人工灌漑施設の創設維持に努力したことは事実ではあるが、然しそれは支那国家の一つの経済的機能に過ぎなかった。これは史実に徴して明らかである。ところが彼に在っては、支那国家が遂行した単なる一つのこの経済的機能が、支那農業社会が水を必要とすると云う理由の故にのみ、国家の性格そのものとして理解されてゐる」。[★59] つまりは、「国家研究と社会研究とを全く混同しており、それ故にまた理論的誤謬を犯している」[★60] のである。一言で言えば、「国家の研究は、社会の研究によって代位されてはならぬ」[★61] と批判したのである。

つまりは、「アジア的特殊性」は考慮する必要があるが、そのことは「半封建半植民地社会」の規定に変更を加えるものではなく、あくまでもその範囲のなかでの話だというわけである。その点では、大上はウィットフォーゲルとは一線を画していたというべきだろう。大上は、四一年七月に『京都帝国大学新聞』に発表した「支那社会の特質」と題する小論のなかでも、中国の資本主義的発展を日本と比較して論ずる際、ウィットフォーゲルに言及し、「事実の認定において誤るところもあり、又理論的にも支え得ぬ点がある」[★62] として、否定的見解を吐露していたし、同年三月『東亜人文学報』に発表した「満洲国農業生産政策の吟味」のなかでも満洲農村を封建性一色で塗りつぶすのではなく、農民層分解の進行とその中での自作農創設の必要性を強調していた。[★63] 大上のウィットフォーゲル批判は、同年七月『東亜政治と東亜経済』所収の「支那の農業問題」のなかでも展開され、中国の王朝史を見る限り、灌漑あっての王朝ではなく、王朝あっての灌漑作業の実現であり、ウィットフォーゲルの論理は転倒しているとし、また中国で欧州のごとく都市社会が市民層を生み出さないのは、農村との関連というよりは、むしろ中国の都市自体が、欧州のごとき商工都市ではなく、政治都市であったことに由来するとして、ウィットフォーゲルの見解に批判を加えたのである。[★64]

(5) 大上と中国占領地政策

この間、日中戦争にともなう中国占領地拡大のなかで、大上はそれとの関連でさまざまな政策提言を行なっている。日中戦争が勃発した一九三七年七月以降戦線が瞬く間に華北から華中へと拡大していく中で、大上は、満洲と華北との連携を検討し始める。全面戦争へと拡大していく三七年後半以降満洲では「満洲産業開発五カ年計画」が修正を受けながら大々的に展開されていく[★65]。

こうした事態を見つめながら、彼は、『改造』誌上を中心に一連の論文を発表、戦線の拡大と華北占領地の管理と「満洲産業開発五カ年計画」の関連を追及していくのである。彼は戦争勃発直後の三七年九月に『改造』に発表した「北支那の経済的位置」では、貿易・投資関係を検討しながら華北が外資系企業の植民地として、「隷奴的労働力」が作り出されているが、折から進行している「満洲産業開発五カ年計画」は膨大な労働力を必要としており、ために「労働市場としてもつ北支那の地位は満洲にとつて、延いては又日本にとつて今後いよいよ急激に高まって行かざるを得ない[★66]」と結んでいた。

翌十月の『改造』に発表した論稿「大陸政策としての満洲と北支那」では、西安事変以降急速に国民政府政権の買弁化が進行しており、中国市場をめぐる欧米日の対立は尖鋭化してきているが、そうした中で日本が展開している大陸政策は資源開発を通じて一体化が促進されてきていることを論じていた[★67]。

引き続き大上は翌三七年十一月には『帝国大学新聞』に「北支那経済開発の諸問題」を発表する。ここでも彼は、華北の経済開発が重要な意味を持つこと、そしてこの開発は、華北と満洲の連携下で展開される必要があることを強調した後、華北の封建的かつ停滞的農村構成の特殊性とそれを変革する進歩的政策の展開の必要性を主張していた[★68]。戦線が華中に拡大した三八年春、大上は『改造』に「大陸経営の根本問題」を発表、前掲論文とほぼ同様の趣旨から

満洲・華北を貫く根本問題としての農村問題の規定性を提示している。★69

上記の論文はいずれも、アジアの農業問題を日中戦争と関連させて論じたものだが、その根底には、満洲との関連で、どのように華北、華中の占領地農業食糧問題を解決するか、という視点があった。そこには、日中戦争が、帝国列強の中国市場をめぐる抗争の結果として起きてきたものであり、国民政府は、一層欧米への隷属度を深めている、という根本認識がある。こうした状況下で如何に「満州産業開発五カ年計画」を推進するかという課題が、彼の大陸政策の基底に不動の問題意識として潜んでいたのである。

そして大上は、満洲・華北を貫く日本の農業政策の基本を「中堅的耕作自作農」をいかに育成し、その層をいかに「東亜」に拡大していくか、という点に置いていた。そのため、大上は、彼らを育成・発展できるように農地法を改正し協同組合の活動を積極化させるべきだと、提唱する。具体的には、地代と小作料を引き下げることで耕作農民の負担の軽減と労働意欲の昂揚を生み出し、小作期間を延長することで耕作農民が安心して農耕を継続できるようにする。さらに彼らの保護と育成を主眼に置いた協同組合運動を展開すべきである、としている。むろんそれは地主層の反発を招くこととなるが、建国期の治安動揺期に地主の果たした機能は、経済成長期に入った今日では不要に近い状況になっており、むしろ「中堅的耕作自作農」こそが、戦時生産力の担い手となるはずだと述べていた。★70

一方、大上は五カ年計画と農業部門の関連は言及しているが、工業部門に関しては言及していない。それは、五カ年計画の前提となった「満洲産業開発永年計画案」の際も同様である。この点に関して関東軍参謀で、この立案に関与した秋永月三は、案の内容は、「この業務計画では鉱工業を如何に考へておられるか。農業は詳しいが、鉱工業は軽く扱っておられる様に思ふ」★71と述べたように、農業政策、とりわけ三〇年代前半に満洲を襲った農業恐慌に対する対策に主眼が置かれていた。

「満洲産業開発永年計画案」には鉱工業部門の育成の視点がないと指摘したが、まさにその点が、前掲の大上の「五カ年計画」提言にも現れている。彼は農業部門の生産力向上こそが、五カ年計画案の最重要課題と考えていたのである。一九三八年七月『改造』に発表した「大陸農業開発とその課題」では、「満洲産業開発五カ年計画」へと収斂する課題を整理して提示していた。[★72]これらの主張をまとめたものが、三九年二月に『昭和十四年度版 支那経済年報』所収論文「農業及農村問題」であろう。中国占領地での農村に基盤をおいた抗日運動に対峙するためにも親日新政権の基盤強化は不可欠だが、それを担うものは、地主・富農ではなく、「堅実なる自作農的勤労層」でなければならず、そして、彼らを育成するためにも小作料や金利の引き下げ、農村協同組合の発展が不可欠だとしたのである。[★73]

4　戦後への展望

(1)宮崎正義の死

宮崎は、一九四六年四月東亜連盟運動に従事していた中国の上海から引揚船で帰国する。帰国後の宮崎の活動を概観しておこう。翌五月には十河信二が主宰する日本経済復興協会の常任理事としてその名を連ねている。主な活動は、各方面の権威者を呼んでの講演会活動だったが、十河との関係でお付き合い程度で発起人に名を連ねたのであろう。その後彼は四七年八月には雑誌『真日本』[★74]に「平和国家建設の方向と重点」なる論文を発表している。過去の錯誤を清算し、貿易立国の方向で平和国家を建設すべしという趣旨の論稿だった。一九五〇年六月には朝鮮戦争が勃発するが、翌七月には『米ソ戦うか』という時局解説をアテネ文庫の小冊子に発表している。彼は、この戦争が局地戦では終了しないことを想定して、米ソの軍事力比較を論じているが、冷戦下の日本の対策と対応は、末尾の数頁程度で、その記述に具体性がない。そして宮崎の最後の論稿は、五四年五月に書かれた「最近のソ連について[★75]」で、マレンコフ、フルシチョフ、ジューコフらの権力闘争とソ連の軍事強国化の道を論じているが、新聞解説の域を出るものではない。宮崎が肝臓がんで死去する二か月前のことだった。

(2) 戦後高度経済成長政策の原型

したがって、戦後の宮崎の活動は、明らかに時代の傍流にあって、その影響力を喪失していたといっても過言ではない。しかし彼が発想したアイデアや満洲国での提言は、すでに岸信介らの手で戦時高度成長政策として満洲国のなかで具体化されていた。岸らが満洲国で実施し、かつ戦時中日本国内で展開された官僚主導の戦時高度成長政策は、戦後は戦災復興のために四六年十二月設立された経済安定本部（「安本」）が採用した傾斜生産方式に引き継がれていく。傾斜の意味するところは、戦後復興に必要な鉄鋼など重点部門への資金・資材・労働力の傾斜的配分による重点投下に他ならない。その手法は、戦時期の企画院による軍需部門への資金、資材、労働力の集中というやり方に酷似している。メンバーも企画院経験者が多数「安本」入りした。「安本」自身は、ドッジラインを契機にその役割を低下させ五二年には廃止され、経済審議庁、経済企画庁へと改組される。これに代わって力を持ち始めたのが商工省の後身である通産省だった。四九年に発足した通産省は、五五年以降日本が高度経済成長軌道を走り始めると産業貿易政策の要として重要な役割を演じた。特に五七年二月に岸信介が総理の地位に着くと通産省を中心に官僚統制色の強い高度経済成長政策を推進した。岸は、椎名悦三郎に代表される満洲国時代の人脈を活用して輸出入貿易の徹底管理、国内産業分野での石炭、繊維から機械工業分野への転換を強行し、賠償による東南アジア市場の日本経済圏への包摂を推進した。官僚主導の経済成長策の原型を案出した宮崎正義は、戦後高度成長が始まる一年前の五四年に死去していたが、彼の構想は戦後政治のなかに継承されていったのである。[★76]

(3)大上末廣の死

他方大上は、京都帝国大学助教授時代の一九四二年九月満鉄調査部事件容疑で、京都憲兵隊により検挙され、新京（現在の長春）に送られた。しかし戦後を迎えることなく四四年三月新京監獄未決監において発疹チブスに罹り、新京の千早病院において死亡した。

彼のこの死が端的に物語るように、その突然の、しかも隔離された状況下での死ゆえに、彼の学問的終結は、未完のまま終っている。大上末廣研究に先鞭をつけた山口博一は、「彼の生涯についてはなお不明のことがらが多く、著作年譜もまだ不完全なものでしかない」★77と語り、彼の履歴と著作目録を作成した小野一一郎と松野周治も「大上の全体像はなお明らかでない」★78と記述した所以である。彼は纏まった著書を残す余裕もないままに四十一歳の生涯を終えた。

したがって、彼の学問体系とその後の展望は、後世の史家の手に委ねられることとなった。大上が、満洲を「半封建半植民地社会」として把握する時、彼は「半」の意味を封建社会にひきつけて理解したか、近代社会にひきつけて理解したかは、定かではない。しかし彼は、そのいずれであるかの「解」を出さぬまま――後述するように筆者は、大上が京都帝国大学助教授時代に開発問題に関連する中で、後者の方向へと深化していったと考えているが――、悩みぬいた中で四四年三月、敗戦の一年半前日本帝国の終焉を知らぬままに逝ったのである。我々が、大上の生前書き残した論稿を手がかりに彼の戦後の姿を描かねばならない所以もそこにある。

⑷農業・農村の近代化

大上の発想や提言は、半封建的と称された開発途上国の農村の近代化にいかなる意味合いをもったであろうか。戦後アジア各地で展開された独立運動とその後の資本主義・社会主義コースでの新国家造りの道筋を振り返るとき、農地改革を分水嶺に両極に分離したかに見えたアジア農村での生産力増強政策も、九〇年代以降社会主義諸国で急進した改革開放の広がりのなかで、結局前者による後者の包摂過程が進んだことは改めて指摘するまでもなかろう。農業面で見れば、前者の道は、アメリカ主導下で東南アジアや南アジアなどで展開された「緑の革命」と称された農村改革・生産力向上政策にその主流を見出した。この「革命」は、灌漑施設を整備する必要があること、病虫害対策を講ずる必要があること、などから多額の設備投資と経常資金が必要となるため、米の収量の増加は見込めるものの、農民間の所得格差を拡大させる一面も持っていた。しかし、この新種の普及によって東南アジアの農業所得の上昇と食糧自給率の向上が期待できた。

しかし、この「緑の革命」は東南アジアや南アジア各国の内部から自生的に生み出された生産力上昇の動きではなく、外から持ち込まれたものであったが、それゆえに大上の主張する農業近代化に一脈通ずるものがあったといえるであろう。しかも「緑の革命」の担い手が、村落の富農層を中心とした企業家精神を持った農民だったことを考えると、大上が、満洲で想定した自作農に基盤を置いた五カ年計画下の農業生産力向上や華北占領地での綿花生産増強策は、戦後のアジアでの「緑の革命」に一脈通ずるものを見出すことができよう。

もっとも、大上の場合には、前者のコースを想定しつつも、それは単なる農村の生産力向上に終るのではなく、農村での協同組合政策がもう一方の柱として想定されているのである。つまり、土地所有関係の近代化・抜本的改編ではなく、組合を通じた排水・灌漑設備の遂行、耕蓄の共同利用、大農具の共同使用といった施策を通じた緩や

かな農村民主化、民主自治政策の展開が想定されており、これが一方的な農民収奪を防止するツールとして想定されていた。★79

(5)開発理論への橋渡し

外資が民族資本を育てるという一面が見られるにせよ、それは同時に、投資国の投資対象国への支配を強めるファクターとして作用することは、大上が生きた一九三〇年代も現代も変わりはない。その意味で大上の指摘はその防止策として正鵠を得たものといわねばならない。問題は、その外資をどのように自国に有利なようにコントロールするかであろう。

国家主権が確立した今日の場合には、それは自国の産業保護と育成政策として結実した姿を見出すことができるが、戦前の大上が生きた一九三〇年代から四〇年代初頭にかけては、アジアの大半の諸国が、植民地か半植民地状況に置かれており、それゆえに独立国家による産業育成の姿を想定することは困難だった。それに代って大上が想定した姿が、農村自治を基盤にした協同組合組織の展開だったのである。

たしかに大上は、協同組合の必要性は語っているが、具体的な開発の政策的手法には言及していない。例えば、華北の綿花栽培政策の推進に関しても、農村の役割には言及しているが、肝心の綿作の推進やそのための資金や紡績企業との関連に関してはなんら具体的示唆はしてはいない。彼がその欠陥を補填する前に満鉄調査部事件の弾圧を受けて刑死する結果となったわけで、その意味で、彼の思想は、開発理論への橋渡しの途上にあったといえるのではないか。しかし、戦中の占領下という条件であれ、農業部門の生産力の向上とそれを担う自作農の育成、それを保障する協同組合組織の拡大の必要性を指摘した点は、重工業主体の開発政策を基底から支える基盤の強化に着目した、という意味で注目に値しよう。

おわりに

宮崎正義と大上末廣は、ともに満鉄調査部員として活動し、一九三〇年代の同調査部の活動を支える中心人物でありながら、ともに彼らの構想は「見果てぬ夢」としてその終焉を迎えている。宮崎の場合には、政策化の過程で、彼が究極の目標とした満洲国の生産力の増強は生産増強政策に変形したし、大上の場合には、富農層に依拠した協同組合化政策は、地主主体の生産力増強のなかで否定されていったからである。

しかも、宮崎の場合には、活躍の時期は一九三七年の日中戦争前後までで、戦後も一九五四年まで生きながらえるとはいえ、政治活動の傍流によどんで沈潜している状況である。また大上の場合には、満鉄調査部事件への連座と獄中での死という壮絶な一生であったといえる。

宮崎の場合には、歳入歳出に基づく軍需産業育成を課題とした重工業機軸の拡大再生産論の満洲国への適用であり、上からの近代化のプロセスに他ならなかった。他方、大上の場合には、満鉄調査部事件に連座して死亡しているがゆえに彼の理論体系は、中途で中断したぶんだけ、不鮮明な部分を残している。しかし、彼は、その初発の段階ではマルクス主義的発想を濃厚にもって出発したが、やがて満洲の学術土壌のなかで、マルクス主義のターム（例えば社会構成体・半封建性・半植民地性など）を使用しつつもその内実においては、次第に近代化の理論のなかへと変容していった。そしてその結果が、外資による買弁性の強化とそれを修正するための下からの協同組合の展開であった。そして日中戦争が拡大し華北・華中占領地行政が重要になるなかでは、自作農育成のための積極的な商業的農業の展開と協同組合運動が重点になっていった。この過程で、大上は「開発経済学」のそれと微妙な符合を見せることとなるのである。

［注］

（1）日本のアジア研究において戦後の開発経済学の端緒を戦時中の南方調査に求め、明治以降の満鉄調査部に代表される「韓満支調査」と区別して東南アジアを取り込んだ新しい動向とそれの戦後への継承に関しては、さしあたり小林英夫「一九四〇年代アジア学の拡大の変容」（西川潤・平野健太郎編『東アジア共同体の構築 3』、岩波書店、二〇〇七年）参照。

（2）山本美越乃『植民政策研究』（弘文堂書房、一九二〇年）。同『植民地問題私見』（弘文堂書房、一九二一年）。

（3）作田荘一『国家論』（弘文堂書房、一九四〇年）。同『経済の道』（同、一九四一年）。なお、作田荘一のこれらの著作を含む作田の研究業績に関しては、大上末廣「作田博士「国家論」と「経済の道」」（『京都帝国大学東亜人文学報』第一巻第三号、一九四一年十二月）を参照。

（4）以下、大上の経歴は、小野一一郎・松野周治「大上末廣の略歴と著者目録について」（京都大学経済学会『経済論叢』第一一九巻第三号、一九七七年三月）による。

（5）「大上末廣手記」（小林英夫・福井紳一『満鉄調査部事件の真相』小学館、二〇〇四年）、七七頁。

（6）鍛治邦雄「大上末広の満洲経済論」（『関西大学商学論集』第二十二巻第五号、一九七七年十二月）、四一頁。

（7）満鉄入社時期に関しては小野・松野論文では三三年九月、前掲「大上末廣手記」では三三年十月（七七頁）となっている。

（8）小林英夫『「日本株式会社」を創った男――宮崎正義の生涯』（小学館、一九九五年）、同『満鉄調査部の軌跡』（藤原書店、二〇〇六年）、第四、第五章参照。以下、特に断りがない限り、宮崎正義の生涯の記述に関しては『「日本株式会社」を創った男』に拠る。

（9）満鉄経済調査会に関しては、満州史研究会編『日本帝国主義下の満州』（御茶の水書房、一九七二年）、第一章（原朗執筆）、中村隆英・原朗編『現代史資料　二三　国家総動員一』（みすず書房、一九七〇年）、小林前掲『「日本株式会社」を創った男』、遼寧省檔案館・小林英夫編『満鉄経済調査会史料』（柏書房、一九九九年）、小林英夫『満州と自民党』（新潮社、二〇〇五年）、同『満鉄調査部の軌跡』（藤原書店、二〇〇六年）を参照。

(10)満鉄経済調査会編『一九三三年度版 満洲経済年報』(一九三三年、改造社)、同『一九三四年度版 満洲経済年報』(一九三四年、同)、同『一九三五年度版 満洲経済年報』(一九三五年、同)参照。

(11)大上は「満洲農業恐慌の現段階」(前掲『一九三五年度版 満洲経済年報』所収)の中で、「現に発展過程中にある満洲農業恐慌は、世界農業恐慌の一支脈である」(二八六頁)という視点を強調していた。

(12)小泉吉雄は「手記」のなかで、橘樸は大上たちとウィットフォーゲル『支那の経済と社会』を素材に研究会を実施、「参加者が輪読部分を報告し、橘氏がウィットフォーゲルの使用せる古典の各々に付き資料的価値を説明し、又支那社会経済史研究の為の古典に対する紹介論稿を一同に配布する等の事をなしありたり」(小林・福井前掲『満鉄調査部事件の真相』二三六頁)と会の状況を紹介していた。

(13)同前、九五頁。

(14)同前、九六頁。

(15)大上は、一九三六年四月中旬から「満洲産業開発永年計画案」の立案に着手し、企業、農業、移民、交通、資金の五分野で立案を開始、関東軍や経済調査会との懇談を経て、六月には同小委員会を発足させている。その後急ピッチで作業を進め、八月には作業を完成させた(満鉄調査部『満洲五箇年計画立案書類 第一編第二巻 満洲永年計画資料』、「概説」、「決定案」、一九三七年参照)。

(16)湯崗子温泉会議の内容に関して、これまですべての先行研究は、星野直樹『見果てぬ夢』ダイヤモンド社、一九六三年に依拠して記述してきた。しかし、この会議に出席した南郷龍音の日記が発見され、小林英夫・加藤聖文・南郷みどり編『満鉄経済調査会と南郷龍音』(社会評論社、二〇〇五年)が出版されたためその具体的全体像や参加者が明らかになった。さらに関東憲兵隊郵政検閲月報が公開される中で、この会議のなかでの大上らの活動状況も明らかになった。これらに関しては、小林前掲『「日本株式会社」を創った男』、小林・福井前掲『満鉄調査部事件の真相』を参照。

(17)小林・加藤・南郷前掲『満鉄経済調査会と南郷龍音』、一一八頁。

(18)協同組合小委員会のメンバーに関しては、田中武夫『橘樸と佐藤大四郎』(龍渓書舎、一九七五年)、一一一頁を、同委員会の経緯については、小林・福井前掲『満鉄調査部事件の真相』、九九—一〇一頁を参照。

(19) 満鉄産業部『満鉄資料彙報』(第一巻第五号、一九三六年十一月)、二七頁。
(20) 松岡洋右の大調査部構想に関しては、松岡洋右『満鉄を語る』(第一出版社、一九三七年)、豊田穣『松岡洋右——悲劇の外交官』(上下、新潮社、一九七九年)、デービット・J・ルー『松岡洋右とその時代』(長谷川進一訳、TBSブリタニカ、一九八一年)参照。
(21) 野間清・下條英男・三輪武・西宮義雄編『満鉄調査部 綜合調査報告書』(亜紀書房、一九八二年)、四—七頁。
(22) 橘樸「特産恐慌対策としての農村協同組合」(『満洲評論』第六巻二十五号)。
(23) 田中前掲『橘樸と佐藤大四郎』、三四七頁。
(24) 関東憲兵隊「租借地の雑誌等に付思想上要注意通信」(上海の津金常知からハルビン佐藤大四郎への書簡、関東憲兵隊『検閲月報』一九四〇年三月二十六日)。
(25) 濱江省興農合作社連合会『満洲農村合作社運動論叢』上巻付録(一九四〇年)。
(26) 同前。
(27) 小林・福井前掲『満鉄調査部事件の真相』八〇頁。
(28) 大上末廣「興農合作社の金融政策批判」(『東亜人文学報』第一巻第四号、一九四二年二月)。
(29) 大上末廣「農業及び農業問題」(山口高等商業学校東亜経済研究所『昭和十四年度版 支那経済年報』改造社、一九三九年)。
(30) 同前。
(31) 同前。
(32) 一九四二年九月二十一日の検挙に際し、関東憲兵隊は、作戦命令の中で、留置に際しては「取扱を慎重にし物心両方面に亘り無用の苦痛を与えざること」を基本方針としていた(小林・福井前掲『満鉄調査部事件の真相』、一九三頁)。しかし収監された代元正成はその手記の中で「毛布からしらみが移ったことと、留監が朝晩二十四時間頭下をこつく歩かれるのが辛かった」(同前、一九三頁)と記し、同じく収監された具島兼三郎は「洗面バケツと雑巾バケツとを屡々混同されたこと」、食事のときに「箸を床の上に抛りこんでいく監視者が」(同前、一九三頁)いることへの不満を述べている。しかし石堂清倫が監獄は「チフスの巣」(『わが異端の昭和史』勁草書房、二〇〇六年)と表現しているように、毛布からしらみが移り、これで発疹チフスなどの伝染病が蔓延し、合作社事件の佐藤大四郎、調査部事件の大上末廣ら五名が相次いで公判を待たずに死亡していることを考えれば、監獄の衛生条件の劣悪さは想像ができよう。

(33) 詳しくは小林前掲『満鉄調査部の軌跡』、第二章第一節参照。
(34) 山本秀夫『満洲評論解題・総目次』(不二出版、一九八二年)、二一頁。
(35) 小林・福井前掲『満鉄調査部事件の真相』、一三〇頁。
(36) 石井知章『K・A・ウィットフォーゲルの東洋的社会論』(社会評論社、二〇〇八年)参照。
(37) 大上末廣「満洲農業恐慌の現段階と農村実態調査」(『満洲評論』第九巻第三号、一九三五年七月二十日)、一四頁。
(38) 中西功「支那問題の所在」(支那問題研究所『所報』一九三七年四月)、「支那社会の基礎的範疇と「統一」化との交渉」(『満鉄調査月報』第十七巻第八号、一九三七年八月)。
(39) 鈴木小兵衛『満洲の農業機構』(白揚社、一九三八年)、参照。
(40) 小林前掲『「日本株式会社」を創った男』第七章参照。
(41) 『満洲国経済建設ニ関スル資料』総篇、四五頁。
(42) 満鉄調査部『満洲五箇年計画概要』(満洲・五箇年計画立案書類第一編第一巻、一九三七年)、二頁。
(43) 「中国統一化論争」に関しては、米谷匡史「戦時期日本の社会思想——現代化と戦時変革」(『思想』八八二号、一九九七年十二月)、西村成雄「日中戦争前夜の中国分析」(岸本美緒編『岩波講座「帝国」日本の学知 第三巻 東洋学の磁場』、岩波書店)を参照。
(44) 矢内原忠雄「支那問題の所在」(『中央公論』一九三七年二月)。
(45) 大上末廣「支那資本主義と南京政権の統一政策」(『満洲評論』上、中、三、四、完 第十二巻十二―十七号〈除く十六号〉、一九三七年三月二十七日―三七年五月一日)。
(46) 大村達夫「支那問題の所在」(『支那問題研究所所報』第四号、一九三七年四月)。
(47) 前掲「支那資本主義と南京政権の統一政策」(『満洲評論』第十二巻第十二号、一九三七年三月十七日)、一三頁。

(48)大上末廣「満洲農村協同組合の新たな任務」(『満洲評論』第二十二巻第十二号)。
(49)野沢豊・小林英夫「序章」、木畑洋一「リース＝ロス使節団と英中関係」(野沢豊編『中国の幣制改革と国際関係』東京大学出版会、一九八一年)。
(50)浅田喬二『日本知識人の植民地認識』(校倉書房、一九八五年)。
(51)石井前掲『K・A・ウィットフォーゲルの東洋的社会論』参照。
(52)マヂャル『支那の農業経済』(早川二郎訳、白楊社、一九三六年)。
(53)大上末廣「井上照丸氏訳『マジャール・支那農業経済論』を読む」(『満洲評論』第十巻四号、一九三六年一月二十五日)。
(54)同前。
(55)同前。
(56)同前。
(57)同前。
(58)大上末廣「『東洋的社会論』——ウ博士の思想とその批判」(『帝国大学新聞』一九三九年九月四日)。
(59)同前。
(60)同前。
(61)同前。
(62)大上末廣「支那社会の特質」(『京都帝国大学新聞』第三三三号、一九四一年七月五日。
(63)大上末廣「満洲国農業生産政策の吟味」(『東亜人文学報』第一巻第一号、一九四一年三月)。
(64)大上末廣「支那の農業問題」(『東亜政治と東亜経済』中央公論社、一九四一年)。
(65)満洲産業開発五カ年計画の修正に関しては、とりあえず拙著『増補「大東亜共栄圏」の形成と崩壊』(御茶の水書房、二〇〇六年)参照。
(66)大上末廣「北支那の経済的地位」(『改造』十九巻九号、一九三七年九月)。

(67) 大上末廣「大陸政策としての満洲と北支那」(『改造』第十九巻十一号、一九三七年十月)。
(68) 大上末廣「北支経済開発の諸問題」(『帝国大学新聞』第六九四号、一九三七年十一月十五日)。
(69) 大上末廣「大陸経営の根本問題」(『改造』第二十巻三号、一九三八年三月)。
(70) 大上末廣「満洲農業五箇年計画修正とその実行方法」(『満洲評論』第十四巻二十二号、一九三八年六月)。
(71) 前掲『満洲五カ年計画立案書類 第一編第二巻 満洲永年計画資料』。
(72) 大上末廣「大陸農業開発とその課題」(『改造』第二十巻七号、一九三八年七月)。
(73) 大上末廣「農業及農村問題」(前掲『昭和十四年度版 支那経済年報』)。
(74)『真日本』第二巻第四号。
(75) 日本経済復興協会『研究録』第一五七号。
(76) 小林前掲『「日本株式会社」を創った男』、同『満州と自民党』新潮社、二〇〇五年。
(77) 山口博一「「中国統一化」論争と大上末広」(日本近代化とアジア主義研究会編『「中国統一化」論争の研究』、アジア経済研究所、一九七一年)、四四頁。
(78) 小野・松野前掲。
(79) 大上は、満洲合作社運動の課題を満洲農村社会の近代化におき、土地改革が望めない一九四〇年時点において、農村協同組合を通じた生産活動の共同化——例えば協同組合による排水・灌漑設備の遂行、耕畜や大農具の共同利用——による貧農の救済を掲げていたし(大上前掲「満洲における農村協同組合の一つの任務」、三八—四〇頁)、協同組合の結成による農民の組織化は必須の農村社会政策の機軸と考えられていた。

【第8章】

佐藤大四郎の協同組合思想と「満洲」における合作社運動

福井紳一

はじめに

一九三〇年代の「満洲」（以下、「満洲」は満洲、「満洲国」は満洲国と記す）は、人口の八割以上が農業に従事する農業国家であった。当時の満洲には、「地主―商人―高利貸」が兼業または連携しつつ農村を支配する、「三位一体」の支配と通称される特有の支配構造が存在した。そして、人口の圧倒的多数を占める農民は、その「三位一体」の支配構造の下、半封建的な抑圧と搾取を受けていた。

ここでいう「商人」とは、糧桟のことをさすが、糧桟とは、特産商品の大豆が国際商品化するのに伴ない、中国の関内から満洲に流入するようになった商業資本のことである。糧桟は、満洲農村を基礎に発達し、流通機構を独占するとともに高利貸を兼業しており、また、そのほとんどが地主であった。さらに、彼らは官僚を兼ねることも多く、まさに、「地主―商人―高利貸―官僚」による「四位一体」の支配といわれることすらあったのである。

合作社とは協同組合のことであるが、満洲国政府・日本帝国主義は、一九三四年の金融合作社、一九三七年の農事合作社、そして、一九四〇年に両者を統合した興農合作社を設立して、満洲の農民・農村を対象とする政策を遂行した。金融合作社・農事合作社・興農合作社のうち、特に農事合作社は、国家の統制の下に農民を組織する機関であったものの、同時に、糧桟など土着商業資本の中間搾取を排除し、産業開発を促進し、満洲農民の福利増進を図ることを目的として掲げていた。

すなわち農事合作社は、一方では、農村の流通機構を掌握し、かつ地方行政と一体化した実行合作社（下部組織）を農村に設置して農民を末端まで組織し、満洲国の農産物「増産」政策に寄与させようとする機関であった。しかし、他方では、流通機構を掌握することによって、「三位一体」の半封建的な満洲の農村を支配している糧桟などの土着商業資本と対決する機関でもあった。

つまり農事合作社は、一面では、植民地支配者の統制機関として満洲農民を組織し、「増産」を担わせる役割を果たすと同時に、他面では、過酷な搾取にさらされている農民を救済する協同組合でもあったのである。

それ故、満洲の中小農民の解放を掲げる自発的な協同組合運動が、満洲国の「政策」としての農事合作社として立案され採用される過程で、様々な人々が、様々な思惑でこの「政策」に関与した。まさに、この呉越同舟ともいえる情況で、満鉄経済調査会（後の満鉄調査部）に所属する「満鉄マルキスト」といわれた人々、橘樸ら、いわゆる「建国の理想主義者」、関東軍、日系「革新官僚」などの諸勢力が確執しつつ、農事合作社は立案され、満洲国の「国策」として採用され、そして変質していくのであった。

特に、橘樸は、「民族協和」の「分権的自治国家」として満洲国を構想し、その「建国」構想の中心に協同組合を位置付けた。しかし、その挫折の後も、新重農主義を掲げ、「三位一体」の満洲国の農村の支配体制の打破を主張し続けた。

この橘樸の新重農主義を掲げた協同組合思想を、実践的に継承し、満洲北部の濱江省綏化県において合作社運動として展開した人物が佐藤大四郎であった。佐藤大四郎を知る人は少ない。しかし、佐藤大四郎の生涯は、当時、『満洲評論』で共に働き、合作社事件でも共に弾圧された田中武夫の『橘樸と佐藤大四郎――合作社事件・佐藤大四郎の生涯』[★1]によりある程度たどることができる。また、拙稿「佐藤大四郎の思想形成とその協同組合思想――『綏化県農村協同組合方針大綱』を中心に」[★2]も参考にされたい。

佐藤大四郎は、第一高等学校の社会科学研究会のリーダーであったが、一高を除名処分にされたのち、日本共産青年同盟に加盟して活動し、治安維持法違反として逮捕・起訴され下獄した。そして、出獄後、満洲に渡り、橘樸が主催する『満洲評論』に職を得て、編集責任者となったが、橘樸の協同組合思想に基づき、それを実践的に発展させる形で、北満の地、濱江省綏化県で合作社運動を展開した。

「濱江コース」と呼ばれた、佐藤大四郎たちの人道主義と徹底した貧農中心主義の農村工作は、やがて、満洲国の「国策」と対立し、協同組合としての「許容範囲」を逸脱していった。そのとき、岸信介ら日系官僚が掌握する満洲国は、佐藤大四郎らの運動を「在満日系共産主義運動」とみなし、一九四一年、関東憲兵隊は弾圧を開始した。この合作社事件により、合作社運動を担った活動家たちは大量に検挙・起訴され、一九四三年、佐藤大四郎は奉天監獄において獄死した。

本稿は、満洲において合作社運動を展開した佐藤大四郎の思想と行動の意味を究明することを目的としているが、その際、佐藤大四郎の思想形成を、マルクス主義の受容、橘樸との出会いの中で考察するとともに、「濱江コース」と呼ばれた満洲における協同組合運動の基本方針となる『綏化県農村協同組合方針大綱』を分析し、そこに現れた佐藤大四郎の協同組合思想を通して、佐藤大四郎の人と思想についての論及を試みる。また、あわせて、関東憲兵隊による合作社事件といわれる「濱江コース」への弾圧とその背景についても、国際情勢の緊迫に伴う、満洲国の統治権力内部の確執や、総力戦体制内部に孕む矛盾をふまえて、分析するつもりである。

1　佐藤大四郎の人と思想

(1) 佐藤大四郎の思想形成の背景

佐藤大四郎は、一九〇九年十一月二十二日、東京の浅草区下平右衛門町二番地で、開業医佐藤潤之助の四男（八人兄弟）として生まれた。すなわち、料亭が建ち並び、江戸情緒の残る柳橋の比較的裕福な家庭の子として少年期を過ごしたのである。父の潤之助は、貧しい者からは医療費・薬代を取らず、柳橋の芸妓からも慕われた、「医は仁術」を地で行った人物といわれている。一九一六年、佐藤大四郎は福井尋常小学校（ＪＲ浅草橋付近にあった。戦後、台東区立福井中学校となったが、現在は蔵前中学校と統合して浅草中学校となる）に入学した。小学校時代の佐藤については、雨が降ると家から車夫が迎えに行ったこと、しかし、草履袋で顔を覆って逃げ、決して人力車には乗らなかったことなど、弟の六郎の語る姿しか知りうることはできない。だが、そこには、裕福な環境に育った多感な少年の社会との原初的な出会いのあり方が伺える。使用人や町の人々の自分に対する眼差し、下町の小学校での地元の名士である医者の子に対する教師の扱いや友達の視線、そして、貧しい者を見下すことのない家庭の環境、それらが、恵まれた家庭の出身であることへの負い目と同時に、虐げられた者や差別されている者への共感を育んでいったことは想像に難くない。

佐藤大四郎と太宰治はともに一九〇九年の生まれであり、全く同世代であるが、この太宰文学の本質に深く食い入ったコミュニズムの影響を究明した奥野健男は、「富豪の生家に対する反逆と、『他の為』になりたい、弱い者の味方になりたいという倫理感から、つまり下降指向によって彼は学生時代のコミニストとして、その運動に自己のすべてを賭けました★3」との太宰治に対する評価を示し、さらに、「彼の幼児から抱きつづけて来た生家に対するコンプレックスと、自己は他の為にあらねばならぬというタブーとが、コミニズムの思想が持っている倫理性に激しく触発され共感したのです。弱い者、貧しい者の味方になり、今までの古い自己を徹底的に否定して破壊する、地主階級である生家に反逆する、既成支配秩序に反抗する。という下降的な倫理感によってコミニズムを把握したのです★4」と分析している。

佐藤大四郎にも、恵まれた家庭に育ったことに対する世間への負い目はあったと思われるが、太宰治のような「家」への反逆の意識は希薄で、逆に、人道的な医師の家庭からの影響がその行動の原基にあると考えられる。弘前高校から東京帝国大学に進学した太宰と一高を除名された佐藤は、東京帝国大学で出会うことなどなくすれ違った人生を送るが、とはいえ、この時期の名門ないしは裕福な家庭に育ったエリートの学生が、左傾化して行く共通の傾向性を、佐藤も太宰も自己形成期に共有していたということは可能であろう。

一九二二年、佐藤大四郎は東京師範学校付属中学に一番で合格、一九二七年、第一高等学校に五番の成績で合格した。一九二八年、母を失うが、この母の死が転機となり、第一高等学校二年生の時より佐藤は社会科学の研究に没頭し、運動に参加するようになったといわれている。この年は、三・一五事件、労働農民党・日本労働組合評議会・東大新人会など左翼結社の解散、治安維持法の改正・強化、特別高等警察の全国設置など田中義一内閣により昭和戦前期の弾圧体制が構築された年であった。翌一九二九年、三年生になった佐藤大四郎は、このような時期に社会科学研究会のリーダーとなり、学外の地下活動にも参加していった。そして、一九三〇年、一高の『校友会雑誌』に「マルキシズムの世界観について」という論文を発表し、協同組合を「改良主義的幻想」と批判したりしていたが★5、特別高等警察の追及を逃れるために、学内の活動を断念して地下に潜らざるをえず、同年九月、一高から除名処分を受けた。翌一九三一年二月、日本共産青年同盟に加盟したが、四月二日に検挙され、七月三日に治安維持法違反で起訴された。「犯罪事実」は、「共青員、一、共青城西地区オルガナイザー　二、無青編集員★6」とされている。

佐藤大四郎の国内に於ける活動歴は、日本共産青年同盟の補助組織である学生エーゼントグループに加盟し、『無産青年』の編集にあたる一方、日本反帝同盟・赤色救援会・労働者救援会の学生責任者などを歴任。日本共産青年同盟加盟後は、同盟員として、『インターナショナル』の編集に従事したことであった。★7

「医は仁術」というタイプの人道的な下町の医者の家に育った佐藤大四郎は、貧しい者、虐げられた者への同情と共感を育むとともに、恵まれた自らの環境への負い目も同時に持ちつつ自己形成したと考えられる。それは、左傾化するエリートの学生の一典型とも言えよう。また、たまたま「足が早かった」ように「頭が良かった」少年が、いつの間にか、社会の側から選別され、エリートコースを歩むことになるわけだが、その中で、社会的に「上昇」していくだろう自己に違和を持ちうるタイプの学生、あるいは、「上昇」して行く中で身につける自らの力を逆に社会の底辺へと還元すべきとの倫理を持つタイプの学生が少数派ではあるが生まれてくる。大正デモクラシー期の東京で多感な思春期を迎えている佐藤大四郎もこのような学生の一人であったと考えて間違いないはずである。

(2)『満洲評論』における佐藤大四郎

一九三三年十二月、佐藤大四郎は治安維持法違反で懲役二年・執行猶予五年の判決を受けた。

「彼佐藤大四郎が、孤影悄然たる姿を大陸の門戸大連埠頭に現はしたのは、昭和九年春まだ浅き三月頃のことである」★8と関東憲兵隊司令部は記しているが、佐藤が満洲に渡ったのは、実際は一九三四年五月のことである。★9佐藤の渡満動機は、関東憲兵隊の資料によると、「肋間神経痛に犯され、釈放後間もなく療養の地を大連に求め」★10たためとあるが、長兄英一郎★11によると、英一郎の一高ボート部の仲間であり、かつ大四郎の一高社会科学研究会の先輩である長沢武夫の南満洲鉄道株式会社（以下、満鉄と略す）入社を機にしたもので、英一郎は長沢に弟を託したことになる。★12

一九三四年八月、佐藤大四郎は満洲評論社に入社した。入社の経緯も、英一郎の一高時代の友人で、一高の寮委員長をしていた渡辺雄二が、[13]満鉄経済調査会（後の満鉄調査部）に勤務しつつ、同時に『満洲評論』の編集委員であったため、その渡辺から、当時、『満洲評論』の編集長兼編集責任者であった田中武夫への紹介によるものであった。[14]すなわち、佐藤大四郎の渡満と就職は、兄英一郎の援助による、いわば「一高左翼」のコネクションを通したものであった。当時の佐藤の心境は、「マルキシズムの実験をするんなら、支那大陸の真中でやるのが一番よいぞ。元気でしっかり勉強しろ」[15]と満洲で激励された話を、嬉しそうに兄英一郎に手紙で伝えていることに見ることができる。

橘樸門下、『満洲評論』を中心としたグループを『満洲評論』派と呼ぶならば、佐藤大四郎もその一人といえる。『満洲評論』は、一九三一年八月創刊の週刊誌で、満洲の社会・経済を中心とする時事評論をその特色とする。一九三三年以降は、編集委員会を組織し、橘樸を座長とする編集会議を毎週行ない発刊された。「最初の編集委員は、石田七郎、大上末広、小泉吉雄、渡辺雄二、和田喜一朗、田中武夫の六名であり、左翼思想が支配的であった」[16]といわれ、田中武夫以外はすべて満鉄経済調査会に所属していた。しかし、これをもって『満洲評論』が満鉄経済調査会のグループに占拠されていると見るのは妥当ではなく、むしろ、満鉄経済調査会の中で橘樸の影響を受けていた者達が結集していたと見た方がよく、「橘の周囲に集まっていた経調グループは、橘を中心とした惑星的存在であった」[17]とも言われている。そして、山本秀夫が『「満洲評論」解題・総目次』の中で、「田中武夫は生前いつも、大上末廣、佐藤大四郎および松岡端雄の三人を、『満洲評論』派ないし橘門下の三羽烏と呼んでいた。そのうち大上が橘の理論的側面を、佐藤は実践的側面を、そして松岡が政治力の側面をそれぞれ受け継いだというのである。これに加うるに大塚令三の情報活動の側面と、田中武夫の編集能力の側面を以てすれば、『評論』派を代表する人物が揃うのではないだろうか」[18]と述べているように、佐藤大四郎は『満洲評論』派の中で主要な位置をしめていたといえる。そして、一九三五年二月、佐藤は『満洲評論』第四代編集責任者となった。

2　佐藤大四郎の思想形成

(1) 佐藤大四郎とマルクス主義

佐藤大四郎と同時代を共にした同志・友人の中で、特に石堂清倫・野々村一雄・野間清ら「満鉄マルキスト」と称された人々の佐藤大四郎の評価を巡る議論では、「マルクス主義者」としての佐藤大四郎と、橘樸との思想的関係、そして、その佐藤の行動の意味が常に問われている。★19 その長い生涯において一貫してマルクス主義の研究と実践を継続した石堂清倫は、満鉄調査部事件で連座した大上末廣とは中学以来の親友であり、佐藤大四郎とも、日本評論社の編集者時代に、同社から出版する橘樸の著作集の編纂作業をともに行なって以来の知人であった。石堂清倫は、

　大上、佐藤が橘と同質の人だというのは疑問がある。異質の立場にあったものがある時点で結びつく必然性を追及することが必要であろう。ある時期「満洲国建国」の革新的イデオローグとして迎えられた共同体的・重農主義的理想主義が軍から捨てられた橘と、「マルクス主義」から離れなければならなくなった大上らのグループが、必ずしも内容の同じくない、「共同体」理念で手をにぎったのではないかと思われる。★20

と述べる一方、

　佐藤大四郎は一高社研のときに検挙されているので、私は単純にマルクス主義者だと信じていたが、その後の行動はそれでは説明できないところがある。橘樸に接近したのも、たんなるカムフラージュのためよりも、本心

からのものであったかもしれない。彼はもともと理想主義者であり、社研で活動したのもそのせいだと考えるのが妥当のようである。私の学生時代の友人の多くの人々もマルクス主義を一種の理想主義としてうけとったのであり、マルクス主義者としての行動を断念せざるをえなくなると、本来の理想主義の部分が現れる結果になったのであろう。[★21]

とも語っている。

一方、合作社運動をともに担った同志の視点からは、津久井信也は、

故橘樸氏と識るやたちまち傾倒、肝胆相照らし、「父子」の如き愛情に結ばれ、以後、氏の影響を深く受けました。佐藤は昭和十八年五月、獄死するまで終始、共産主義者であり、その基本思想は師とはついに一線を画したものの、中国への関心、特に農民大衆への友愛ひいては農村合作社運動へのモチヴェーションは、橘氏の教訓によるところ深甚なものがありました。橘氏の対中国政策案の根底をなす重農主義から、佐藤はその貧農中心主義的進路を打開したのでした。[★22]

との佐藤大四郎評価を示した。

塙英夫は、一九四一年、塙政盈の筆名で合作社運動での経験を小説「アルカリ地帯」に著し、『中央公論』の懸賞小説に入選し、戦後は「第三の新人」の一人と目された作家であったが、彼は、佐藤大四郎の一高時代の後輩で、佐藤の勧めに応じて渡満して合作社運動を担った約五十名の元左翼活動家の一人でもあった。塙は、「帝国主義下の植民地で「進歩的」な活動でもしようものなら、弾圧を食うのは目に見えているではないか。抗日ゲリラに殺されて

は、死んでも死にきれない」[23]と思いつつも「イデオロギーは崩れながらも、専制的な社会に対する反逆心は少しも衰えなかった」[24]ため、佐藤の勧めに従ったような人物で、佐藤とは「合作社運動以上のイデオロギー問題」に関してかなり突っ込んだ議論をしていた数少ない人物であった。[25]その塙が佐藤について、

橘樸は「東洋的社会主義」ともいうべき思想の持ち主で、農業合作社（協同組合）をその基盤と考えていた。表面は転向しても内心は相変わらずコミュストの佐藤が、この橘の思想にどのくらい共鳴したかは疑問であるが、アジア的前資本制的な東北（満洲）の農村を合作社に組織することによって近代化を促進する仕事に生き甲斐を感じたことは確かである。満洲国政府承認の下に、濱江省綏化県に入り、県内農民の合作社設立に奔走した。歴史の発展過程で少しでも進歩的な役割を果たそう、それはまた日本の東北植民地化に対するささやかな贖罪にもなろう、と佐藤は思った。[26]

と高校時代の後輩であり、かつ合作社運動をともに担った同志としての身近な位置からの佐藤大四郎像を語っている。塙英夫の佐藤大四郎像は、同志・友人としての位置から、かなり正確な印象を捉えているように思えるが、石堂清倫ら、かつての「満鉄マルキスト」らの議論は、自分たちと同様の「マルクス主義者」であったはずの佐藤が、彼らの言う「マルクス主義」から、どのように、どの程度「逸脱」して、橘樸の思想に共鳴して合作社運動を展開していったか、それが「マルクス主義性」なるものからの「逸脱」であったら、それをどう規定してよいのかが主要な関心のような議論に見えてくる。

たしかに、純粋な反戦思想や純朴とも言える正義の行動についての文章を残す一高時代の佐藤大四郎[27]のマルクス主義の受容の仕方は、石堂清倫の指摘通り、「マルクス主義を一種の理想主義としてうけとった」[28]ものといえよう。しかし、それ故に佐藤の受容したマルクス主義は、若き後進国インテリゲンチュアが必死に獲得しようとした先端の

知的体系の様相は薄く、また、教養主義的な摂取でもなく、ましてや、すべての行動の規範となる「教条主義」的な教義ではなかった。すなわち、「理論」「理念」から行動を決定するような種類の自己形成の仕方を強いるようなマルクス主義の受容ではなかったのである。

佐藤大四郎は、「かの綏化奥地に赴く際にも『資本論』と『聖書』を座右の書として携行した[★29]」人物であったが、キリスト教徒であったという証言の無い佐藤が携帯する『聖書』が、いわば、彼の人道主義的側面を象徴するとするならば、『資本論』は、彼の理想主義的な行動の基準となり、彼の変革の思想を支える支柱としての理念を象徴しているといえよう。すなわち、佐藤大四郎は獄死するまで、広い意味でのマルクス主義者・共産主義者であった、あるいはそう自己を規定していたであろうことは疑問の余地がないが、佐藤は「マルクス主義の教義」から規定された判断・行動・実践を行なったわけではない。逆に、現実から突きつけられ、強いられる判断・行動・実践を支えるものとして、あるいは跡付けるものとして、佐藤にとってのマルクス主義はあったのである。それ故、満洲の農村を実態調査し、その現実に触れ、橘樸の新重農主義の提起を受けて北満の農村深く合作社運動の実践のために赴く行動の動機は、教条主義的な「マルクス主義」と「橘思想」の妥協の産物ではありえない。

(2) 佐藤大四郎と橘思想

次に、佐藤大四郎と橘樸の思想について考えていくが、橘樸は、マルクス主義に関して、ヨーロッパで展開されたマルクス主義を「社会民主主義」と呼び、ボルシェヴィズムやコミンテルンの思想およびスターリニズムなどロシア=マルクス主義を「共産主義」と呼んで区別する視点を持っていた。そして、その上で、資本主義化する前段階の社会において、すなわち、東洋の共同体にマルクスが主義が有効なのかとの問いにとらわれていた。この橘の思想的逡巡に関しては、拙稿「橘樸の革命思想とアジア――その思想形成と「方向転換」を中心に」や「「左翼アジア主義」

と東亜共同体――橘樸と尾崎秀実を中心に」[30]で考察したが、この問題は、かつてロシアのナロードニキが抱えた、「先進国と同様にロシアの革命も共同体を解体して資本主義を経なければならないのか」、それとも、「資本主義の辛苦を経ずして社会主義への移行が可能なのか」との重要な課題と同質のものであった。

この切実な「問い」を、直接マルクスに発したナロードニキの女性活動家ザスーリチに対し、マルクスは次のように答えている。それは、『資本論』の「本源的蓄積」の章の歴史的宿命性は西ヨーロッパに明示的に限定されるものであること。そして、ロシア農村共同体の社会主義移行における理論的可能性についても、もし、共同体の自由な発展を保障する革命が成立するなら、共同体はロシア再生の要素になり得るというものであった。[31]

橘樸は、「地主―商人―高利貸」の「三位一体」の支配の下にある満洲農村の現実を前にして、中国の民衆が伝統的に持つ自治能力やその共同体に期待して、東洋独自の革命を模索しつつ、自治能力を「民主主義的に鍛える」協同組合運動を新重農主義として提唱した。橘に私淑した佐藤大四郎は、マルクス主義を自らの思想の支柱としていたはずであるが、その受容は硬直したものではなかったので、現実に対応しつつアメーバーのように増殖する橘樸「思想」とある時期、共鳴しつつ融合していったといえよう。また、北満の農村の中で合作社運動を展開する佐藤にとって、満洲農村の現実に根付いた橘の思想は、「佐藤のマルクス主義」をより現実的な実践思想へと発展させた。こうして、持ち前の理想主義・人道主義に育まれた、佐藤大四郎の満洲における合作社運動の思想的基盤が築かれていったのであった。一方、独自の思想を紡ぎ出す橘樸との出会いや、中国認識という濾過装置を通ることによって、佐藤の思想は、同世代の学生運動出身のマルクス主義者が持つ、コミンテルンの思想からの呪縛という傾向を脱していく可能性をも獲得していったと見てよいだろう。

また、この時期の社会変革を目指す青年たちは、マルクス主義やアナーキズムの影響を受けた者を含め、左右を問わず農村の貧困への対峙がその行動の原基になっていたが、橘の新重農主義も、協同組合による農民自治を掲げた、「真の意味での東洋共同体・社稷の再生」をめざそうとする農本主義思想の側面を持つともいえる。満洲農村の現実と直面する中で貧農救済を掲げる運動を展開する佐藤大四郎は、アナーキズム的な分権自治を内包する橘樸独自の東洋的社会主義・左翼アジア主義と結合した農本主義思想と融合する形で、公式的なマルクス主義の解釈とは異なる変革の道を模索していたはずである。また、佐藤が全力で取り組んだ「農村の貧困」は、農本主義的側面から考察しても、「他国の農村の貧困」を対象したものであり、その意味で、日本の農本主義が持つ民族主義的束縛からも当初より自由であったと評価できる。この民族主義的束縛からの自由さは、佐藤の思想の支柱に、理想主義・人道主義のみならず、マルクス主義があったことが大きく影響していたに違いない。

最終的に佐藤大四郎の思想を考察するためには、彼の合作社運動の詳細な分析を経なければならず、それは続く課題としたい。しかし、幾分かの考察を進めると、一九四〇年十月、佐藤は新京の興農合作社中央会の資料部門に左遷され、彼の「現場」の濱江省の農村から完全に引き離されてしまったが、その後の行動に着目せざるを得ない。この時期の佐藤は、『満洲評論』の編集方針が、本来のあり方である時局批判を回避しようとする現状に抗して、田中武夫・松岡瑞雄たちと「満洲評論同人再建運動」を展開し、『満洲評論』誌上で満洲国政府の政策を厳しく批判していった。[★32]また、「濱江コース」といわれた合作社運動が抑圧される中で、佐藤は、千家駒・李紫翔『中国郷村建設批判』、スターリン『レーニン主義の基礎』、など四十冊以上を濱江省連合会図書室に備えて閲覧させたこと。満鉄調査部で極秘資料として発行されていた中国共産党関係の資料である「抗日民族統一戦線現段階上の農村革命政綱」を入手して打字印刷にして、「濱江コース」の活動家二十数名に配布したこと。佐藤宅で数名と『資本論』研究会を開催したことが、関東憲兵隊の弾圧の口実の一部として挙げられている。[★33]活動家としての「現場」を奪われた佐藤の焦燥は、自暴自棄的とも見える。

第二次世界大戦下の液状化する国際情勢の只中にあり、かつ、地理的にはソ連と接するとともに、抗日運動の拠点である北満の地、すなわち、戦争の趨勢によってまさに情況の激変が最も予測される地域において、貧農を主対象とする「濱江コース」の合作社運動は展開された。その実践の先頭に立つ佐藤大四郎は、また、尾崎秀実と深い親交を持ち続けていたこともよく知られている。その佐藤が、尾崎の思想的影響を受けつつ、変革された日本と共産党の掌握した中国による東アジアの革命の展望の内に、世界大戦の激動の中での最善の可能性を見出していなかったとは言い切れない。そして、その展望との関わりにおいて、協同組合による中農・貧農の組織化が実践された側面も、佐藤大四郎が農村に入った動機の一部を構成していたであろうことは推定できる。しかし、それは佐藤大四郎の指導する合作社運動にとって一義の課題ではなかったはずである。

橘樸の場合は、協同組合・合作社運動は、彼の思想を現実化する一つの構想であり、「政策」における手段でもあった。また、「政策」である限り妥協もあった。しかし、佐藤の行動は、傀儡国家である満洲国の「許容範囲」という「限界」をあらかじめ認識した上での、可能な限りの実践であり、それそのものがすでに「目的」となっていたのであり、革命への政治的有効性を一義とした冷徹な判断を優先しなかった。それ故、その「許容範囲」が狭まっても貧農解放を掲げて運動を継続した佐藤には、必然のように抑圧と弾圧が待っていた。弾圧が予想される中でも、抑圧に抗し、愚直とも見えるほど現場の実践に固執した佐藤の行動は、活動家としての「倫理」であり、最後の「筋の通し方」であったのかもしれない。

3　佐藤大四郎の協同組合思想

(1) 橘樸の協同組合思想と新重農主義

橘樸（一八八一―一九四五年）は、生涯の大半を中国で過ごした中国問題のジャーナリストであり思想家であった。孫文を支持し、中国国民革命に中国独自のブルジョア革命を展望したが挫折した。また、満洲事変直前の一九三一年八月から一九四五年の敗戦時まで刊行され続けた、週刊の政治・経済誌『満洲評論』を創刊・主宰した人物としても知られている。自他ともに認める民主主義者・自由主義者であった橘は、満洲事変に際し、関東軍参謀石原莞爾らを「ある地点までの同行者」と限定して支持し、いわゆる「方向転換」を行なった。そして、「勤労者民主主義・農民民主主義」を掲げつつ、アジア解放の観点から満洲国の「建国」を評価し、そのイデオローグとなっていった。そして、「民族協和」による「分権的自治国家」として、満洲国を構想し、この建国構想の中心に協同組合（合作社）を位置付け、その設立を提唱した。

橘樸に関する研究としては、山本秀夫による詳細な評伝があり、[★34]拙稿「橘樸の革命思想とアジア——その思想形成と「方向転換」を中心に」[★35]のほか多くの研究がある。[★36]

また、橘樸の協同組合思想については、拙稿「橘樸の協同組合思想——満洲に於ける合作社運動の指導理念」[★37]においで分析を試みたが、橘樸の協同組合政策とは、「民族協和」と「農民自治」を基盤とした「分権的自治国家」として満洲国を構想した橘が、その際、最重要政策の一つとして提唱したものであった。

そして、それは中国民衆の伝統的・歴史的に形成された自治能力を高く評価し、それに着目し、かつ依拠した協同組合政策でもあった。また、橘は、「地主—商人—高利貸」の「三位一体」の支配と搾取の下に置かれている中国民衆が、協同組合を通して得た民主主義的体験によって、彼ら自身の持つ自治能力と自治精神を再生できると期待した。それ故、協同組合の中に、経済的要素だけでなく、組合の活動を通した民主主義の養成を追求したのであり、そこに、橘樸の協同組合思想の独自性が見られた。

そして、その後の橘樸は、この方向性を吟味・発展させる中で、あるべき協同組合・農村合作社を展望し、現実化する道を選択したのである。さらに、華北分離工作が推進されるという、新たな情勢の展開の中で、一九三六年になると、橘の協同組合思想は、「新重農主義」として実践的に提唱された。しかし、橘の「北支那郷村自治建設に関する私案」の主張は退けられてしまった。とはいえ、この動きと平行して、一九三六年には、橘樸の新重農主義の提唱を受けて、『満洲評論』派の中から二つの動きが起きていたのである。

その一つは、昭和十一年度事業計画の中心課題として、満鉄経済調査会が取り上げた『満洲産業開発永年計画案』であり、同案は、満洲国の『満洲国産業開発五カ年計画』立案に対応するものであった。計画案策定の小委員会委員長は押川一郎であったが、実質的な取りまとめ役は大上末廣で、大上が委員兼幹事となった第二分科会（農業政策担当）においては、橘の考えに沿う形で「郷村協同組合政策」が策定された。[★38] 一九三六年九月、『満洲国産業開発五カ年計画』策定のために湯崗子温泉で、満洲国政府・関東軍・満鉄間の会議が開催された。しかし、満鉄案の『満洲産業開発永年計画案』は、その会議において実質的に葬り去られてしまったのである。

橘樸の新重農主義の提唱を受けた動きは、もう一つあったが、それこそが、佐藤大四郎が濱江省綏化県において実践した農業協同組合（合作社）運動であった。

(2)『綏化県農村協同組合方針大綱』

基本方針

一九三七年一月、『満洲評論』編集責任者佐藤大四郎は、その職を辞して大連を離れ北上した。それは、新重農主義を掲げ、北満の地、濱江省の綏化に於いて協同組合運動の実践をなすためであった。橘樸の華北に於ける工作の失敗、大上末廣らの『満洲産業開発永年計画案』の実質的な立ち消えといった情況で、佐藤は「橘先生の御志は私共で再現してみせるという決意」[★39]を持って、「本誌（『満洲評論』――引用者）の伝統的思潮の一つである農本主義の実践」[★40]として、この運動に取り組んだと表明している。

佐藤大四郎の運動の協力者となったのは、大塚譲三郎であった。大塚は東京帝国大学経済学部在学中に大内兵衛の影響を受けた人物であったが、卒業後、満洲国の官吏となった。[★41] 大塚は、橘樸が常に批判してやまない「出稼根性や官僚主義や資本家的イデオロギー等々の埃垢」にまみれたタイプのいわゆる満洲国の日系官吏とは異なり、満洲の農村深く入り貧農救済に力を尽くす、橘いうところの「田園裡の日系官吏」の典型のような人物であった。[★42]すでに佐藤は、一九三四年九月から十一月にかけて、その後、ともに合作社運動を中心的に担うことになる津久井信也と北満視察旅行に赴いたが、視察中に出会った大塚とはその時以来の友人であった。

濱江省綏化県が協同組合運動の候補地として選定された理由は二点ある。その一つは、一九三六年四月に大塚譲三郎が、龍江省から濱江省民政庁財務科長として赴任してきたこと。[★43]もう一点は、綏化県が、特産商品である大豆の生産を支える農民が、半封建的な「三位一体」の機構の中で支配される典型的な北満農村を形成していたことにあった。[★44]

一九三六年の秋、佐藤大四郎は橘樸・大塚譲三郎と会合し、濱江省綏化県に於いて農村協同組合運動を展開することについて、原則上の合意に達した。津久井信也は、

①橘の永年にわたって蓄積された学識・経験に基く中国農村改造方策。
②いわゆる「満洲国田園派官吏」大塚の橘の新重農主義への傾倒と佐藤に対する信頼と理解。
③佐藤が昭和九年五月大陸上陸『満洲評論』編集者として橘に私淑して到達した橘思想の理解者であると同時にマルクス主義者である佐藤が「北満放浪」の体験を通じて進化された中国農村改造への意欲と情熱。[★45]

以上三点がここで一致をみたと評価している。

一九三七年二月から三月にかけての一か月間、佐藤大四郎は農村の基本調査を行なった。その結果、綏化県農村における、地主・土豪などいわゆる「土豪劣紳」の実質的支配の物質的基礎を示すものとして、

①土地所有の甚だしき不均等。
②地主階級の濃厚なる寄生的性格。
③県城付近に不在地主所有地が集中するという地域的分布情況。[46]

の三点を挙げた。

特に最底辺の雇農の実態について、「彼らの自己卑下、屯内における完全なる無権利、奴隷的諦観、その希望なき暗き状態は、我等の目を掩はしむるものがあった」[47]と悲哀と怒りを込めて記している。

この基本調査の結果をもとに、佐藤大四郎は『綏化県農村協同組合方針大綱』の執筆に着手するとともに、四月から五月にかけて、屯実行組合の組織化工作を行ない、六月に執筆は終了した。[48]『綏化県農村協同組合方針大綱』とは以下に示すようなものであった。

第一節　綏化県農村協同組合設立事情
①新重農主義の成立過程
②民政部新街村制案批判
③実業部農事組合案批判
第二節　綏化県農村の基本構成
①農業生産関係の諸問題
②流通関係の諸問題
第三節　綏化県農村協同組合の組織と其の機能
①組織方針

②各級機関の組織と其の機能
③県連合会の職制と各級機関の事務分担
④県公署其他との関係
第四節　綏化県農村協同組合の事業計画
①信用事業
②共同販売事業
③共同購買事業
④生産利用事業
⑤社会事業★49

佐藤大四郎は、この『綏化県農村協同組合方針大綱』の冒頭に、農村政策の路線として、

①日満両国の当面する国際情勢、それに依って規定せらるる広義国防の物的諸要求の確固たる充足、換言すれば戦時農産原料資源の開発増産。
②客観的歴史的に実証せらるるところの、今尚ほ圧倒的優位を以って農村を実質的に支配しつつある土豪劣紳の横暴不正を掣肘して、この国に於ける抗日民族戦線運動の基幹部隊、その革命的核心たる貧農層を我々の側に獲得し、これによって急速に発展しつつある赤色勢力に有効に対抗すべき社会的基礎を強化広大すること。
③右貧農層に重点を置きつつ、各級勤労農民の生活の安定を計り、以て希望なき農村に光明を付与し、勤労誠実なる農民の向上の途を開き、斯くして全体農村の相互協力による福祉実現の理想に到達すべき力を涵養せしめること。

換言すれば、最も本来的なる、即ち最も厳密な意味に於ける此の国の建国精神、王道楽土の理想実現に現実的なる保証と援助を供給すべきこと。[★50]

以上の三点を掲げて、徹底した貧農中心主義の協同組合運動の組織に着手した。この三点に関し、津久井信也は、

佐藤も占領下の満洲に於いて、ジャーナリズムを通しての、自己の理論的主張の表現方法を『満洲評論』を通して橘に習い学んだ。『大綱』〔『綏化県農村協同組合方針大綱』——引用者〕の「新重農主義の成立過程」の満洲に於ける協同組合運動の三つの目的も、橘の方法に習っていることは申すまでもないが、従ってその中に佐藤が自ら信念とする所の満洲の協同組合運動の将来すべき展望を正しく伝えているとは申せないのである。[★51]

と当時の同志として、後世の解釈に危惧を持って述べているが、当然、植民地支配下の満洲で、佐藤大四郎が内に秘めている協同組合の目的・路線が公然と掲げられるはずはなかった。①の「戦時農産原料資源の開発増産」にしても、満洲国の「増産政策」と合致した時のみ、糧桟などの流通独占と農民収奪を抑制して、農民の生活向上を図る協同組合が許容されるわけであるし、②の「抗日民族戦線運動の基幹部隊、その革命的核心たる貧農層」を獲得することのみが中国共産党の勢力に対抗しうる方法であるかのように強調している言説も、貧農重視の協同組合に消極的な満洲国政府に向けた警告を秘めたメッセージでもあった。また、橘樸は、つねに「社会民主主義国家は王道なる政治理論の当然なる帰結」と語っているが、③において、「最も厳密な意味に於ける此の国の建国精神、王道楽土の理想実現」とある表現も、「農民自治」を基盤とした「分権自治国家」として満洲国を、協同組合を軸に構想した橘の「建国の理想」の暗喩であった。

とはいえ、佐藤大四郎は、協同組合運動を通して貧農層を組織し、その生活を向上させ、「地主―商人―高利貸」の「三位一体」の農村支配を打破していこうとする意志までは、その協同組合運動の目的・路線として公然と掲げて実践に着手していったのであり、このことは、橘樸の協同組合構想の実践面での継承・発展にほかならなかったのである。

民政部新街村制批判と「行経二元論」

満洲国の民政部において新街村制案の立案が行なわれると、それに際して、佐藤大四郎が運動の拠点とした濱江省でも、一九三七年より、独自に「新村制」案の立案・検討が始まり、濱江省内の各県旗参事官を集めた会議で大綱を決定して、翌年からの実施が予定された。[★52] これに対し、佐藤大四郎は、「第一節 綏化県農村協同組合設立事情」の②「民政部新街村制案批判」において、濱江省の「新村制」案の批判を通して自らの運動論を展開した。そして、そこにおいて、その後の佐藤たちの協同組合運動の基本方針となる「行経二元論」が打ち出されたのである。

濱江省の「新村制」案とは、従来、中国農村に、主として治安維持を目的に組織されていた保甲制を改編して、行政的・経済的機能を持たせるように再編するものであった。[★53] それは、

原則として現有保甲区画に於いて一甲を示している自然発生的集団部落又はこれと利害関係を共通にしている付近の数甲、若しくは付近散在戸数を抱合する地区を画して一体的村落を結成せしめ、これを新たに甲と呼ぶ。[★54]

とするもので、甲の行政的機能としては、(イ)村民の戸籍調査、(ロ)共同防壁、道路構築、其の他の土木事業、(ハ)国民初等学校、(ニ)補助警察、自衛団、衛生、(ホ)共同納税、(ヘ)行政的経済的統制、が挙げられていた。一方、経済的機能としては、(イ)相互金融、(ロ)互助耕作、(ハ)購買組合、(ニ)生産物の共同販売、(ホ)輸送組合、(ヘ)

農事及畜水産の新設[55]を持つものとしていた。

これに対し佐藤大四郎は、

満洲農業社会の最も基本的なる関係は、寄生的地主支配の圧倒的優位と勤労貧農階級の徹底的無権利、貧窮である。〔中略〕治安の回復とともに「王道の慈光」に浴し得たものはまことに一部の階級にすぎず、大多数の勤労農民はその所与の生活の基調に於いて旧東北政権時代のそれと何ら相違するものは有しない。[56]

と、日本帝国主義による満洲国捏造以降の満洲農村の実態を分析した上で、

農村内部の実情は保甲制をも又土豪劣紳の基礎補強に完全に奉仕せしめ、貧農層に対する旧き封建的支配を維持強化する機関たらしめている。〔中略〕従ってそれに依って実現される「新たなる甲」の実質も「新たなる両機能〔行政的機能と経済的機能――引用者〕」の兼備によって土豪劣紳の非合法・不合理なる封建的搾取関係を合法且合理化し、それをより大なる規模に於いて再生産する中核となるだろう。[57]

と判断している。このことは、「地主―商人―高利貸」の「三位一体」の支配の下に置かれている満洲農村では、地方行政機構は、事実上、「土豪劣紳」が支配しており、その地方行政機構に経済的機能を持たすことは、彼らの支配を「合法化」することになり、封建的搾取をより強化することになるとの批判であった。そして、対案として、以下の主張を展開した。

①此の国に於ける権力は、現在尚ほそれが農村に対する場合、地主富農階級の利益と共通する限りに於いてのみ

効力を発揮し得る。

②右の事実は逆に又、これら農村内部の富裕なる階級、経済的実力を有する階級が当該農村の貧農層に対して、今日尚ほ強固なる実質的支配力を有することを証明する。

〔中略〕かかる農村内の現実の承認の上に、即ち此の基本関係、著しき不均等を示す階級間の力関係、その基底をなす半封建的土地所有関係の諸問題に多かれ少なかれ進歩的修正を施さざる限り、実質的なる解決は到底期し難い。而して此の目的を達成するためには、①何よりも先ず農村内の大多数を占める貧農層に重点を置き、彼等を組織的に確保し其の経済的実力を養ひ、土豪劣紳の不当なる支配と搾取を所与の条件の下に合法的に防衛すべく努めることが肝要となる。斯くして一定の時期を経て、一定の物質的基礎が貧農層の側に築かれ、其の実力が組織的に確立せられるならば、②今日に於いては全く不可能事とせられる農村問題の基底、即ち土地・負債等の重要課題をも初めて効果的に処理し得られることとならう。[★58]

つまり佐藤大四郎は、「三位一体」の支配の下、寄生地主の圧倒的優位と貧農層の徹底的無権利という階級関係は、満洲国民生部新街村制案や濱江省の「新村制」案によって固定化され、搾取はいわば「合法化」され、搾取を再生産させる事態となってしまうと捉えたのである。すなわち、佐藤は、この政策案の本質を、下級地方制度の機構に、行政とともに協同組合的な経済的機能をも持たせる、いわば「機構一元論」と見なしたのである。そして、満洲の階級関係が前述のような現状において、地方行政機構に経済的機能を兼備させることは、地主・富農層による満洲農村の支配を、より一層強化させることになるとの危機感を持ったのであった。

そのため、佐藤大四郎の協同組合構想においては、協同組合を行政機構と分離することを原則とした。すなわち、「土豪劣紳」の支配と搾取から貧農層を合法的に防衛するためには、行政的機能を持つ地方制度の機構と、経済的機能を持つ協同組合を完全に分離し、二元的組織原則とすべきであるとの方針を明確に示したのである。[★59] これが佐藤の協同組合思想において、重要な特色となる「行経二元論」「機構二元論」であった。

実業部農事組合批判

「第一節　綏化県農村協同組合設立事情」の②「実業部農事組合案批判」では、満洲国実業部農事組合案で掲げられている、

（イ）組合組織による農産物販売価格の調節維持。
（ロ）組合組織による生産の指導統制。
（ハ）組合に於ける種苗圃の確保。
（ニ）組合による農産物の保有。[★60]

の四項目に対し、佐藤大四郎は、（イ）は、現有経済制度の下では実行不可能と一蹴し、（ロ）以下が、「準戦時体制確立」のための、原料の増産と保有を遂行するための要求と看取した。[★61]そして、「増産の遂行が一般的にはこの国農業の植民地化過程の急速なる進展、その政治的結果の一つとしての中・貧農層の没落過程を益々拍車することは必至である[★62]」と批判した。

しかし、植民地の協同組合は、橘樸が常に指摘しているように、その「許容範囲」でのみ存在し得るので、「国策」を否定したら存在し得ない。そこで、佐藤は「増産」政策の中農層・貧農層に対する危険性を明確に批判した上で、「増産が現下緊急の国策的要求に基くと承認しつつ[★63]」、その結果がもたらす「幾多の政治的経済的社会的フリクションを出来る限り回避乃至緩衝[★64]」することを、自らの協同組合の責務とした。

綏化県農村協同組合の組織とその機能

「第三節　綏化県農村協同組合の組織と其の機能」の①「組織方針」においては、「其の根本方針を特に貧農層の救済補強に置く」[★65]とした上で、

本県農村協同組合の指導機関は、郷村自治の確立を期し其の完き育成を考慮しつつ、組合員及び其の家族に対し組合の各種事業の実践を通じて、本県農村協同組合の精神の普及教育に、不撓不屈且つ懇切周到なる努力を払うべきことを不可欠の任務とする。次に現行の農村組織が多かれ少なかれ土豪劣紳の暗黒なる封建的支配並びに搾取関係に奉仕しつつある実情に鑑み「組合の区域を原則として行政区域に一致せしめる」組織的見地を採らず[★66]〔後略〕

として、ここにおいても「行経二元論」を方針として確認した。

②「綏化県農村協同組合各級機関の組織形態と其の機能」においては、県組合連合会の機能として、総務部・信用部・事業部を設置し、業務を分担することが示されている。

また、三十―五十戸の自然屯[★67]を組織単位として屯農事実行組合の設立を掲げているが、このことは、佐藤大四郎の協同組合思想における、「行経二元論」と並ぶ重要な特色であった。つまり、組合の区域が大きくなればなるほど、地主・富農などが幹部となり組合を支配する可能性が強くなるため、それを防止するための政策として、自然屯を単位とする「小区域主義」を鮮明に打ち出した。これは後述するが、橘樸や大上末廣の構想より先鋭的なものであった。

「第四節　綏化県農村協同組合の事業計画」においては、①「信用事業」、②「共同販売事業」、③「共同購買事業」、④「生産利用事業」、⑤「社会事業」が挙げられている。

①の「信用事業」に於いては、「完全なる信用貸款・低利・貸付最高限度額の低位・貸款使用法指導としての厳密なる監督・動産担保金融[68]」の四点を挙げ、組合員として「借款を受ける第一の条件は、何ら物的のものを含まない。組合員として一家和合し、耕作し、隣人に対し誠実であり、更に健康と云う条件が付加せられるならば、信用程度に於いて最高である[69]」という、貧農への全面的な信頼を前提としたものであり、全くの無担保であった。この無担保主義に対しては、様々な批判がなされたが、一九三七年の回収成績は、最下層の雇農層まで含んでいるにも関わらず、一〇〇パーセントを達成した[70]。このことに関しては佐藤大四郎の理想主義の勝利といっていいであろう。

②「共同販売事業」としては、古い封建的流通機構の近代的合理化を目標として掲げる、交易市場と農業倉庫の経営を挙げている[71]。協同組合は営利を目的としないので、本来、「手数料」は交易市場の維持費だけでよいものだが、実際は財政難なので、この「手数料」を主要財源とすることにした。

その理由としては、生産物の大部分を所有し、交易市場を利用して、それを搬出・売却する者は糧桟や地主・富農層である。それ故、「手数料」を高率にして事業資金としたとしても、交易市場の事業の中において、その収益を貧農層を中心とする農民に還元できれば、その方が組合の根本方針を生かすためにも、よりふさわしいと判断したからである[72]。

③「共同購買事業」においては、「生産者から直接消費者に」を理想として、共同購入・配給を行ない、糧桟などの中間搾取を排することを企図した[73]。

④「生産利用事業」においては、灌漑排水の共同施設及び利用、農業倉庫の設置、改良農具の共同利用並びに貸し付けの三点が挙げられている。特に農業倉庫に関しては信用事業・共同販売事業と連携させると同時に、備荒貯蓄・

救済の役割を持たせるものとするところに特色があった。

当時、備荒貯蓄や救済のための義倉は、本来の意味を失い、逆に農民の負担を過重にしてしまっていた。さらに、実際の運用にあたっても、貧農層はその恩恵を蒙ることが少なく、実際は、「土豪劣紳」の搾取機関と化していた。そのため、農業倉庫においては、協同組合運動と結合させることによって、義倉を本来の目的に添うものへと改善していくことが図られた。[★74]

⑤「社会事業」としては、「教育（民衆教育・農事教育）、医療・衛生、救済、職業紹介、娯楽」[★75]を挙げている。橘樸は協同組合を通して、「民主主義的訓練」を行ない、中国の民衆が本来、身に備えている伝統的自治能力を甦らせることに協同組合の重要な意義を見出していた。[★76] それにならい、佐藤大四郎もまた教育事業を重視した。

『綏化県農村協同組合方針大綱』と橘樸案・大上末廣案との差異・相違

以上、『綏化県農村協同組合方針大綱』を検討してきたが、ここには、満洲の農村の現実に直面する中で、農村調査を踏まえて提起された、佐藤大四郎の実践的・具体的な協同組合思想が良く示されている。そして、大上末廣たちとの研究の蓄積とマルクス主義の教養をもって自ら分析した満洲農村の社会的・経済的現状に対し、橘樸の新重農主義を掲げ、人道主義的に北満の農村深く協同組合運動の実践へと向かっていく佐藤の姿も見て取れる。

佐藤大四郎は、満洲農村の「地主―商人―高利貸」の「三位一体」の支配構造を、大上末廣と同様に「半植民地的半封建的」[★77]支配構造と規定した。そして、協同組合運動を通して、その支配構造に対し、「改革のメスを揮うこと」[★78]の必要性を唱えた。しかし、活動家としての佐藤にとって、このように規定した協同組合運動は、橘樸のように「分権的自治国家」を作るための手段や政策ではなかった。佐藤大四郎は、もはや、協同組合運動自身を自らの「目的そのもの」としようとしていたのである。

一方、思想家・政策立案者としての橘樸は、「農民自治」に基く「分権自治国家」を創設することを、満洲国の「建国」に際して構想し、その一環としての協同組合運動として位置付けていた。すでに、ここに、佐藤大四郎と橘樸との間には立ち位置の差異が生じていたのである。

また、満鉄経済調査会の『満洲産業開発永年計画案』と比較してみると、そこでは、「現在の地主的土地所有体制は、原則的に維持されなければならない。〔中略〕地主を主要対象とする土地改正のための政策は、地主の利益を保護することを原則としなければならない[79]」との方針が示されていた。そして、地主の利益保護を原則とする土地政策を前提とすれば、「農業の生産部面に於いて、小作農を保護し之が生活を安定せしむることは極めて至難の業である[80]」と指摘した上で、その前提の下での小作保護政策は、農業生産部面では不可能なため、農業流通部面に求めるべきものとした。そのため、「農業流通部面に生じる様々の弊害から農民を守り、様々の搾取から擁護する政策即ち具体的に謂へば農業流通部面を合理化して農民の諸負担を除去する政策として最も良いものは、郷村協同組合政策の樹立である[81]」と、地主の支配を前提とした上での流通合理化を行なう協同組合の必要性を論じている。

この『満洲産業開発永年計画案』の中に、「郷村協同組合政策」があるが、この部分は、大上末廣を中心に立案された。そこにおいて、「現在満洲国に於ける地主的秩序の最大の危険は〔中略〕恐慌激化に依って促進された農村中小金融機構の破綻と、中農を始めとする下層農民大衆の没落流離の傾向であり、その結果としての地主秩序の内部崩壊の危険であり、絶へざる農民の匪化、匪賊の赤化である[82]」とし、この危険を防止するために「中農以下を主要対象とする郷村協同組合の急速なる発展[83]」が必要であると提起している。そして、「地主的秩序の維持を必要とすることは明瞭であるが、その為に現在必要なことは地主を保護して下層農民を其の搾取に委すことではなく、寧ろ逆に其の搾取を緩和することに依って勤労大衆の没落を防止する点にある[84]」と協同組合の意義を位置付けていた。国策への原案として立案された大上末廣たちの「郷村協同組合政策」と、満洲国の「許容範囲」の中で展開されようとする佐藤大四郎の協同組合の実践的方針とでは、同じ、橘樸の新重農主義の提唱を受けて展開されたという共通性を持ちつつも、大きな相違がでるのは当然であった。

また、組合の組織単位に関して比較してみると、佐藤大四郎は三十―五十戸の自然屯を単位とする、最も農村の民衆に密着した最小単位の「小区域主義」を打ち出している。これに対し、橘樸や大上末廣はどのように提起していたのであろうか。

橘樸は、「原則として、典型的な地域共同体である自然部落とするが、過渡的には、自治行政区域である村を最大に、自然部落を最小にすること」★85としている。

一方、大上末廣の構想についてみれば、一九三六年五月の満鉄経済調査会『満洲産業開発永年計画書案（大綱）』における「郷村協同組合政策」では、「中農以下の勤労農民を主要なる組織対象とす」★86と基本方針が掲げられ、「組織の単位は小地域主義に依り人口密度に応じて一村又は数村に亙るものとし一千戸程度を限度とする」★87と説明されている。また、一九三六年七月の「郷村協同組合政策（改定案）」においては、「郷村協同組合は中小農を主要対象とする兼営主義の単一制組合組織」★88とし、「単位組合の組織単位は小地域主義を採り一村（又は甲）一組合を持って原則となす」★89としている。ここで比較してみても、佐藤大四郎の協同組合の実践は、より急進的な主張を掲げて展開されていたことが示されている。

(3) 合作社運動の開始

綏化県農村協同組合の発足

一九三七年一月、佐藤大四郎が濱江省綏化県に赴任し、綏化県農村協同組合籌備処（一九三七年一月下旬―四月末日）が設立され、ここに綏化県における農村協同組合運動（合作社運動）が開始された。そして、一九三七年五月一日、綏化県農村協同組合籌備処は、無限責任綏化県農村協同組合連合会（一九三七年五月一日―九月十二日）へと発展的に解消した。「綏化県農村協同組合連合会暫定定款」には、その第一条に、「本会ハ組合員ノ農業ノ発達ヲ図リ其ノ経済ヲ向上セシメ以テ生活ノ安定ヲ計ルヲ目的トス」[90]と定められた。
また、綏化県農村協同組合連合会は、農事実行組合によって構成され、組合員の出資金は一口に限定され、一口は一円と規定された。職員には、会長・副会長・理事などが置かれ、各屯の農事実行組合組合長によって構成される総代会も設置されることとなった。[91]農事実行組合とは、自然発生的部落である屯（自然屯）を一般的組織単位として、最小の「小区域主義」により結成された屯農事実行組合のことであり、県組合連合会の直接指導の下に置かれるものであった。[92]

こうして佐藤大四郎たちは、「貧農救済」「郷村自治の確立」「組合精神の普及・教育」を掲げ、「行経二元論」の原則の下、農村協同組合運動を展開していった。そして、この組織活動方針について、佐藤は、

> 貧農層への事業効果の徹底という当面緊急の目的と、他方、農村内部に於ける伝統と因襲のまことに巨大な力と闘いつつ屯農事実行組合をして真にその名にふさわしき組織たらしめんとする目標に向かっての努力は、必然的に現在の状況の下に於いては、我々のごとき組織活動方針の採用を不可避のものとしているのである。[93]

と、協同組合の事業を通しての、農民の日常の生活向上という直面する課題とともに、その協同組合活動を通して、「三位一体」の満洲農村の支配の構造に歯牙をかけるという長期的な目標に向かう方針を示し、その採用を「不可避のもの」と自ら評していた。

さらに佐藤大四郎は、抗日民族統一戦線の中心組織である全国救国連合会の「政治綱領十四項」の農業対策を取り上げ、そこでは、「耕す者には田を有せしめ」ること、「合作農場の発展を促し以て生産の増加を図るべき」こと、農業金融に於いては高利貸の資金にならないように「低利資金を実行し、直接農民に貸与すべき」ことが、方針として掲げられていることを示し、[94]「農村の民衆とともに、一人々々の農民に対して直接行き届くところの援助が必要なる

ことを力説してゐる[95]」と評価した上で、

全国救国連合会のかかる方針は、我々の場合に一致する。この意味に於いて、綏化県農村協同組合の確立のために努力した我々は、彼らに一歩先んじて、正しい組織方策を実施してゐる、と結論して憚らぬ。[96]

と誇った。しかし、自らの組織方針の正当性を示す例として、『満洲評論』誌上において、公然と全国救国連合会の方針との一致をあげることは、佐藤大四郎の思想のあり方を我々にうかがわせるが、事実上、中国共産党の方針を公的に評価することになるので、当時の満洲国においては際どい所に踏み込んだ発言と言わざるを得ない。

一九三七年、満洲国産業部の農事合作社政策の実施が決定されると、佐藤大四郎たちが批判していた民政部の新街村制案は撤回されることとなったが、その一方で、綏化県農村協同組合連合会も解消され、一九三七年九月十三日、綏化県農事合作社へと改組されることになった。以後、佐藤大四郎が指導する貧農救済を掲げた合作社運動は、「濱江コース」と呼ばれ、一九四一年、関東憲兵隊により弾圧（合作社事件）されるまで北満の農村で展開された。

4　合作社事件

(1)合作社事件の背景

満鉄調査部員や合作社の活動家達は、関東軍を含め満洲国の権力機構・統治機構の中に介入・関与し、それらを利用することを通して、限定された場に於て、「許容」された枠内での職務を通して各々の実践を試みていた。特に、初期の「建国」期には、資本家の利益の抑制が語られ、工業化が図られる一方、糧穀商も営む土着高利貸資本である糧桟などを統制し、「地主―商人―高利貸」が兼業・連携する「三位一体」の支配の下にあるといわれた満洲農村において、流通を合理化し、農作物を増産することが企図された。

この一種の「近代化政策」の中に、橘樸を通して佐藤大四郎とも深く関わる、大上末廣ら満鉄経済調査会を基盤とした経調派と呼ばれる人々は、「半封建的半植民地的」と自ら規定した満洲農村に於ける「上からの近代化」の可能性を見出し、満洲国の「国策」に積極的に関与し、批判的提言を行なえる位置を確保しようとした。そして、そのことを可能とした背景には、合理化による増産を要請する満洲国政府・関東軍の側からの意向も同時に存在していたのである。

こうして、大上末廣たち経調派は、『満洲産業開発永年計画案』の立案に参画し、「三位一体」の満洲農村の支配機構や地主制度に抵触する内容すら孕む、農民レベルにおける近代化・合理化による生活改善を志向する協同組合政策案の作成を担った。しかし、前述したように、『満洲産業開発永年計画案』自体は、満洲国政府・関東軍・満鉄により催された湯崗子会議で実質的に葬り去られてしまった。とはいえ、その中の協同組合政策だけは、大上末廣たちの尽力や経調派と呼ばれる満鉄の調査部員達の満洲国政府各機関や関東軍などへの工作によって、農事合作社として、満洲国の政策として正式に採用されるに至った[★97]。そして、このような満洲国の「国策」への積極的な働き掛けが、「濱江コース」といわれた佐藤大四郎らの、主に貧農を対象とする急進的な協同組合運動への実践の道も開いたのであった。

しかし、こうした一連の動きを考察する際には、国家社会主義とスターリン体制下のソ連型共産主義には、外的・現実的な拮抗関係にもかかわらず、内的には思想的近似性があったこと。及び、それ故に「満鉄マルクス主義」と通称される、マルクス主義の教養を軸に思想形成した人々の側にも、満洲国の「国策」への積極的な参加を試みる彼らの志向性の内に、自らの思想的連続性とその現実的な実現を自己合理化する余地があったことを、事実の一側面として見落としてはならない。また、統治する側にも、満鉄調査部や合作社の「左翼前歴者」を利用し尽くせる「自信」を持ちつつも、同時に彼らの能力を不可欠とする情況や、彼らを組み込み、利用せざるを得ない体制側の危機が存在したことを見て取ることができる。

とはいえ、「濱江コース」の実践に参加した合作社の活動家達は、それぞれが、様々な思いを秘めて、抗日運動の拠点であると共に、ソ連が参戦・侵攻すれば傀儡国家・満洲国が崩壊して液状化していく情況の到来が、明確な形で想定される満洲の農村の奥深くに入ったのである。

やがて、初期の「建国」期に存在した「環境」は大きく変質していった。協同組合政策に関しても、日系の革新官僚である岸信介が満洲国の経済の実権を握るやいなや、農事合作社の政策としての正式採用の直後にも関わらず、糧桟など土着流通資本との対決を調整し、それを利用する形で増産を図る方針へと大きな転換がなされた。[★98]このことは、貧農中心主義を掲げた、佐藤大四郎らの「濱江コース」と呼ばれた急進的な合作社運動が、「許容範囲」を逸脱し始めたことを意味し、このことが、合作社事件の重要な要因の一つを形成することとなった。

一方、日本国内の動きを見ると、第一次近衛文麿内閣の国家総動員法に基づく総力戦体制の構築の過程において、「戦時変革」とも言える「上からの社会変革」の要素が発生していた。そのような中では、企画院の革新官僚や尾崎秀実のみならず、経調派と呼ばれた人々にも「国策」に関与していく余地が生じた。特に、経調派の一人である満鉄調査部の小泉吉雄などは、かつて関東軍第四課経済班長の参謀として満洲国における総力戦体制の構築を推進した秋永月三[★99]の下で、企画院において、日満支の結合を根幹とする「大東亜新秩序」建設を掲げた、第二次近衛文麿内閣の「基本国策要綱」の起草に参画するなど、「国策」の中枢にまで入り込んだ。

しかしながら、総力戦体制は、財閥や寄生地主など大きな既得権を有する支配層にとっては、自由競争や私有財産を規制する側面のみならず、旧来的な秩序をも動揺させる契機を内包していた。このような、既得権の抑制等を巡る総力戦体制内部の矛盾や、統治権力側の内部の確執・利害対立を背景にして、国際情勢、特に日米間が急速に緊迫化して行くという情況の中で、企画院事件など「国策」の策定の中枢に深く入り込んだ「革新派」への摘発も始まった。そして、尾崎・ゾルゲ事件が発覚するに至ると、それらと連動するように合作社事件・満鉄調査部事件と呼ばれる弾圧が準備されていく背景が醸成されていった。

さらに、満洲国を巡る内外の情勢が流動化するに伴い、満洲国の統治権力の側の内部でも、特に関東憲兵隊は警戒感を強めて弾圧を準備した。その背景には、満洲国の準官吏である合作社の活動家達や、植民地経営を担う国策会社である満鉄の調査部員達が、中国共産党の「下からの革命」を援助するとともに、それを彼らの「上からの革命」と呼応させ、「植民地革命―日本の大陸撤退を通じ、機を見て日・満・支同時革命を遂行せんとするであろう」[100]と見なす、関東憲兵隊の抱く過剰な危機感の存在があった。

そのため、関東憲兵隊は、早い時期から、合作社運動や満鉄調査部の活動を注視して内偵をすすめた。そして、弾圧するに際しては、彼らが「満洲農村の近代化↓資本主義の強化↓社会主義革命の前提」という理念の下に活動したという、講座派理論を援用した単純な思想的「ストーリー」を捏造したのである。

(2) 関東憲兵隊による「濱江コース」への弾圧

一九四一年十一月四日未明、関東憲兵隊司令部は、「日系共産主義運動に徹底的弾圧を加え、之が根源を掃滅する目的」[101]をもって、満洲国検察庁および満洲国警察の一部の協力を取り付け、佐藤大四郎を筆頭に「濱江コース」の活動家五十五名を一斉検挙した。取調べ中に二名が死亡し、四十四名が管轄高等検察庁に送致された。これを合作社事件という。この事件は、新京憲兵隊の報告に基づき、十月二十八日に軍及び関係機関が審議の結果、検挙の決定を行なったので、関東憲兵隊は「一・二八工作事件」と呼称した。[102]

しかしながら、一斉検挙には関東軍の了解を得ているものの、政策立案などを通して経調派など満鉄の調査機関と濃密な関係を持った関東軍第四課だけは、満洲国政治指導を担当する立場から強く反対している。[103] このことからは、満洲国の権力機構・統治機構が内包する、矛盾や利害対立の存在が垣間見られる。

では、関東憲兵隊は、「公的」にはどのような認識を「根拠」として、佐藤大四郎を指導者とする合作社運動を弾圧したと表明しているのであろうか。その弾圧の「根拠」としたものは、第一に、「濱江コース」は表面的には「組織に於ける民主化」、「事業に於ける中貧農中心の組立」を掲げ、一面では農業生産力の増強、民心の安定を伴い、「国策」に順応するように見えるが、その本質は左翼政治運動であると認定したこと。

第二に、マルクス主義の立場より、満洲農村社会は「半封建的半植民地的」性格を有する段階にあると規定した佐藤大四郎たちの「濱江コース」は、その実践により満洲農村に於ける封建的要素を打破し、中貧農の組織を拡大・強化し、経済的・文化的水準を高めるとともに、彼らの社会的・階級的自覚を促し、彼らを共産主義者の立場に於いて把握すべきことを当面の任務としていると見なしたこと。

第三に、「濱江コース」の目的は、プロレタリアートのヘゲモニーの下に、中貧農と提携して行なわれる、来たる可き社会主義革命の際、その成功的発展に寄与しようとしていると見なしたこと。

第四に、満洲農民の大半を占める中貧農の指導権を共産主義者が握っている限り、情勢に応じていつでも「赤色勢力」に譲り渡すことが可能であり、しかも、合法的場面を利用し、平素から組織化して政治的自覚を与えることは、現在の段階においては、直接「赤色勢力」の手に委ねる以上に効果的であるとの認識を佐藤大四郎らが持っていると判断したことにあった。[104] その上で、「濱江コースは、其の実践に於て社会主義革命の成功的発展に寄与し、究極に於ては共産主義社会の実現を意図するところに其の本質がある」と「結論」づけたのであった。[105]

また、弾圧の対象となった佐藤大四郎らの活動としては、第一に、日本国内から、元左翼活動家を合作社の職員として募集し採用し、佐藤大四郎の著作などを教材として講習を行ない、「同志の獲得養成」に努めたこと。

第二に、濱江省農事合作社連合会の諸活動、特に、「行経二元論」を唱えて満洲国政府機関と対立したこと、及び、金融合作社事業を「誹謗」し、「濱江コース」の維持・浸透に努めたこと。

第三に、農事合作社の活動を事実上封殺することになる、金融合作社と農事合作社の統合問題を、「濱江コース」の死活問題ととらえて激しい反対運動を展開したこと。とりわけ、佐藤大四郎以下、濱江省の各県合作社代表者約三十名が、満洲国政府及び関係諸機関首脳部に対する新合作社設立方針反対の示威行為を敢行したこと。

第四に、「宣伝・啓蒙活動」として、佐藤大四郎の『綏化県農村協同組合方針大綱』・『満洲に於ける農村協同組合運動の建設』の執筆と満洲評論社からの刊行。一九三八年以降、発刊し続けた『農事合作社報』『北満合作』による機関誌活動。佐藤大四郎宅での『資本論』研究会の開催など、を挙げている。★106

一九四三年四月十五日、新京高等法院は、「我国体ヲ変革スル目的ヲ以テ其ノ目的タル事項ノ宣伝ヲ為シタルモノナリ」★107として、佐藤大四郎に対し、満洲国治安維持法第五条第一項により、「徒刑十二年」の判決を下した。そして、一九四三年五月二十日、佐藤大四郎、奉天監獄にて獄死。三十三歳であった。

［注］

（1）田中武夫『橘樸と佐藤大四郎――合作社事件・佐藤大四郎の生涯』（龍溪書舎、一九七五年）。第十二章・十三章の主要部分と第十四章の執筆は、佐藤大四郎とともに現地で合作社運動を担った津久井信也が担当している。なお、佐藤大四郎の伝記的部分は同書を参照した。また、一部、佐藤について論及したものとしては、橋川文三『標的周辺』（弓立社、一九七七年）、山本秀夫『橘樸』（中央公論社、一九七七年）、岡部牧夫『満州国』（三省堂、一九七八年）、松沢哲成『日本ファシズムの対外侵略』（三一書房、一九八三年）、野々村一雄『回想 満鉄調査部』（勁草書房、一九八六年）、石堂清倫・野間清・野々村一雄『十五年戦争と満鉄調査部』（原書房、一九八六年）、石堂清倫『わが異端の昭和史』（勁草書房、一九八六年）、石堂清倫『異端の視点――変革と人間と』（勁草書房、一九八七年）、綱沢満昭『未完の主題――日本近代と情念の相克』（雁思社、一九八七年）、山室信一『キメラ――満州国の肖像』（中央公論社、一九九三年）、川村湊『満州崩壊――「大東亜文学」と作家たち』(文藝春秋、一九九七年)、塚瀬進『満州国「民族協和」の実像』(吉川弘文館、一九九八年)、小林英夫・福井紳一『満鉄調査部事件の真相――新発見史料が語る「知の集団」の見果てぬ夢』(小学館、二〇〇四年)などがある。その他、『激流』岩波書店、一九六三年は第一高等学校の同級生高見順が佐藤大四郎をモデルの一人とした小説であったが、絶筆となり未完に終わった。またこの小説に関して語った「昭和の「激流」の中で」(『読書新聞』一九六三年十一月十一日)の中で、高見順は佐藤大四郎と彼の運動について触れている。塙英夫「野川隆とのこと」(『作文』第九十五集、作文社、一九七八年四月、川村湊監修・解説『日本植民地文学選集〔満洲編〕8 野川隆・今村栄治・塙英夫作品集』ゆまに書房、二〇〇一年九月に再録)、の中には一高の後輩で、佐藤のオルグにより合作社運動を担った人物の目からの見た佐藤の印象が描かれている。

(2)福井紳一「佐藤大四郎の思想形成とその協同組合思想――『綏化県農村協同組合方針大綱』を中心に」(『日本獣医畜産大学研究報告』第五十一号、二〇〇二年十二月)。

(3)奥野健男『太宰治論』(角川書店、一九六〇年)、三七頁。

(4)同前、六七頁。

(5)佐藤大四郎「マルキシズムの世界観について」(第一高等学校『校友会雑誌』第三二五号、一九三〇年一月)。

(6)『特高月報』(内務省警保局、一九三一年七月)、一頁。

(7)同前、「佐藤大四郎に対する治安維持法事件判決――新京高等法院通報」(『思想月報』第一〇二号、司法省刑事局、一九四三年五月)、三八頁、関東憲兵隊司令部編『在満日系共産主義運動』(一九四四年)、四四六頁。

(8)関東憲兵隊司令部編前掲『在満日系共産主義運動』、四四六頁。

(9)前掲『思想月報』、三九頁。その他の資料から佐藤の渡満は一九三四年五月のこと。

(10)関東憲兵隊司令部編前掲『在満日系共産主義運動』、四四六頁。

(11)長兄佐藤英一郎の子で大四郎の甥の宏明は、フジサンケイグループ初代議長鹿内信隆の娘婿となったが、のち養子縁組してフジサンケイグループ三代議長となった。

(12)田中前掲『橘樸と佐藤大四郎』、三九―四〇頁。

(13) 渡辺雄二に関しては、小林・福井前掲『満鉄調査部事件の真相――新発見史料が語る「知の集団」の見果てぬ夢』、福島正夫・石田哲一・清水誠編『回想の東京帝大セツルメント』(日本評論社、一九八四年)、関東憲兵隊司令部編前掲『在満日系共産主義運動』を参照。
(14) 田中前掲『橘樸と佐藤大四郎』、四〇頁。
(15) 同前、四〇頁。
(16) 山本秀夫編・著『「満洲評論」解題・総目次』不二出版、一九八二年、一六頁。
(17) 同前。
(18) 同前、二一頁。
(19) 石堂ほか前掲『十五年戦争と満鉄調査部』。
(20) 石堂前掲『異端の視点』、三六八頁。
(21) 石堂前掲『わが異端の昭和史』、二五七―二五八頁。
(22) 津久井信也「北満合作社運動沿革」(北満合作社資料刊行会『北満合作社資料刊行趣意書』一九六六年六月に添付)。
(23) 塙前掲「野川隆とのこと」、二九〇頁。
(24) 同前。
(25) 同前、二九二頁。
(26) 同前、二八九頁。
(27) 佐藤大四郎「戦争」、「正しきこと」、一九二七年。この二つの作文は、佐藤大四郎の甥の佐藤玄二氏が保存しており、佐藤玄二「旧一高生の作文帳」(『板橋区医師会通報』No.331、一九九〇年十二月)、一〇〇―一〇二頁において、全文が紹介されている。
(28) 石堂前掲『わが異端の昭和史』、二五七頁。
(29) 津久井前掲「北満合作社運動沿革」。
(30) 福井紳一「橘樸の革命思想とアジア――その思想形成と『方向転換』を中心に」(『駿台フォーラム』第十号、

一九九二年七月)、四三—四四頁。同「「左翼アジア主義」と東亜共同体——橘樸と尾崎秀実を中心に」(『季刊 理戦80』二〇〇五年夏号)、二〇一—二〇三頁。

(31) マルクス「ヴェ・イ・ザスーリチへの手紙」一八八一年三月八日(邦訳『マルクス=エンゲルス全集』十九巻、大月書店)、二三八—二三九頁。三八六—四〇九頁。また研究としては、海野福寿「日本型原蓄論」(『講座日本史 5』東京大学出版会、一九七〇年)、和田春樹『マルクス=エンゲルスと革命ロシア』勁草書房、一九七五年)、吉本隆明「情況への発言——アジア的ということ(4)」(『試行』五七巻、一九八一年八月)など。

(32) 山本編著前掲『「満洲評論」解題・総目次』、六五—六六頁。

(33) 関東憲兵隊司令部編前掲『在満日系共産主義運動』、四八〇—四八一頁。

(34) 山本前掲『橘樸』。

(35) 福井前掲「橘樸の革命思想とアジア」。中国国民革命を支持し挫折した橘樸が、勤労者民主主義・農民民主主義を掲げ、アジア解放の観点から、満洲に「建国のイデオローグ」として関わる、いわゆる「方向転換」を通して、橘の思想形成と革命思想を分析した。小林・福井前掲『満鉄調査部事件の真相』、福井紳一・小林英夫「橘樸と満鉄調査部事件——「左翼アジア主義」の生成」(『情況』二〇〇五年四月号)、福井前掲「「左翼アジア主義」と東亜共同体」も参照されたい。なお、本稿の満鉄調査部事件に関する論及は、小林英夫・福井紳一の共同研究の成果をもとにしている。

(36) 野村浩一『近代日本の中国認識』(研文出版、一九八一年)。ここでは、橘樸の思想と行動を通して、中国問題のありようと近代日中関係の構造の指摘・究明が試みられている。小股憲明「橘樸の社会思想と変革論」(京都大学人文科学研究所『人文学報』第五十二号、一九八二年三月)。ここでは、橘樸の構想したあるべき満洲国像、及び「世界国家」にいたる橘の「革命」と未来社会像が分析されている。論文集としては、山本秀夫編『橘樸と中国』(勁草書房、一九九〇年)がある。

(37) 福井紳一「橘樸の協同組合思想——満洲に於ける合作社運動の指導理念」(『日本獣医畜産大学研究報告』第四十九号、二〇〇〇年十二月)。

(38) 山本前掲『橘樸』、二五七頁。また、『満洲産業開発永年計画案』の立案過程に関しては、田中前掲『橘樸と佐藤大四郎』、一〇三—一一七頁を参照。
(39) 佐藤大四郎「農本思想の推進力」(『満洲評論』第十七巻第八号、一九三九年八月)、三四頁。
(40) 同前。
(41) 関東憲兵隊司令部編前掲『在満日系共産主義運動』、四六八頁。
(42) 「田園裡の日系官吏」(橘樸著作集刊行委員会『橘樸著作集 第2巻 大陸政策批判』勁草書房)、三三六—三三八頁。
(43) 大槻雪夫(佐藤大四郎)「綏化県農村協同組合の一箇年(上)」(『満洲評論』第十四巻第二十四号、一九三八年六月)、一三頁。
(44) 田中前掲『橘樸と佐藤大四郎』、一七八—一七九頁。
(45) 津久井信也「解題」(佐藤大四郎『満洲に於ける農村協同組合運動の建設』龍溪書舎、一九八〇年復刻)、三頁。
(46) 佐藤大四郎『綏化県農村協同組合方針大綱』(満洲評論社、一九三七年)、三四頁。
(47) 同前、六一頁。
(48) 同前、序文の四頁。
(49) 同前、序文の五頁。
(50) 同前、一—二頁。
(51) 津久井前掲「解題」、一一頁。
(52) 佐藤前掲『綏化県農村協同組合方針大綱』、三頁。
(53) 保甲制度とは、村内の十戸をもって一牌となし、十牌をもって一甲とし、十甲をもって一保とする治安維持制度。
(54) 同前、四頁。
(55) 同前、五頁。
(56) 同前、六頁。
(57) 同前、八頁。
(58) 同前、八—九頁。

(59) 同前、一一〇頁。
(60) 同前、一一一頁。
(61) 同前。
(62) 同前、一一四頁。
(63) 同前。
(64) 同前。
(65) 同前、九四頁。
(66) 同前。
(67) 屯とは、一か所に定住している農家の集団。北満では一屯当り平均約三十戸、平均家族は約二百三十人、耕地面積は約二百七十ヘクタールだが、地方によって異なる。
(68) 佐藤前掲『綏化県農村協同組合方針大綱』、一〇三頁。
(69) 同前。
(70) 佐藤大四郎『満洲に於ける農村協同組合運動の建設――農村合作社の発展のために』(満洲評論社、一九三八年)、七八頁。
(71) 佐藤前掲『綏化県農村協同組合方針大綱』、一〇九頁。
(72) 同前、一一六―一一七頁。
(73) 同前、一二一―一二二頁。
(74) 同前、一二四―一二六頁。
(75) 同前、一三〇―一三四頁。
(76) 福井前掲「橘樸の協同組合思想」参照。
(77) 佐藤前掲『綏化県農村協同組合方針大綱』、一二七頁。
(78) 同前。

(79) 満鉄経済調査会「満洲産業開発永年計画書案(説明資料)」(一九三六年五月)、一二九―一三〇頁。
(80) 同前、一三〇頁。
(81) 同前。
(82) 同前、一四〇頁。
(83) 同前。
(84) 同前、一四一頁。
(85) 橘樸「特産恐慌対策としての農村協同組合(7)」(『満洲評論』第七巻第七号、一九三四年八月)、一四頁。
(86) 満鉄経済調査会『満洲産業開発永年計画書案(大綱)』(一九三六年五月)、七一頁。
(87) 満鉄経済調査会『満洲産業開発永年計画書案(説明資料)』(一九三六年五月)、一四三頁。
(88) 満鉄経済調査会『満洲産業開発永年計画案(説明資料)』(一九三六年七月)、三四六頁。
(89) 同前、三五七頁。
(90) 佐藤前掲『綏化県農村協同組合方針大綱』、一三八頁。
(91) 同前、一三八―一四二頁。
(92) 同前、九五頁。
(93) 大槻雪夫(佐藤大四郎)「綏化県農村協同組合の一箇年(上)」(『満洲評論』第十四巻第二十四号、一九三八年六月)、一二頁。
(94) 同前。
(95) 同前、一三頁。
(96) 同前。
(97) 小林・福井前掲『満鉄調査部事件の真相』、九九―一〇四頁。
(98)「農事合作社事業運営上特ニ指導スベキ事項ニ関スル件」(一九三七年九月三日)、産業部大臣官房資料科『農事合作社関係資料』。

(99)秋永月三は、東京帝国大学経済学部に派遣され、マルクス主義経済学を学んだ軍人であり、資本主義の弊害が露呈する中、マルクス主義の長所をとり、国体と融和する独自の思想体系の確立を主張した。また、近衛文麿は、『近衛上奏文』で、左翼と呼応する軍の一部による敗戦に伴う「共産革命」を危惧し、その排除を訴えたが、『近衛日記』では、その軍内部の「左翼革新派」として、秋永月三が名指しされている。
(100)関東憲兵隊司令部編前掲『在満日系共産主義運動』、三七五頁。
(101)同前、四四七頁。
(102)同前。
(103)工藤胖『諜報憲兵』(図書出版社、一九八四年)、一四九頁。
(104)関東憲兵隊司令部編前掲『在満日系共産主義運動』、四七三—四七四頁。
(105)同前、四七四頁。
(106)同前、四七七—四八一頁。
(107)『思想月報』前掲「佐藤大四郎に対する治安維持法違反被告事件判決——新京高等法院通報」、四二一頁。

【第9章】

転向から考える植民地・近代・アジア

解放前後における印貞植の実践を中心に

洪宗郁

はじめに

宗主国―植民地の構図は、一般的に欧米―アジアの構図と多くのところで重なる。こうした「宗主国＝欧米」―「植民地＝アジア」の構図で、後者は文明や歴史と縁が薄い存在、すなわち伝統の不在・主体の不在として表象され、それは前者による後者の支配を正当化する根拠として働く。問題はこうした植民地＝アジア認識が、被支配側すなわち植民地からの解放を求める反帝国主義運動にも、大きなジレンマとして影を落とす点にある。一九三〇年の前後に繰り広げられたアジア的生産様式をめぐる論争は、まさにその点を問うている。そして、論争の結果、植民地＝アジアにも世界史の普遍的発展法則が貫かれていることが強調されたのは、宿命論から脱して反帝国主義運動の主体を確立するための工夫に他ならなかった。

日本と朝鮮との関係も同じく欧米―アジアの構図として表象され、朝鮮の抵抗運動もまた植民地＝アジアというジレンマから制約を受けていた。とくに「半植民地」でもなく、民族という主体そのものが否定される危機に瀕していた植民地における民族解放運動とは、いわばブルジョアジーなきブルジョア革命のような至難の業であった。一方、日本が人種的・地理的にアジアに属しているという事実は、時によって自分を東洋精神の具現者として表象することを可能にし、このように揺れ動く帝国日本のイメージは、植民地朝鮮における主体形成の過程をさらに複雑なものにした。欧米を否定しアジア的伝統に注目する日本の疑似革命的な姿勢は、植民地朝鮮人を「親日」あるいは転向に導く回路としても機能したのである。

そこで本稿では植民地・近代・アジアをめぐる思想の営みが最も劇的な形で現れている人物の一人である印貞植の実践を分析し、植民地期・解放後における朝鮮人の思想的模索の一端を明らかにする。植民地朝鮮の代表的なマルクス主義農業経済学者であった印貞植は、日中戦争勃発後に転向の道を歩むことになる。解放後には左派イデオローグとして復帰するが、大韓民国政府の樹立後には再び転向を余儀なくされる。本稿では、解放を挟んで起こった二回の転向という重い事実を、印貞植個人の問題のみに帰すのではなく、当時の朝鮮の知識人が置かれていた窮境を現す思想史の課題として受け止めたい。

社会主義者の転向問題に焦点を合わせて印貞植を取り上げた研究としては、李秀日、張龍經、浮葉正親の論文がある。[★1]これらの研究では、抵抗と屈従という転向の両義性に注目し、印貞植が抱えていたジレンマを重視している。本稿では上記の研究成果を踏まえながらも、植民地における主体形成の企て、その屈折した思想の営みを描くことに重点を置きたい。とくに朝鮮という主体と拮抗関係を持ちつつ展開されたアジア論を、一九三〇年代半ば、戦時期、そして解放後にまたがる思想の連続と断絶を示す核心的地点として注目し、時期による印貞植の強調点の変化を追ってみたい。

松本武祝は植民地近代論の観点から、印貞植と戦時期の朝鮮農業を分析した。[★2]松本は、近代化への熱望から来た朝鮮人の植民地統治への主体的・自発的なコミットが、日本の統治を可能にした側面を説明し、印貞植をその代表的なイデオローグとして注目している。植民地近代論は近代そのものを批判的に把握する立場を取ることによって、植民地と近代を統一的に理解する新しい解釈の地平を開いた。[3] ところが、いま「「植民地近代」における「植民地性」とは何か」[4]が再び問われている。植民地性の意味を考えるうえでは、近代を他ならぬ植民地帝国の秩序そのものとして把握し、植民地性を近代性の歪曲としてではなく近代性それ自体の発現として受け止める視角が有効であろう。印貞植が発見していった朝鮮という主体は、単純に近代志向に還元されるものではなく、脱近代あるいはアジア的価値への志向が錯綜しているものであった。植民地＝アジアという負のイメージから近代批判という積極的な意味合いまでを抱いていたアジア論の実態を検討し、またそれと拮抗しつつ形成されてきた朝鮮という主体の意味を問うことは、植民地近代の性格を理解する上でも無意義なことではないであろう。

1 一九三〇年代半ばにおける朝鮮論

(1) 朝鮮という主体の不在

印貞植は一九〇七年に朝鮮半島の西北部の平安南道龍岡郡で生まれた。[5] 一九二一年に平壌高等普通学校に入学し、一九二五年には日本に渡り、法政大学の予科に入学した。一九二七年九月に非合法組織の高麗共産青年会に加入し、また一九二八年五月には朝鮮共産党に入党して活動するが、一九二九年六月に逮捕され、治安維持法違反として投獄された。一九三四年十一月に仮出獄の形で釈放された後、一九三五年に朝鮮中央日報社に記者として入社するが、同社の社長は著名な社会主義者の呂運亨で、記者陣にも社会主義者が多数加わっていた。当時、印貞植が、非合法共産主義運動の系譜を引き継いでいた李載裕グループと一定の関係を結んでいたことを示す記録もある。[6]

では、一九三〇年代半ばにおける印貞植の具体的な情勢認識を見てみよう。まず、ソ連に対する評価が注目される。印貞植は、ソ連の経済五カ年計画の成功を高く評価し、そこから「現世代の人類の未来」を見ようとした。[★7] 一方、ソ連と帝国主義列強の間には根本的対立が存在することを強調し、[★8] 社会民主主義的傾向に対しても強く批判した。国際秩序を基本的に「国際主義」と「国粋主義」の対立として把握し、[★9]「民族」を云々することはナチズムやファシズムを意味するものとして理解していた。一九三〇年代半ばに国際的に議論されていた反ファシズム人民戦線論とは異なる立場をとっていたことがわかる。ソ連の国際連盟加入について、ドイツと日本を牽制するための「以夷制夷」の政策と評価しているが、[★10] 単なる「以夷制夷」をのり越える反ファシズム人民戦線の構想は見当たらない。

朝鮮の状況に対する判断でも似たような認識が見える。印貞植は民族主義者を中心とした「民族」や「朝鮮魂《オル》」などを強調する議論に対して警戒を示し、「感慨と哀傷で仮装した「民族論」においてもむしろ「民族」の概念が悪用」されていると見た。本質主義的な民族観を批判するために、オットー・バウアーとカール・カウツキー間の論争も紹介している。バウアーの主張を、民族を結合させる根本的「ベルト（紐帯）」として運命・文化・性格の共同など三つを挙げていると整理したうえで、カウツキーの主張を借りて、いずれも民族を結合あるいは分離させる紐帯とは認めがたいと分析した。さらに、バウアーの主張を直接朝鮮の民族主義者の主張と重ねて、「何処に朝鮮の民族を他の民族から区別できる一定の民族性格、一定の朝鮮魂《オル》というのが存在するのか」と問うている。[★11] 具体的には朝鮮の代表的民族主義者である安昌浩を挙げて、朝鮮の土着資本家階級の利害を代弁する民族主義は寿命が尽きたと主張した。「同胞」や「民族」はすでに両個の互いに調和できない基本的対立へ分裂[★12]」しているという認識であった。印貞植の民族認識では、民族主義者との連帯の可能性は見つけがたい。

一九二〇年代における社会主義者の民族観は、民族主義者との連帯を追求するものであった。一九二七年に結成された社会主義者と民族主義者との連合組織である新幹会は、そうした模索の結果と言える。当時は、印貞植も新幹会の結成を支持する文章を残していた。[★13] 変化が起こったのは、一九二八年のコミンテルン第六回大会と同年の「朝鮮問題に関する決議」（十二月テーゼ）を契機としてである。コミンテルン第六回大会は、植民地脱化論[★14] を批判し、植民地についてソビエトの建設を通して非資本主義的発展の道を歩むことを主張した。こうした決定が出た背景としては、何よりも中国での国共合作の決裂という状況の変化が挙げられる。十二月テーゼでは、土地革命を中心とするブルジョア民主主義革命を掲げて、民族主義者との連合を否定した。民族解放運動におけるブルジョアジーあるいは民族主義者の役割を認めない認識が生まれることになったのである。

第六回大会の前後におけるコミンテルンの方向転換は、世界革命におけるソ連の役割の強調と関わるものであった。以後朝鮮でも「反帝」のスローガンが頻繁に登場するが、それは結局、ソ連擁護へ直結する性質のものであった。さらに、朝鮮の共産主義者の間では、朝鮮革命はソ連の直接的な武力介入によってはじめて可能であるという認識もうかがえる。印貞植の場合も「大戦の勃発はただ時間上の問題」と展望した上で、「ソ連の存在こそ、第二次大戦を第一次大戦から明確に区分する、最も重要な特殊条件の一つ」と分析し、「日ソの衝突は避けられない」と断言している。[★15] また、「戦争がもたらす惨悪な事実の中から、事実自体だけを見るのではなく、同時にそれを永久に克服する現実的手段までも発見できる」とも述べていた。[★16]

国際主義とも呼べる一九三〇年の前後における社会主義者の運動論に対しては、「朝鮮」あるいは「民族」が欠けているという批判があり得た。一九三〇年代半ばに活発になる朝鮮研究は、こうした国際主義一辺倒に対する反発として理解することができる。朝鮮研究は、最初、民族主義者によって「朝鮮学運動」という名前で始まったが、そこに白南雲などの社会主義者が介入あるいは応答する形で進行した。[★17] 「朝鮮学運動」に対する社会主義者の態度は、その国粋主義的側面を指摘することに止まる場合が多かった。しかし、白南雲などは、自ら朝鮮研究に直接取りくんで、朝鮮をそれまでの退歩や停滞のイメージから救って、新しい主体性の根拠としようとした。社会主義者の朝鮮研究は、世界史的発展法則の普遍性と朝鮮の特殊性の結合、すなわち国際主義と民族主義との調和を図ったものであり、反ファシズム人民戦線の朝鮮版である反帝民族統一戦線の思想的根拠としての性格も持っていたといえよう。

印貞植は朝鮮研究に参画した社会主義者とは異なる立場を持っていた。これは、李載裕グループともつながっていた京城帝大の三宅鹿之助教授が白南雲を批判していることから窺えるように[18]、当時共産主義グループの主流的な立場でもあった。こうした判断は、植民地朝鮮の具体的現実と密接な関係にあるものであった。中国のようないわゆる「半植民地」と異なり、植民地朝鮮ではいわゆる民族資本の形成は微弱であり、それゆえ彼らに健全な民族主義を期待することは難しいのが現実であった[19]。これを印貞植は、「新興資本の要素が十分発育する前に、すでに腐敗するしかなかったこの土地の特殊事情[20]」として説明していた。反帝民族統一戦線の一翼を担うべき民族資本・民族主義者が弱体である状況で、朝鮮の伝統を論じ、また民族主義者との積極的な連帯を考えることは難しかった。印貞植は民族なき民族解放というアポリアに逢着していたのである。

一方、朝鮮語に対する印貞植の関心からは、少し異なる系統の思考がうかがえる。印貞植は、朝鮮語研究運動に見られる復古主義を強く批判しながらも、朝鮮語自体については、「朝鮮人と朝鮮語は〈中略〉全運命を同一にするものである[21]」と述べ、深い愛情を示している。さらに、上で触れたバウアーとカウツキーとの論争を紹介する部分でも、カウツキーが「国語の共同を「民族」概念規定の重要な一つの表徴」と見たのを、「偉大な学究的業績」と評価していた[22]。印貞植は民族と言語の関係について格別な関心を持っていたことがわかる。ただ民族主義と国際主義とを対立的に捉える硬直した構図の中で、印貞植の朝鮮語に対する関心は、適切な居場所が見つからないまま、剰余として残されるしかなかった。

(2) 停滞論としての半封建制論

農業問題に関する印貞植の初期の認識が確認されるのは、ソ連の経済発展を紹介する文章を通してである[23]。印貞植は、世界大恐慌の中でソ連だけが経済計画を成功裏に遂行していることを肯定的に評価し、農業の機械化に基づいて小規模な封建的・個別的農業経済が大規模な集団的・共同的農業経済へ転化していることを高く評価した。こうした農業の大規模化を重視する大農主義の立場は、印貞植の農業問題研究の原点とも言えよう。

印貞植は「朝鮮農村経済の研究」[★24]という連載論文を通して本格的な農業研究を始めるが、その冒頭でアジア的生産様式の問題を取り上げている。まず、「導入された資本主義が朝鮮で遭遇したのは、アジア的生産様式であったか、それとも封建的体制の特殊的な東洋的関係であったか」[★25]を問うている。自ら発した問いに対して、印貞植は、各経済的時代を区分する基準が「生産手段と生産者との結合関係如何」にあるとすれば、アジア的生産様式は独自の社会構成ではありえず、資本主義が朝鮮で遭遇したのは「封建的農業」であると答えている。

印貞植のアジア的生産様式論に対する批判からは、国際的に繰り広げられていた論争の影響がうかがえる。一九二〇年代末から中国革命の性格をめぐって行なわれたアジア的生産様式に関する論争は、ソ連のコム・アカデミーの主催で一九三一年にレニングラードで開かれた討論会でその頂点を迎えた。討論会ではゴーデスを中心とした封建制論者が、マジャール一派のアジア的生産様式論を徹底的に批判し、[★26]論争は一段落がついた。印貞植が朝鮮社会を説明する際に使う「アジア的封建制」という概念は、ゴーデスが言う「封建社会の東洋的変種」と内容的に同一のものであった。とくに、朝鮮社会に普遍的歴史法則が貫徹していると見て、封建制の存在を力説しながらも、その前段階であるべき奴隷制を設定しなかったことは、まさにゴーデスから直接的影響を受けた結果と考えられる。

続いて印貞植は朝鮮農村の封建性に関する分析を進める。印貞植は土地占有の封建性を規定する条件として、(1)生産手段一般、とくに土地の直接的生産者からの未分離、(2)技術の低級かつ硬《ママ》化の状態、(3)自然経済、(4)経済外的強制、などをあげている。[★27]朝鮮の農村社会については、(3)と(4)の諸条件・諸前提をすでに失ったが、独占資本への従属を新しい基礎的条件として封建制が維持確保されているという面で、純粋ではない封建制、すなわち半封建制であると規定した。[★28]一方、直接的生産者と生産手段の分離が起こらず、農業プロレタリアートはまったく発生していないと見た。

「農業資本制化の諸型と朝鮮土地調査事業の意義」という連載論文では、朝鮮の場合、社会的生産力の不在という「ハンディキャップ」によって、「ジャコバン」的路線ではなく、「ユンカー」型の路線を歩むことになったと分析した。しかも資本がすでに独占段階に入ってその構成が高度化しており、労働力を十分に吸収できなかったため、農民の土地からの分離は発生せず、耕作の零細性はむしろ拡大再生産されたと分析した。この点で、農業の資本主義化が進展しているユンカー型あるいは旧ロシア型とも差異を示しており、これは日本内地の農村も同様であると見た。[★29]ここまでの農業研究は、著書『朝鮮の農業機構分析』（白揚社、一九三七年）にまとめられた。

印貞植が朝鮮社会についていかなる像を持っていたかは、朴文圭・朴文秉の両人との間で交わされた論争を通して窺うことができる。朴文圭は土地調査事業によって確立した土地領有の資本主義的性質と、依然として持続している封建的生産様式との矛盾を朝鮮社会の主要矛盾と見た。[★30]これに対して印貞植は、土地調査事業は封建的占有関係の上に近代的な仮装を付与しただけのものであるにもかかわらず、朴文圭が「土地私有制度の確立」ということと、「土地領有の近代的＝資本家的性質」ということを、観念的に混同していると批判した。さらに、「土地領有の近代資本性」という幻想を設定することによって、当面の民主主義的課題の全意義を抹殺し、「ソーシャル・デモクラシー」の結論に導かれてしまったと批判した。[★31]すなわち印貞植は朴文圭をいわゆる「資本派」として批判していた。しかし、朴文圭は資本主義的生産様式の拡大を語ったことはない。むしろ帝国主義＝資本主義の支配が封建的生産様式を強化する現状に注目していたのである。[★32]

印貞植はより根本的な問いを投げかけた。朴文圭の主張を、資本主義的生産関係＝所有関係と封建的手工業的生産力＝生産様式との対立と整理し、このような矛盾が成立しうるなら、生産力による生産関係の克服という歴史的発達の展開はいかに説明することができるのかと疑問を表した。続いて、「例へ斯る「本質的な矛盾」を内包する所の社会が実在するとしても、それが呈示すべき諸現状を表現するに適当な用語を人類は未だ持合わせていないのではなからうか[★33]」と問うている。

この論争に介入した朴文秉の議論は核心的な論点に触れている。朴文秉は、印貞植の問いに答えるためには自らを

「暫定的に生産力—生産関係の史的唯物論の公式の否定者として表現」[34]するしかないことを認める。さらに、「朝鮮は何なのか」という質問を投げ、「朝鮮は植民地である。これが今日の朝鮮を集中的に核心的に表現する朝鮮の定義でなければならない」[35]と答えることによって、朝鮮の社会性格を解明する問題は、結局、植民地性を概念化する問題に他ならないことを明らかにしている。すなわち、印貞植が皮肉った「人類は未だ持合わせていない」「適当な用語」は、「植民地」だったのである。

独占資本の影響を認めながらも、如何なる資本主義化の道も塞がっていると見ていた印貞植の分析は、一見矛盾しているように思われる。しかしそれは、封建制を温存・強化することによって、より安価で原料と労働力の供給を保障するという植民地支配の構造に関する正確な把握であったといえよう。ただし問題は、生産力主義への傾倒にあった。上で触れたように印貞植は封建制の指標として四項目を挙げていたが、そのなかでも最も重視したのは「技術の低級かつ硬化の状態」すなわち低い生産力であった。生産力とくに生産技術に対する執着の結果、生産力と生産関係の矛盾による発展という史的唯物論の「公式」に囚われ、植民地支配の影響に対するせっかくの分析も意味を持てなくなったのである。朴文秉が、印貞植の援用している封建制の指標に関するレーニンの説明を分析したうえで、後期の著述では生産技術に対する言及そのものがなくなることをあえて指摘し[36]、史的唯物論の「公式」から脱して、植民地という現実を直視することを強調した理由も、そこにあったであろう。

印貞植の論理は、貧窮の原因を社会内部の問題、とくに低い生産力に求めていたので、宿命論につながりやすかった。朝鮮の農民が置かれていた貧窮と帝国主義の侵入との関係に対する把握は薄れてしまい、アジア的生産様式論を批判していたにもかかわらず、結局停滞論的な歴史認識の面では、そこからそれほど脱していなかったことになる。「植民地社会の複雑さを、主として土着前資本主義ウクラード（「アジア的生産様式」ないし「アジア封建制」）の残存という面から説明してお茶を濁してきた」という、梶村秀樹による戦前のマルクス主義の「正統派」に対する批判は、印貞植にも当てはまるであろう。[37]停滞論に陥っていた印貞植は、反封建の課題を遂行する力を外部に求めるしかなかった。その外部としてはソ連や戦争が考えられていたが、場合によっては転倒を起こして、帝国主義そのものを受け入れる可能性も潜んでいたのである。[★38]「現実の朝鮮の農業から資本の支配を抹殺しようとする企図は、結局客観的に資本の代弁以外の何ものでもない[★39]」という朴文秉の批判は、印貞植の以後の歩みを予告していたといえよう。

2　日中戦争と転向

(1) 農工併進論と東洋農業論

一九三七年七月の日中戦争の勃発後、朝鮮の社会主義者の間では日ソ開戦への期待が高まり、一時的であれ抵抗の動きが蘇った。しかし、戦況は日本に有利に展開し、ソ連は平和外交を打ち出して直接的な介入を自制していた。こうした状況のなかで希望を失った社会主義者の大量転向が発生した。[★40]開戦直後の一九三七年九月に、印貞植は李載裕グループの一員であった朴鎭洪と数回接触している。[★41]そして一九三七年十一月には「人民戦線事件」との関連で検挙されたが、間もなく釈放された。[★42]一九三八年三月にはまた別の「共和契」事件で再検挙された。故郷の青年らの反日的な読書会活動とつながっているという嫌疑であった。結局、同年の秋に印貞植は武漢・広東の陥落を目前にした時点で、転向を明らかにして出獄する。

　転向直後の文章で最も目に付くのは、日本の革新勢力あるいは革新政策に対する期待である。印貞植は革新を「反資本」「反共産」の新しい原理として高く評価した。[★43]また、「今日の朝鮮経済は、戦時体制にも拘らず、否、戦時体制の故にこそ、現著《ママ》なる発展のコースを辿りつつある[★44]」と述べており、戦争の遂行によって社会変革が促進されるという「戦時変革」★[45]論的立場に立っていたことが分かる。変革の主体がソ連ではなく日本であることはアイロニーであるが、戦争が変革の契機となりうるという発想自体は、それまでの思想と通底しているといえよう。

転向後に印貞植は、朝鮮における資本主義の発展を強調するようになる。また、工業の十分な発展によって農村の過剰人口問題は解決されていると見た。そして農家一戸当たりの耕地面積は増加しており、農家生活水準も向上していると評価した。一九三〇年代に入って、日本資本の進出などによって朝鮮の工業化が本格化したのは事実である。また、戦時ブームによって朝鮮の経済が一時的に好況であったことも事実である。農村では農産物価格の上昇によって農家の経済事情が好転し、工業でも戦時経済の初期段階では朝鮮人の工場が増産政策における重要な比重を占めていた。★[46]もちろん一時的な戦時ブームをもって工業化と農家経済の向上を断定することは統計の強引な解釈と言わざるを得ないが、こうした開戦初期の状況が、朝鮮経済に対する希望に満ちた分析を生ませたと考えられる。

キーワードは農工併進であった。小農経営と工業の同時なる発展を掲げた宇垣総督の政策を高く評価し、農業を犠牲にしない工業の発展は、世界史上未曾有の「我が帝国」だけの現象であると主張した。★[47]最も注目したのは総督府が実施していた「自作農創定事業」であったが、農民層の両極分解が起こっていないという分析からは、転向以前の停滞論的解釈との連続性も感じられる。所有の両極分解の不徹底で農村プロレタリアが発生していないという認識が、自作農創定計画で地主―小作農への両極分化が抑制されたという評価にすり替えられたのである。すなわち、負の側面に対する批判から正の側面に対する注目へ、アジア的特殊性の再解釈がなされているといえよう。

こうした認識は、マルクス主義に対する批判につながる。マルクス主義が「西洋に於いては幾分適応性を持つかも知れぬ」が、「東洋に於ける、アジアに於ける、完全なる不適応性」は明白なものであり、アジア的生産様式論こそマルクス自身がそれを認めた結果であるという主張であった。従って「東洋的なアジア的な斯かる特異性は、専ら東洋的な思索並びに研究に依つてのみ解明され得る」と、主張した。★[48]これは平野義太郎にとってアジア的村落共同体が、停滞性の象徴から欧米的社会原理を克服し大東亜共栄圏を支える根拠へ、と逆転したことを思い起こさせる。★[49]

印貞植にとっても転向以後のアジア的特殊性の強調は、以前の停滞論と表裏関係をなしていた。

一九三九年の秋からはアジア社会論の負の側面、すなわちアジア的停滞性に関する指摘が再び前面に出てくるようになる。農工産品の鋏状価格差による生活費の圧迫、農業材料とりわけ肥料の購入難、土地の集中傾向の加速、農村問題の解決に役立たない工業化、耕作規模の細分化などが朝鮮農業の直面する問題として指摘された。このような認識は転向以前の分析と連続性を持つものであり、転向以前に出した『朝鮮の農業機構分析』の再版・増補版がそれぞれ一九三九年と一九四〇年に大きな修正なく出された下地となった。[50]こうした論調の変化は、一九三九年の記録的な旱魃と併せて、戦時ブームによる一時的好況が静まり、農村経済が急速に困難に陥った状況の反映でもあった。[51]

以後、パール・バックの『大地』について中国農村のアジア的停滞性をよく描いたものとして高く評価するなど、「東洋農業論」が強調されることになる。[52]転向以前の農業論の中に矛盾して潜在していた停滞論が、全面的に現れたものといえよう。東洋農業における「水」の規定性を強調するアジア的生産様式論が本格化された背景としては、一九三九年の大旱魃の影響も考えられる。東洋農業の特性に見合う解決策を提示する主体としては、日本が想定されていた。印貞植は朝鮮総督府によって各地に設置された水利組合を伝統的な灌漑施設の「後継者」と評価した。さらに、「併合以来帝国の統治政策は、経済部面における農業の重要視とあわせて、まず灌漑の完備に全力をあげてきた[53]」という評価に見えるように、総督府は伝統的に灌漑を管掌してきたアジア的専制国家と二重写しにされた。すなわち、アジアの負の側面を正の側面へ転換させる外部的力として、帝国日本が要請されたのである。

こうした認識は、中国問題に関する立場においてさらに明確に表れる。印貞植は、アジア的停滞性の原因を外来資本主義の侵入に帰する「支那の左翼理論家たち」の主張を「排外主義的偏見」と批判し、「外来の侵略的影響なしに支那社会はすでに四千年余りの悠久な歴史を通して永遠の停滞状態に結氷されていた[54]」と述べた。帝国主義の支配と封建制との結合を全く無視する立場を取っていたことがわかる。アジア的特殊性へのこだわりが、単なる停滞論に陥ってしまった問題点を如実に物語っている。

(2)「協和的内鮮一体論」とその挫折

朝鮮人の転向において最も重要な問題は、民族問題をいかに解決するか、すなわち、内鮮一体の問題であった。印貞植の内鮮一体の理解は、革新政策に対する期待と深い関連を持っていた。印貞植は内鮮一体の必然性を示す三つの契機として、「朝鮮が占めるところの大陸兵站基地としての特殊的地位」、「朝鮮民衆の国民的自覚」と合わせて「国内の革新勢力の大胆かつ革新的な国策に対する当然の期待」を挙げている。印貞植は内鮮一体を「真の意味の内地延長主義」と受け入れていた。その内容は、「内地のすべての政治制度—普通選挙制、府県制、義務教育制等が、内地と同一な程度に朝鮮にも拡大延長されなくてはならない[55]」ということであった。総力戦の遂行のために提示された内鮮一体論を革新勢力の台頭との関連で受け入れ、朝鮮人の地位向上につなげようとした一種の「戦時変革」論として評価できよう。

一方、内鮮一体の解釈をめぐっては二つの立場が対立しており、両者間で激しい論争が交わされていた。論争は雑誌『三千里』の一九三九年一月号の座談会における印貞植の玄永燮批判から始まる。印貞植は「朝鮮民族の固有の言語・文化・伝統・民族精神など、これらは新しく形成される新日本民族の生活の一部面として終わりまで保存されまた発達させられるべき」と主張し、「内鮮一体というならば、朝鮮語の廃止・朝鮮衣服の禁用等を意味することだと思う、ああいう無智な徒輩こそ情けない人間[56]」であると述べた。こうした批判は朝鮮語の廃止などの急進的な主張で話題になっていた玄永燮の著書『朝鮮人の進むべき道』(緑旗連盟、一九三八年)を念頭に置いたものであった。これに継いで発言した玄永燮は、「内鮮一体の契機もやはりこの〝妥協的態度〟からではなくて〝神を崇拝する心〟のような精神的なものから探すべき[57]」だと述べ、印貞植を間接的に批判した。

以後も、印貞植は内鮮一体のための「事実的契機」は「史実においてではなく現実において、過去においてではなく現在において把握されなければならない」と言い、「この現実の契機を内鮮人の運命の共通性とまたこれを実証する東亜の情勢」から見出そうとするなど[58]、本質主義的民族観に基づいた玄永燮流の内鮮一体認識を批判した。対する玄永燮もまた印貞植の主張を「経済主義的内鮮一体論[59]」と規定し、真の意味の内鮮一体ではないと批判した。内鮮一体をめぐる論争には両人以外の論者も参加して、主に朝鮮の独自性を捨て去ろうとする玄永燮を批判する形で進行した。印貞植を始めとする論者らの立場は、玄永燮の表現を借りるなら「協和的内鮮一体論」といえよう。「協和的内鮮一体論」は、内鮮一体を再解釈し朝鮮の主体性に関する主張とした点に特徴がある。また、論争の触発が朝鮮語の廃止問題にあった点を考えると、とくに印貞植にとって以前から持っていた朝鮮語に対する関心が、内鮮一体という危機的状況に直面して、逆に朝鮮の主体性に対する自覚の契機として明確化されたものと評価できよう。

「協和的内鮮一体論」の登場は、東亜協同体論の受容と深く関わっていた。印貞植は「東亜協同体の完成を前提としてのみ、今後の民族的運命を論じなければならなくなった[60]」と見て、「東亜協同体の原理が民族問題―植民地問題の解決に対しても新しい光明を投げる[61]」と述べた。中国の民族主義に直面してその他者性を認めるところから出発した東亜協同体の原理を、朝鮮との関係にも適用すべきであるという主張であった。このような側面は、玄永燮からの批判によってより鮮明になる。玄永燮は「半島知識階級の大部分、東亜協同体論者、東亜連盟論者の大部分」が「協和的内鮮一体」を主張していると評価し[62]、「東亜連盟の結成、日満支三国の連盟には大賛成であ」るが、「連盟論を朝鮮に適用して日鮮協和・日鮮融和を考えることは反動にすぎない[63]」と批判した。

内鮮一体をめぐる論争は、印貞植にとって朝鮮という主体を発見する過程であった。すなわち、内鮮一体を通して民族・植民地を発見したという逆説的状況が確認される[64]。ただその際想定されていたのは、独立朝鮮という透明な主体ではなく、帝国の一部としての朝鮮という不透明な主体であった[65]。印貞植は朝鮮の主体性を強調しながらも、朝鮮人が「日本帝国の臣民」でしかあり得ないことを、「朝鮮人の運命に関する問題における超えられない限界[66]」と明らかにした。それは「偏狭で抽象的な内容の朝鮮民族」をのり越えるべきだという主張につながった[67]。そして、その窮極的帰結は、「朝鮮民族」でも「大和民族」でもない、両者を止揚した「新日本」[68]であった。印貞植の「協和的内鮮一体論」は帝国という主体の可能性への賭けであり、「内鮮一体論」をめぐる統合か亀裂かという臨界に迫るものであった。

「協和的内鮮一体論」は植民地帝国の秩序を超えていく可能性を持ちながらも、実際は解体の方向ではなく統合の原理として働いてしまった。朝鮮における東亜協同体論の限界とも言えるこのような状況を理解するためには、「転向」という原点に留意する必要がある。東亜協同体論そのものが抵抗する中国の民族主義との格闘の過程から生まれたものであるなら、闘わない朝鮮にとって東亜協同体論が持つ限界は明らかなものであった。「三十年間の朝鮮を問うなら〔中略〕帝国の平穏な半島であった」[69]という印貞植の認識は、このような原初的限界を良く示している。[70]

一九四一年になってから、朝鮮における内鮮一体をめぐる論争の空間は閉ざされた。それは日本における革新の気運の衰退と密接に関連していた。一九四二年五月、朝鮮に赴任した小磯国昭総督は、それまで朝鮮で繰り広げられていた内鮮一体についての論議を完全に否定した。[71]帝国みずからが自身の複合性を否定したのである。日中戦争期において朝鮮の主体性にこだわっていた朴致祐・徐寅植・金明植などの「転向左派」は筆を絶った。内鮮一体が植民地朝鮮の主体化＝臣民化を図った総力戦の論理であるなら、「協和的内鮮一体論」はその臨界に迫るものであった。「協和的内鮮一体論」という「戦時変革」の挫折は、帝国日本の総力戦体制の不徹底性あるいは不可能性を示したものといえよう。すなわち、朝鮮という主体の否定は、帝国という主体の否定でもあったのである。

3　解放前後における連続と断絶

(1) 農業再編成論にみる植民地主義

東洋農業論が強調される渦中にあっても、次第に異なる系列の思考が強調され始める。一九三九年十月、印貞植は、朝鮮農業に横たわっている困難について、「農業の自然的条件の如何よりも、寧ろその社会的な関係の如何にある」[★72]と分析した。それは降水量の不足、季節風の影響など、自然環境の影響を規定的にみるアジア的生産様式論とは、異なる観点であった。朝鮮農業の最大の問題の一つとして認識されていた過小零細農についても、「稲作本位の亜細亜的農業にあっては、耕地の細分化を余儀なくされることは前述の通りであるが、それはもはや今日の事実ではない。生産及び分配の事情如何のみが、今日の朝鮮農業に於ける驚くべき零細化の秘密を解くべき唯一の鍵」であるという分析が見える。朝鮮の農業問題を、「資本経済と結び付いた半封建的土地所有関係の矛盾展開」から来るものと見る認識が明確になる。[★73]

このような論理は、一九三〇年代半ばにも不完全な形として見られたものの、効率的な戦争遂行のために帝国主義・資本主義の触手が農村を始め社会の底辺まで及ぶようになる戦時期の状況の中で、ようやく明確にされた。まず目に付くのが、農業賃労働者層の形成に対する注目である。「近年資本経済の影響の下に農村社会の分化が急速に促進せられ、多数の自営農民が耕地の経営から遊離した雇用労働的な貧農層または純粋なる農業労働者の群れとなって現れた」[★74]という分析である。農村プロレタリアートの形成を認めなかった以前の分析とは異なるところである。さらに、一九四二年三月には橘樸と会い、「朝鮮の工場化」を「印度化」と批判した。[★75]朝鮮の工業化・資本主義化を、植民地化と関係づけて理解し、批判的に捉えていたことがわかる。

印貞植は朝鮮農村の矛盾を解決するために、農業再編成の必要性を主張した。[★76] その核心は農業の機械化にあった。戦争の拡大で、朝鮮の農村でも労働力不足が現れるにつれて、機械化が現実の問題として浮かび上がっているという分析であった。印貞植は、機械化を前提とした耕地規模の拡大と農業の協同化を指向していた。農業研究の原点が、ソ連の農業集団化に対する肯定的評価、すなわち大農主義にあったことを思い浮かばせるところである。しかし、印貞植は「果たして農地制度の改革が現実に断行せられ得るだらうか、またそれが部分的に実施せらるるとしても、果たして農業の機械化を許容し、農業への資本投下を可能ならしめるほどの大幅のものたり得るだらうか」という懐疑を持っていた。印貞植はそれを「単なる農業政策の転換を以ってしては克服し得ざる性質」の「根本的な制約」として受けとめた。そこで印貞植が取った現実的な代案は中農主義的改革であった。

印貞植の農業再編成論の基本的目標は、適正小作関係と適正経営規模の確立に置かれた。帝国議会で平野力三が石黒農相に投げかけた自作農と小作農の生産性を比較する質疑を引用していることから窺えるように、印貞植にとっての窮極的志向は自作農の創出、しかも機械化を伴う大規模経営すなわち大農の形成であった。しかし、「根本的な制約」が横たわっている状況で、至急かつ現実的な措置として上記の両課題が注目されたのである。とくに高額の小作料は、地価を上昇させ適正規模の確保を妨げるという理由で、小作料の適正化が最も核心的な課題として強調された。

当時、日本と朝鮮において盛んに提起された多様な農業再編成論は、大きく三つに分けられる。小農保護論、中農化論、農業近代化論がそれである。[★77] 土地生産性主義・勤労第一主義に立脚した小農保護論はすでに破綻を見せた状態であり、とくに戦時期の労働力不足という状況とは合わなかった。大農の実現を志向する農業近代化論は、急激な土地制度の変化を要求するという面で現実性が乏しかった。結局、「満洲分村計画」と健全農村の維持などを主張する中農化論が現実味を増していき、実際の農業政策も自作農の創出を中心とする中農主義に帰結する。朝鮮では、京畿道小作官の久間健一が代表的な中農化論者であった。

農業生産性の増大という課題をめぐって、農業再編成は「時代の流行語」となっていた。[★78] 総督府でも一九四一年七月から「朝鮮農村再編成計画」の検討が始まった。経営規模の適正化、小作関係の適正化がやはり主な内容であった。さらに、一九四二年五月に小磯国昭総督が赴任した後には、「農村再編成」が時代の中心課題として浮かび上がった。[79]

しかし、同じ農業再編成論と言っても、日本と朝鮮の間には亀裂が存在した。久間健一は「内地に於けるが如く、地主より農業者たる経済的実質を奪取し、他方農民をして完全なる独立農業者としての、職能者たらしめんとするが如きことは夢想」[80]と指摘し、朝鮮農業にとって地主制が依然として必要であると主張した。朝鮮では自作農地設定と「満洲分村計画」などが推進されたが、その成果は微々たるものであり、地主制は植民地支配のための現実的な手段として、相変わらず認められていたのである。久間は「外地農業の経済的な農産物増加生産の可能性」を「最も能率的な国内分業」[81]と見た。これは総督府が宣伝していた農工併進政策とも背馳する内容であった。[82]

印貞植は桐生一雄の名で発表した論文で国土計画について触れ、「朝鮮を一つの『外地』として一色に塗り潰すことなく、その各地方の特色を適当に評価し、全体としての朝鮮の国土計画に有機的な綜合性を与へる」[83]必要性を提起した。その内容は、農工併進を核心とする朝鮮独自の国土の均衡的発展に対する要求であった。具体的に名前を挙げていないが、「内地のみ、或ひは朝鮮のみを中心としたる割拠主義的な見解は許されない」[84]という久間の批判が誰に向かったものであるかは、簡単に推測できる。さらに、久間は印貞植の『朝鮮農村再編成の研究』に付した序文で、「その論ずる所すべてが正鵠を得ているとは云ひ難い」と指摘している。[85]農村の近代化を志向する農業再編成論にも、植民地主義は刻まれていたのである。

朝鮮の主体性を問う内鮮一体の議論が否定されてから、印貞植は農業再編成論を通して朝鮮という主体を問うてきたこととなる。朝鮮の経済的独自性を主張していた金明植など「転向左派」の問題意識が、もう一度ぎりぎりの線で提出されたものと評価できよう。[86]一九四二年三月、橘樸は印貞植と会った日の日記に「民族同化ヲ目標トスルハ可ナルモ機械的一方的非歴史的ナルハ不可（即チ段階的民族協和）」と書いている。[87]「全東亜の食糧問題の解決のために、今日の朝鮮農業は「キャスティングボート」を握っている」[88]という分析、「時局が付与してくれる全ての機会をつかんで、希望の農村を建設すべきである」[89]という印貞植の主張は、実に「戦時変革」論＝農業再編成論の臨界にもう一度迫るものであった。印貞植は帝国の論理の中に入って、植民地帝国日本という総力戦体制の不徹底性ひいてはその不可能性を明らかにしたのである。

一九四三年七月に農村再編成政策の骨格である「朝鮮農業計画要綱」が発表された。「皇国農民道の確立」が強調され、本来の意味の農業再編成とは距離がある内容であった。続いて一九四四年二月に発表された「農業生産責任制実施要綱」も、地主を生産責任者とする地主中心の生産力増強策に過ぎなかった[90]。農業再編成論によせた期待が挫折した後、印貞植の論理も国家による「政策的手術」[91]に対する強調から、地主の「道義的自覚」[92]に対する期待へ変質していった[93]。

(2)平民的土地改革と自主経済

解放後に印貞植は左派イデオローグとして復帰し、活発に論説を発表した。まず、農業問題を見てみると、農業経済の資本主義的発展に対する強調が目に付く。一九三〇年代半ばから注目していた「自然経済の分解と商品＝貨幣経済の発達」と「経済外的強制の解消」に加えて、「農村プロレタリアートの成長」を挙げており、そこから革命の主体を発見しようとした。また、「封建性の再版なり拡大版なりと言うのは、昔は我らがみな犯していた誤謬」という一種の自己批判とも考えられる分析も示された[94]。こうした資本主義的関係の拡大に対する強調、とくに農業プロレタリアートの形成に対する注目からは、戦時期における農業再編成論との連続性が強く感じられる。

印貞植が目指す農業改革の方向は無償没収・無償分配の土地改革であった。さらに、土地改革以後の段階として国営化あるいは国有化の必要性を提起していた[95]。そして、土地の国営化が直ちには実現されがたいと見て、「土地改革後の当面の問題」として「集団化」を主張した。[96] 一方、土地改革を通して小農経済を安定させることによって、工業生産物に対する農村の消費力＝購買力を増進させ、工業発展に刺激を与えるという発展戦略も確認される。[97] しかし、みずからソ連式の農業改革をモデルとしていると述べていることから分るように、[98] 小農経済の長期的な持続には反対していたと考えられる。小農経営に対する否定的認識は、当時左派の一般的な考えであった。朝鮮共産党の「土地問題に対する決議」（一九四五年十月）とその解説で、所有権は国家に帰属すべきと明らかにしていることから見えるように、耕作権を農民に分配するとしても、窮極的な志向点は協同化・国有化、すなわちソ連式の農業構造の建設にあった。[99]

しかし、一九四六年三月以後、朝鮮共産党は、既存の土地国有化政策を放棄し、私有権を認める方向へ政策を変えた。[100] 農民に土地所有権を分配することを内容とする北朝鮮の土地改革が具体的に推進されている状況と連動するものであった。[101] にもかかわらず印貞植は上で見てみたように、一九四七年に至るまで国営化・集団化の主張を緩めなかった。北朝鮮の土地改革についても「北鮮も今のまま止まってはいけない、これから国営化の道へ進まなければならない」と主張していた。[102] 集団化・国営化を通した零細農の克服に対する印貞植の強い執着が確認される。

次に、民族問題について見てみよう。印貞植の志向は完全な独立であり、それはソ連の対外政策に対する期待として現れた。印貞植は「諸民族の分離・独立の権利、政治的実体としての形成への権利という原則」に立脚している面で、「ソ連の対外政策は資本主義諸国のそれと根本的に相異」すると見た。当時懸案であった信託統治に関連しては、ソ連の政策が反映されるという点からその進歩性を信じて、「世界的反ファッショ民主主義的路線に従い、政治的に経済的に統一的自主能力を発揮して、最高五カ年の信託統治期間を短縮するのに総力を集中する」ことを主張した。これは帝国主義的政策を依然として維持しているイギリスと異なり、アメリカが相対的に進歩性を持っているという認識から出たものであった。[103]

解放前に印貞植はそれぞれ別のところで、朝鮮に横たわっている「超えられない限界」と「根本的制約」について触れたことがある。まず、朝鮮の主体性を強調しながらも、朝鮮民衆に生存と繁栄と幸福を約束してくれる「超えられない限界」として内鮮一体を、[104]そして単純な農業政策の転換だけでは克服できない性質の「根本的制約」として過小零細農の問題を挙げていた。[105]解放後における印貞植の農業・民族問題認識は、まさに解放前に自ら指摘した二つの限界や制約の克服に焦点が合わせられていた。しかも、土地改革に続く集団化によって農業問題を解決し、一方、ソ連の援助下で民族の独立を成就するといった明るい展望を含んでいる内容であった。

一九四七年になると若干の変化が見える。まず、農業論から国有化の主張がなくなる。機械化と電力化の必要性は引き続き語られたが、国営化や集団化の主張は見当たらない。上で触れたように、北朝鮮の土地改革後、朝鮮共産党は、暫く小農経済を維持するという政策、すなわち革命の進行における人民戦線段階の維持を新しい戦略として採択することになる。それとともに、土地改革以後の小農は半封建制下の小農とは違うという小農経営の肯定性を認める論理が展開されたが、[106]印貞植もそれを受容したものと考えられる。

一方、対米経済従属に対する警戒感も強まってきた。すでに一九四六年の夏にアメリカから導入された莫大な借款に触れる中で、「再植民地化」の危険性を提起したことがあるが、[107]一九四七年に入ってからは、「日帝と野合し、それに忠誠を尽くした反逆的官僚輩をかえって登用している」[108]と、米軍政を露骨に批判するに至る。それは、信託統治の実施のための米ソ共同委員会が難航を重ね、国際的にも冷戦構造が固定化する状況の反映であったと言えよう。さらに、一九四八年の大韓民国政府の樹立後には、アメリカ肥料の流入を問題とし、「わが国の農村を再び外肥の市場とし、またこれをもってわが国の農村経済が全面的に外国資本に隷属させられていく」[109]と警告している。

こうした過程を経て印貞植の主張は、「平民的土地改革」の実施と「自主経済」の確立へと集約される。[110]平民的土地改革とは、無償没収・無償分配方式の土地改革を意味した。結局、印貞植が描いていたグランドデザインは、「平民的農地改革」→「農業生産力の発達および生活の安定・向上」→「工業生産物に対する農村の購買力の増進」→「鉱工生産の自主的発達」→「農村人口の鉱工生産への転入による農業人口の減少」→「一戸当り耕作単位ないし経営規模の拡張」、という内容であった。[111]

一九四九年十一月、保安法違反で検挙された印貞植は、再び転向を明らかにする。[112] 転向声明などは確認できないので、再転向の動機は定かではないが、印貞植の思想の歩みと解放後における時局の変動とを交差させることで、再転向に至った情況について考えてみたい。一九四九年の後半には、有償没収・有償分配を核心とする韓国の農地改革がすでに日程に乗った状態であった。印貞植は「平民的土地改革」を主張したが、小農経営を認めている点から見ると、韓国の農地改革と北朝鮮の土地改革はそれほど差が大きいものではなかった。実際、朝鮮戦争のとき、北朝鮮は占領地域で実施した土地改革で、韓国の農地改革の結果を認める方針を取っていた。[113] 自主経済もまたすでに韓国政府が樹立していたことを考えるなら、たとえ従属的発展であっても、朝鮮の主体性が認められる経済発展の展望は十分考えられる状況であった。

結局、解放前に意識していた二つの「限界」や「制約」、すなわち「内鮮一体」と「過小零細農」の問題に再びぶつかったことになる。戦時期における印貞植の転向は、その二つの限界と妥協し、その制約の上で、農工併進を通した朝鮮の独自的発展を企てたものである。解放後の再転向は、大韓民国の正統性を認めることによって、大農経営ではなく小農経営、自主的発展ではなく従属的発展を選択したという意味で、もう一度妥協した結果であると言えよう。しかし、解放前に破綻で終わった農工併進の戦略は、解放後に不徹底でありながら現実化した。[114] 印貞植が描いていたグランドデザイン、すなわち小農経済の安定に基づく工業の発展は、農地改革以後の韓国社会が曲がりなりにも歩んでいった道だった。そして、それこそ朝鮮における「解放」が持つ意味である。[115]

こうした妥協を拒否し、多数の知識人がそうしたように、北朝鮮に入るという選択をすることもできたであろう。印貞植が「越北」を選択しなかったことには、「親日」の経歴が理由として作用したのではないかと考えられる。一九四八年十月に、すでに印貞植は「一〇〇パーセントの転向」と非難されている状況であった。[116] 再び転向を約束し釈放された印貞植は、転向者の組織である「国民補導連盟」の中央部において朝鮮戦争の勃発まで活動する。戦争中には、北朝鮮側によってソウル市人民委員会の候補委員に選ばれ、一九五三年には朝鮮労働党の中央委員になったという記録が残っているが、それ以後のことは明らかでない。★117

おわりに

一九三〇年代半ば、印貞植は植民地朝鮮を半封建制と規定していた。純封建制ではなく半封建制と把握したのは、朝鮮の伝統社会と帝国主義・資本主義との相互規定関係をいずれにせよ意識していたためである。もちろん、朴文圭の半封建制論との比較を通して分るように、印貞植のそれは植民地支配の規定性に対する認識が薄弱なものであった。転向後の論理から確認されるように、印貞植の朝鮮認識はアジア的特殊性に対する関心によって過剰に規定されていた。そして、それが植民地支配の否認、すなわち転向へ向かう要因となったのである。

植民地朝鮮における転向の多くは、近代だけではなく東洋あるいはアジアを志向する形で現れた。それは植民地支配の否認あるいは黙認を伴うものであった。そこでアジアとは、欧米的モデル、狭義ではマルクス主義的モデルからの離脱を意味した。とくに印貞植にとってアジアとは、農民層の両極分解を伴わない小農経済の安定に基づく工業の発展、すなわち農工併進であった。その意味で、印貞植の転向はアジア的な道への志向であったと言えよう。

内鮮一体という危機的状況に置かれて、逆説的に朝鮮の主体性に対する関心が蘇って、いわゆる「協和的内鮮一体論」として論理化された。また、それは植民地帝国を克服して新しい可能性を探ろうとする積極性を帯びていたものである。宗主国―植民地、欧米―アジアという対立の極端化あるいは無化を通して、各要素が劇的な和解を成し遂げつつ不安定な同居を目指す論理的実験が繰り広げられた。宗主国＝欧米にのみ正の価値が集中している現状を打破しようとしていた面で、擬似革命のような性格を持つものであり、その際、朝鮮という主体は植民地・近代・アジアが重層決定する形で存在していた。しかし、こうした構成物はついにその不可能性を現してしまった。朝鮮における転向の営みは、植民地近代の極限と破綻を示すものであった。

朝鮮にとって解放は、国民国家の樹立と農地・土地改革による地主制の解体をもたらした。植民地帝国の解体は、朝鮮という主体を立てようとする努力に新しい局面を提供した。印貞植の再転向は、新しい状況に対する応答であり、戦後に韓国が歩んでいった従属的発展の道を予告するものである。朝鮮の伝統社会がアジア的生産様式であれ、アジア的封建制社会であれ、あるいは小農社会であれ、近代に入ってからそれは植民地帝国の秩序のなかで再編されていた。日中戦争期の転向は、そうした事実を敢えて無視したものであり、それゆえに破綻に至るしかなかった。これに対して解放後の転向は、新しい状況すなわち植民地帝国の解体という条件のなかで、結果的にそれなりの現実性を発揮することになったのである。

［注］

（1）李秀日「일제말기〔日帝末期〕社会主義者의〔の〕転向論——印貞植을 중심으로〔を中心に〕」（『国史館論叢』七十九号、一九九八年六月）、장용경〔張龍經〕「일제〔日帝〕植民地期 印貞植의〔の〕転向論——内鮮一体論을 통한〔を通した〕植民的 관계의 형성과〔関係の形成と〕農業再編成論」（『韓国史論』四十九号、二〇〇三年六月）、浮葉正親「植民地末期朝鮮の農業経済学者・印貞植の変革思想——あるマルキストの転向における内的論理と抵抗の心性」（『名古屋大学日本語・日本文化論集』八号、二〇〇〇年九月）。

（2）松本武祝『朝鮮農村の〈植民地近代〉経験』（社会評論社、二〇〇五年）。

（3）植民地近代論に関する有益な整理としては、松本武祝「〝朝鮮における「植民地的近代」〟に関する近年の研究動向——論点の整理と再構成の試み」（『アジア経済』四十三巻九号、二〇〇二年九月）、板垣竜太「〈植民地近代〉をめぐって——朝鮮史研究における現状と課題」（『歴史評論』六五四号、二〇〇四年十月）など参照。

（4）高岡裕之・三ツ井崇「東アジア植民地の「近代」を問うことの意義」（『歴史学研究』八〇二号、二〇〇五年六月）。
（5）印貞植の生涯については、이수일〔李秀日〕「인정식선생의 생애와 농업경제사상〔印貞植先生の生涯と農業経済思想〕」（『印貞植全集』第一巻、한울〔ハヌル〕、一九九二年）、五―一六頁参照。
（6）김경일〔金炅一〕『이재유 연구――1930년대 서울의 혁명적 노동운동〔李載裕研究――1930年代ソウルの革命的労働運動〕』（창작과비평사〔創作と批評社〕、一九九三年）、一九九、二一九頁参照。
（7）印貞植「蘇連 第二次五年度計画의〔の〕第三年度 業績과〔と〕展望」（『朝鮮中央日報』一九三五年十二月七日―十二日、『全集』第一巻）、五二一―五四頁。
（8）印貞植「国際的 危機와〔と〕蘇連의〔の〕外交政策」（『朝鮮中央日報』一九三六年一月一日―四日、『全集』第一巻）、五二一―五四頁。
（9）印貞植「戦争과〔と〕民族概念」（『中央』二十七号、一九三六年一月、『全集』第一巻）、七一頁。
（10）印貞植前掲「国際的 危機와〔と〕蘇連의〔の〕外交政策」（『全集』第一巻）、五三頁。
（11）以上、印貞植前掲「戦争과 民族概念」（『全集』第一巻）、七一―七三頁。
（12）印貞植「安昌浩論」（『朝鮮中央日報』一九三六年五月二十八日―六月九日、『全集』第一巻）、一三九頁。
（13）印貞植「戦闘的 朝鮮青年의〔の〕当面任務」（『大衆新聞』一九二八年十一月一日、『全集』第一巻）、二七頁。
（14）「植民地脱化（Entkolonisierung）」論は、植民地における工業の発展とそれに伴う土着ブルジョアジーの反動化に注目する理論である。代表的論者はインドの共産主義者のロイ（M.N.Roy）であった。
（15）印貞植「大戦을〔を〕前提로 한〔にした〕国際勢力의〔の〕分野」（『朝鮮中央日報』一九三五年十一月三日―八日、『全集』第一巻）、三〇―四〇頁。
（16）印貞植「戦争의〔の〕危機深化와〔と〕資本経済의〔の〕特性――一般危機에〔に〕対한〔する〕考察」（『朝鮮中央日報』一九三六年一月一日―十二日、『全集』第一巻）、五七―六九頁。
（17）白南雲については、방기중〔方基中〕『한국근현대사상사연구――1930・40년대 백남운의 학문과 정치경제사상〔韓国近現代思想史研究――1930・40年代白南雲の政治経済思想〕』（역사비평사〔歴史批評社〕、一九九二年）、

参照。
(18) 김경일前掲『이재유 연구』、一一三頁。
(19) 植民地朝鮮における「民族資本」については、梶村秀樹「「民族資本」と「隷属資本」——植民地体制下の朝鮮ブルジョアジーの政治経済的性格解明のためのカテゴリーの再検討」(『梶村秀樹著作集第三巻 近代朝鮮社会経済論』明石書店、一九九三年)、三二八—三五三頁参照。
(20) 印貞植前掲「安昌浩論」一三九頁。
(21) 印貞植「復古主義에〔に〕依拠하는〔する〕朝鮮語研究運動의〔の〕反動性」(『正音』二十一号、一九三七年十一月号)、一八頁。
(22) 印貞植前掲「戦争과 民族概念」、七五頁。
(23) 印貞植前掲「蘇連 第二次五年度計画의 第三年度 業績과 展望」、四一—五〇頁。
(24) 印貞植「朝鮮農村経済의〔の〕研究（其一）～（其八）」(『中央』二八—三五号、一九三六年二月—九月、『全集』第一巻)。
(25) 印貞植前掲「朝鮮農村経済의 研究（其一）」、八〇頁。
(26) レニングラードの討論会の内容は、早川二郎『アジア的生産様式に就いて』白揚社、一九三三年に整理されている。
(27) 印貞植前掲「朝鮮農村経済의 研究（其四）」、一一三頁。
(28) 印貞植前掲「朝鮮農村経済의 研究（其八）」、一八八頁。
(29) 以上、印貞植「農業資本制化의〔の〕諸型과〔と〕朝鮮土地調査事業의〔の〕意義（一）～（四）」(『批判』一九三六年九月号—一九三七年四月号、『全集』第一巻)、一九三—二二一頁。
(30) 朴文圭「農村社会分化の起点としての土地調査事業に就て」(『朝鮮社会経済史研究——京城帝国大学法文学会第一部論集第六冊』刀江書院、一九三三年)参照。
(31) 印貞植「土地所有の歴史性——朴文圭氏に対する批判を主として」(『朝鮮の農業機構分析』白揚社、一九三七年)、二三七—二四九頁。

（32）呉美一は印貞植と朴文圭・朴文秉との論争を封建派対資本派の構図で把握してきた既存の研究を批判し、それを封建派内部のものと分析した。오미일〔呉美一〕「1930년대 사회주의자들의 사회성격 논쟁――농업문제를 둘러싼 인정식・박문병의 논쟁을 중심으로〔1930年代社会主義者らの社会性格論争――農業問題をめぐる印貞植・朴文秉の論争を中心に〕」（오미일編『식민지시대 사회성격과 농업문제〔植民地時代社会性格と農業問題〕』풀빛〔プルピッ〕、一九九一年）参照。

（33）印貞植前掲「土地所有の歴史性」、二四八頁。

（34）朴文秉「朝鮮 農業의〔の〕構造的 特質――朝鮮 農村의〔の〕性格規定에〔に〕対한〔する〕基本的 考察」（『批判』四巻九号、一九三六年十月）〔오미일編前掲『식민지시대 사회성격과 농업문제』、四〇六頁〕。

（35）朴文秉「農業朝鮮의〔の〕検討――現段階의〔の〕朝鮮 農業의〔の〕経済的 諸関係의〔の〕解剖（一）～（三十九）」（『朝鮮中央日報』一九三六年六月九日―八月二十日、오미일編前掲『식민지시대 사회성격과 농업문제』）、三二〇頁。

（36）朴文秉前掲「朝鮮 農業의 構造的 特質」、四一五頁。

（37）梶村秀樹「旧植民地社会構成体論」（前掲『梶村秀樹著作集 第三巻』）、二四五頁。印貞植の立場は、中国統一化論争において「半植民地性」の問題を「半封建性」の問題に解消すると批判された大上末廣のそれとも通じるものである。中国統一化論争については、野沢豊「アジア近現代史研究の前進のために（上）」（『歴史科学大系十三巻 アジアの変革（上）』校倉書房、一九七八年）参照。

（38）盛田良治は平野義太郎など「封建派」を分析し、「帝国主義支配という外部要因との相互関係が見失われるならば、容易に「停滞論」――「停滞」の原因を植民地社会の内部に求め、その結果「開発」の名のもとでの植民地支配を正当化することになる言説――へと陥るあやうさをも内在している」と指摘している（盛田良治「戦時期〈植民地社会科学〉の隘路――平野義太郎を中心に」、『ライブラリ相関社会科学七 ネイションの軌跡』新世社、二〇〇一年、八二頁）。

（39）朴文秉前掲「農業朝鮮의 検討」、四〇一頁。

（40）홍종욱〔洪宗郁〕「중일전쟁기（1937―1941）조선 사회주의자들의 転向과 그 논리〔日中戦争期（1937―1941）朝鮮社会主義者らの転向とその論理〕」（『韓国史論』四四号、二〇〇〇年十二月）、一六九―一八〇頁参照。

(41) 김경일前掲『이재유 연구』、二六二頁。

(42)「人民戦線事件東署、継続活動」(『東亜日報』一九三七年十一月二十三日朝刊二面)。

(43)「時局有志円卓会議」(『三千里』一九三九年一月号)、四〇頁。

(44) 印貞植「戦時体制下の朝鮮経済(二)」(『東洋之光』一九三九年二月号)、三二頁。

(45)「戦時変革」については、米谷匡史「戦時期日本の社会思想――現代化と戦時変革」(『思想』八八二号、一九九七年十二月)参照。

(46) 김인호〔金仁鎬〕『식민지 조선경제의 종말〔植民地朝鮮経済の終末〕』(신서원〔新書院〕二〇〇〇年)、七二頁、参照。

(47) 印貞植「朝鮮社会의〔の〕基本的 分析」(『三千里』一九三九年六月号)、三二頁。

(48) 印貞植「マルクス主義の亜細亜に於ける不適応性」(『治刑』一九三八年十二月号)、三〇頁。

(49) 盛田良治前掲「戦時期〈植民地社会科学〉の隘路」、武藤秀太郎「平野義太郎の大アジア主義論――中国華北農村慣行調査と家族観の変容」(『アジア研究』四十九巻四号、二〇〇三年十月)など参照。

(50) 再版からは題名が『朝鮮の農業機構』に変わった。

(51) 李松順「日帝末期 戦時農業統制政策과〔と〕朝鮮農村経済変化」(高麗大学博士論文、二〇〇三年六月)、二二八―二三九頁、参照。

(52) 印貞植「『大地』에〔に〕反映된〔された〕亜細亜的社会」(『文章』一九三九年九月号、『全集』第二巻)、八一―八二頁。

(53) 印貞植「물(水)이야기〔物語〕」(『太陽』一九四〇年二月号)、六四頁。

(54) 印貞植「아시아〔アジア〕的停滞性의〔の〕問題――支那社会에〔に〕対한〔する〕分析的研究의〔の〕必要」(『青色誌』一九三九年十二月号)、一一頁。

(55) 印貞植「東亜의〔の〕再編成과〔と〕朝鮮人」(『三千里』一九三九年一月号、崔真碩訳「資料と証言Ⅰ 日中戦争期・朝鮮知識人の東亜協同体論」『Quadrante』六号、二〇〇四年三月)、三六一―三六八頁。

(56) 前掲「時局有志円卓会議」、四一頁。

(57)同前、四二頁。
(58)印貞植「内鮮一体의〔の〕文化的理念」(『人文評論』一九四〇年一月号、崔真碩・趙慶喜訳「資料と証言Ⅱ 日中戦争期・朝鮮知識人の内鮮一体論」『Quadrante』七号、二〇〇五年三月)、三一七頁。
(59)玄永燮「内鮮一体論に於ける科学的偽装に就いて」(『太陽』一九四〇年二月号)、三三一—三三五頁。
(60)印貞植前掲「東亜의再編成과朝鮮人」、三六〇頁。
(61)印貞植「時局과〔と〕文化」(『文章』一九三九年十二月号)、一七七頁。
(62)玄永燮「「内鮮一体」와〔と〕朝鮮人의〔の〕個性問題」(『三千里』一九四〇年三月号、前掲「資料と証言Ⅱ 日中戦争期・朝鮮知識人の内鮮一体論」)、三三〇頁。当時植民地朝鮮では、朝鮮の独自性の保障に対する期待から、東亜協同体論と東亜連盟論とは大きな差異なしに受容されていたと考えられる。
(63)玄永燮「東亜連盟論の台頭と内鮮一体運動との関連」(『朝光』一九四〇年七月号)、二一五頁。
(64)張龍經は、これを「内鮮一体論を通した植民的関係の形成」と鋭く分析している。장용경前掲「일제 植民地期 印貞植의 転向論」参照。
(65)酒井哲哉は、戦間期における世界的な帝国再編の動きをめぐって、「植民地に完全に自決権を賦与することなく「半主体化」しつつ、帝国を相互扶助的な「共同体」として読み替える議論」が行なわれたことに注目した(酒井哲哉「帝国と地域主義:戦間期日本の国際秩序論」、『歴史学研究』七九四号、二〇〇四年十月、九一頁)。印貞植が構想していた朝鮮という主体は、第一次世界大戦後における一連の主権概念批判と連動するこうした「半主体化」の戦略に対する、植民地側からの呼応として評価することができる。
(66)印貞植前掲「東亜의再編成과朝鮮人」、三六〇—三六一頁。
(67)印貞植「朝鮮社会와〔と〕新日本主義」(『青色誌』一九三九年五月号)、一二三頁。
(68)印貞植「民族問題의〔と〕方法論——下村海男氏의〔の〕「鮮満支의〔の〕民族問題」에 対하야——〔について〕」(『三千里』一九三九年四月号)、六三頁。印貞植前掲「朝鮮社会와新日本主義」参照。
(69)印貞植「汪精衛氏에〔に〕呈하는〔する〕書——東亜繁栄과〔と〕貴下의〔の〕責務」(『三千里』一九四〇年四月号)、

七〇頁。

(70) 一九三九年八月頃、社会主義者であった朴文嬉が、東亜連盟建設綱領に基づいて朝鮮内に合法的な民族単一党を組織し、石原莞爾を通して、自分の義弟でありながら中国における朝鮮人の民族統一戦線の象徴的人物であった金元鳳を帰国させ、その代表としようとした事件があった（卞恩眞「日帝 戦時파시즘〔ファシズム〕期（1937–45）朝鮮民衆의〔の〕現実認識과〔と〕抵抗」高麗大学博士論文、一九九八年十二月、一〇六頁参照）。一つのエピソード的事件に過ぎないが、抵抗するもののみが帝国の主体になれるのだという逆説的意味が込められていると言えよう。

(71) 宮田節子前掲『朝鮮民衆と「皇民化」政策』、一九一頁、参照。

(72) 印貞植「新規産米増殖計画とその展望」（『朝鮮総督府調査月報』十巻九号、一九三九年十月、『全集』第二巻）、一〇〇頁。

(73) 印貞植『朝鮮の農業地帯』（生活社、一九四一年十一月）、二〇四—二〇五頁。

(74) 印貞植『朝鮮農村雑記』（東都書籍、一九四三年、『全集』第三巻）、五一〇—五一一頁。

(75) 浜口裕子「一九四二年三月前後の橘樸と印貞植」（山本秀夫編『橘樸と中国』勁草書房、一九九〇年）、三三八頁。

(76) 以下、印貞植の農業再編成論については、印貞植『朝鮮農村再編成の研究』（人文社、一九四三年）参照。

(77) 櫻井武雄『日本農業の再編成』（中央公論社、一九四〇年）参照。

(78) 久間健一「農村再編成の課題」（『朝鮮』三三〇号、一九四二年十一月）、二七頁。

(79) 李松順前掲「日帝末期 戦時農業統制政策과 朝鮮農村経済変化」、五六—六二頁。

(80) 久間健一『朝鮮農政の課題』（成美堂、一九四三年）、三五七頁。

(81) 同前、三七二頁。

(82) 梶村秀樹は「植民地半封建社会構成体」について、「中心部資本主義が、その内在的要求に即して、工・農国際分業形態を強要すべく植民地権力を直接掌握した結果、その政策に規定されて植民地内に形成された社会構成体」と定義し、その具体的生産関係として「植民地地主制」を挙げた（梶村秀樹前掲「旧植民地社会構成体論」、二五八頁）。

(83) 桐生一雄（印貞植）「朝鮮に於ける国土計画と農業計画」（『朝鮮総督府調査月報』一九四一年二月号、『全集』第二巻)、三一一頁。
(84) 久間健一前掲『朝鮮農政の課題』、四一四頁。
(85) 久間健一「序」、印貞植前掲『朝鮮農村再編成の研究』、二頁。
(86) 金明植については、洪宗郁「一九三〇年代植民地朝鮮人の思想的模索――金明植の現実認識と「転向」を中心に」(『朝鮮史研究会論文集』四十二号、二〇〇四年十月)、参照。
(87) 浜口前掲「一九四二年三月前後の橘樸と印貞植」、三三〇頁。
(88) 印貞植「朝鮮農業의〔の〕新体制的諸条件」(『春秋』一九四一年四月号)、二九頁。
(89) 印貞植「現地報告――希望의〔の〕農村」(『朝光』一九四三年十月号、『全集』第二巻)、六七二頁。
(90) 李松順前掲「日帝末期 戦時農業統制政策과 朝鮮農村経済変化」六六―七四頁、参照。
(91) 印貞植「朝鮮文化의〔の〕特殊相」(『文章』一九四〇年三月号)、一五二頁。
(92) 印貞植「不在地主論」(『朝光』一九四四年四月号、『全集』第二巻)、六九八頁。張龍經は解放直前の印貞植の実践について、「情勢と自身との立場の間で惹起された緊張感が弾性限度を超えたもの」と評価した(장용경前掲「일제植民地期 印貞植의 転向論」、二八二頁、参照)。
(93) 一方、印貞植は朝鮮の地主について、「南鮮型の巨大な不在地主よりは、西北鮮型の群小の在地地主の方が、はるかに時局的であり進歩的」であると評価し、「現今の南鮮農村は、実に西鮮農村ぐらいの堅実性を獲得」する必要があると主張した(印貞植前掲「現地報告――希望의 農村」、六六八―六六九頁)。気候と地形的要因によって「北鮮」地域は「南鮮」より地主制が発達していなかったことは事実であるが、これを「進歩」や「堅実」と評価したのは、平安道出身である印貞植の主観が働いた結果であると考えられる。印はかつて排他的な地域感情の持ち主であると批判されたことがある(元世勳「『安昌浩論』의〔の〕再批判――中央日報 印貞植対朱耀翰論争」、『三千里』一九三六年八月号参照)。
(94) 印貞植『朝鮮의〔の〕土地問題』(青樹社、『全集』第四巻)、二三七頁。
(95) 印貞植「朝鮮農業에 잇서서의 물의〔における水の〕問題와〔と〕土地改革」(『農土』二巻三号、一九四七年一月、

『全集』第四巻)、八七頁参照。
(96)「座談会 南朝鮮土地問題改革」(『農土』二巻一号、一九四七年一月、『全集』第四巻)、八七頁。
(97)印貞植『朝鮮의 土地問題』、三五一頁参照。
(98)印貞植「訳者의 말〔の言葉〕」(『蘇連土地革命史』玄又社、一九四六年、『全集』第四巻)、二二一―二二三頁、前掲「座談会 南朝鮮土地問題改革」、九二頁など参照。
(99)尹悳泳「해방 후 좌익 진영의〔解放後左翼陣営の〕農業改革論」(金容燮教授停年紀念韓国史学論叢刊行委員会『韓国近現代의〔の〕民族問題와〔と〕新国家建設』知識産業社、一九九七年)、六七〇―六七三頁参照。
(100)金正「해방직후 조선공산당의 경제정책〔解放直後朝鮮共産党の経済政策〕」(『韓国史論』三十号、一九九三年十二月)、一九〇―二〇一頁。
(101)김성보〔金聖甫〕『남북한 경제구조의 기원과 전개―북한 농업체제의 형성을 중심으로〔南北韓経済構造の起源と展開―北韓農業体制の形成を中心に〕』(역사비평사〔歴史批評社〕、二〇〇〇年)、一四四―一五〇頁、参照。
(102)前掲「座談会 南朝鮮土地問題改革」、九二―九三頁。
(103)印貞植「戦後植民地及弱小民族問題」(『科学戦線』二巻四号、一九四六年六月、『全集』第四巻)、三九頁。
(104)印貞植前掲「東亜의 再編成과 朝鮮人」、三六〇―三六一頁。
(105)印貞植前掲『朝鮮農村再編成の研究』、八一頁。
(106)김성보前掲『남북한 경제구조의 기원과 전개』、一四四―一五〇頁、参照。
(107)印貞植「借款과〔と〕朝鮮独立―解放後 오늘은 어떠한가〔今日はどうであるか〕?」(『朝鮮人民報』一九四六年八月二十日、『全集』第四巻)、七七―七八頁。
(108)印貞植「謨利輩와〔と〕貪官汚吏」(『金融組合』九号、一九四七年三月、『全集』第四巻)、一二〇―一二一頁。
(109)印貞植「米穀買入法의〔と〕批判」(『開闢』一〇巻五号、一九四八年十二月、『全集』第四巻)、一九五頁。
(110)金永浩『協同組合論』(博文出版社、一九四八年、『全集』第四巻)、三七六頁。金永浩は印貞植の筆名の一つである。
(111)印貞植『朝鮮農業経済論』(博文出版社、一九四九年、『全集』第五巻)、九三四―九三五頁。

(112)「印貞植氏 転向『愛国者』에〔に〕執筆」(『東亜日報』一九四九年十一月二十九日二面)。『愛国者』は転向者団体である国民補導連盟の機関誌である。印貞植の「転向声明」が載っていると推定される号は、現在、伝わっていない。

(113) 김성호〔金聖昊〕「남북한의 농지개혁 비교연구〔南北韓の農地改革比較研究〕」(홍성찬〔洪性讃〕編『농지개혁 연구〔農地改革研究〕』연세대학교출판부〔延世大学校出版部〕、二〇〇一年)、二六八頁参照。

(114) 申起旭は植民地期の農業改革論と解放後の韓国の農地改革との連続性を主張する一方、解放後の農地改革論は「工業立国論」に基盤を置いているという点から差異があったと説明しているが、戦時期における「農工併進」論を視野に入れていない限界がある。신기욱〔申起旭〕「농지개혁의 역사사회학적 고찰〔農地改革の歴史社会学的考察〕」(前掲『농지개혁 연구』)、三六―四四頁参照。

(115) 安秉直はキャッチ・アップ理論をもって解放前後における韓国の経済発展の連続性を論じているが、独立国家の成立という変化を軽視する問題をかかえている。安秉直「キャッチ・アップ過程としての韓国経済成長史」(『歴史学研究』八〇二号、二〇〇五年六月)、参照。

(116) 民族政経文化研究所編『親日派群像――予想登場人物』(김학민・정운현〔金ハクミン・鄭雲鉉〕編『親日派罪状記』학민사〔ハクミン社〕、一九九三年)、三六二頁。

(117) 임영태〔イム・ヨンテ〕「북으로 간 맑스주의 역사학자와 사회경제학자들――김광진, 김석형, 김한주, 박문규, 박시형, 백남운, 이청원, 인정식, 전석담〔北に行ったマルクス主義歴史学者と社会経済学者ら――金洸鎮・金錫亨・金漢周・朴文圭・朴時亨・白南雲・李清源・印貞植・全錫淡〕」(『역사비평〔歴史批評〕』六号、一九八九年八月)、三二九頁。

［第10章］

海軍省綜合研究会と板垣與一

辛島理人

はじめに

本論の目的は、戦時期における社会科学者の東南アジア関与を検証することである。その事例として日米開戦前後の一九四〇―一九四二年に海軍省調査課ブレーントラストで重要な役割を果たした板垣與一に主な焦点をあてる。板垣は一九〇八年生まれの経済学者で、東京商科大学を卒業後は母校に勤務し、戦時期は若手の政治経済学・植民政策学者として知られていた。学外では海軍省嘱託だけでなく、一九四三年以降は陸軍の軍属としてシンガポールを拠点に南方軍の調査活動の中心にあった。敗戦後の一九四六年に帰国し、戦後は一橋大学教授としてアジア経済研究所やアジア政経学会の設立に深く関わり、アジア研究の再建に寄与した。本稿では、まず海軍省調査課がブレーントラストを形成する過程を追い、その性格を検討する。そして、そこで主にインドネシア政策について議論する板垣の思想と行動について検証したい。

1　海軍省調査課におけるブレーントラストの形成

⑴海軍と南進・東南アジア

矢野暢らが論じているように、南進とは「海」の思想であり、陸軍が北進へ関心を持っていたのに対し、海軍は南進に積極的であった。[★1]海軍は一八七五年から遠洋航海練習制度を開始し、一八七八年にはオーストラリアに航海している。[★2]この制度は民間人の乗船も許しており、明治期における南進論の中心人物ともいうべき志賀重昂も一八八六年に海軍の練習艦「筑波」でオーストラリアや南洋諸島を視察している。その時の見聞をまとめたものが『南洋時事』であり、同書によって志賀は論壇に確固とした地位を築くことになった。[★3]その後の日露戦争（一九〇四―〇五年）を経て、陸軍はロシアに対しての軍備増強と中国北東部への関心を強めるが、ロシアの海軍力をもはや脅威と感じない海軍にとって、日英同盟下にある日本の仮想敵は、フィリピンの植民地化や中国への介入を進めつつあったアメリカであった。[★4]南への航海を長らく行ない、いち早くアメリカを仮想敵とした海軍であったが、一九三三年まで南進が本格的・公式的な政策になることはなかった。一九三三年九月、海軍は「対支時局処理方針」を決定して中国政策の一環として南進論を中心的な政策構想とし、その二年後には加藤隆義中将を委員長として海軍幹部による「対南洋方策研究委員会」を発足させた。[★5]矢野暢が「「南進論」の黄金時代」と呼んだ昭和十年代に入ると、海軍の企図ははじめて国策となった。一九三六年に広田弘毅内閣の五相会議で決定された「国策ノ基準」であり、四相会議で採択された「帝国国防方針」である。

海軍省調査課は、海軍の中で南進熱が高まり、それが国策になっていく中で設置・整備されている。一九三三年六月、海軍省官房の一部署として臨時調査課が設置され、野田清大佐が課長に就任した。世界大恐慌後の一九三〇年にはロンドン海軍軍縮会議があり、日英米仏伊の五か国によるロンドン海軍条約が調印された。その直後、統帥権干犯をめぐって条約調印が国内で政治問題化し、一九三一年には満洲事変、一九三二年には「満洲国」建国と海軍将校らによる五・一五事件が起こっていた。一九三三年にはヨーロッパではヒトラーがドイツ首相に就任し、日本が国際連盟から脱退を通告している。臨時調査課発足の当初の目的は、列強間で建造競争となっていた艦艇の性能や設備などに関する資料を整理し収集するというものであった。

臨時調査課がどのような活動をしていたかは、一九三四年二月分から収録・刊行されている『昭和社会経済史料集成——海軍省資料』（大東文化大学東洋研究所刊）から推測することができる。一九三四—三五年に臨時調査課が資料収集や調査の対象としたものは、海軍軍縮会議に関してのものである。一九三五年には第二次ロンドン海軍軍縮会議が予定され、その予備交渉が一九三四年から進められていた。予備交渉は進展することなく、一九三四年十二月に休会宣言が出され、その直後に日本はワシントン条約破棄の通告を行なった。翌三五年末には日米英仏伊の五か国によって第二次ロンドン海軍軍縮会議が開催されたものの、一九三六年一月に日本が会議を脱退するという結果になる。それによって日本については一九三七年よりワシントン・ロンドン両条約が失効し、海軍軍縮についての無条約国となった。

海軍軍縮会議の進展と関係するかたちで、この当時の臨時調査課の関心にあった事象は東南アジア政策に関してである。「シャム国事情」や「ダバオ土地問題報告」といった各国・各地域の事情に関する資料収集とは別に、「対南洋方策研究委員会関係資料」が集められている。軍務局長ほか主要部局に所属する佐官級の将校によって構成されていた「対南洋方策研究委員会（対南委員会）」は「国防上竝ニ之ニ関連スル国策上表南洋ニ関スル調査研究ニ従事」することを目的としており、海軍の東南アジア政策や東南アジア進出を立案する機関として位置付けられたと考えられる。[★6] 対南委員会は一九三五年と三六年で八十回ほど開催されているようだが、一九三七年の『昭和社会経済史料集成』には対南委員会に関する資料が皆無となっている。

対南委員会の資料が見られなくなった一九三七年は、近衛内閣が成立し、盧溝橋事件が勃発、「戦時挙国一致体制」が始まり、総力戦体制の確立が進められる一環として企画庁と内閣資源局の統合によって企画院が設立されている。そのような動きを反映して、臨時調査課の収集資料も対中国政策に関するものや行政機構の改革に関するものが目立つ。前年の一九三六年には首相、外相、陸相、海相、蔵相で構成された五相会議によって「国策の基準」が決定し、軍備の拡大と「南北併進論」による「南進」の初の国策化が基本方針とされている。そのため、一九三七年の資料にはその基本方針の具体化に関する資料も多い。東南アジア政策に関しては、対南委員会が見られなくなったものの、南進が国策化され、海軍がその具体化への動きを見せていることが資料からわかる。

一九三六年十二月には岡敬純大佐の後任として阿部嘉輔大佐が臨時調査課課長に就任しているが、それとほぼ同時に綜合研究会など海軍省のブレーントラストを組織化するキーパーソン・高木惣吉が、臨時調査課に異動している。[★7]赴任時に海軍中佐であった高木の前職は海軍大学校教官であった。高木は一八九三年熊本県人吉に生まれ、一九一五年に海軍兵学校を卒業している（四十三期）。その後、戦艦乗組を経て、海軍大学校に入学、一九二七年に同校を首席で卒業し、海軍少佐・パリ駐在武官としてロンドン海軍軍縮条約会議の準備事務にたずさわっている。一九三〇年に帰国した高木は海軍省に勤務するが、その頃から体調を悪くし、その後は戦地や艦艇で勤務することなく、療養のための「待命」や内勤を続けている。一九三三年には中佐に昇格し、海軍大学校教官になったが、新任の中佐が海軍大学校教官（大佐級）になるのは異例なことであった。一九三六年十二月に臨時調査課へ異動するまで、高木は海軍大学校で軍政教官を務めている。戦艦建造の予算獲得のために議会対策を行なう任務が臨時調査課に加わり、それにともなって設置された専任の主務官に海軍次官・山本五十六中将が高木を起用したため、高木は軍政教官から臨時調査課へ異動することになる。[★8]異動した翌年の一九三七年十月には阿部の後を受けて高木が臨時調査課課長に就任した。

(2) 高木惣吉

高木は、臨時調査課に異動したもののすぐにブレーントラストの形成に動いたわけではなかった。起用の目的通り、高木は海軍大臣に就任した米内光政中将の議会対策を補佐し、国会答弁の草稿を作成するなどしている。一九三七―三八年に臨時調査課で収集された資料は、これまでに引き続いて日中関係、行政機構改革、物資動員、そして新たに日独伊三国同盟問題に関するものが多い。高木は一九三八年以降、急に巻き起こった三国同盟問題に対して締結反対の姿勢を保つ米内海相・山本次官・井上成美軍務局長の動きを見ながら調査活動を続ける一方で、一九三九年には知識人との接触を始めている。一九三九年二月には西園寺公望の秘書で男爵・原田熊雄の紹介により海軍兵学校時代から傾倒していた西田幾多郎に面会している。大磯の原田邸での会談には、原田のほかに元蔵相・池田成彬や学習院院長で海軍大将の野村吉三郎が同席していた。「大先輩と一緒で、片隅で小さくなってあまり歯車のうまくかみ合わない三巨頭会談を傍聴した」と高木は回想している。★9 さらに同じ時期、高木は末次信正大将が推薦する慶応義塾大学講師の天川勇を嘱託とするため面接を行なっている。天川は慶応の文学部に在籍しながら軍事学の専門家として国防研究会を組織し、海軍ともつながりがあった。天川が中心になって慶応大学国防研究会が企画した日米開戦の想定を主題とする東京・高島屋での展示が引き金となって、海軍軍令部が天川に注目。それ以降、天川は軍令部次長も務めた末次と親しい関係にあった。天川は高木の信頼も厚く、ブレーントラストの人選にも影響力を発揮し、嘱託の中でも特別な地位にあった。★10 天川は板垣の所属する綜合研究会にも参加し、中心メンバーの矢部貞治とも親密な関係を築く。高木は一九三九年九月にも西田と二人で会談している。

高木が課長であった臨時調査課は一九三九年四月には調査課へと名称変更した。大佐に昇格し調査課課長に留任した高木は世界情勢分析を調査課の活動の一つにしようと「欧州を中心する世界情勢判断」を執筆、米内海相や井上軍務局長ら要職に回覧する。この他に欧州大戦に関してなどの情勢分析をいくつか回覧するが、井上軍務局長の命によって高木は回覧を「不本意ながら中止」している。[★11]防衛庁の「高木惣吉史料」を通してこの当時の海軍の情勢判断と方針を分析した纐纈厚は、「ある種強烈な陸軍への対抗意識」や「海軍の独自性や自立性を確保したいとする」思惑と「陸軍との時局認識や分析の違い」があるものの、それらは「陸軍を牽制することにおいて意味を持つ」だけで「陸軍の国家戦略を全面否定するような内容では決してな」いとしている。[★12]そのような内容が陸軍と海軍の日米開戦へと向かう基本方針の素地となったようであるが、調査課文書に対する米内や井上の書き込みを見ると、所々では高木の状況認識や見解が井上や米内と異なっていることがわかる。

(3)高木の異動とブレーントラストの準備

高木は調査課長としていくつかの文書を作成した後、一九三九年十一月には海軍大学校に戻り教官と研究部部員を兼任している。調査課の後任課長は千田金二大佐であった。海軍大学校研究部に異動した高木は、調査課時代から「いつも頭の中に往来していた構想」であったブレーントラストの計画を実行にうつすこととする。高木は海軍大学校校長の部外学識者採用権限に着目し、校長に嘱託採用を具申し承諾を得る。それによって、高木友三郎（法学博士）、三枝茂智（元外交官、明治大学教授）、天川勇の三名が、「武力戦」・「経済戦」・「思想戦」・「外交戦」の四部門に分けられた「戦争指導ニ関スル研究」を行なうため嘱託に採用されている。[★13]高木は、ブレーントラストを設置する直接の契機を、一九三八年十一月に水交社で行なわれた陸海軍それぞれの軍務局中堅幹部の意見交換会であるとしている。陸軍の日ソ戦宿命論に対して海軍が慎重論を説き、両者の意見は平行線をたどるが、高木は陸軍の強硬論を阻止するには海軍が民間の知識を動員するほかないと悟り、それ以来ブレーントラストを構想したと回顧している。[★14]

米内が首相となった一九四〇年一月、高木はブレーントラストの建設を本格化する。次官や軍務局長の承諾を得た後、高木は調査課長の千田とブレーントラストの組織化を表立って行なっている。まず、海軍大学校の嘱託であった東京帝大の穂積重遠に斡旋を依頼し、五月には東京帝大法学部教授であった矢部貞治が嘱託に内定している。『矢部貞治日記』によると一九四〇年五月八日に、矢部は同僚の田中耕太郎教授から依頼されたようである。田中は矢部に他にアメリカ政治史の同僚・高木八尺を海軍に推薦したとし、矢部はそれ以外に「経済には永田清、大河内一男、板垣与一、思想には高山岩男、清水幾太郎を頼む予定」と聞かされていた。

高木は天川を通じて慶応義塾塾長・小泉信三に経済学者の推薦を求め、小泉は武村忠雄、永田清の名前をあげている。天川は慶応大学教授の加田哲二を推薦している。さらに、海軍大学校嘱託であった中山伊知郎に東京商大の人選を依頼し、中山は赤松要と板垣與一を推薦している。三月に、高木は西田幾多郎を訪問、京都学派への協力を求める。西田はそれを承諾し、田辺元の了承を得た後に高坂正顕、高山岩男、西谷啓治、鈴木成高をブレーンとするよう指示し、さらに高山を幹事役とする旨を高木側に伝えている。このように、高木は海軍大学校の嘱託の紹介を通じてブレーン集めをする一方で、直接の依頼によって和辻哲郎、谷川徹三、大熊信行らを獲得している。[★15]

高木はブレーン選考の過程で推薦された人物との面接も行なっている。一九四〇年四月五日には大熊信行、赤松要、板垣與一と水交社で会談している。高木ほか海軍の調査課員らのほかに嘱託の天川勇が同席している。高木はすでに四月二日に海軍大学校で大熊を招待している。大熊は高岡高商教授であったが、東京商大・福田徳三門下で赤松や板垣とは懇意であった。そのため、同時に面接されたものと考えられる。五月二十二日には東京帝大法学部の田中耕太郎と矢部貞治を水交社に招待している。ここでも高木や軍人のほかに天川が同席している。矢部はその時の感想を「皆非常にいい感じの人で、海軍はいいと思った」と日記に記している。また、七月十三日には永田清(慶応義塾)、板垣與一、大河内一男(東京帝大)の助教授三人と懇談している。永田、板垣、大河内は後に綜合研究会の構成員としてブレーントラストの中核となる。板垣は永田とすでに家族ぐるみの付き合いがあり、「永田の推薦で海軍省嘱託の依頼が来たのだろう」と著者とのインタビュー(二〇〇〇年九月二十七日)で答えたが、同僚の赤松と一緒に中山伊知郎に推されたようである。八月十二日には、大熊信行、加田哲二、武村忠雄と水交社で「世論指導、思想善導」について意見交換と顔合わせをしている。加田は慶応大学で植民政策を担当し、昭和研究会や近衛新体制にも積極的に関与した知識人（経済学・社会学専攻）であるが、「同僚の永田清と仲がよくなかった」（板垣與一）こともあってか、海軍省嘱託にはなったものの研究会に所属するなどせず、ブレーントラストには深く関わっていない。八月三十一日には昭和研究会で後藤隆之助を支えている佐々弘雄、沢村克人、大山岩雄と懇談している。[★16] 八月十日には高木が大磯の原田熊雄邸で西田幾多郎と会談しているが、同じ日には水交社で軍務局長をはじめとする海軍幹部と高木友三郎、本位田祥男、矢部貞治、永田清、板垣與一、清水幾多郎ら嘱託との懇親会が開催されている。『高木日記』や矢部貞治の『矢部日記』にはこの日に高木が同席していたという記述はない。

『昭和社会経済史料集成』（海軍省資料）にも、千田調査課長のもとで作成されたブレーントラストについての資料がいくつかみられる。一九四〇年六月六日付で作成された文書では、「Z委員会」と命名されており、研究事項を「欧州大戦後ノ国際情勢」と「欧州戦争後ニ於テ帝国ノ執ルべキ外交的、思想的、経済的諸方策[★17]」としている。嘱託を採用し、必要に応じて答申や講演を依頼し、小委員会を設けて月一回ほど開催するなどの形式も記されている。その後も数回わたる文書があり、研究事項の細目が列記され、それに対する調査課の受け入れ態勢についても検討されている。六月二十六日付で調査課長が出した「当面ノ時局ニ於テ研究セントスル事項概要」（資料1151）では、海軍省嘱託候補者が列記されている。候補者は、「政治関係」では高木八尺、矢部貞治、岡義武（東京帝大・政治史）、「思想関係」では高山岩男、清水幾太郎、「経済関係」では永田清、大河内一男、原祐三（ダイヤモンド社）、笠信太郎（朝日新聞）であった。矢部は田中耕太郎、高山は和辻哲郎、原は高木友三郎がそれぞれ推薦した旨も記載されている。当時すでに著名な知識人が列挙されているが、実際にブレーントラストに参加した者と少し違いが見られる。

また、一九四〇年八月の閣議決定で設置することになった総力戦研究所に海軍として推薦する学者についての文書もあり、海軍がどのような学者とつながりがあったかがわかる。海軍大学校研究部の富岡大佐が作成した推薦名簿には、「権威者」として和辻哲郎（「思想戦」）、本位田祥男（「政経戦」）、三枝茂智（「外交戦」）、「少壮有為ノ学者」として大河内一男（「政経戦」）、高山巖《ママ》男（「思想戦」）、板垣與一（「経済戦」）、武村忠雄（「政経戦」）、仲小路彰（「思想戦」）、天川勇（「思想戦」）、小島威彦（「思想戦」）、山本峰雄（「航空」）とあり、例えば板垣には「海軍嘱託」・「南洋研究ノテーマヲ有ス」といったようにそれぞれの紹介が短文でされている。[18] 板垣はインタビューで「総力戦研究所との関係もないし、声もかかっていない」としている。[19] 総力戦研究所については一九四二年後半に活動があったようで、総力戦研究所の海軍特別委員会に矢部貞治をはじめ名前のあがった大河内、武村、高山らが参加している。[20] 板垣は一九四二年秋頃にはすでに陸軍による南方調査団の一員として東南アジアに向かう予定となっていた。板垣も日本にとどまっていればこれらの活動にも参加したと思われる。

2　ブレーントラストの構成と性格

(1) 第二次高木時代とブレーントラストの本格化

高木は一九四〇年八月には海軍大学校教官と兼任するかたちで海軍省の新体制準備委員会委員補佐に任命され、近衛新体制にほとんど関心のなかった海軍の実質的な責任者として、昭和研究会の中核で近衛とも親しい矢部貞治の協力を受け任務をこなした。十一月には一年前に離任した調査課課長に異例の再任となる。人事異動と同時に行なわれた軍務局の機構改革で近衛新体制に関する事務は調査課に移管された。高木は調査課課長就任と同時に、すでに豊田貞次郎次官からすでに内諾を得て、ブレーントラストの設置について決裁を受ける。これにより必要経費が官房機密費から支弁されることとなった。[21] ブレーントラストに関する機密費は月額七千円、嘱託となった矢部貞治は年額千二百円の報酬を受けていた。[★22]板垣も同額の手当が出たと証言している。[★23]高木の調査課長再任によりブレーントラストは本格化するようになる。高木の回想によるとブレーントラストは以下のようになる。[★24]

思想懇談会
安部能成（一高校長） 岸田国士 関口泰（朝日新聞） 谷川徹三（幹事・法政大学） 富塚清（東京帝大） 服部静夫（東京帝大） 藤田嗣雄（東京帝大） 和辻哲郎（東京帝大）

外交懇談会
伊藤正徳（時事新報） 稲畑勝治 神川彦松（東京帝大） 三枝茂智（幹事・明治大学） 斎藤忠 高木八尺（東京帝大）
田村幸策 松下正寿（立教大学）

政治懇談会
岸本誠二郎（法政大学） 佐々弘雄（朝日新聞） 杉原荒太（外務省） 田中慎次郎（朝日新聞） 田中二郎（東京帝大）
細川護貞 矢部貞治（幹事・東京帝大） 湯川盛夫（外務省）

綜合研究会
板垣與一（東京商大） 大河内一男（東京帝大） 三枝茂智 高山岩男（京都帝大） 谷川徹三 武村忠雄（慶応義塾）
永田清（慶応義塾） 矢部貞治

直接連絡の嘱託

天川勇　江沢譲爾（東京商大）　大熊信行（高岡高商）　大串兎代夫　加田哲二（慶応義塾）　清水澄（東京帝大）
清水幾太郎　杉村章三郎（東京帝大）　高木友三郎（明治大学）　溜島武雄（海軍省顧問秘書）　田中耕太郎（東京帝大）
田中精一　谷口吉彦（京都帝大）　中山伊知郎（東京商大）　本位田祥男（東京帝大）　穂積重遠（東京帝大）　安岡正篤　蠟山政道（東京帝大）

(2) ブレーントラストの性格

高木がブレーントラストを組織したのは、近衛文麿が首相の座に復帰するのとほぼ同時期であった。そして、高木は近衛が提唱した新体制運動に海軍を代表して関与する立場にもあった。近衛周辺の人脈と近かった高木が組織した研究会は、近衛のブレーントラストともいうべき昭和研究会とメンバーを共有していた。その一人が矢部貞治である。矢部は昭和研究会の中心にあって近衛の主唱した新体制運動の理論的支柱を担った人物であり、海軍省の研究会でも指導的な役割を果たす。政治懇談会のメンバーであった細川護貞は近衛文麿の義理の息子であり、側近でもあった。戦況が悪化し敗戦の色が濃くなると高木・矢部・細川は連携を取り合い、近衛とも通じた上で終戦工作を行なっている。★25 また、綜合研究会に所属した大河内一男は昭和研究会の最年少メンバーの一人であった。大河内は「戦時社会政策」を提唱しており、戦時体制において社会政策・福祉を推進しようとする社会大衆党の路線を理論化して新体制運動を支えた「戦時変革」の社会科学者の一人であった。★26 大河内より年少の板垣は、昭和研究会には加入しなかったが、蠟山政道、中山伊知郎、東畑清一、三木清といった昭和研究会メンバーに近い位置にあった。昭和研究会は一九四一年十月に近衛が首相を辞職することにより活動が失速してしまう。一九四一年以降に活動を本格化させる海軍省のブレーントラストは、近衛周辺の知識人を再び結集させる場所を提供したのである。一九三〇年代末から近衛のブレーン理論的支柱であった三木をはじめ、矢部、蠟山、哲学者の高山岩男らはナショナリズムの論理を超克し日中間の対立・相克を乗り越える「ゲゼルシャフトを止揚した一つの全く新しいゲマインシャフト」として東亜協同体を提唱していた。彼らは中国のナショナリズムに敏感であるがゆえに、中国ナショナリズムを包摂するような論理を求め、民族自決原理を越える地域秩序を構想しようとした。★27 後述するように、海軍省のブレーントラストではそのような問題関心を引き継ぐような議論が行なわれている。

(3)その他の研究会

この他に研究会として「国防経済研究会」や「太平洋研究会」があったようである。国防経済研究会の方は、高木が調査課に復帰しブレーントラストが本格化する直前の一九四〇年十月十五日に如水会館で発足している。大熊信行、武村忠雄、永田清、板垣與一、大河内一男が参加者であった。★28 高木は前日に天川、永田と「国防研究会援助」について懇談しているが、日記をみると当日は出席していないようである。国防経済研究会は、研究費が調査課から出資され、調査課に所属したようであるが、永田清がつくった「別働隊」という性格があったようである。★29

太平洋研究会は『改造』、『中央公論』、『日本評論』、『文藝春秋』の「四大綜合雑誌編集長懇談会」という性格を持つ集まりで、高木は一九四一年二月二日を初日としている。★30 この日は、『改造』・『中央公論』・『日本評論』各誌の編集長や高木、扇、天川ら海軍関係者のほかに、加田哲二、永田清、武村忠雄、大熊信行、大河内一男らが同席し、時局問題などを懇談した。★31 太平洋研究会の目的は海軍の宣伝もあったようであるが、月刊誌などのメディアとブレーントラストに加わった知識人を結びつける機能があり、この研究会や高木の紹介によって実現したと考えられる座談会は多い。板垣與一も一九四〇年以降、少壮の論客として座談会や論説などのかたちで総合雑誌に登場している。

太平洋研究会によるメディアと知識人の結合の代表的な事例と考えられるのは『中央公論』誌上で何度か行なわれた高坂正顕、西谷啓治、高山岩男、鈴木成高による座談会である。日米開戦直前に行なわれた座談会は、一九四二年初頭に掲載され翌年初頭まで三回行なわれた後に単行本としても出版されている。[★32] ほかにも参加者が少し変化した同様の座談会もこの後に登場している。高木は西田と一九三九年二月に接触して以降、京都学派との交流が続くが、それまでは近衛文麿らとのつながりが強かった。[★33] 一九三七年六月に首相に就任した近衛は京都帝大の出身でもあり、また多くの知識人を昭和研究会などのかたちで組織化した。中国での戦線が拡大し、第一次近衛内閣が退陣する一九三九年一月以降、西田ら京都学派は海軍・高木らと親交を深めるが、地理的な関係もあるせいかブレーントラストの研究会や懇談会には名を連ねず、別個の扱いを受けている。[★34]

(4) 綜合研究会

高木惣吉が海軍省で組織したブレーントラストの中で要にあったのは綜合研究会である。思想・政治・外交と三つある懇談会の幹事（谷川徹三・矢部貞治・三枝茂智）が集まる場としての性格が第一に存在した。さらに海軍によって総力戦研究所の研究員として推薦されたり、高木と頻繁に会ったりしているブレーントラスト中核によって構成されている。また、実態としても最も活動した研究会と考えられ、海軍省資料にも議事録や報告などが多く残されている。中心的に議論に参加していたのは近衛とも親しかった政治学者の矢部貞治、財政学者の永田清、社会政策学者の大河内一男、そして植民政策学者の板垣與一であった。さらに、海軍と知識人を媒介する役目として天川勇がメンバーに加わっている。綜合研究会は高木の調査課帰任を契機に本格的に開始され、一九四〇年十一月二十二日を初回とし、翌年二月まで九回行なわれている。[★35] ちなみに、一九四一年一月には高木の右腕として調査課を支えた扇一登中佐が赴任してきている。それ以降、一九四一年五月九日までさらに十回が開催されている。その間は天川、矢部、三枝、永田らが中心となっているようであり、板垣は参加していない。[★36] ちょうどその頃、板垣が長期にわたって東南アジア各地を現地調査していたためである。母校である東京商科大学の助手をしていた板垣は、一九四〇年二月に助教授に昇任し、「植民政策」を担当することになる。それまで経済政策の学的方法論について研究していた板垣は、商大の経済政策部門に配置されるが、植民政策の講座以外はすでに担当者がいたため、何の知識もなかったにもかかわらず植民政策の講義を請け負うことになる。四月から講義を開始するため、春休みに神戸商科大学へ行き、大学の先輩にあたる金田近二から植民政策についての教えをうけた。そうやって四月から植民政策の講義を始めたものの、半期十回の講義で「ネタ切れ」してしまう。金田の「現地の体験と観察なくして植民学を講ずる資格はない」との言葉もあって、十月からオランダへの留学を計画する。ドイツに追われてロンドンに亡命政府を作っていたオランダ政府からビザを受けられず、板垣は代案としてオランダ領東インド(インドネシア)へと向かうことになる。

3　板垣與一の蘭印訪問

(1)最初の渡航

一九四一年五月に帰国するまで、板垣は半年以上をかけてアジア各地をめぐっている。最初の訪問地はオランダ領東インドであり、ジャワ、マデュラ、スマトラ、セレベスなどを巡回した後、日本人の存在に警戒していた現地当局から滞在許可の延長が認められず出国することとなった。その間に板垣が取り交わした名刺は二百枚以上、買い集めた書籍は千百冊以上におよんだ。渡航にあたって、板垣は持ち出しが許される最高額の八千円を持参していたが、本の購入で持参金を使い果たし、その後の滞在費は同窓会などのネットワークを通じて現地で借金をしてまかなった。当時において八千円と言えば大臣や朝鮮総督の年収に匹敵するような金額であった。富山県新湊で生まれた板垣は、家業として樺太で酒造業を営んでいた。その経営を親戚に委託してその収益の一部を受け取っており、それによる個人の年間収入が当時一万円もあった。[37] このような経済力が海軍省での活動をはじめ戦時期の板垣を支えることになる。

一九四〇年十一月八日、板垣が蘭領東インドに上陸した時、オランダ本国はドイツの侵略をうけ、植民地統治当局は貿易と天然資源に関する日本からの激しい要求にさらされていた。そのような植民地支配の危機の中で、蘭領東インド政府は、一九四〇年後半から一九四一年初頭にかけて、板垣が面会したE・F・F・ドゥエス・デッケルをはじめ民族主義運動の指導者を一斉に弾圧した。板垣は三か月間のオランダ植民地滞在で、各地を精力的に回り、様々な民族主義運動が活発に動いていることを実感した。また、その運動が日本の実業家や日本政府・軍と連携していること、それゆえにオランダ治安当局が日本人の動きに重大な関心を払い、さらには民族主義運動の高まりを恐れて厳しい弾圧を行なっていることを目撃することとなった。

日本とインドネシアのつながりは日本でもみられた。一九三〇年代、蘭領東インドから数多くの民族主義者や実業家が日本を訪問している。スカルノと独立運動を推進し、後にインドネシア共和国の初代副大統領となるハッタも一九三三年に伯父と日本を訪問している。その時の訪日の理由は実業家であった伯父の商談を手伝うというものであったが、日本のマスコミは「ジャワのガンジー」と騒ぎ立て、陸相・荒木貞夫ら日本の政治指導者はハッタと接触しようとした。[38] インドネシア人民協会（Persatuan Bangsa Indonesia）や大インドネシア党（Partai Indonesia Raya）を率いたストモも一九三七年に訪日し、親日的な態度を取るようになった。一九三六年七月、官僚であったスタルジョらが、オランダ・インドネシア連合の枠内での自治を準備しようとする請願をフォルクスラート（国民参事会＝総督の諮問機関）に提出するが、穏健な内容にもかかわらず長らくそれを放置したオランダ政府によって一九三八年十一月に拒絶される。[39] スタルジョ請願の拒否は民族主義者たちの中で日本への大きな期待を抱く者を生み出す結果をもたらした。日本でも、インドネシア人学生や商人らによるインドネシア協会が組織された。同じ時期、日本の企業とインドネシア人商人の結びつきは強まり、満州事変後の中国での日本製品ボイコットが両者の連携強化に拍車をかける。[40] そのような流れの中で日本の商人や会社員は蘭領東インドの民族主義者たちとの間にネットワークを構築したのである。

(2) E・F・F・ドゥエス・デッケル

一九四〇年にE・F・F・ドゥエス・デッケルと板垣を結びつけたのも、そのような商業ネットワークの一つであった。スカルノに「インドネシアにおける政治的ナショナリズムの父の一人」と賞賛されたE・F・F・ドゥエス・デッケル（一八八〇―一九五〇年）は、オランダ人の父親とドイツ・ジャワ人の母親のもとで生まれ、強制栽培制度を告発する小説（一八六〇年）を書いて有名になった人物を大叔父に持つ知識人であった。[41] ドゥエス・デッケルは、南アフリカのボーア戦争（一八九九―一九〇二年）で捕らえられてセイロン（スリランカ）に二年間収容された後、ジャーナリストとして民族運動に参加して一九一〇年代初頭にインド党を設立。一九一〇年代後半はドイツのスパイとしてイギリス統治下のインドに武器を横流しする活動に関与するも、香港で捕らえられ、裁判のためシンガポールに押送された。[42] オランダ当局はドゥエス・デッケルの帰還を認めたが、そのまま刑務所に収容した。ドゥエス・デッケルは、一九二〇年代に入ると学校経営と執筆活動に専念するが、一九三〇年代には支配当局の干渉などで双方の活動とも次第に行き詰まるようになる。そのような中で、ドゥエス・デッケルは、オランダの植民地統治の終焉を早める希望の一つとして日本への期待をより一層強めることになるのである。[43]

日本と密接な関係のあった民族主義運動指導者のもう一人はムハマッド・タムリン（一八九四―一九四一年）である。タムリンは大インドネシア党やインドネシア政治同盟（Gabungan Politik Indonesia）の指導者であり、フォルクスラートの議員であった。[44] ドゥエス・デッケルと親しいタムリンは、日本から来た新聞記者・谷口五郎と親交があった。谷口は、一九三〇年代初頭に製糖会社に就職したためスラバヤに来たが、一九三四年に朝日新聞の契約特派員となってバタビアに移った。谷口は現地の日本人社会で影響力があり、後に日本軍政下で陸軍の協力者として邦字紙を発行している。[★45] 学校経営の資金繰りに悩むドゥエス・デッケルは、タムリンからバタビアにある日系の商工会議所での仕事を紹介してもらう。ドゥエス・デッケルに与えられた任務は、東京都経済局出張所所長の肩書きをもつ佐藤信英の市場調査を手伝うというものであった。佐藤は日本商品をインドネシア商人に斡旋するという仕事を表向きの職務としながら、海軍の嘱託として民族運動指導者から情報をとり、さらには活動家を支援していたため、オランダの治安当局からは日本のスパイと目されていた。[★46] 板垣は、三菱商事に勤める大学の同窓から佐藤に会えば民族問題について情報を得られるとの示唆を受け、佐藤からドゥエス・デッケルを紹介してもらうこととなった。

板垣にとってドゥエス・デッケルはあまりにも有名な知識人であった。渡航前のファーニバルの著作などから現地で購入する文献リストを用意していた板垣は、それをドゥエス・デッケルに見せアドバイスを求めた。ドゥエス・デッケルはそれに細かくコメントし、古書店の名前も板垣に教えている。板垣は会談の最後にバタビアかバンドンでの再会を約束するが、実現することはなかった。一九四一年の年明けすぐにタムリンが逮捕され、それに連座するかたちでドゥエス・デッケルも拘束されたからである。一方、板垣はバンドンの日本人会会長宅で行なわれた新年会で知り合った日本人・町田泰作の家に立ち寄ったところ、そこが日本軍の密偵活動の拠点だったため、それ以降オランダ治安当局の尾行を受けるようになる。[★47] 板垣との面会した時期にドゥエス・デッケルは、オランダの植民地支配を歴史的に批判する著作を執筆中であったが、血統の四分三はオランダ・ドイツ系白人という彼の植民地支配批判は、板垣に混血現地住民による反植民地主義の強さを実感させることとなった。

(3) その他の地域への訪問

板垣はジャワを訪れる前にスマトラ島に行っているが、そこでも大学同窓会や日本人駐在員のネットワークを利用して調査を行なっている。板垣は、片倉製糸農園の出張員の案内でベングーレン（Bengkulu/Bencoolen）に足をのばし、そこで軟禁されているスカルノの動静を探っている。そこには三十年近く滞在し雑貨商を営む日本人・鶴岡一雄がおり、彼を訪ねて面会する。★48 鶴岡は、日用品を届けるためスカルノ邸に始終出入りしており、同行すれば密会も可能だと板垣を誘うものの、二人の会談中にも警察官が介入してくるようなありさまで、板垣は発覚・追放を恐れてスカルノに会うことをあきらめるざるをえなかった。★49 板垣とスカルノの面会・交流は蘭領東インドが日本軍政におかれた後に実現し、その親交は戦後まで続くことになる。

ジャワでは、知識人や運動指導者に会うだけでなく、板垣は農場・工場などの事業所や遺跡、さらには様々な組織・団体を訪問している。中部ジャワ（ジョグジャカルタ）ではムハマディアやタマンシスワ、東ジャワではナフダトゥル・ウラマの本部を見学している。★50 ムハマディアはエジプトの影響をうけて一九一二年に設立されたイスラム教の近代化運動である。タマンシスワはデワントロが一九二二年に始めた民間教育運動である。タゴールやモンテソッリらの影響を受けており、植民地政庁の公教育に対抗して民族主義を育成しようとするものであった。★51 創始者のデワントロは、一九一〇年代にはドゥエス・デッケルらとオランダ本国に滞在していたが、後にスカルノと親しくなり、インドネシア建国後は初代文部大臣となっている。ナフダトゥル・ウラマは、ムハマディアなど近代化運動に対抗して一九二六年に生まれた団体である。

オランダ領上陸後三か月が経ち、板垣はオランダ語の堪能な日本領事館員を連れて滞在許可の更新を申請したが拒絶される。滞在中の板垣の動向を監視していたオランダ治安当局は、出発前の板垣を尋問したうえで買い集めた本や取り交わした名刺などを点検する。隠し持っていた国外持ち出し禁止の出版物が見つかることはなかったが、係官はドゥエス・デッケルの名前を名刺の束から見付け、それを押収した。ドゥエス・デッケルとの面会をオランダ側に知られた板垣は、自身の出国や購入した著作物の出荷に支障が出ることを恐れたが、一九四一年二月二十四日に問題なくバンコクへと飛び立つことになる。★52 オランダ領を出発した後は、タイと仏領インドシナにそれぞれ三週間、海南島と台湾に二週間ずつ滞在し、一九四一年五月に帰国した。タイでは経済担当の大臣と面会。タイでは農業における協同組合運動が熱心に展開されていることに板垣は感銘を受けており、逆にインドネシアでの協同組合運動が不十分であることを自覚することとなった。[★53] 植民地の農業における協同組合運動への関心は、その後も板垣の中で大きな主題の一つとなる。マレーやビルマなどのイギリス領とフィリピンも巡回する予定であったが、査証などの関係で実現しなかった。

(4) 現地の感想

蘭領東インドの民族運動は、植民地の自治を要求している、あるいは「弾圧を受けて一向に振はないが、併しやがて日本の援助でも得れば物になるいといふ程度」と、当初はその程度の認識しかなかった板垣であるが、各地を巡回する過程でナショナリズムと反植民地主義の強さを痛感することとなった。そのような印象をもとに、帰国後に板垣は、後藤文夫の参加する報徳経済学研究会や『文藝春秋』などで講演や寄稿をいくつか行なっている。[★54] それらで、「和蘭の植民政策は実にうまくやつてゐる」と板垣はいう。現地の住民は「去勢された精神」あるいは「精神的搾取」という状況におかれているが、それらは「もとから与へられたものではな」く、「和蘭植民政策の犠牲として作り出されたもの」[★55]である。板垣によれば、オランダの植民政策は「分割統治政策」と「現状維持政策」という二つの柱を持っている。前者は民族や宗教などの対立・差異を利用して複合社会を支配することであり、後者は現地住民の生活に干渉・強制しないというものである。植民地政府は、二十世紀初頭から倫理政策とよばれる社会経済政策（社会基盤整備・教育振興など）を行なってはいたが、大恐慌後にそれが行き詰まり、板垣も「民衆に対しては愚民政策を行つて居つて、教育らしい教育は全然施して居らない」し「蘭印の土人の経済的更正或は文化的向上に就いては放任して居る」と評価していた。[★56] しかし、そのように「非常に努力し、非常によく収まつて居るところの蘭印」にも一つの問題があると板垣は指摘する。それは「インドネシア民族運動」である。

板垣はこの民族運動を全体として見なければ意味はないという。全体とは「純粋の土人のみならず華僑及び混血児の動き」全てのことである。そして、それぞれの動向について、板垣は解説を加えている。「土人運動」についていえば、様々な民族運動団体が生まれ、フォルクスラートなどの制度を通じてオランダ統治当局に圧力をかけたものの、板垣が目撃したようにタムリンなど主導者が一斉に拘束されることにより、「指導者を失つて全く屏息して」おり、「第三国の援助を待つより外ないと云ふことを考えて居ると云はれてゐ」るとする。そして、板垣は、民族運動の指導者層で日本に期待するむきもあると指摘するが、「勿論日本の力に依つて独立自治の目的を達したいと云ふのが根本であつて、オランダの統治に代るに日本の統治を其の上に戴くという考へは全然ない。是は彼等の最も喜ばないものであつて、指導者は其の点を質して居るさうであります。日本の援助に依つて独立したいと云ふのは真情であるが、それに依つて日本の統治下に再び服するのではないと云ふことを繰り返し云つて居るさうであります。さう云ふ状態で民族問題といふものは大戦前に於ける古い帝国主義的な形に於て到底処置することの出来ない世界史的な連関にあると考へなければならぬので、勿論さう云ふ点に就てさう云ふ意味に於て日本は蘭印の民族問題を充分に慎重に研究して行かなければならぬ」と注意を喚起する。★57

次に板垣は、華僑について、「結局経済とか実利の問題に結びつけて考へなければ納得の行かない人種である」ゆえ、抗日運動への参加や拠金を嫌がって「内心に於て和平を願つて居る」人々が次第に増えていると説明する。さらに「僑生」（インドネシア出身である二世三世の華僑）とよばれる層は、マレー語を話してインドネシア人と交流し、自身たちを「インドネシア人として自覚し、従つてインドネシア人の政治運動にも同情を以て考へて行く方向に移つて」いるとする。僑生に加え、本来は強い抗日意識をもつ福建や広東出身の「新客」とよばれる華僑の中でもインドネシアの民族運動に参加している穏健派がいるという実態を指摘し、「大半の者はインドネシア民族運動の問題として考へられる部面に合流しつつある」と分析する。★58

「蘭印が抱へて居る所の最も困難にして、最も悩みの種」である「オランダ人と土人の混血児」の問題についても板垣は言及する。「土人に近い者」はオランダ人に対する反感が強くないものの、四分の三はヨーロッパ人の血を引くドゥエス・デッケルのような「オランダ人に非常に近い者はわれわれはオランダ人である、然るにも拘らずオランダ人と同等の社会的待遇をして呉れない。実に怪しからぬと云ふ気持ちを持つて」おり、「オランダ人に近い者程インテリ層である。高等教育も受けて居ります。さう云ふ混血児が社会的には指導的な地位に」あると分析。「混血児全体に共通して流れて居る感情」は「吾々の郷土、吾々の祖国はインドネシア以外にない」というものであり、「インドネシア人として自覚し、又生活して行く以外に生き方がないのである」という気持ちが大勢であり、「土人運動の気持にしても華僑の僑生にしても共通なものが出て来て」いるため、「郷土的な感情」が「重要な紐帯になつて」三者が結びつき、「インドネシア民族運動が全体として一つのものとして考へ直されなければならない問題を含みつつ推移しつつある」とまとめている。[★59]

最後に板垣は、「比類なき立派な成果を収め」たオランダの植民政策が直面する民族運動を、「後進国の全体に跨るナショナリズムの問題として世界史的の意味を持つた問題として考へねばならぬ」と提起している。さらに、「広汎な民族運動が此の様に普遍的なものになつた限りに於ては、吾々は此の民族問題を度外視して東亜に於ける新秩序であるとか、或は大アジアに於ける理想とかいふものを確立して行くことは出来ない」、つまり、「一民族、一指導者と云ふ様に考へた国内政治的に見た民族問題とも甚だしく違」い、「大きな民族圏の指導として」植民政策や民族政策の問題が問われるべきであると述べる。[★60] 日本においては、「汎アジア民族政策の確立」や「アジア諸民族の新しい地域的連関的統一をはかる」ことが世界政策となると、板垣は結論づけている。[★61] 中国のナショナリズムや植民地朝鮮・台湾の独立運動に比べ、日本の知識人の中では、東南アジアにおける民族運動や反植民地主義への関心は大きくなかった。朝鮮や台湾には帝国大学などの機関があって現地に研究者がいたうえに、内地から訪れる大学人も多かった。また満鉄の招待などで満州を見学する機会も知識人には与えられていた。東南アジアについては当時は日本の領土ではなく、渡航者の大半は商用かあるいは軍の密命を帯びた者であった。個人的な財力で渡航を実現した板垣は、現地を調査した数少ない知識人であった。そのような視察旅行の経験から、板垣は東南アジアの脱植民地化をふまえた帝国日本を提唱することになったのである。

(5)板垣の帰国報告

板垣は一九四一年五月三日に帰国し、十七日に水交社で行なわれた海軍省調査課の集まりで「蘭印視察報告」を行なっている。ここでは、文藝春秋などの論考と同じく、分割政策や現状維持政策によってオランダの植民政策がうまくいっていたもののインドネシア民族運動にさらされていることが報告されている。さらにタイの政府主導による経済政策にふれて、「独立国は有難い」と思ったこと、インドネシアの「土人の能力もかなり高く評価されるべき」であり、民族運動の広がりについては「和蘭の無教育政策」の「改革によつて、更に発展の可能性が開けて来る」こと、華僑について「今後日本の問題としては重大な意味を有つかもしれない」ことなども言及している。大東亜共栄圏のスローガンについての参加者から質問に対し、「現在の利益から言ふと此のスローガンによつて蘭印の得る所は、その提供する所より遙かに小である。従つて政治思想の幼稚な一般民衆を納得させる事は出来ない」と冷ややかな態度をとるも、「民族指導者達とは運動を通して結び付かなければならぬが、彼等の方でも日本への関心は大であり、理解するだけの能力も持つてゐる」と民族運動の担い手たちとの連帯の可能性を示唆している。★62

五月の帰国後、現地の事情に詳しい板垣は綜合研究会で重要な役割を果たすことになる。「日蘭会商」や「蘭印問題」が議論の主題となるからである。板垣が日本に帰国した当時、日本とオランダ（蘭領東インド）の間で行なわれていた貿易や天然資源をめぐる交渉が行き詰まりをみせていた。タイや仏領インドシナについては強硬な姿勢を見せていた海軍は、蘭領東インドへの武力行使には慎重な立場であり、外務省にオランダ側との粘り強い交渉を要求していた。[★63]しかし、六月六日にオランダ側から出された回答は、日本企業の活動や石油などの天然資源の供与について日本側を満足させるものではなく、陸海軍の同意を得た外務省は交渉の「打ち切り」を決定した。この決定において、日本側は交渉の「決裂」という表現を回避し、現地総領事が引き続きオランダ側との対話を担当することになったものの、外相松岡洋右は十四日にバタビアにいる使節団に帰国命令を出した。日蘭会商の失敗は、外交を通じて日本の経済ブロックに東南アジアに取り込もうという企図の行き詰まりを意味し、軍事的影響力を利用して物資を獲得しようとする方向を強めることとなった。六月二十二日、ナチスドイツはソビエト連邦への侵攻を開始し、日独伊とソ連という枠組みで同盟を構築することが不可能となった。と同時に、日本は北方への心配をする必要がなくなり、南方への武力行使という選択肢がより現実的なものとなった。[★64]

そのような時期、綜合研究会は六月二十日に「日蘭印会商善後策」を主題に会合を持っている。板垣は、二十日と二十七日に行なわれた会合で、日蘭の経済関係について報告を行なっている。[★65]板垣は討論の中で、現状を打開する方法について「純政治的には困難である。軍事的と云へばいくらか可能性もあるが、元来経済的に結びついてゐるのだから、矢張り対策も経済的でなくてはならぬ」と言うものの、「東亜経済封鎖の一員」である蘭印に対しては「日本の力では経済報復は不可能であ」り、「英米との調節することなしには解決しない」という認識であった。その後の会合で、「国防上の目標」、「政治上の目標」、「経済上の目標」、あるいは「平和的政策」や「武力政策」などを議論しているが、海軍省の高木大佐らが武力進出の方針を明らかにし、矢部らが同調していったようであり、その後の話題は統治政策に移っている。[★66]

一九四一年七月に入ると、綜合研究会は「蘭印における武力政策」を議論した後、蘭印の統治政策について議論している。その議論の冒頭で板垣は、蘭印の統治策が自治領（ドミニオン）とする方向に向かっていることを説明している。[★67]その議論の中で、研究会で主導的立場にいた矢部貞治は、日本占領後の蘭印は「保護領トカ、自治領トカノ形トナルベシ」、「軍事、外交ニツイテハ日本ガ宗主権ヲ持ツ事」を提案している。また、板垣の「蘭印現行統治組織ノ報告」（七月十二日）を受けて東京帝大法学部の田中二郎も、条約によって「国際外交ニ関スル権利ハ全部日本ノ手ニ収メ、直接ニ日本政府ガ行」い、「内政―警察、産業、経済ニ就テハ従来ノ如ク東印度人ニヤラセ、日本ハ外部ヨリ之ヲ監督スル」ような「保護関係ヲ設定ス」ることが妥当だとした。[68] 日本人総督を設置するという田中の案に対しては、「形式上ノ最高統治者ハ東印度人ヨリ選ビ、日本ハ後見的役割ヲ果スモノトシテ高等弁務官」を置くのが好ましいとしつつも、「ソノ他ニツキ理論的ニハ田中教授ニ同意ス」と賛意を示し、谷川徹三も両者に同意している。板垣はこれらの議論に、保護領や自治領において「土人ノリーダーニヨリ統制スル事ハ可能」であり、日本の軍政に対して「土人官吏」の中に「協力シ得ル者アリ」と応答し、日本側の国内対策として「植民学院」を設置し、「各大学、専門学校ニ南方研究会ヲ設ケ、マレー語」を教育することを提起している。[69] これら蘭印の統治方策の議論において、日本とオランダ植民地との法律的な関係についての板垣の意見は記録にないが、民族政策についての立場は明確であり、以下のように海軍省調査課の資料に記されている。

民族政策ノ問題ハ或ル意味ニ於テハ政治問題的色彩ヲ有ス　民族ノ自主独立ヲ齎シ、精神上、政治上、経済上ノ自由ヲ獲得シ、ソノ自主性ヲ恢復スル所ニ民族政策ノ主眼点アリ　南方民族ノ共通性ハ主体性ヲ喪失セル事ニシテ、之レガ解放ヲ企図スルノガ民族運動ノ本質ナリ
蘭印ニ於テハ、未ダソノ土着資本豊ナラズ、経済的自主性ヲ獲得スルニハ日尚遠ク、又民族ノ基礎トナルベキ中産階級ノ教育程度低ク、文化水準ハ未ダ低キモ、政治運動ノ形ニテ展開セル民族運動ハ可成リノ程度ニ達ス之ヲ無視スルヲ得ズ[70]

板垣のこのような意見に対し、「二、三議論アリ、大体民族意識ヲ尊重シテ、民族ノ解放、自主性ヲ恢復ノ方向ニ進ムベキガ民族政策ノ本筋ナリトスル処ニ落着」したものの具体策について議論されることはなかったようで、研究会

の話題は開戦を契機に大東亜共栄圏のあり方に向かうことになる。

4　開戦前後の総合研究会

(1)国防国家の理論

この時期の総合研究会は毎週のように開催されており、定期的な会合を通じて参加者の仲も深まっていったようである。矢部貞治の日記には、矢部と研究会メンバー、特に板垣と永田が会合後に寿司屋や喫茶店に頻繁に行っている様子が記されている。[★71] 板垣も、永田や大河内とは会議の前に飲食店で待ち合わせをし、歓談をしてから海軍省に向かったと回想している。例えば、蘭印問題で議論を行なっている一九四一年七月五日、メンバーは海軍省を出た後に矢部のなじみの店である「新とみ寿司」に寄り、「この連中で来年の夏は板垣与一君の案内で北海道、樺太旅行をやる相談をし」ている。[★72] 板垣に故郷を案内してもらうのを矢部は「楽しみ」にしていたが、実現することはなかった。一方、翌週十二日の研究会後の昼食会で計画されたものについては実行されている。「大河内、板垣、天川の三君と僕が残りいつか横須賀に行つたときに僕から天川君に言つたやうな、真に価値のある国防国家の理論を共同研究で建設しやうではないかといふ話しを今度は天川君が熱心に言ひ、大河内君や板垣君も大賛成だといふので秋あたりから」そのような集まりを持つことを、その日に取り決めたようである。二十九日の会合後にはその新たな共同研究について「この夏プランを立て、明年の夏休みに合宿してやりあげるという案」になっている。[★73] その後八月四日に、矢部、天川、板垣、大河内、永田で話し合いが持たれ、矢部が「国防国家論のほんたうにしつかりとした労作をやる計画」を説明し、「一同大いに乗気になつてやらうといふ」ことになった。海軍省もこれら「特別委員会」に三百円を支給することを決め、七日には担当者の扇中佐から矢部に支払いが行なわれている。

一九四一年八月九日、国防国家論についての集まりの一環として、綜合研究会は湯川盛夫と美濃部洋次を招いて討論を行なっている。経済・貿易に明るい官僚の湯川や美濃部に報告をさせるというのは、板垣と永田の提案であった。その時の議論を受けて、矢部は日記に「要するに日本の国力、無理なところが非常に多い」と記している。その翌週、十四日から十八日まで一行は合宿で研究会を行なっている。主な会場は軽井沢にある板垣與一の別荘であった。板垣は自身が樺太にあった酒蔵の所有者であり自身への給与とは別に莫大な収入があったが、板垣と同郷(富山県新湊出身)の義父は大連商工会議所会頭を務める貿易商であった。[★74] 一九二〇年代初頭から大連の高額納税者や大口寄付者に名を連ねる義父・瓜谷長造から、一九三五年に瓜谷の娘と結婚した際に板垣は軽井沢の別荘をもらっていた。「造り酒屋をやって三千石つくってるから私は戦前は金持ちだった」、「こういう接待関係はみな僕が金払ってますから」と回想するように、板垣は海軍省の綜合研究会には蘭印問題の議論での参加だけでなく、討論や交流のための経済的な貢献を相当しているようである。[★75]

軽井沢の合宿には参加が予定された大河内が病気で来ず、「臨戦経済体制」を永田清、「国土計画論」を板垣、「帝国国防国家論」を矢部が担当し、そこに天川勇が加わって八月十四日から議論を行なった。樺太に帰省するというので板垣は十六日に軽井沢を離れ、十七日には永田が家庭の事情で帰宅。矢部は海軍に詳しい天川から軍の内部事情を聞くなどしながら十八日まで軽井沢に滞在している。

軽井沢での合宿の後、海軍省調査課は九月一日付で「南方国土計画」という報告書を出している。[★76] この報告書について板垣は「僕が書いてるわけじゃない」、執筆者は「おそらく、責任者としての矢部貞治」、そして海軍省の扇一登あるいは「海軍調査課、高木先生の方で、手を入れた」と推測している。[★77] そこでは、大東亜共栄圏の「各地土着民族」について、「独立ニ対スル意欲一般ニ強烈ナリ然レドモ殆ンド総テガ完全独立国トシテノ能力低ク帝国ノ強キ指導ヲ必要トスル状態」と位置づけ「完全独立ノ能力ニ欠クル場合保護国的立場ヲ占メシムルヲ適当」とし、朝鮮や台湾のような同化政策ではなく、「白人ノ指導的地位ハ実質的ニハ日本人ガ代位シ」て「蘭印政府ノ如キ不干渉政策ヲ可トスベシ」と提起していた。オランダの植民地政策である愚民政策や不干渉政策が植民地のナショナリズムによって破綻しつつあると認識していた板垣にとっては、植民地の「自主性ヲ恢復ノ方向ニ進ムベキ」政策について何の言及もない報告書であった。

(2) 綜合研究会の再編

一九四一年十月、開戦論に強く傾斜していた矢部貞治は綜合研究会の再編を海軍省側に具申している。提案の内容は、綜合研究会を「政治外交」と「経済」の二つの分科会に分割し、参加者を入れ替えて政治外交部会を「参謀本部の様」にするというものであった。★[78] それをうけて十一月十日に「新たに嘱託となる松下正寿氏と大河内君と僕、それに高木大佐、扇中佐、天川君が一緒に第一回の顔合わせ」を行なっている。★[79] 海軍省資料では「政治外交研究会」とされたこの集まりには板垣は参加しておらず、十一月と十二月に「臨戦指導方策」や「決戦態勢の政治外交経済問題」などについて議論を行なっている。しかし、日本が真珠湾に攻撃を仕掛け、アメリカやオランダなどに宣戦布告をした後の一九四二年一月には、研究会の話題が再び「蘭印問題」（五日）や「大東亜共栄圏」（九日）に戻っており、十日の会合には矢部、大河内、松下、天川に加え、板垣と永田が呼び戻されている。★[80] 矢部の提案によって行なわれた綜合研究会の再編は、「政治外交研究会」という名の通り参加者を政治外交の専門家に絞ったものの、後に経済学者の板垣と永田が戻ったため、結果として、アメリカ留学経験があり国際法を専門とする松下正寿（立教大学教授）を別の部会から加えただけに終わった。この日は矢部が「大東亜共栄圏ニ於ケル新政治形態」という報告を行なっている。その案によれば、日本を「指導国家」とする大東亜共栄圏において、フィリピンとジャワは「一応主権ヲ認メ日本ノ保護国」となり、「内政ハ独立自治ヲ認」められるが、高等弁務官が派遣されて「軍事ハ差当リ日本ノ独断専行」、「外交及経済ハ日本ガ媒介シツツ指導スル」とあり、「マレイ、東印度諸島」は総督または長官を置く日本の直轄領とされた。このような案に対し、板垣は、インドネシアを日本の領土にするという考えについては反対であり、帝国日本をイギリスのコモンウェルス方式のような国民国家や自治領の連合体にすることが望ましいと考えていた、と語っている。[★81] 板垣の関心は、日本版のコモンウェルス形成に向けて、植民地地域をどのように「内面的指導」し独立させるかということにあったが、この時期の海軍省の残されている資料を見る限り、綜合研究会でそのような議論が重点的にされることはなかった。

一方で、綜合研究会で一貫して議論されている主題は日本の帝国編成がどうあるべきかという問題である。ピーター・ドウスが指摘するように大東亜共栄圏などの地域秩序は「植民地なき帝国主義」の一つの形態であった。[★82] 第一次大戦以降の戦間期は植民地の新たな獲得が否定された時代であった。すでに植民地や従属国であった地域で反帝国主義闘争やナショナリズムが勃興し、アメリカとソビエトという新興の大国からそれを正当化するウィルソンやレーニンの民族自決原則が打ち出され、第一次大戦後の帝国に一つの問題を突きつけた。植民地主義が少なくとも公式には否定された時代にいかにして帝国を維持・編成するか。各帝国はポスト植民地主義時代の帝国像構築をせまれることになる。そして、一九二〇年代後半の世界的な恐慌の対応策として、各帝国がニューディール・ファシズム・福祉国家・社会主義といった体制を選択するなか、第二次世界大戦期には国民国家／ナショナリズムの超克と広域圏理論／広域秩序の模索が様々な学知で展開されるようになる。つまり、第二次世界大戦は各帝国間による総力戦体制間の戦争であると同時に、「植民地なき帝国」構想をめぐる抗争でもあったのである。そのことは、第二次世界大戦が帝国間戦争であると同時に反植民地闘争・民族独立戦争という性格を持っていたこととも関わる。このような「植民地なき帝国」像をめぐる抗争に帝国日本も無縁ではなかった。綜合研究会はそのような新しい帝国像をめぐる討論が交わされる場であったのである。

矢部が一九四二年一月十日に出した「大東亜新秩序の政治的構図」については、十七日と二十四日に研究会で議論が行なわれ、海軍側からもかなりの注文がつけられたようである。★83 例えば矢部は「英米的帝国主義ノ駆逐」を訴えていたが、海軍側は「結局現実的考慮ヨリシテ削除スル事」と応答している。それら消極的な海軍側の反応に対して矢部は、「陸海軍の分担を成るべく早く廃して、軍政から民政に移行し、一元的に運営すべしといふのにひどく反対らしひのは、相も変らず、陸軍国、海軍国という縄張りと、島国根性に基くし、僕が「大東亜運動」を起こせといふのを、東亜連盟運動とは異るとはつきり言へなどといふのも、凡そ思ひの外の愚劣な島国根性だ。共栄圏とか、共存共栄とか、帝国主義の排除とかいふことすら、反対してゐるといふに至つては、殆ど手の下しやうがない。なんだかつくづく嫌になつて、積極的に海軍のために努力する気も失せて来る感じを如何ともし難い」と日記に感情的な書き込みをしている（二十四日）。

綜合研究会はその後も活動を続けており、定期的に会合を行なっている。矢部、永田、板垣が会合後に飲食する様子が、矢部日記には何度も記されている。三月二十日から二十四日は、矢部、永田、大河内、板垣、天川で「海軍の大東亜建設についての合宿研究」が熱海で行なわれている。矢部日記には、その合宿やその前の十四日に板垣が民族問題で報告を行なったとあるが、海軍省には記録が残されていない。四月十八日には研究会の最中に東京への空襲があり、板垣や矢部ら参加者が海軍省内の地下室に避難するという出来事もあったが、五月には南方に出向する湯川盛夫、六月には舞鶴に転出する高木惣吉のために送別会を一同で行なっている。さらには七月に矢部、板垣、田中二郎、永田、大河内、天川と海軍側二人で箱根へ向かい「共同研究兼慰安」の旅行をしており、そこでは先の熱海での合宿と同じく、「板垣君が知らぬ間に新橋の妓を二人呼んで居り、これも一つの情趣を添へ」るなど戦況が緊迫している雰囲気はまだ感じさせない。

このように一九四二年二月以降も海軍省は活発に会合を持っているが、板垣が研究会でどのような報告や議論を行なったかについては、五月二日付で出されたメモのほか残念ながらほとんど残っていない。しかし、九月一日付で海軍省調査課から出された「大東亜共栄圏論」においては板垣の民族政策を反映したと思われる箇所が記載されている。[★84]すでに検証したように、板垣の植民地に対する民族政策は「自主性の回復」であり、土着資本による経済的自主性の獲得、中産階級を民族の基礎とする政治的自由の確保、そして「土着民、華僑、混血児」の調和であった。特に「土着民」を協同組合によって経済的に強化し、それらに社会の中核を担わせるというのが板垣の具体案であった。「大東亜共栄圏論」では、「大東亜民族政策」の方策として「社会の中間階級の健全なる発展を所期」しており、そのために華僑の「社会的勢力や活動を現状以上に増大するのを阻止」し、「混血児」の「智能、経験、技術」を活用し、「農村による産業組合運動」により「土着民の政治的経済的社会的経済的地位を全体として高め、民族経済を培養発達せしめる」ことが提案されていた。これは板垣の考えを踏襲するものであった。

「大東亜共栄圏論」の発表後、板垣は海軍省の活動から離れることになる。出発の遅れで十月二十八日に研究会に顔を出して矢部を驚かせるが、板垣は陸軍が東南アジア一帯で行なう予定だった南方調査団の一員として秋にはシンガポールに向かうことになっていたからである。一九四二年九月十二日、海軍側から扇、青山の担当者と、矢部、松下、永田、大河内、田中、天川の研究会メンバーの参加で板垣の送別会が行なわれている。綜合研究会そのものは活動を継続し、回数が極端に減るものの十一月に会合が複数回持たれている。同じ時期、矢部は海軍省ブレーントラストの一つである政治懇談会にも参加し、近衛に近い佐々弘雄や細川護貞らと議論を行なっている。しかし、矢部日記からは、この時期の政府・海軍の政策や議論に対して矢部が批判的であったことがわかる。[★85]十二月に入ると矢部は「観念右翼」や「精神右翼」からの攻撃を懸念しており、さらに永田、大河内との年末の飲食で「何れも海軍に多少とも不満を持ってゐる」、「皆でやめようという」話をするなどしている。

一九四三年に入ると大東亜政略大綱（五月）や大東亜会議・大東亜共同宣言（十一月）など、帝国日本のあり方をめぐる議論が、外務省、大東亜省、陸軍、海軍、さらには満州国、ビルマ、タイ、インドネシアなど周辺地域や占領地域を巻き込んで行なわれる。戦局の悪化にともない、アジア占領地住民を戦争に動員し、戦争協力を求める方策が日本にとって一層必要となるが、主導国の「自存自衛」論と地域内の「アジア解放」論の折り合いをどのようにつけるかが問題となってくる。一九二〇年代からアジアのナショナリズムと脱植民地化に自覚的であった重光葵に率いられた外務省は、連合国との対抗関係から「民族解放」を戦争目的とすることを主張し、アジア諸国の独立を積極的に推進することで共栄圏内各国の結合を強化しようとした。[★86]重光らの方針の成果が、十一月に開催された大東亜会議であり、そこで出された大東亜共同宣言である。矢部は国策研究会関係者から立案への協力を依頼されて参加している。[★87]「自主性の恢復」に関心を払っていた板垣は、大東亜会議開催時には偶然にもシンガポールから一時帰国しており、来日したものの会議への参加を拒まれたうえ日本人との接触も制限されていたスカルノとハッタに面会している。[★88]インドネシアは五月の御前会議で決定された「大東亜政略指導大綱」で「帝国領土」とされ、その後も東条首相や陸海軍は自治や独立の約束をスカルノやハッタに与えることに消極的であった。インドネシアの処遇については、政府全体として自治や独立に一貫して消極的であり、ハッタと親交のあった板垣は日本政府の態度に不満であったと思われる。海軍は戦争目的を自存自衛・資源確保に限定し、アジア占領地の自治・独立に最も消極的な立場を取って、外務省や陸軍と対立した。[★89]調査課のブレーントラストで活発な議論が交わされ、参加者の討議が反映した報告書などが発行されてはいるが、海軍そのものの態度を見る限り、綜合研究会の意見が政策に取り入れられる余地があったとは考えられない。

「民族ノ基礎トナルベキ中産階級」を育成して「経済的自主性ヲ獲得スル」、あるいは「民族指導者とは運動を通して結び付」く、といった板垣の議論は、海軍省調査課での議論では十分に尽くされたわけではなかった。陸海軍、外務省、大東亜省などの政府内で帝国の統治構造をめぐってヘゲモニー争いが行なわれている時、板垣は海軍省のブレーントラストを離れることになる。板垣は陸軍調査団の中核として一九四三年末から東南アジア各地で現地調査を行ない、一九四四年半ばから敗戦まではシンガポールやマレー、ジャワなどで民族運動家との連携で奔走することになる。そして、板垣はその考えを陸軍占領地における野外調査の推進と民族運動家との交流で実践しようとすることになる。[★90]一方、矢部は不満を持ちながらも海軍省、特に高木惣吉との関係を切ったわけではなかった。ブレーントラストの会合で早くから東條更迭論を主張し、一九四四年からは高木や天川、さらには細川や近衛側近と秘密裏に連携し、東条内閣打倒や早期終戦に向けて活動を行なっている。

おわりに

海軍省調査課のブレーントラストは、近衛新体制にも関与した高木惣吉によって組織されたため、昭和研究会メンバーや京都学派など近衛に近い知識人らによって形成された。そこでは、東亜協同体論の議論を引き受け、大東亜共栄圏など、植民地や占領地域の処遇を中心として帝国の秩序・編成をめぐって議論が行なわれた。こういった問題意識は後に重光葵が主導する外務省に引き継がれる。その中にあって、板垣は、植民地・占領地の経済的・政治的主体形成といった新たな帝国・地域秩序への移行過程・方策に関心を払った数少ない人物であった。このような板垣の議論は研究会や政府で主流になることはなく、戦局の悪化とともに参加者と海軍の間には軋轢も生じていた。しかし、板垣はブレーントラストを離脱した後も、植民地の自主性の回復という民族政策を見失うことなく南方調査へ向かう。そして、その関心は戦後への展開の可能性を含むものであった。

板垣は、シンガポールでの抑留から戻って二か月後の一九四六年十月には、矢部貞治とともに社会思想研究会の設立総会に参加している。社会思想研究会は、木村健康、関嘉彦、猪木政道といった河合栄治郎の門下生が、イギリスのフェビアン協会を模して設立したもので「民主社会主義」を標榜した団体である。[★91] そこでは、蠟山政道や笠信太郎が顧問を務め、陸軍の南方調査に参加した太平洋協会のオーナーであった鶴見祐輔が主たる資財提供者となった。戦時期の近衛新体制から戦後の社会党右派・民社党へと流れる知識人のネットワークに近いところで、板垣は戦後の足取りを再開したといえよう。

岸信介を中心とする「満洲人脈」に関して、板垣は戦時中には直接的な接点を持たなかったが、戦後になって「満洲人脈の有力な一人」である元満洲国官吏の藤崎信行とともに様々な活動を行なっている。赤松要や加田哲二らを通じて復員後に藤崎と知り合った板垣は、戦後日本のアジア復帰のために政財官学で組織されたアジア問題調査会やアジア協会に積極的に関与するようになる。一九五七年に藤崎を通じて岸首相と面会した板垣は、研究仲間らとアジア研究機関の設置を首相に陳情。その構想は翌年のアジア経済研究所（通産省所管）の設置へと結実することになる。[★92]

一方、脱植民地過程および国民国家形成期の東南アジア認識に関して、板垣は戦時期の分析枠組を大きく変えることはなかった。一九三〇・四〇年代に影響を受けたファーニバルやブーケを一九五〇・六〇年代も参照している。板垣は、アジア経済の特質をモノカルチャーに依拠した植民地経済であると同時に複合経済であると戦後も議論したのである。「華僑やインド人は小売業者、仲介業者、金貸業者として中間層を占め、土着原住民はただ社会の下層部を形成し」ている現状から、民族資本形成の未発達と中産階級の欠如を指摘した。[★93]

戦時期の枠組みでアジア経済を分析し、敗戦後もアジアの民族主義への関心を保ち続けた板垣は、「アジアにおける健全なるナショナリズムを育成し、コンミュニズムへの通路を遮断する」ことが「アジアそして世界に平和をもたらす」と反共の姿勢をいち早く示すことも忘れなかった。[★94] 民族資本・中産階級の不在ゆえに、民族運動・民族主義の担い手が農民や労働者の「社会革命的勢力」になるため、共産主義化の可能性があることを指摘したのである。[★95] アジアにおける共産主義拡大をふまえ、板垣は国際機関によるアジア地域の開発計画や日本による賠償と開発援助の必要性を訴えるだけでなく、ナショナリズムと経済発展・開発を議論する第一人者となった。二十世紀初頭に生まれた板垣與一は、一九三〇年代からの「集団的知性」による戦時変革の試みの残り陽にあたるという経験をもって、戦後におけるアジア社会論の中心人物になったのである。

[注]

(1) 矢野暢『「南進」の系譜』(中央公論社、一九七五年)、五四頁。
(2) 同『日本の南洋史観』(中央公論社、一九七九年)、一四頁。
(3) 同前書、二四―二五頁。
(4) 大江志乃夫『天皇の軍隊』(小学館、一九八八年)、一一五―一一六頁。
(5) 矢野前掲『日本の南洋史観』、一七一―一七二頁。
(6) 『昭和社会経済史料集成』資料0070「対南洋方策研究ニ関スル件訓令」。
(7) 高木惣吉については、平瀬努『海軍少将 高木惣吉正伝』(光人社、二〇〇八年)。
(8) 伊藤隆『高木惣吉 日記と情報』(みすず書房、二〇〇〇年)、九八三―九八七頁。
(9) 高木惣吉『太平洋戦争と陸海軍の抗争』(経済往来社、一九八二年)、二〇一頁。
(10) 伊藤隆『昭和十年代史断章』(東京大学出版会、一九八一年)、八四頁、同前掲『高木惣吉　日記と情報』、九八八頁。
(11) 同前掲『高木惣吉 日記と情報』、九八八頁。
(12) 纐纈厚『日本海軍の終戦工作』(中央公論社、一九九六年)、二六―四四頁。
(13) 『昭和社会経済史料集成』資料1156「戦争指導ニ関スル研究」、伊藤前掲『高木惣吉 日記と情報』、九八八頁。
(14) 高木前掲『太平洋戦争と陸海軍の抗争』、一九一―一九七頁、藤岡泰周『海軍少将 高木惣吉』(光人社、一九八六年)、七九頁。
(15) 伊藤前掲『高木惣吉 日記と情報』、九八九頁。
(16) いずれも『高木惣吉日記』による。
(17) 『昭和社会経済史料集成』資料1130「Z委員会研究事項」。
(18) 同、資料1257「総力戦研究所ニ海軍トシテ推薦ヲ適当トスル学者ニ関スル意見」。
(19) 板垣與一インタビュー、二〇〇〇年十一月十八日。
(20) 伊藤前掲『昭和十年代史断章』、一七三頁。

(21)高木前掲『太平洋戦争と陸海軍の抗争』、一九〇頁、伊藤前掲『高木惣吉 日記と情報』、九八九―九九〇頁。
(22)藤岡前掲『海軍少将 高木惣吉』、八三―八四頁。
(23)板垣與一インタビュー、二〇〇〇年十一月十八日。
(24)高木前掲『太平洋戦争と陸海軍の抗争』、一九七―一九八頁。
(25)それについては、細川護貞『細川日記』(中央公論社、一九七九年)。
(26)米谷匡史「戦時期日本の社会思想――現代化と戦時変革」(『思想』八八二号、一九九七年十二月)、八三頁。
(27)酒井哲哉『近代日本の国際秩序』(岩波書店、二〇〇七年)、四二―四五頁。
(28)藤岡前掲『海軍少将 高木惣吉』、八五頁。
(29)同前。
(30)同前。高木前掲『太平洋戦争と陸海軍の抗争』、二〇五頁。
(31)高木前掲『太平洋戦争と陸海軍の抗争』、二〇五頁。
(32)大島康正「大東亜戦争と京都学派」(『中央公論』一九六五年九月号)。
(33)同前書、一二九頁。
(34)それについては、大橋良介『京都学派と日本海軍』(ＰＨＰ出版、二〇〇一年)。
(35)伊藤前掲『昭和十年代史断章』、九九頁。
(36)同前書、一〇〇―一一二頁。
(37)板垣與一インタビュー、二〇〇〇年九月二十七日。
(38)モハマッド・ハッタ『ハッタ回顧録』(大谷正彦訳、めこん、一九九三年)、三一三―三一七頁。
(39)池端雪浦編『東南アジア史Ⅱ 島嶼部』(山川出版社、一九九九年)、三〇七頁。
(40)Veur, Paul W. van der. *The Lion and the Godfly: Dutch Colonialism and the Spirit of E.F.E. Douwes Dekker*. Leiden: KITLV Press, 2006. p549-550
(41)ドゥエス・デッケルと日本の関わりについては、後藤乾一『昭和期日本とインドネシア』(勁草書房、一九八六年)。

（42）Veur, Paul W. van der. "E. F. E. Douwes Dekker: Evangelist for Indonesian Political Nationalism." *Journal of Asian Studeis* 17 (1958):p560

（43）Veur"E. F. E. Douwes Dekker: Evangelist for Indonesian Political Nationalism." p564

（44）Veur *The Lion and the Godfly: Dutch Colonialism and the Spirit of E.F.E. Douwes Dekker* p61

（45）浅野健一『天皇の記者たち』（スリーエーネットワーク、一九九七年）、一〇三―一一四頁。

（46）Veur *The Lion and the Godfly: Dutch Colonialism and the Spirit of E.F.E. Douwes Dekker* p571、板垣與一『アジアとの対話（新装版）』（論創社、一九八八年）、一四二―一四三頁、西嶋重忠『証言インドネシア独立革命』（新人物往来社、一九七五年）、八三―八四頁、後藤乾一『火の海の墓標』（時事通信社、一九七七年）、一一六―一一八頁。

（47）板垣前掲『アジアとの対話（新装版）』、一四二―一四五、一五一―一五二頁、後藤前掲『火の海の墓標』、一一三―一一六頁。

（48）鶴岡については、後藤前掲『火の海の墓標』、二〇―二二頁。

（49）板垣前掲『アジアとの対話（新装版）』、一三二―一三五頁。

（50）同前書、一三八―一三九頁。

（51）池端前掲『東南アジア史Ⅱ 島嶼部』、三一三頁。

（52）板垣前掲『アジアとの対話（新装版）』、一三九―一四六頁。

（53）この当時のタイの経済ナショナリズムについては、Suehiro, Akira. *Capital Accumulation in Thailand 1855-1985*. Tokyo: Centre for East Asian Cultural Studies for UNESCO, 1989. p106-134

（54）板垣與一「和蘭植民政策と民族運動（一）」（『斯民』三十六編七号）、同「和蘭植民地政策と民族問題」（『文藝春秋』現地報告四十六号）。

（55）板垣前掲「和蘭植民地政策と民族問題」、二八頁。

（56）板垣前掲「和蘭植民政策と民族運動（一）」、一一六頁。

（57）同前書、一一四頁。

(58) 同前書、一一四―一一五頁。
(59) 同前書、一一五―一一六頁。
(60) 同前書、一一六―一一七頁。
(61) 板垣前掲「和蘭植民地政策と民族問題」、三六頁。
(62) 『昭和社会経済史料集成』資料1514「蘭印視察報告」。
(63) 安達宏昭『戦前期日本と東南アジア』(吉川弘文館、二〇〇二年)、一七一―一七二頁。
(64) 同前書、一七四―一七五頁。
(65) 『昭和社会経済史料集成』資料1541「日蘭印会商善後策」、1554「綜合研究会記事(蘭印問題)」。
(66) 伊藤前掲『昭和十年代史断章』、一二二―一二六頁。
(67) 『昭和社会経済史料集成』資料1565「綜合研究会(蘭印における武力政策)」。
(68) 同、資料1572「綜合研究会(蘭印問題)」。
(69) 同、資料1565、1572、前掲。
(70) 同、資料1572、前掲。
(71) 板垣與一インタビュー、二〇〇〇年九月二十七日。
(72) 矢部貞治『矢部日記 銀杏の巻』(読売新聞社、一九七四年)。
(73) 同前書。
(74) 板垣の義父・瓜谷長造については、中村欣博『大連に夢を託した男 瓜谷長造伝』(文芸社、二〇〇七年)。
(75) 板垣與一インタビュー、二〇〇〇年九月二十七日。
(76) 『昭和社会経済史料集成』資料1600「南方国土計画」。
(77) 板垣與一インタビュー、二〇〇〇年九月二十七日。
(78) 伊藤前掲『昭和十年代史断章』、一四六―一四九頁。
(79) 矢部前掲『矢部日記 銀杏の巻』。

(80)『昭和社会経済史料集成』資料1681「政治研究会(大東亜共栄圏ニ於ケル新政治形態)」。
(81)板垣與一インタビュー、二〇〇〇年十一月十八日、二〇〇二年一月八日。
(82)ピーター・ドウス「植民地なき帝国主義」(『思想』八一四号、一九九二年四月)。
(83)『昭和社会経済史料集成』資料1689「政治研究会(大東亜戦争ノ目的ト大東亜共栄圏ノ新政治形態)」。
(84)同、資料1796「大東亜共栄圏論・海軍省調査課」。
(85)伊藤前掲『昭和十年代史断章』、一六〇―一六九頁。
(86)酒井前掲『近代日本の国際秩序』、四九―五〇頁。
(87)伊藤前掲『昭和十年代史断章』、二〇九―二一二頁。
(88)板垣前掲『アジアとの対話(新装版)』、二〇八―二一〇頁。
(89)波多野澄雄『太平洋戦争とアジア外交』(東京大学出版会、一九九六年)、一三二―一三三頁。
(90)これについては別稿を予定している。
(91)社会思想研究会については、社会思想研究会『社会思想研究会の歩み』(社会思想社、一九六二年)を参照。
(92)小林英夫『満州と自民党』(新潮社、二〇〇五年)、一二二―一三五頁。
(93)板垣與一『アジアの民族主義と経済発展』(東洋経済新報社、一九六二年)、四六―五二頁。
(94)板垣與一「平和はアジアから」(『北海タイムズ』一九五一年八月十四日)。
(95)板垣前掲『アジアの民族主義と経済発展』、月四八頁。

あとがき

石井知章・小林英夫・米谷匡史

一九三〇年代のアジア社会論は、総力戦下の危機のなかで提示された、アジアの社会変革・再編成をめぐる一連の言説である。本書は、その歴史・思想の内実に多角的なアプローチで迫っていくものである。ここでは、本論文集の成立にいたる経緯をかんたんに記しておきたい。

本書は、「東アジア・コミュニティ研究会」と〈帝国と思想〉研究会の一部のメンバーの交錯からうまれた共同研究の産物である。小林が主宰していた「東アジア・コミュニティ研究会」は、早稲田大学の二一世紀COEプロジェクト「現代アジア学の創生」（代表：毛里和子、二〇〇二年〜二〇〇七年）の一部会として発足・運営されたものである。昨今、「東アジア共同体」の形成が政策課題となり、そこに関与しうる「アジア学」の再構築が掲げられているが、「東アジア・コミュニティ研究会」は、近代日本のアジア関与や地域主義をめぐって、その歴史・思想を内在的に省察していくことをめざしてきた。

この研究会に石井と米谷が二〇〇五年春頃から参加し、さらに関心を共有する〈帝国と思想〉研究会の一部メンバーと橋渡しをすることで、共同討議のアリーナがうまれた。〈帝国と思想〉研究会は、アジアと日本、植民地と帝国の絡まりあう連関のなかで、歴史・思想を再検討していく会である。二〇〇〇年春に始まり、研究助成とは無縁な自立した討議の場として、現在も活動を続けている。

われわれの関心をむすぶ焦点となったのは、「東亜協同体」論、「大東亜共栄圏」論など、戦時下アジアの社会変革・再編成をめぐる言説である。それらの言説に関与していった知識人の多くは、昭和研究会や満鉄調査部、東亜研究所、海軍省調査課などの社会調査・国策研究機関にも参加していた。その言説は、戦時下の国策に関与した一過性の議論ではない。総力戦下の危機のなかで、人文・社会科学の再編とともにアジア社会論が変容をとげたものであり、その衝撃の刻印は戦後・「解放」後にもさまざまな影を落としている。その歴史・思想の内実を、内在的に再検証し省察することを抜きにして、現在の「東アジア共同体」論を安易に語ることはできない。

そのような関心を共有することから、本書に寄稿した十人が集まり、上記ＣＯＥプロジェクトとは別個の企画として、数年にわたる共同討議をへて本書を出版することになった。本書の企画がうまれたのは二〇〇六年春のことであり、その後、研究発表・討議をくりかえしたうえで、原稿が集められた。

討議の過程では、ゆるやかな共通了解として、総力戦下の危機が近代の知にあたえた衝撃によって、人文・社会科学（とりわけ、マルクス主義系のアジア社会論）がいかなる変容をとげつつあったのか、再検討していく方向が確認された。これは、植民地帝国の戦時動員がひきおこす社会変動のなかで、いかなる「戦時変革」が試みられたかを再検討する視座に関わっており、本書の各章をつうじて多角的なアプローチが試みられている。

また各章では、それぞれ特定の思想家を主にとりあげ、再検討する形をとっているが、これらはいずれもいわゆる「思想家論」として完結するものではない。昭和研究会や満鉄調査部、東亜研究所、海軍省調査課などの社会調査・国策研究機関に関わった知識人たちが、いかなる知のネットワーク（「集団的知性」、「知の集団」）を形成していたのか、そこではいかなる知の変容が発生し、それは国策といかなる関係をもったのかを検討していく問題関心が、底流において共有されている。

そして、アジア社会論が戦前・戦時・戦後にいかなる変容をとげていったのか、その変遷の系譜を念頭においている。それによって、たんに一九三〇年代・戦時期の思想の再検討にとどまらず、戦後、そして現在も変容をとげつつあるアジア社会論を批判的に省察していくための手がかりを探る論集とすることをめざしている。

これらの問題関心がどれほど深められているかについては、読者のきびしい判断にゆだねつつ、今後にさらなる議論の展開を期待したい。


なお、本書の著者たちの間では、ゆるやかな共通了解とともに、たがいに見解・解釈の相違もさまざまに存在している。植民地・アジアと帝国・日本の間で作動する近代性や合理性、それがうみだす開発や発展の力をどのように見るか、東アジアの社会主義やアジア主義・地域主義の系譜をどのようにとらえるのか、総力戦下の抵抗／協力のあり方、国策への関与や「転向」の問題をどのように評価するのか、その前提として、知のネットワーク（「集団的知性」、「知の集団」）のあり方をどのように把握するのか、等々、いずれも一九三〇年代のアジア社会論をめぐる根本問題にかかわっている。

その論議の一端は、本書の著者たちのうち五人（小林、福井、石井、盛田、米谷）が討議した座談会「満鉄マルクス主義とアジア――小林英夫・福井紳一編『満鉄調査部事件の真相』をめぐって」（『情況』二〇〇五年八・九月号、十・十一月号）にすでに現われている。本書は、何らかの結論やまとまったテーゼを提示するものとしてではなく、新たな争点・論点を提起し、さらなる論議を活性化させていくための問題提起の書として、読者に届けたいと思う。

とりわけ近年、「東アジア共同体」をめぐる論議とともに、日・韓・中そしてＡＳＥＡＮ諸国の政・官・財連携によって市場統合がすすめられ、そこに知識人や市民運動がさまざまな思惑で関与し、まさに「同床異夢」というべき奇妙な光景が現われている。そこでは、中・台両岸問題や南北分断、沖縄の軍事基地や日米・韓米安保体制、そして中国・北朝鮮の一党支配・独裁をいかに変革し、〈脱冷戦〉をすすめていくのか、そこからいかなる「東アジア」が現れるのか、歴史・思想に内在しつつ論議を深める契機が希薄である。そして、あいまいな妥協と均衡のもとで、理念なき市場統合・相互依存がなし崩しに進行している。

このような動向に、「アジア学」・アジア研究はどのような姿勢で向き合うべきなのか。かつての歴史・思想への内在的な省察を欠いたままに、実務的な政策論議が慌しく先行し、方向喪失と混迷が深まっている。痛みを伴う政治・経済・社会構造の変革のヴィジョンがないままに、「東アジア共同体」を語り、その構築をおしすすめるのは、現実性もなく空虚であろう。このような今こそ、近代のアジア・日本をめぐる歴史・思想の系譜をふりかえり、その視座と主体のあり方を問いなおさなければならない。

本書でとりあげた一九三〇年代のアジア社会論が直面した諸問題は、けっして過去の過ぎ去ったものではなく、形を変えて今に回帰しており、われわれの視座と主体が試されている。本書が、このような現状にたいして、浮き足立つことなく足下を確かめなおし、行方を探るための契機となることをわれわれは願っている。

最後に、昨今の厳しい出版事情・構造不況のなかで、なんの出版助成金もなしに、本書の出版をご快諾くださった社会評論社の松田健二氏、そして編集者の新孝一氏に深い感謝をささげたい。とりわけ新さんには、何度も根気強く討議におつきあいくださり、企画開始から本書ができあがるまで何年も辛抱強く見守り、われわれを的確に方向づけてくださった。本書の刊行が、一見「古めかしい」テーマでありながら、今後に息長く討議を持続していくための新たな問題提起となりえていれば幸いである。

二〇一〇年二月六日

（文責・米谷匡史）

[執筆者紹介]

石井知章（いしい・ともあき）
1960年生まれ。明治大学商学部准教授。
早稲田大学大学院政治学研究科博士課程修了。博士（政治学）。（社）共同通信社記者、ILO（国際労働機関）職員を経て現職。
著書 :『K・A・ウィットフォーゲルの東洋的社会論』社会評論社、2008年。『中国社会主義国家と労働組合——中国型協商体制の形成過程』御茶の水書房、2007年。共著 : 鈴木宏昌・連合総研編『開かれたアジアの社会的対話』日本評論社、2002年など。

小林英夫（こばやし・ひでお）
1943年生まれ。早稲田大学大学院アジア太平洋研究科教授。
東京都立大学大学院博士課程中退。博士（文学）。
著書 :『「大東亜共栄圏」の形成と崩壊』御茶の水書房、1975年。『満鉄調査部の軌跡』藤原書店、2006年。『日中戦争』講談社新書、2007年など。

米谷匡史（よねたに・まさふみ）
1967年生まれ。東京外国語大学大学院総合国際学研究院准教授。
東京大学大学院総合文化研究科博士課程中退。
著書 :『アジア／日本』岩波書店、2006年。編著 :『尾崎秀実時評集——日中戦争期の東アジア』平凡社・東洋文庫、2004年。『谷川雁セレクション』Ⅰ・Ⅱ（共編）日本経済評論社、2009年など。

平野敬和（ひらの・ゆきかず）
1973年生まれ。同志社大学人文科学研究所嘱託研究員。
大阪大学大学院文学研究科博士後期課程修了。博士（文学）。日本学術振興会特別研究員、甲南女子大学・大阪大学非常勤講師を経て現職。
共著:苅部直・片岡龍編『日本思想史ハンドブック』新書館、2008年。『KAWADE道の手帖　丸山眞男』河出書房新社、2006年。高橋哲哉編『〈歴史認識〉論争』作品社、2002年。米原謙・長妻三佐雄編『ナショナリズムの時代精神——幕末から冷戦後まで』萌書房、2009年など。

道場親信（みちば・ちかのぶ）
1967年生まれ。和光大学現代人間学部准教授。
早稲田大学大学院文学研究科博士課程満期退学。
著書:『占領と平和――〈戦後〉という経験』青土社、2005年。『抵抗の同時代史――軍事化とネオリベラリズムに抗して』人文書院、2008年。共著:大畑裕嗣・成元哲・道場親信・樋口直人編『社会運動の社会学』有斐閣、2004年など。

大澤聡（おおさわ・さとし）
1978年生まれ。日本学術振興会特別研究員PD。
東京大学大学院総合文化研究科博士課程単位修得退学。
共著:仲正昌樹編『歴史における「理論」と「現実」』御茶の水書房、2008年。論文:「固有名消費とメディア論的政治――文芸復興期の座談会」(『昭和文学研究』第58集、2009年3月)、「詩人のイロニー／批評家のイロニー――伊東静雄と保田與重郎のメディア的相互投射」(『言語態』第8号、2008年7月)など。

盛田良治（もりた・りょうじ）
1963年生まれ。立命館大学文学部非常勤講師。
大阪大学大学院文学研究科博士課程単位取得退学。博士（文学）。
共著:山脇直司ほか(編)『ライブラリ相関社会科学7:ネイションの軌跡』新世社、2001年。論文:「日本占領期フィリピンの現地調査」(『人文学報』79号、1997年)、「日本社会科学と植民地アジア」(大阪大学大学院文学研究科博士学位論文、2001年)など。

福井紳一（ふくい・しんいち）
1956年生まれ。早稲田大学アジア太平洋研究センター特別研究員。駿台予備学校日本史科講師。
慶應義塾大学文学部卒業、明治大学大学院文学研究科博士前期課程修了。
共著:『乱世に声あり』ＪＣＡ出版、1999年。『満鉄調査部事件の真相――新史料が語る「知の集団」の見果てぬ夢』小学館、2004年。『「満洲国」文化細目』不二出版、2005年など。

洪宗郁（ほん・じょんうく）
1970年生まれ。同志社大学言語文化教育研究センター専任講師。
ソウル大学国史学科卒業。東京大学大学院人文社会系研究科博士課程修了。駐日韓国大使館の専門調査員を経て現職。
論文：「중일전쟁기（1937—1941）조선 사회주의자들의 轉向과 그 논리〔日中戦争期（1937—1941）朝鮮社会主義者らの転向とその論理〕」（『韓国史論』44、2000年12月）、「1930年代における植民地朝鮮人の思想的模索——金明植の現実認識と「転向」を中心に」（『朝鮮史研究会論文集』42、2004年10月）など。

辛島理人（からしま・まさと）
1975年生まれ。一橋大学大学院経済学研究科博士課程単位取得退学。
論文：「総力戦下の植民政策学」、『グローバル・プロジェクトの比較研究』（科学研究費研究成果報告書）、2003年。“Legacy of the Japanese Occupation on Japanese Postwar Economic Thinking,” Proceedings and papers of The Japanese Occupation: Sixty Years After the End of the Asia Pacific War Conference, September 2005. など。訳書：『自由を耐え忍ぶ』（テッサ・モーリス－スズキ著）岩波書店、2004年。

一九三〇年代のアジア社会論　「東亜協同体」論を中心とする言説空間の諸相

2010年2月28日　初版第1刷発行

編著者＊石井知章・小林英夫・米谷匡史
発行人＊松田健二
発行所＊株式会社社会評論社
東京都文京区本郷2-3-10　tel.03-3814-3861/fax.03-3818-2808
http://www.shahyo.com/
印刷・製本＊技秀堂

Printed in Japan